Knut Backhaus

Religion als Reise

Tria Corda

Jenaer Vorlesungen zu Judentum, Antike und Christentum

Edited by

Karl-Wilhelm Niebuhr und Meinolf Vielberg

8

Knut Backhaus

Religion als Reise

Intertextuelle Lektüren in Antike und Christentum

Mohr Siebeck

Knut Backhaus, geboren 1960; 1989 Promotion; 1994 Habilitation; 1994–2003 Ordentlicher Professor der Exegese des Neuen Testaments an der Theologischen Fakultät Paderborn; seit 2003 Lehrstuhlinhaber für Neutestamentliche Exegese und biblische Hermeneutik an der Kath.-Theol. Fakultät der Ludwig-Maximilians-Universität München.

ISBN 978-3-16-153253-5
ISSN 1865-5629 (Tria Corda)

Die Deutsche Nationalbibliothek verzeichnet diese Publikation in der Deutschen Nationalbibliographie; detaillierte bibliographische Daten sind im Internet über *http://dnb.dnb.de* abrufbar.

Das Buch wurde von Martin Fischer in Tübingen aus der Garamond Antiqua gesetzt, von Gulde-Druck in Tübingen auf alterungsbeständiges Werkdruckpapier gedruckt und von der Buchbinderei Nädele in Nehren gebunden.

ALEXANDRO IOANNI BACKHAVS MD
FRATRI ET AMICO

Vorwort

Reisen und Religion haben manches gemeinsam: Sie entspringen Fernweh, überschreiten Grenzen, weiten Perspektiven, verleiblichen Transzendenz. Wer reist, ist Mitspieler in einem Drama, das weiter führt als sein Augenmaß. Religion neigt daher aus ihrer Mitte dazu, Reiseabenteuer zu erzählen und zu erleben. In der Tria Corda-Vorlesungsreihe 2011 an der Friedrich-Schiller-Universität Jena habe ich diesen Zusammenhang verfolgt. Der zeitliche Fächer ist breit: Er reicht vom 26. Jahrhundert vor Christus bis ins 21. Jahrhundert nach Christus. Der räumliche Rahmen ist ebenfalls weit: Er führt bis an die „Grenzen der Erde" – und mitunter deutlich darüber hinaus. Der Schwerpunkt liegt dort, wo ich mich als Neutestamentler heimisch fühle: in der hellenistisch-reichsrömischen Zeit, in der Mittelmeerwelt, in der ur- und frühchristlichen Literatur.

Wie das Projekt der Tria Corda vorsieht, habe ich freilich Fachgrenzen zu überschreiten. Die eigene Begrenztheit gibt dem interdisziplinären Gespräch seinen schönsten Reiz. Darüber und über Ziel, Sache, Methode und Anlage der Vorlesungen gibt Kapitel I Auskunft. Am Anfang stand der Wunsch, die fernwehe Frage verständlich zu machen, auf die das Neue Testament eine Antwort ist. Im Laufe der eigenen Entdeckungsreisen trat ein weiterer Wunsch hinzu: zu verstehen, wie das Neue Testament an seiner antiken Kultur Fernweh und Fragen gelernt hat.

Für die wertvolle Hilfe bei Redaktion und Korrektur und mehr noch für die gesprächsfördernde Atmosphäre an „unserem Lehrstuhl" danke ich meinen Münchener Mitarbeiterinnen und Mitarbeitern Maria Lang, Robert Mucha, Gudrun Nassauer und, in der Organisationsmitte, Frau Barbara Steinberger. Frau Dipl.-Theol. Andrea Häring, M.A. hat in bewährter Sorgfalt die formale Gestalt des Buches betreut. cand. phil. Markus Kirchner hat meine Übersetzungen aus dem Griechischen, Frau Dr. phil. Verena Schulz die aus dem Lateinischen kritisch durchgesehen, Martin Ziegert, M.A. (Wien) seinen numismatischen Rat erteilt. Für den steten fachlichen Austausch danke ich meinem Münchener Syzygos Gerd Häfner.

Nicht zuletzt ist dieses Buch selbst Frucht einer Reise zwischen Süd und Ost, zwischen verschiedenen Fachkulturen und zwischen Konfessionen. Ich danke den Jenaer Kollegen für die Einladung an die traditionsreiche Universität und zu den mittlerweile auch bereits traditionsreichen Tria Corda-Vorlesungen. Mein Dank gilt zuerst meinem Gast- und Herausgeber Karl-Wilhelm Niebuhr (Neues Testament) sowie den Kollegen Timo Stickler (Alte Geschichte), Rainer Thiel (Gräzistik) und Meinolf Vielberg (Latinistik). Ihre menschliche und intellektuelle Gastfreundschaft war anregend und wohltuend. Mit Martin Hengel gesagt: Wer nur das Neue Testament kennt, kennt das Neue Testament nicht. So ist es im Fachgespräch wie mit jeder Reise: Der Weg über Grenzen lehrt uns am Ende das Eigene zu verstehen.

München, 28. Februar 2014 Knut Backhaus

Inhaltsverzeichnis

I. Intertextuelle Reisen: Zu Zweck und Richtung der Querlektüren

„Die Realisten" – ausgerechnet so hat William Butler Yeats ein Gedicht über Reisen in denkbar phantasiehafte Welten überschrieben:

The Realists
Hope that you may understand!
What can books of men that wive
In a dragon-guarded land,
Paintings of the dolphin-drawn
Sea-nymphs in their pearly waggons
Do, but awake a hope to live
That had gone
With the dragons?[1]

Darum soll es bei unserer eigenen Reise durch die antike Kultur gehen: Helden und Anti-Helden, Götter- und Menschensöhne, Kyniker und Charismatikerinnen brechen auf, um nirgends wirklich anzukommen als in der eigenen Wirklichkeit. Dabei geht es um die erzählte Realität der Aktanten, mehr noch um die eigene Realität derer, die erzählen. Die erzählten Abenteuer in der Ferne dienen

[1] Poems, 210. Ungelenk übersetzt: „*Die Realisten:* Ich hoffe, dass du es verstehst! Was mögen schon Bücher von Männern, die ausziehen in ein Land, von Drachen bewacht, ausrichten? Oder Bilder von Seenymphen, von Delphinen gezogen in ihren perlenbesetzten Schifflein? – Eine Hoffnung auf Leben wecken, die verschwunden ist – damals, als die Drachen verschwanden?"

letztlich einem einzigen Zweck: das eigene Haus bauen, die eigene Heimat entdecken, die eigene Hoffnung verstehen.

Der antike Mensch kannte keinen Fernseher, wohl aber Fernweh. Er hat das Reiseabenteuer geschätzt – solange er nicht selber reisen musste. Er reiste daher vornehmlich im Modus des Erzählens: διὰ τοῦτο θαυμαστὸν παιδεία καὶ μεγαλόδωρον, ὅτι τῆς ὁδοιπορίας ἀπολύσασα τὸν ἄνθρωπον οἴκοι τὰ καλὰ δείκνυσιν, ὄμματα τῇ ψυχῇ προσδιδοῦσα. – „Deshalb ist die Bildung fabelhaft und großzügig! Denn sie nimmt dem Menschen das Herumreisen ab und zeigt ihm das Schöne daheim, gibt sie doch seiner Seele Augen!" (De septem orbis spectaculis praef. 2) – so rühmt eine spätantike Beschreibung der sieben Weltwunder das eigene Format. Unsere Lektüren versuchen es ähnlich: Sie bewegen sich quer durch äußere und innere Reisen des Altertums. Skizzieren wir zuvor den Weg, den wir einschlagen wollen, nach Ziel, Sache, Methode und Vorgehen.

1. Ziel: Verstehen durch Vergleich

Das Ziel, das mir vorschwebte, als ich daran ging, die Tria Corda-Vorlesungen zu entwerfen, war vom exegetischen Interesse an der Inkulturation des Evangeliums bestimmt. Welche Ursprünge und Kontexte hat die verbreitete Selbstbeschreibung des Urchristentums mit Reisemetaphern wie „Nachfolge", „Weg", „wanderndes Gottesvolk" u. ä.? Wie ist die christlich gepflegte Erinnerung an die eigenen Anfänge in Gestalt von Wanderungen und Weltreisen zu verstehen? Was bedeutet das wandercharismatische Erbe im christlichen Selbstbewusstsein? Welchen Beitrag leistet der Vergleich mit jüdischen und paganen Erzählmustern und Erinnerungsstrategien zu einem sachgerechten Verständnis?

Im Prozess der intertextuellen Lektüren wurde mir (und vielleicht auch meinen Hörerinnen und Hörern) deutlich, dass dieses Verstehensinteresse berechtigt, aber einseitig ist. Der vergleichende Umgang mit Einzeltexten muss viel deutlicher von einer Sichtweise bestimmt werden, die in der Religionsgeschichte theoretisch zwar längst gewonnen ist, aber unsere Auffassung von „Antike und Christentum" noch kaum durchdrungen hat. Die gewohnte Denkfigur der Inkulturation des antiken Christentums setzt drei Kulturen voraus: Judentum, Christentum, Heidentum. Die tief verwurzelte Vorstellung von der Dynamik zwischen diesen drei scheinbar fest umrissenen Größen lautet (zugespitzt formuliert): Die erste Kultur tritt beiseite. Dies nannte man früher rabbinische Selbstisolation, noch früher sachfremd „Ghettoisierung", heute wertschätzend Selbstaffirmation des Judentums. Die zweite Kultur saugt die dritte allmählich auf. Dies nennt man Christianisierung des römischen Reiches oder Inkulturation des Christentums. Die beteiligten Disziplinen betrachten mittlerweile solche holzschnittartigen Typisierungen höchst skeptisch. In den ersten fünf Jahrhunderten unserer Zeitrechnung (und im Laufe unserer Lektüren) begegnen uns Judentümer, Christentümer und ein vielfältiges Miteinander verschiedenster Traditionen, Erzählkreise, Transzendenzvorstellungen, Mythen, Kulte, Loyalitäten, ethischer Leitideen und philosophischer Reflexionen, die wir unter dem Begriff „Heidentum" zusammenfassen: Heidentum ist alles, was nicht Christentum oder Judentum ist.[2] Auch wenn die polemischen Konnotationen,

[2] Ramsay MacMullen, Paganism, xii bringt es auf den Nenner: „the thing so arrogantly called paganism, being in fact all the many hundreds of the Empire's religions save one" – im Licht der *tria corda* würden wir „save two" sagen. Pragmatische Gründe widerraten dem Versuch, die komplizierte Sprache fortzuführen, aber es soll ein für

die diesem Begriff einmal angehaftet haben, vergessen sind, so übersehen doch nicht nur Theologen geflissentlich, dass es sich hier um eine eher heilsgeschichtliche als deskriptive Kategorie handelt.

Seit zwei oder drei Generationen ist uns bewusst, dass keine einlinige Entwicklung vom „Spätjudentum" zum „Frühchristentum" verläuft, welches dann das jüdische „Erbe" verwaltet. In jüngerer Zeit wird uns deutlicher, dass auch die freundlich gemeinte Vorstellung, das Judentum sei die Mutterreligion des Christentums, die Entwicklung verzerrt. In der Tria Corda-Reihe hat Peter Schäfer gezeigt, dass wir keineswegs auf eine religionsgeschichtliche Einbahnstraße stoßen: Wie das Urchristentum sich dem antiken Judentum – genauer: den antiken Judentümern – verdankt, so ist die Entstehung des rabbinischen Judentums auch als Rückkoppelungsprozess zum Frühchristentum zu lesen.[3]

---

alle Mal feststehen, dass im Folgenden Judentum, Christentum und Heidentum bzw. pagane Kultur nicht zur Bezeichnung fester Religionsgrenzen dienen, sondern flexible Richtungsangaben sind. Zwei Ergänzungen: (a) Die Richtungsangaben als solche halte ich für zweckmäßig. Dabei schließe ich entgegen einem aktuellen Trend auch Frühjudentum und Urchristentum als unterscheidbare Größen ein. Ungeachtet der inneren Vielfalt und Flexibilität sind Traditions-, Erinnerungs- und Diskursgemeinschaften (mit *tria corda* gar nicht schlecht benannt) festzustellen, deren Identitätsmaßstab, grob gesprochen, die jeweilige (in sich vielfältige) Beziehung zur Tora oder zur Normgestalt Jesus Christus darstellt. (b) Da das semantische Feld „Heide/heidnisch/pagan" von Anfang an aus einer jüdischen bzw. christlichen Binnensicht abgrenzend eingesetzt wurde, scheint mir der Versuch zu bestimmen, was aus dem Heiden positiv einen Heiden macht, aussichtslos. Ich bescheide mich mit der für unsere Zwecke hinreichenden (in sich allerdings durchaus ungenügenden) Negation: ein Teilhaber der antiken Mittelmeerkultur, der sich weder als Jude noch als Christ versteht.

[3] Der Titel der fünf Vorlesungen sagt es pointiert: „Die Geburt

Für die Beziehungen zwischen Christentum und paganer Kultur steht ein solcher Paradigmenwechsel noch aus. Allzu selbstverständlich wirken bei der Denkfigur der Inkulturation oder Christianisierung die Vergleichsparameter von „Überbieten“, „Ausstechen“, „Ablösen“ und „Beerben“. Sie insinuieren eine theologische Konkurrenzsituation zwischen klar umrissenen Gegnern mit anschließendem Absterben des paganen Mitbewerbers. Bereits die Vorstellung von einer heidnischen Mutterreligion des Christentums wäre anstößig – außer eben in der inkonsistenten Teilmetapher der Beerbung. Wenn ich die Familienmetaphorik boshaft variieren darf: Man könnte von einer angeheirateten, ungeliebten, einstmals reichen, dann todkranken Tante sprechen, aus deren Hausrat das Christentum dieses und jenes Einzelteil geerbt hat.

Unsere vergleichenden Lektüren stoßen jedoch nirgends auf narrative oder konzeptionelle Erbgüter, sondern auf spannungsvolle, wechselseitige Traditions-, Lese- und Lernprozesse zwischen einer Vielfalt teilweise höchst lebendiger Gruppen. Frühchristen repräsentieren keine neue, zweite oder dritte Kultur neben der antiken Kultur, sondern sie schöpfen als Zeitgenossen aus der gemeinsamen symbolischen Welt, verstehen sie auf ihre je eigene Weise und bereichern sie ihrerseits. Sie sind meist von ihrer Biographie her „halbe Heiden“, wie die „ganzen Heiden“ seit der Wende zum dritten Jahrhundert allmählich – *sit venia verbo!* – „halbe Christen“ wurden. Genauer: Auch die Träger paganer Traditionen entwickelten ihr Selbstverständnis, ihre soziale Erinnerung, ihre religiösen Konzeptionen und ihr kultisches Handeln als Rückkoppelung angesichts des Christentums

---

des Judentums aus dem Geist des Christentums“; vgl. bes. SCHÄFER, Geburt, 30 f.

(und anderer heno- und monotheistischer, transzendenzorientierter Religionen).[4]

Daraus folgt: Wir dürfen *intertextuelle* Lektüre nicht als *interkulturelle* Lektüre betreiben. Es geht mir in diesen *intrakulturellen* Vorlesungen nicht um die „Umwelt des Neuen Testaments".[5] Wir suchen die Reisetexte aus der antiken Welt (im Rahmen des hier Möglichen) an ihrem je eigenen Lebensort auf und suchen sie um ihrer selbst willen zu verstehen. Als Neutestamentler, als der ich diese Texte lese, verfolge ich dabei die heuristische Absicht,

---

[4] Diese Rückkoppelung ist in der überkommenen, vom christlichen Traditionsinteresse geleiteten Literatur naturgemäß kaum in größerem Umfang belegt. Wir werden sie am deutlichsten bei der antiken Wahrnehmung der großen Weltwanderer Herakles, Orpheus und Dionysos verfolgen können, die auf Christus transparent werden wie Christus auf sie, in gezielter Gegenreaktion in der diokletianischen Tetrarchie und bei Kaiser Julian.

[5] Der Untertitel „Intertextuelle Lektüren in Antike und Christentum" ist insofern erklärungsbedürftig, als Ur- und Frühchristentum selbst Teil der Antike sind, die Konjunktion „und" daher überflüssig und die Ausgliederung des Christentums unberechtigt scheinen mag. Aus zwei Gründen halte ich die Titelwahl gleichwohl für berechtigt: (a) Die geläufige Sprachkonvention „Antike und Christentum" steht für eine etablierte Forschungsrichtung (sie findet sich etwa im Titel eines gleichnamigen Reallexikons). (b) Unser Interesse richtet sich über das antike Christentum hinaus auf die Rezeptions- und Wirkungsgeschichte der Reise-Erzählungen. Mitunter – vor allem bei der Reisemetaphorik – geschieht dies ausdrücklich. Darüber hinaus ist natürlich das Christentum mit seinen gegenwärtig zwei Milliarden (potentiellen) Lesern des Neuen Testaments stets einbezogen, wenn es darum geht, das Neue Testament in der Antike zu verorten und so auch heute sachgerechter zu verstehen. – Wo es bei unseren Lektüren explizit um das In- und Miteinander der frühchristlichen und der „sonstigen" antiken Kulturen geht, bitte ich um Nachsicht für das Verlegenheitsadjektiv „oikoumenisch".

(a) den Verstehenshorizont des Neuen Testaments abzuschreiten und so die Fragen zu finden, auf die das Urchristentum Antwort zu geben suchte und die seine Antworten anschlussfähig gemacht haben,
(b) die kulturelle Enzyklopädie zu erschließen, aus der die Autoren und frühen Rezipienten der urchristlichen Literatur schöpften (und die sie ihrerseits speisten),
(c) Interdependenzen zwischen Texten und Interaktionen zwischen Motiven und Topoi zu verfolgen, und zwar nicht nur von der paganen Kultur zum Christentum hin, sondern als Wechselprozess zwischen paganen, jüdischen und christlichen Traditionsträgern, wobei die Grenzen fließend sind.

2. Sache: Reise und Religion

Reisen ist Grenzüberschreitung. Das Motiv der Reise[6] ist im antiken Mittelmeerraum zeit-, kultur- und gattungsübergreifend verbreitet, in existentieller Sinnerfahrung tief verankert und somit auch transkulturell als bildspendender Sachbereich fruchtbar. Zudem bietet es Ausgangspunkte für sehr unterschiedliche Perspektiven: die des „Berufsreisenden", „Missionars", „Touristen", „Pilgers" oder „Aussteigers" (anachronistische Hilfsbegriffe, die wir im Zuge unserer Lektüren zu präzisieren haben), des Geographen, Historiographen, Biographen, Autobiographen, Epikers, Lyrikers, Satirikers, Romanschreibers, Briefschreibers, Philosophen, Theologen. Reisen und Reise-Erzählungen sind ein natürliches Schnittfeld verschiedenster sozialer, litera-

[6] Unter *Motiv* (im Sinne von Grund- und Leitmotiv) verstehe ich eine transkulturell geläufige, ausgeführte Erzählsequenz (z.B. Reise, Schiffbruch, Straftod, Himmelfahrt), unter *Topos* das geprägte Erzählbild (das „Ende der Welt" als Ziel der Reise; die Barbaren, die die Schiffbrüchigen hilfreich aufnehmen; das den gestrandeten Übeltäter tötende Tier; die Wolke, die den Gottessohn / Vergöttlichten aufnimmt).

rischer und kultureller Welten.[7] Deshalb erweist sich das Thema sowohl in den Erzählkonventionen als auch in der Dynamik seiner Innovationen als reizvoll für Querlektüren. Das Neue Testament, von dem her und zu dem hin unsere Lektüren immer wieder kommen, ist in seinen 27 Schriften nahezu umfassend vom Reisemotiv geprägt: Johannes der Täufer, Jesus und die urchristlichen Wanderradikalen sind nach Lebensstil und Selbstverständnis auf dem Weg zuhause. Die neutestamentlichen Briefe werden – dokumentarisch oder fingiert – von „unterwegs" geschrieben. Die Synoptiker erinnern auf je unterschiedliche Weise den Bios Jesu in Gestalt einer einjährigen Wanderung von Galiläa nach Jerusalem. Die Apostelgeschichte und die romanesken Apostelakten treiben diese Reise erzählend an die Grenzen der Welt. Die frühkirchliche Christus-Erinnerung nimmt in Analogie zu den großen Weltwanderern des paganen Mythos, besonders zu Herakles und Dionysos, die Gestalt einer Welt-Reise des Kyrios an. Vor allem im Hebräerbrief versteht sich die Kirche als „wanderndes Gottesvolk", und Christsein nimmt symbolsprachlich insgesamt die Existenzform der Nachfolge (auf dem Weg Christi) an. Das letzte Buch der Bibel schildert in grellen und leuchtenden Farben eine Jenseitsreise, wie sie die pagane und frühjüdisch-frühchristliche Literatur insgesamt fasziniert. Es öffnet damit das Tor zu vielen weiteren Jenseitsreisen in der Geschichte von Hoffnung, Angst und Glaube. Kurzum: Wir werden das Neue Testament nicht verstehen, wenn wir nicht zunächst verstehen, was das Reisen für die lebensweltliche wie seelische Kultur der Antike bedeutet.

Nichts verbindet so sehr wie die gemeinsame Wanderung. Die letzte Reise des Apostels Paulus zwischen einem men-

[7] Vgl. auch MOSSMAN, Travel Writing, 286.

schenfreundlichen heidnischen Zenturio namens Julius und den menschenfreundlichen Barbaren auf der Insel Malta malt uns Lukas[8] gezielt detailfreudig vor Augen (Apg 27 f.). Es ist das Überwinden von Grenzen – topographischen, sozialen wie religiösen –, das Menschen zusammenführt und an das „Ende der Welt" treibt, wo sie am „Ende der Zeit" ihre Gemeinsamkeiten erst eigentlich entdecken. Lukas bietet uns einen weiteren, nicht geringzuschätzenden Grund für das Reisemotiv: Die geschichtliche Orientierung und Sinnfindung nimmt hier die Form spannenden, vergnüglichen, beeindruckenden Nacherlebens an. Der Leser wird zum Reiseteilnehmer und so in das erzählte Geschehen hineingestellt. Bereits deshalb lohnt sich die Lektüre – von den klassischen Epen bis zu den dokumentarischen Briefen, von den realen Herbergen an reichsrömischen Straßen bis zu fiktiven Straßen im All. Antike Literatur ist *als solche* fesselnd und aufschlussreich. Die Leser und Leserinnen des Neuen Testaments können dessen Grundbotschaft und Faszination über den Umweg antiker Reise-Erzählungen in der ursprünglichen und unmittelbaren Kraft entdecken.

Von der Reise zur Religion: Aus dem Gesagten ergibt sich, warum die Reise-Erzählung als dramatisierte Überschreitung von Grenzen Lebenswelt aufhebt und Unbedingtes erschließt. Die Aktanten der Erzählung wie die Erzähler und Adressaten werden in neue Welten geführt: in fremde Länder, die Erfahrung und Imagination weiten,

---

[8] Aus Gründen sprachlicher Vereinfachung benutze ich die konventionellen Namenszuschreibungen der Evangelisten Markus, Matthäus, Lukas und Johannes; daran sind keine Annahmen über Verfasserschaft oder Abfassungsverhältnisse geknüpft. Das „lukanische Doppelwerk" halte ich für eine auktoriale Einheit in zwei eigenen Schriften, dem dritten Evangelium (Lk) und der Apostelgeschichte (Apg), die den Bios Jesu historiographisch mit der Erstepoche des Christentums verbindet.

in die existentiellen Tiefen und Unbilden des eigenen Ich, in die ganz anderen Räume religiöser Sinnerfahrung. Was die *tria corda* von Juden, Heiden und Christen verbindet, ist nicht die je gefundene Antwort, sondern das Fernweh, sei es lebensweltlich, symbolisch oder metaphysisch. Dieses Fernweh gibt allen großen Erzählungen Realität und lässt auch die Botschaft des Neuen Testaments erst als solche auf Wirklichkeit stoßen.

In diesem Sinn ist das moderne (europäisch-nordamerikanische) Abstraktum „Religion" als *beschreibungssprachlicher Begriff* in einem weiten Sinn zu verstehen. Die Antike entwickelt weder semantisch noch konzeptionell einen einheitlichen Religionsbegriff. Wenn wir vom Gilgamesch-Epos über Jesu Botschaft der Gottesherrschaft bis zu den polyvalenten Herakles-Mythen und den Unterwelt-Satiren des Lukian transkulturell „Religion" wahrnehmen, bezeichnen wir damit „Familienähnlichkeiten" (im Wittgensteinschen Sinne). In gezielter Unbestimmtheit sei das, was sie verbindet, als *sozial vermittelbare Sinnerfahrung durch Transzendenzbezug* (erlebt, erzählt, geglaubt, ästhetisch genossen, kritisch hinterfragt, boshaft karikiert) beschrieben.[9]

3. Methode: Komparative Profilierung

Unsere Querlektüren wollen Verstehenshorizont, kulturelle Enzyklopädie und intertextuelle wie intrakulturelle Wech-

[9] Zu einer ersten Skizze der terminologischen Aporien BENDLIN, Religion, der behutsam für eine problemsensible Beibehaltung des (metasprachlichen) Religionsbegriffs plädiert. Zu den „Familienähnlichkeiten" in der transkulturellen Religionsbeschreibung unter einem instruktiven ethnologischen Gesichtspunkt SALER, Religion, bes. ix–xvi.158–196.

selprozesse in den antiken Reise-Erzählungen erschließen. Dieses Ziel bestimmt den Weg. Wir vergleichen, um den Einzeltext zu profilieren und so sachgerechter zu verstehen. Es geht nicht in erster Linie darum, textliche Dependenzen festzustellen, so instruktiv es auch sein kann, die Sinnkarriere eines immer forterzählten Reisetextes zu verfolgen. Aber mindestens ebenso lehrreich kann es sein zu fragen, warum ein medial nahezu allgegenwärtiger Bezugstext wie die Odyssee beim kulturell so anschlussbegierigen Reiseschriftsteller Lukas *keine* (deutliche) Spur hinterlässt. Die Auswahl der Vergleichstexte richtet sich zunächst nach ihrer chronologischen Nähe zur urchristlichen Literatur. Das Interesse an Verstehenshorizont und kultureller Enzyklopädie schließt zeitgenössische Texte lateinischer Sprache ein. Mitunter setzen wir die Lektüre an anderen Stellen an: Die klassischen Epen sind auch für den Neutestamentler wertvoll, weil sie die Herkunftsbehauptung einer Erinnerungsgemeinschaft in einer bezeichnenden Reise begründen, nahezu unbegrenzt in *relectures* und *réécritures* fortschreibungsfähig sind und daher im Traditionsprozess Konstanz, Transformation und Erinnerungsfunktion verfolgen lassen. Noch weiter „reisen" wir unsererseits, wenn wir uns den Grundfragen menschlichen Fernwehs in Texten aus der altorientalischen, ägyptischen, vorhellenistisch-griechischen oder auch spätantiken Kultur zuwenden. Hier ist das ideengeschichtliche Interesse leitend. Wir werden sehen, dass eine Erzählung wie der Gilgamesch-Mythos aus dem 26. Jahrhundert vor Christus Menschen im 21. Jahrhundert nach Christus noch immer zu faszinieren vermag. Dies verrät – über alle kulturellen Distanzen hinweg – manches über bleibende Fragen des Menschseins, denen sich auch Urchristen auf eigene Weise zu stellen hatten. Schließlich können Texte relevant werden, weil sie – abermals: auf je eigene Weise – neues Licht auf alte Fragen werfen. Eine lange Reihe von Texten zeigt etwa, wie Seesturm und Schiffbruch den Charakter des „besonderen Passagiers" enthüllen. Was bei Theophrast beginnt, die Philosophen umtreibt, Petron satirisch wendet, Juvenal polemisch heraushämmert, das findet im lukanischen Paulus vor Malta eine christliche Variation. Kurzum: Ausgangs- und Zielpunkt ist dem Neutestamentler die urchristliche Literatur, aber eine Grenze haben wir unseren Querlektüren nicht gesetzt. Nicht wir bestimmen, was wir lernen wollen, sondern die Lektüren bestimmen, was wir lernen können.

Gleichwohl begeben wir uns auf eine Suche. Wonach aber sucht unsere Lektüre? Sie sucht zunächst nach dem eigenen Lebensort der Intertexte. Einen eigenen Forschungsbeitrag kann der Neutestamentler hier freilich nicht leisten. Wie jedes transversale Unterfangen ist auch dieses auf Nachhilfe und Nachsicht der Fachleute aus den berührten Disziplinen angewiesen. Ich bin mir meiner Grenzen als Bibliker sehr bewusst. Gerade als Bibliker bin ich mir jedoch auch des Risikos bewusst, dass antike Texte eher von Wenigen erforscht als von Vielen gelesen werden. Mag der Neutestamentler auch nur auf seinem eigenen Terrain Eigenes beitragen, so kann er sich doch an dem Versuch beteiligen, dem Mangel an Lesern und an Interesse für die „anderen" antiken Texte abzuhelfen. Wenn Fachleute bei ihren Lektüren keine Fachgrenzen mehr zu überschreiten wagen, werden sie auf breiter Ebene irrelevant.[10]

Heuristische Vergleiche suchen im Einzelnen meist nach Parallelen. Unter „Parallelen" versteht die Exegese vornehm-

---

[10] Zur Be- und Vergegnungsgeschichte von Exegese und den althistorischen und altphilologischen Fächern sowie zum aktuellen Potential interdisziplinärer Zusammenarbeit habe ich am Beispiel der Apg grundsätzlicher Stellung genommen in BACKHAUS, Apostelgeschichte.

lich altorientalische, frühjüdische oder griechisch-römische Texte, die in einer bestimmten Hinsicht als aufschlussreich vergleichbar mit einem biblischen Text gelten. Der übliche Auslegungsvorgang besteht darin, dass Parallelen „herangezogen" werden. Dieses Verb scheint verräterisch, und nicht alle Parallelen gewähren den erhofften Aufschluss. Da sind die *toten Parallelen*, die in eingeklammertem Zustand von Kommentar zu Kommentar, von Stellenregister zu Stellenregister mitgeschleppt werden, ohne dass der Intertext vergleichend eingesehen wird noch zum vertieften Textverständnis eingesehen werden sollte. *Übermächtige Parallelen* sind solche Belegtexte, die den Ausleger vom Geschäft der Auslegung des Primärtextes entbinden und dessen Interpretation gleich selbst übernehmen. Im Interesse der parallelen Aussagelinie werden der Primär- oder der Sekundärtext oder gleich beide inhaltlich entkernt. Parallelensammlungen – klassisch „Wettstein" und „Strack-Billerbeck" – bergen stets das Risiko, statt als Hilfsmittel zum Auffinden von Texten, zur Entlastung von Kontexten benutzt zu werden. Eine übermächtige Parallele führt zur Fehlinterpretation. Sie ist der blinde Passagier, der im schlimmsten Fall den Zug entgleisen lässt.

Verdächtige Parallelen werden von Auslegern wahrgenommen, die vorsichtshalber gleich am Beginn der Fahrt die apologetische Notbremse ziehen. Es herrscht im katholischen Raum eine verbreitete, aber diffuse Skepsis gegen komparative Exegese; im protestantischen Raum scheint sie mir eher auf den evangelikalen Bereich konzentriert, dort aber umso offensiver verfochten. Die Parallele als Ausweis von Konvention lässt – so wird geargwöhnt – den biblischen Text konventionell erscheinen und gefährdet damit den Anspruch der Inspiration und Offenbarung. Ein Teil der Debatte ist hier natürlich im theologischen Diskurs zu führen. Mir scheint, dass bereits die frühe Kirche mit Denkfiguren wie dem λόγος σπερματικός oder der *anima naturaliter Christiana* das Wesentliche gesehen hat. Jenseits solcher binnentheologischen Fragestellung steht fest: *Jeder* Text, auch der noch so konventionell geprägte, ist Unikat und insofern in sich originell und innovativ. Auch diese Einsicht ist Implikation des Kontextprinzips. In dieser spezifischen Individualität allein lässt sich das *specificum Christianum* finden. Wir werden am Beispiel des Schiffbruchs sehen, wie gerade die höchst konventionelle Topik, über die sich bereits die Satiriker Petron, Juvenal und Lukian amüsieren, dazu beiträgt, den Charakter des Paulus, die heilsgeschichtliche Zäsur und den spezifisch christlichen Offenbarungsanspruch zu profilieren. Die Originalität liegt nicht über dem biblischen Text, sondern – wie bei allen Texten – in ihm: „The proof is in the pudding".[11] Gerade die Verdrängung solcher Parallelen, die den eigenen religiösen Geltungsanspruch infrage stellen, trägt dazu bei, dass dieser Geltungsanspruch ortlos wird. Die ausschließlich den Texten und ihrem individuellen Profil, nicht aber vorgeordneten Sinnerwartungen verpflichtete Vergleichsarbeit gibt letztlich auch dem Theologen belangreiche Auskunft. Denn sie beleuchtet den Zusammenhang, in den christliche Sinnsuche eingebunden war: Es geht nicht darum, das *specificum Christianum* durch Vergleich zu verwässern, sondern im Gegenteil darum, es zu erden.

Die *maßgeblichen Parallelen* sind jene, die im oben beschriebenen Sinn zur intertextuellen Profilierung beitragen. Zwei weitere, hilfreiche Vergleichsperspektiven seien ge-

---

[11] So die Quintessenz bei SHAUF, Theology, 48, der mit Blick auf Apg 19 die grundsätzliche Problematik sensibel herausarbeitet (ebd. 4–84).

nannt: (a) Es ist mitunter zweckmäßig, im Einzelfall (nach vorausgesetzter Kontextmusterung) katalogartig Vergleichsstellen aus möglichst verschiedenen literarischen Gattungen sowie zeitlichen und kulturellen Milieus zusammenzustellen, weil so die Repräsentanz etwa eines topischen Musters oder einer textpragmatischen Funktion zutage tritt. Auch können Querverweise Wegrichtungen auf weitere Kontexte und Interpretationsmöglichkeiten anzeigen, wenn auch nicht selbst begehen. Man mag hier von nützlichen, aber *bescheidenen Parallelen* sprechen. (b) *Entfernte Parallelen* sind solche, die zwar in einer erkennbaren Sachbeziehung zu dem Primärtext stehen, bei denen aber in der Auslegungspraxis oft kaum ersichtlich wird, wo die Leistung des Verweises liegt. Es kann sehr hilfreich sein, zum Verständnis der Überfahrt des Paulus die Fahrt des Aeneas nach Italien zu verfolgen. Aber es muss erkennbar werden, *warum* man die Texte liest: Geht es um die Frage literarischer Dependenz, etwa zu einer griechischen Version der Aeneis? Geht es um topische Ähnlichkeiten? Geht es um die kulturelle Enzyklopädie, sei es des Lukas, sei es seiner intendierten Leser oder späterer Rezipienten? Geht es um textpragmatische oder wissenssoziale Funktionsentsprechungen? Solche Fragen stellen sich umso deutlicher, je weiter die Parallele von der historischen, literarischen und kulturellen Verortung des Primärtextes entfernt liegt. So werden wir uns mit dem ägyptischen „Tale of the Shipwrecked Sailor“ aus dem Mittleren Reich, zwei Jahrtausende vor Paulus und Lukas, weit hinauswagen. Die „Parallele“ liegt hier so weit entfernt, dass gewiss keine Einsichten in die Produktions- oder Rezeptionsästhetik von Apg 27f. zu erwarten sind. Vielmehr liegt der Wert des Vergleichs hier (vom Charme der Erzählung als solcher abgesehen) in einer inhaltlichen – in diesem Fall: religiösen bzw. religionskritischen – Entsprechung. Gerade aufgrund der schlechthin verschiedenen Wahrnehmungs- und Darstellungsmuster, Textfunktionen und Aussageabsichten verdienen die sachlichen Konstanten Aufmerksamkeit. In diesem Fall sollte man allerdings kaum noch von Parallelen sprechen. Es handelt sich um *Textanalogien*. Der Begriff „Analogie" sei dabei im Sinne der Entsprechung *in einer bestimmten Beziehung* bei grundsätzlicher Verschiedenheit verstanden. Die Beziehung sollte in der Vergleichsarbeit erkennbar werden.

4. Vorgehen: Die Anlage der Lektüren

In vier Umläufen umkreisten die Jenaer Tria Corda-Vorlesungen 2011 das Thema der *fides viatrix*: *Kapitel II* verfolgt die „Reise zum Ende der Welt" in vier wirkungsreichen Epen der Antike. Das babylonische Gilgamesch-Epos steht für eine breite altorientalische Rezeptionsgeschichte. Dabei geht es uns zuerst um die noch heute ebenso fesselnde wie bewegende Erzählung als solche. Darüber hinaus interessiert uns aber auch die orientierende Leistung der Reise-Epik für die je erzählende Gemeinschaft. Die Erzählung von einer grundlegenden Wanderung der maßgeblichen Bezugsgestalt erarbeitet ein Leitbild für die soziale Erinnerung der erzählenden Gruppe. Indem von einer heroischen Welt-Reise aus alter Zeit berichtet wird, gewinnt die Erzählgemeinschaft bedeutsame Wurzeln. In das immer weitergemalte Gedächtnisgemälde tragen sich spätere Generationen ein, die sich so durch sinnvolle Herkunft selbst definieren. Die Odyssee lässt das Motiv der Heimkunft, die Aeneis das der Herkunft tiefer verstehen. So wird auch der erste Geschichtsentwurf des Christentums im lukanischen Doppelwerk neu durchschaubar: Lukas verortet die wandernd-werdende Kirche zwischen einer edlen biblischen Abkunft und der nach vorne offenen Ankunft in der römischen Mitte der Welt und damit in seiner Gegenwart. Das Sirenenabenteuer des Odysseus lässt uns in seiner – gerade auch altkirchlichen – Sinnkarriere verstehen, was einen „klassischen" Bezugstext ausmacht: Er reizt zu Antwort und Fortschreibung im Eigenen. Die Seefahrt des Odysseus wird für die frühen Kirchenschriftsteller zum Vorausbild Jesu Christi und zum Spiegel christlichen Selbstverständnisses. Zum eingehenden und direkten Vergleich mit der Apostelgeschichte lädt das (von Exegeten allzu vernachlässigte) Argonautenepos des Apollonios von Rhodos ein. Es gewährt uns wertvolle Einblicke in die Technik erzählerischer Malerei, das Potential erzählter Reisegemeinschaft und -gefahr für das Selbstverständnis von Lesern, den aufgeklärten Umgang mit religiöser Tradition, die aitiologische Rückbindung in Vergangenheit und die kognitive Eroberung von Neuland durch Erzählung (un-)heroischer Reise.

Kapitel III konzentriert sich auf Jesus Christus und religionsgeschichtlich verwandte Heilsträger. Dabei erschließen die Lektüren das Motiv des Reisewegs für Lebenswirklichkeit, religiöses Selbstkonzept, literarische Inszenierung und theologisches Programm, ausgehend von den Anfängen der Jesusbewegung bis hin zum spätantiken Triumphzug des Dionysos bei Nonnos von Panopolis. Johannes der Täufer, Jesus von Nazaret und die frühen Radikalen sehen in der Lebensform unbehausten Umherziehens nicht nur eine ihrer Sendung entsprechende praktische Notwendigkeit, sondern die Verleiblichung und Konsequenz ihrer endzeitlichen Botschaft und Gottesvorstellung. Pagane Beobachter stellen die urchristlichen Wanderpropheten und rückblickend auch Jesus selbst in die Nähe der kynischen Wanderphilosophen und vagabundierender Scharlatane. Das Urchristentum teilt die kritische Sicht auf solche Goeten durchaus und sucht theologisch wie gemeindepraktisch Unterscheidbarkeiten auszuweisen. Für die christliche Wahrnehmung der Gestalt Jesu wurde das Wegmotiv entscheidend. Der älteste Evangelist gibt dem Gedächtnisbild vom Bios Jesu Christi das Emplotment einer einjährigen Wanderung nach Jerusalem. Die anderen Synoptiker greifen dieses Bild auf und schreiben es mit eigenen christologischen Schwerpunkten fort. Christsein wird so zur Nachfolge; die Kirche begreift sich – je sesshafter sie wird, desto mehr – als wanderndes Gottesvolk. Diese Erinnerungsform lässt Vergleichbarkeiten wachsen: mit dem Wanderpropheten Apollonios von Tyana und den welt-reisenden Heroen, Heilanden und Göttersöhnen Herakles, Orpheus und Dionysos. Wir treffen auf eine geteilte Glaubens- und Heilsgeschichte und ein Christus-Bild, das durch die kon-kurrierenden Bezugsgestalten einerseits anschlussfähiger wird, andererseits an Eigenprofil gewinnt.

Kapitel IV geht von dem großen Reisenden in Sachen des Evangeliums, dem Apostel Paulus, aus. Zuerst betrachten wir die harte Lebenswirklichkeit des Reisens in der Antike. Dann wenden wir uns konkret Seesturm und Schiffbruch zu, in denen sich Erzählkultur, Philosophie und Theologie des Reisens brennpunktartig verdichten: Das Motiv ist gattungsübergreifendes Bravourstück dramatischen Erzählens, dient der *disclosure* des Hauptaktanten und offenbart die behütende, strafende, führende Gottheit, ihre Allgegenwart und Vorsehung. Die Episode vom stürmischen Übergang des Evangeliums in die Mitte des *orbis Romanus* Apg 27 f. erschließt sich auf solche Weise komparativ als eine theologische Schlüssel- und leserlenkende Schaltpassage des lukanischen Doppelwerks. Der letzte Schritt des vierten Kapitels führt von der gefahrvollen Reise zur Reise als Metapher für das Abenteuer des Lebens. Von der symbolsprachlichen Welt neutestamentlicher Zeit begeben wir uns in die phantasiereiche und tiefgründige Geschichte symbolsprachlicher Wanderungen in der nachbiblischen Spiritualität. In der Rezeptionsgeschichte der Texte und Motive müssen wir es meist beim Ausblick belassen. Am Beispiel der wirksamsten Inszenierung der gefahrvollen Glaubensreise – John Bunyans „Pilgrim's Progress" – gehen wir wenigstens einer Spur etwas geduldiger nach.

Kapitel V klappt die horizontale in die vertikale Perspektive um: Auch Himmel und Hölle sind vielbesuchte Reiseziele der antiken Menschen, wie diese denn auch Angst und Hoffnung teilen. Wir verfolgen sehr unterschiedliche Jenseitsreisen, die doch ein pragmatischer Zug verbindet: Sie lassen die lebensweltlichen Sichtweisen als allzu begrenzt erscheinen und regen zum Perspektivwechsel an. Wir verfolgen die motivprägenden Unterweltbesuche der Odyssee und Aeneis, die satirisch verfremdenden Ausflüge Lukians von Samosata sowie die frühchristlichen Motive des *descensus ad inferos* und der Hölle als Strafort. In umgekehrter Richtung verfolgen wir die politische *ascensio in caelum* der Gründungsgestalt Romulus und der konsekrierten Kaiser, studieren am Beispiel einer Konsekrationsmünze zur „Himmelfahrt" Constantins I., wie das Motiv oikoumenisch gelesen werden konnte, widmen uns in diesem Licht der lukanischen Himmelfahrt Christi und beenden unsere Jenseitsreisen mit der Johannes-Offenbarung im endzeitlichen Jerusalem.

„Lesen ist Reisen im Kopf".[12] Wenn wir antike Reisen verfolgen, können wir selbst zu Reisenden werden. So werden wir vertrauter mit den abenteuerlichen Wanderungen

---

[12] So der Titel eines Kapitels bei HLAVIN-SCHULZE, Reisen, 74–76.

antiker Götter, Heroen und Alltagsmenschen, mit den literarischen und religiösen Reisen der Erzähler und vielleicht am Ende auch mit unserer eigenen Lebensreise.

II. „Bis zum Ende der Welt“: Das Reiseabenteuer als episches Leitbild der Geschichte

Das Ende der Welt ist ein Erzählmotiv, das Menschen fasziniert und fesselt. Von den Anfängen der Kulturgeschichte an verwebt es sich mit dem Motiv vom Ende des Lebens, genauer: von dessen Ziel. Schauen wir in unsere eigene Lebensgeschichte, sofern sie auch Lesegeschichte war: In meiner Generation stand am kindlichen Anfang die weite Reise von Lummerland nach Kummerland und zurück; es folgte das pubertäre Reisefieber auf den Spuren Karl Mays. Dann las man J. R. R. Tolkiens Trilogie „The Lord of the Rings“, ein nicht verfilmbares Reise-Epos, dessen Schlusserzählung – der Ritt zu den „Grey Havens“ – man mit dem Eindruck aus der Hand legte, selbst durch eine Wanderung verwandelt worden zu sein, bei der sich eben das Ende der Welt mit dem Ziel des Lebens eigenartig berührte.[1]

Blicken wir von hier aus auf die Anfänge unserer Kultur, so scheint die individuelle Reifung die Menschheitsgeschichte verkürzt zu wiederholen. Kaum nämlich hat der Mensch die Schrift erfunden, schreibt er sich das Fernweh von der Seele. Im Modus des Reiseabenteuers ordnet die

[1] Zur Reise als narrativer Existenz-Metapher DUNNE, Time; dt. Lebenszeit und Mythos. Nachdenken über Leben und Tod. Übers. und mit einem Nachwort versehen von Josef Meyer zu Schlochtern, München 1989.

Erzählgemeinschaft ihr Verhältnis zu Zeit und Raum: Sie vergewissert sich ihres Standorts im unüberschaubaren Dasein, bewältigt Kontingenz, stiftet sich auf mythischer Basis geschichtlichen Richtungssinn und gegenwärtiges Recht. Das Ende der Welt zielt somit als Herkunfts- und Ordnungswissen auf die eigene Mitte.[2] Das Motiv des Wanderns wird zur Leitmetapher geschichtlicher Selbstvergewisserung. Die Helden erobern ferne Städte, bereisen fremde Inseln und besiegen mythische Monstren in anderen Welten, aber letztlich ist es die eigene Welt der Hörer und Leser, die sie erobern und deren Verstehenshorizont sie weiten.

Das soziale Gedächtnis antiker Gesellschaften wurde dabei besonders – und in nahezu unbegrenzter Fortschreibungsfähigkeit – durch die epischen Wanderungen geprägt.[3] Im Alten Orient ist es die mythische Wanderung des Gilgamesch, die an die erzählten Ursprünge der eigenen Zivilisation führt. Im Zeichen der Argonautensage erobern altgriechische, hellenistische, römische Kulturen kognitiv die sich politisch immer neu formierende Geographie. Die Fahrten des Odysseus und des Aeneas lassen ganze Gedächtnisgemälde entstehen, die den Erzählgemeinschaften eigene Herkunft verleihen. Vor diesem epischen Vorstellungshintergrund werden auch zwei keineswegs selbstverständliche

[2] Nicht zuletzt so erklärt sich die Affinität zwischen Reisen und Religion, die der vergleichenden Literaturwissenschaft immer wieder auffällt; vgl. z. B. Bourquin, Schreiben, 26–48. Über Reisen als Untersuchungsgegenstand der Literaturwissenschaft allgemein ebd. 18–26.

[3] Das Nomen „Epik" wird – auch in der Exegese – mitunter in einem recht weiten Sinn verstanden, sodass es sich nicht selten zeit- und kulturübergreifend auf heroische Großerzählungen allgemein bezieht. Hier sei es in einem engeren, gattungsgeschichtlichen Sinn verstanden als eine breitere, heroisch gefärbte Abenteuer-Erzählung in gebundener Sprache und mit der Funktion kultureller Identitätsstiftung; zur Diskussion Alexander, Narrative, 166–173.

urchristliche Grundentscheidungen nachvollziehbar, die ihrerseits nicht an die epische Gattungswahl geknüpft sind: Der Bios des Gottessohns findet synoptisch die Gestalt einer einjährigen Wanderung nach Jerusalem. Daran anknüpfend, wird diese *peregrinatio evangelica* bei Lukas im Modus von Gottesvolk-Geschichte prolongiert: eine Periegese des Evangeliums ἕως ἐσχάτου τῆς γῆς (Apg 1,8). Wenn wir hier das Motivgeflecht der Abenteuerreise in der epischen Erzählkunst betrachten, so geht es uns dabei besonders um den Zusammenhang zwischen äußerer und innerer Reise, anders gesagt: um die narrative Intentionalität. Wir werden mit heuristischem Blick auf die neutestamentliche Reise-Tradition beobachten, dass die epische Erzählstrategie Verstehensmöglichkeiten eröffnet, die bei einer Lektüre, die sich auf Probleme der literarischen Gattung, Milieunähe oder Dependenz konzentriert, weithin ausgeblendet bleiben.

1. „Der die Ufer der Welt, nach dem Leben stets suchend, erforschte“: Die Grundzüge des Reiseabenteuers im Gilgamesch-Epos

Reiße nieder das Haus und erbaue ein Schiff!
XI,24

Das Gilgamesch-Epos[4] beginnt überschriftartig mit den Worten: „Der, der die Tiefe sah, die Grundfeste des Landes, / der das *Verborgene* kannte, der, dem alles bewusst“

[4] Das Epos, das zweifellos zur Pflichtlektüre von Altphilologen wie Theologen gehört, ist bequem zugänglich in der Übersetzung und Kommentierung des Heidelberger Assyrologen Stefan M. Maul, Das Gilgamesch-Epos ([4]2008). Eine handliche Einführung bietet zudem Sallaberger, Gilgamesch-Epos. Kritische Standardedition: George, Babylonian Gilgamesh Epic (2003).

(I,1 f.).[5] „Die Tiefe sehen“ – der Doppelsinn dieser Wendung hat sein existentielles Recht. Die Erzählung von der Wanderung dessen, der Unsterblichkeit sucht, bis ans Ende der Welt reicht im mündlichen Urbestand vermutlich ins frühe dritte Jahrtausend zurück. Sie lässt sich literarisch bis in die sumerischen Keilschrifttexte aus dem 26. Jahrhundert v. Chr. zurückverfolgen und liegt heute im babylonischen Korpus auf zwölf Tontafeln vor, die in den Ruinen des Palasts des assyrischen Königs Assurbanipal (reg. um 669–627 v. Chr.) gefunden wurden. Erst jüngst konnte sie durch die zähe Mühe des Londoner Altorientalisten Andrew R. George auf neue Textgrundlagen gestellt werden.

Das Epos erzählt von dem kraftstrotzend-kampflustigen König der mesopotamischen Metropole Uruk, Gilgamesch: ein Siegertyp, von Wander- und Abenteuerlust gepackt. Seine Mutter, die Göttin Ninsun mit dem schmeichelnden Beinamen „Wildkuh“, betet, während sie dem Sonnengott Schamasch das Opfer darbringt, ebenso verzweifelt wie vergeblich gegen dieses dem Sohn – und mit ihm der ganzen Menschheit – in die Wiege gelegte Fernweh an:

Warum nur hast du meinem Sohn Gilgamesch
ein rastloses Herz bestimmt und ihm es aufgebürdet? –
Jetzt aber rührtest du ihn an,
sodass er den weiten Weg zu gehen vermag,
dorthin, wo Humbaba [wohnt].
Einem Kampfe, den er nicht kennt, wird er sich stellen,
eine Wegstrecke, die er nicht kennt, wird er befahren. …
Möge bei Tage, wenn du selbst an das Ende der Erde gelangst,
sie keine Scheu vor dir zeigen, Aja, die Braut, möge dir
in Erinnerung rufen:

[5] Überschrift nach I,41. Ich benutze (orthographisch angepasst) die aktuelle Übersetzung von Stefan M. Maul ([4]2008), die auf der kritischen Edition von Andrew R. George beruht. Kursivierung bezeichnet eine ungesicherte Lesart.

‚Was ihn anbetrifft, ihn gib in die Obhut der Wachen der Nacht!‘
(III,46–57)

Nach mancher Eskapade weisen die Götter den Unbändigen doch in seine Schranken. Angesichts des Todes seines Weg- und Kampfgefährten, des Waldmenschen Enkidu, lernt der Held etwas Neues. Dieses Neue sollte die Menschheit so wenig wie das Fernweh jemals wieder verlassen. Es ist die Todesangst. So bricht der verzweifelte Held auf, um bei Uta-napischti dem Fernen, der die Sintflut überlebt und Unsterblichkeit erlangt hat, das „Geheimnis von Tod und Leben“ zu erkunden (vgl. IX,75–77). Seine gefahrvollen Wege führen ihn an den Rand der Welt zum Zwillingsberg, wo er jenen Schacht findet, den die Sonne nächtlich durchläuft. Dieser wird von Skorpionmenschen bewacht, die ihn, nicht ohne Zögern, als Zweidrittelgott passieren lassen. Nach einem dramatischen Wettlauf mit der Sonne erreicht der Held das andere Ende und so die Jenseitswelt.

Ausgezehrt gelangt er an eine Schenke am Meeresrand. Deren Wirtin, die verschleierte Stadtgöttin von Uruk, Ischtar, sucht ihn eher auf den Weg zum eigenen Selbst als auf den zu Uta-napischti zu leiten (vgl. X,10–91).[6] Doch schon landet dessen Fährmann am Gestade. Nachdem der kämpferische Abenteurer dessen steinerne Matrosen erschlagen

[6] Eine andere Version lässt die Wirtin das *Carpe diem* in einer verblüffend modern wirkenden Weise deuten: „Gilgamesch, wohin läufst du? / Das Leben, das du suchst, wirst du nicht finden! / Als die Götter die Menschheit erschufen, / teilten den Tod sie der Menschheit zu, / nahmen das Leben für sich in die Hand. / Du, Gilgamesch – dein Bauch sei voll, / ergötzen magst du dich Tag und Nacht! / Feiere täglich ein Freudenfest! / Tanz und spiel bei Tag und Nacht! / Deine Kleidung sei rein, gewaschen dein Haupt, / mit Wasser sollst du gebadet sein! / Schau den Kleinen an deiner Hand, / die Gattin freu’ sich auf deinem Schoß! / Solcher Art ist das Werk *der Menschen*!“ (X,III,1–14 in der Ausgabe Albert Schott/Wolfram von Soden [1934/1980])

hat, setzen die beiden über die „Gewässer des Todes“ ans andere Ufer, wo Gilgamesch dem babylonischen Pendant zum biblischen Noah endlich sein Anliegen einklagen kann:

Was soll ich nur machen, Uta-napischti, wohin soll ich nur gehen?
Mein Fleisch – das packte sich ‚Der Räuber‘.
In meinem Schlafgemach, da wohnt der Tod,
und wohin ich mich auch wenden mag, da ist er schon, der Tod.
(XI,243–246)

Der Weise versucht Gilgamesch – und mit ihm mythisch jeden Lebensreisenden – von seinem endlichen Geschick zu überzeugen: Wir sind als begrenzte Wesen geschaffen. In einer Eindringlichkeit, die an die Poesie Kohelets erinnert, betont Uta-napischti das Unabänderliche des Schicksals, in das sich zu fügen dem Menschen zukommt:

… einem Schilfrohr aus dem Sumpfe gleich,
den schönen jungen Mann, das schöne Mädchen,
geschwinde raubt *in ihrer vollen Blüte* sie der Tod!
Niemand wird den Tod je sehen,
niemand wird des Todes Antlitz schauen,
niemand wird des Todes Stimme je vernehmen,
und doch ist der grimme Tod der Menschheit Schnitter.
Es gibt eine Zeit, da bauen wir ein Haus,
es gibt eine Zeit, da nisten wir im Nest,
es gibt eine Zeit, da teilen sich die Brüder das Erbe,
es gibt eine Zeit, da herrscht Hass im Lande. (X,301b–311)

Und es gibt eine Zeit, da treibt die Eintagsfliege im Hochwasser davon, blinzelt in die Sonne und ist nicht mehr (vgl. X,312–315).

Ein pädagogisches Experiment beweist dem erschöpften Helden eindrücklich, dass er nicht einmal auf Schlaf verzichten kann: Der Wanderer ist für die Ruhe bestimmt (vgl. XI,207–241). So ist auch das Leben nicht für die Unsterblichkeit geschaffen, sondern dazu, sterblich gelebt und mit dem Tod vollendet zu werden. Es kommt nicht darauf an, wie lange wir leben, sondern was wir aus dem Quantum Leben machen, das gerade uns, gerade hier zugeteilt ist. Dann aber liegt die einzige Lösung für Gilgameschs Problem darin, die Richtung seiner Frage umzukehren. Mit Viktor Frankl gesagt: Die kopernikanische Wende der Psyche besteht darin, nicht zu fragen „Was erwarte ich vom Leben?", sondern „Was erwartet das Leben von mir?", eine Frage, die den Tod perspektivisch einschließt.[7] Natürlich sagt es Uta-napischti nicht logotherapeutisch. Vielmehr: Nicht der Trübsal soll Uruks König nachjagen, sondern seiner Pflicht für die Kleinen im Land nachgehen, die keinen anderen haben als ihn (vgl. X,267–278). Die entscheidende Frage lautet deshalb:

Hast du jemals, Gilgamesch, um den *einfachen Mann dich gesorgt*? …
Dem *einfachen Manne* ist des Bieres Bodensatz gegeben,
so als sei es *gute* Butter. …
Bekleidet ist er mit *einem Sack*, als sei es *ein Festtagsgewand*. …
Weil keiner ihm zur Seite steht, der *ihn mit gutem Rate leitet*,
und ihm ein Wort des Ratschlags fehlt, *muss er in Elend harren*!
Erhebe du sein Haupt, Gilgamesch, *und tue das, was eines Königs Pflicht*! (X,270–278)

Die Antwort auf das Problem des Todes liegt mithin in der Verantwortungsethik. Der bislang um sich kreisende Muskelheld muss lernen, dass es der Dienst am Anvertrauten ist, der dem Leben königlichen Sinn stiftet.

Gleichwohl verweist Uta-napischti, von seiner Gattin beredet, den Wanderer zum Abschied auf ein Herzschlagkraut mit dem zuversichtlich stimmenden Namen „Der-greise-Mensch-ist-jung-geworden" (vgl. XI,271–300). Die Wanderung ans Ende der Welt war, so scheint es, nicht

[7] Vgl. Frankl, Ja, 117–119.

vergeblich. Auf dem Rückweg jedoch, als Gilgamesch sich in einem Teich erfrischt, nähert sich die Schlange, frisst das Gewächs, und wirft, während sie davonkriecht, ihre Haut ab: Sie, wenigstens sie, kann ihre Jugend erneuern. So sitzt unser Held am Ende da – und weint (vgl. XI,301–318).

Nicht ganz am Ende: Denn im Erzählschluss sehen wir ihn, wie am Erzählanfang, an der mächtigen Stadtmauer von Uruk stehen, die er gebaut hat, um den Daseinsraum jener zu schützen, die das Leben ihm anvertraut hat. Kein anderer als zuvor, doch mehr er selbst: verwundet und verwandelt, im Wortsinn *bewandert*.[8] Aus dem „stößigen Stier“ ist der „gute Hirt“ seines Volkes geworden (vgl. I,30.70 f.87–89). Wir dürfen das Leben nicht ewig genießen, wohl aber können wir es gut nutzen. Wir können das Leben nicht verlängern, wohl aber vertiefen. Die Reise bis ans Ende der Welt will den Tod überwinden, aber sie lehrt das Leben zu verstehen und in die eigene Hand zu nehmen.

2. Zwischenbilanz: Von der Leistung der Reise-Epik für die Gegenwart der Erzählgemeinschaft

Das Gilgamesch-Epos ist religions- und kulturgeschichtlich weit von der antiken Literatur und vom Neuen Testament entfernt. Dennoch birgt es wertvolles heuristisches Potential für unser Vorhaben, dem *fidelis viator* auf die Spur zu kommen. Der Abstand dieses Epos zu den klassisch-antiken wie zu den urchristlichen Großerzählungen lässt uns in der Sache deutlicher wahrnehmen, in welcher Hinsicht Gemeinschaften sich durch Reisemotivik (2.1) als Her-

[8] So HLAVIN-SCHULZE, Reisen, 23.

kunftsgemeinschaft aktuell verorten und (2.2) diachron fortschreiben.

2.1 Herkunftsbehauptung

Gilgamesch, zweifellos eine *mythische* Gestalt, lebt nicht ohne *geschichtlichen* Anspruch in Uruk. Vielleicht knüpft unser Epos sogar an einen historischen Herrscher dieses Namens an. Ein Gilgamesch wird in der altsumerischen Königsliste genannt, und zumindest einer der dort angeführten Könige ist epigraphisch nachweisbar.[9] Zweifellos historische Tatsachen sind die Wirkungen, die Gilgamesch mythisch zugeschrieben werden: die mächtige Stadtmauer von Uruk (I,11–21; XI,321–326), nachsintflutliche Kulturleistungen (vgl. bes. I,6–8), Kultstätten und Riten „für die umnebelten Menschen“ (I,43 f.). Den Brauch, Findelkinder vom Tempelpersonal aufziehen zu lassen, erklärt man sich mit Enkidus Schicksal (vgl. III,120–127). Auch Reisewege (I,37–40) und -methoden, namentlich das Segel (X,180–183), werden mythisch mit Gilgamesch verbunden. Am Ende des dritten Jahrtausends nennt sich das zu Ur herrschende Geschlecht „Brüder des Gilgamesch“.[10] Gar der Libanon und Antilibanon verdanken sich seinem ungestümen Kampfgeist (vgl. V,125–136). Mythisches und historisches Erzählen, ethnische Geschichte und existentielles Geschick formen eine Einheit im kollektiven Gedächtnis der Traditionsträger und erklären ihnen die Welt, in der sie leben.

---

[9] Vgl. Maul, Gilgamesch-Epos, 16 f.; Sallaberger, Gilgamesch-Epos, 46–49.

[10] Vgl. Maul, Gilgamesch-Epos, 16.

Die scheinbar penible Grenzziehung zwischen Dokumentation und Fiktion, wie wir sie in der Neuzeit kennen, hilft für die antike Literatur offenkundig nicht weiter. So wenig wie die Historiographie fiktionsfrei sein möchte, so wenig versteht sich das Epos als geschichtsferne Zone. Thukydides hält Homer für einen Historiographen, wenn auch für einen von der poetischen und daher unexakten Sorte (vgl. Thuk. 1,3,3; 1,9,4; 1,10,3).

Selbstverständlich ist die historische Grundlage beim Epos im Allgemeinen wie bei der Gilgamesch-Erzählung im Besonderen allenfalls in homöopathischer Dosis nachzuweisen. Nicht um dokumentierte Fakten in der Epik soll es hier gehen, sondern um den grundsätzlichen Anspruch von Epik überhaupt: Sie will Jetztzeit durch *geschichtliche Herkunft* verorten, erklären, ausrichten. Dieses leitende Anliegen teilt sie mit der intentionalen Historiographie.[11] Die epische Erzählung steht nicht, als sei sie allein dem ästhetischen Vergnügen gewidmet, referenzlos im Raum. Ihre Referenz ist die Gegenwart. Sie gibt der Erzählgemeinschaft einen Ursprung, verwurzelt sie in zeitlicher Tiefe und stiftet ihr damit Ordnungswissen, Daseinsrecht und Selbstverständnis ein. Wichtig ist nicht, was einmal war, sondern woher wir kommen, anders gesagt: die Herkunftsmimesis.

Man spricht hier von einer *Aitiologie*, dem Logos von einer αἰτία, der Ursache und Herkunft eines vorfindlichen Phänomens. Solche Ursprungsbehauptungen werden uns auch in den anderen Reiseabenteuern begegnen. Deshalb sei hier auf eine für das biblische Erzählgut bedeutsame Einsicht aufmerksam gemacht: Die Aitiologie erklärt Ge-

[11] Der Begriff stammt von dem Freiburger Althistoriker Hans-Joachim Gehrke; vgl. etwa Bedeutung, bes. 29–31.49–51. Zur Beziehung zwischen Epik und Gründungsmimesis vgl. Bonz, Past, 15–29.

genwart, indem sie über Vergangenheit erzählt. Die Erzählenden gewinnen, indem sie Herkunftsmimesis treiben, eine Perspektive, die ihr Dasein trägt: Wir sind noch immer in derselben bedeutsamen Geschichte. Und sie geht mit uns weiter – und wir mit ihr. Bezeichnenderweise lassen die großen Wanderepen des 20. Jahrhunderts ihre Akteure genau diese Einsicht ausdrücklich vortragen und reflektieren. So Samwise Gamgee im „Lord of the Rings", der an einem Höhepunkt der Trilogie sinniert: „Ich frage mich, in was für eine Art von Erzählung wir wohl gefallen sind und ob sie je weitererzählt werden wird, so wie wir die Geschichten von den Helden damals erzählen". Und dann geht ihm ein Licht auf: „Wir sind ja immer noch in derselben Geschichte. Sie geht ja weiter. Enden die großen Geschichten denn nie?" – „Nein", antwortet sein Gegenüber, „als Geschichten enden sie nie. Aber die Spieler in ihnen kommen und gehen, wenn ihre Rolle endet".[12] Vor allem Thomas Mann spielt in der Joseph-Tetralogie mit diesem Leitmotiv: Die wandernden Erzväter verschmelzen in der erzählenden Erinnerung, der „Mondgrammatik", Israels zu einer einzigen großen Aitiologie, so sehr, dass etwa der Knecht Eliezer am Ende nicht mehr so genau unterscheidet, in welcher der Erzählungen er eigentlich vorkommt.[13] Joseph selbst achtet

---

[12] Vgl. Tolkien, Lord II, 402–404; ferner III, 275.280.

[13] Vgl. bes. Joseph, 306–310.1089. Bezeichnend ebd. 1098 (Joseph zu Mai-Sachme): „Groß ist das Schrifttum! Aber größer noch ist es freilich, wenn das Leben selbst, das man lebt, eine Geschichte ist, und daß wir in einer Geschichte sind, einer vorzüglichen, davon überzeuge ich mich je länger je mehr. Du bist aber mit darin, weil ich dich hineinnahm zu mir in die Geschichte, und wenn in Zukunft die Leute vom Haushalter hören und lesen, der mit mir war und mir zur Hand ging in erregenden Stunden, so sollen sie wissen, daß du es warst …". Zur „Mondgrammatik" als dem Verschwimmen der individuellen und der kollektiven Identität ebd. 88 f.

dezent darauf, sich so zu benehmen, dass spätere Erzähler, ohne Anstoß zu nehmen, ihre eigenen Geschichten an die seine knüpfen können.

So sei ein wichtiger Verstehensgewinn festgehalten: Reise-Epik hat im Ganzen wie im Detail aitiologischen Deutungswert. Reiseabenteuer ermöglichen der diachronen Erzählgemeinschaft, sich durch Geschichten in Geschichte einzuordnen, das heißt: ihre Herkunft zu behaupten, ihr Dasein zu begründen, ihren Standpunkt zu begreifen, ihr Ziel zu deuten. Das Reisemotiv wird zur narrativen Verleiblichung geschichtlichen Richtungssinns. Deshalb treten die großen Reise-Erzählungen meist am nebelhaften Anfang einer Kultur ins Leben. Das war letztlich auch im Christentum so, namentlich im großen Entwurf des lukanischen Erzählwerks. Die nachfolgenden Generationen schreiben die Wanderung fort, weiten das Reisebild, erobern Neuland und arbeiten so an einem großen Erinnerungsgemälde, dessen Bedeutung im Spiegelsinn liegt: „Seht her, an dieser Stelle des Gemäldes stehen wir selbst". Die Schnittmenge zwischen der Epik und der frühchristlichen Herkunftsmimesis liegt wesentlich in dieser erzählpragmatischen Funktionalität begründet.

2.2 Fortschreibungsfähigkeit

Große Geschichten enden nie.[14] Wer sich als Hörer / Leser in den Erzähltext hineinbegibt, zu dessen Mit-Akteur wird, der schreibt die Geschichte von selbst fort – mit dem eigenen

[14] Am Rand sei notiert: Mit Ausnahme des dritten Evangeliums enden die erzählenden Texte des Neuen Testaments (Mk, Mt, Apg, Joh, vgl. Offb) stets verblüffend offen (oder mit einem sekundär angehängten Erzählschluss).

Leben. Die Akteure wechseln, der Plot bleibt. Dass sich die Babylonier, zu deren schulischem Bildungskanon unser Epos gehörte, auch mit ihrer eigenen Lebensreise in der Erzählung wiederfanden, können wir uns vorstellen. Aber fast sprengt es unsere Vorstellungskraft, halten wir uns die geradezu endlosen Zeiträume vor Augen, durch die unser Epos tradiert wurde. Wir finden es im Sumerischen, Akkadischen, Assyrischen, Alt-, Mittel- und Neubabylonischen, Hethitischen und Hurritischen. Es scheint in mündlichen Überlieferungen weiterentwickelt worden zu sein und gerät sogar in die homerische Überlieferung.[15] Noch im Palästina und Kleinasien der reichsrömischen Zeit stoßen wir auf seine Spuren. Im dritten Jahrhundert n. Chr. klingen Reminiszenzen an, so die Geburtsgeschichte als Beispiel für die φιλανθρωπία der Tiere bei Ailianos (nat. 12,21), den hier wohl über Ktesias von Knidos oder Berossos ursprungsnahe Überlieferungen erreicht haben.[16] Im Ganzen beeindruckt es, wie sich die unterschiedlichsten antiken Kulturkreise immer neu durch Blick in die uralte Reise des Gilgamesch selbst zu verstehen lernten.

Ob es anthropologische Konstanten gibt, ist bekanntlich umstritten. Aber es stimmt nachdenklich, dass der eben gezeichnete Plot, der im 26. Jahrhundert vor Christus wurzelt, im 21. Jahrhundert nach Christus noch Menschen zu fesseln vermag, wenn auch jetzt auf die Lebensreise des Einzelnen übertragen. Rilke nennt das Epos „ungeheuer" und rechnet es „zum Größesten [*sic*] das einem widerfahren

---

[15] Vgl. Henkelman, Birth, 810 f.

[16] Ein Adler rettet das aus einem Turm geworfene neugeborene Kind und trägt es zu einem Gärtner, der es aufzieht. Dazu ausführlich Henkelman, Birth, 816–825.847 f. Schott stellt die Erzählung als „Vorgesang" an den Beginn seiner Textwiedergabe.

kann“.[17] Elias Canetti notiert in seiner Autobiographie, dass dieses Reiseabenteuer, in jungen Jahren bei einer Lesung gehört, „mein Leben, seinen innersten Sinn, Glauben, Kraft und Erwartung wie nichts anderes bestimmt hat“.[18] Das Epos aus der Bronzezeit inspiriert in unserer Epoche Opern, Filme und Romane, und die Reise führt jüngst gar in andere, populärkulturelle Galaxien, wenn Captain Picard im „Star Trek“ sie einem sterbenden Alien aus einer metaphorisch sozialisierten Sprachgemeinschaft erzählt.[19] Von Ailian zum Alien! Große Geschichten enden nie, und wichtige Reisen bleiben stets nach vorne offen.

3. „Alle Götter blickten an diesem Tag vom Himmel auf das Schiff“: Die Argonautika des Apollonios und die Apostelgeschichte

μητέρα δ᾽ οὐκ ἄλλην προτιόσσομαι ἠέ περ αὐτὴν νῆα πέλειν.
Eine andere Mutter weiß ich mir nicht vorzustellen als gerade unser Schiff.
Apoll. Rhod. 4,1372 f.

Die Welten, die reisende Helden erobern, erobern sie nicht zuletzt, um den kulturellen Horizont der Leser zu weiten. Die mythischen „Wanderer ans Ende der Welt“ entgrenzen die enge lebensweltliche Perspektive nicht nur hinsichtlich des Zeitbewusstseins, sondern auch mit Blick auf das

[17] Rilke/Kippenberg, Briefwechsel, 191 f.; vgl. ebd. 198; zu Rilkes Betonung der Oralität des Epos Moran, Rilke.
[18] Fackel, 51; vgl. ebd. 51 f.
[19] Star Trek: The Next Generation, 5. Staffel, 2. Episode: Darmok (1991). Vgl. dazu eingehend Heilmann/Wenskus, Darmok, bes. 796–798.

Raum-Wissen. Dass es ein Seefahrervolk mit (vergleichsweise) friedlichem Expansionsdrang war, dem unser kulturelles Erbe die klassischen Reiseabenteuer, allen voran die Odyssee, verdankt, ist daher nicht verwunderlich.

Der älteste der schier endlosen Erzählkreise ist die Argonautensage.[20] Im Kern vorhomerisch, gewinnt sie literarische Vollgestalt in der vierten pythischen Ode (P. 67–262) bei Pindar (um 520–445 v. Chr.) und ihre maßgebliche epische Form bei Apollonios von Rhodos (3. Jh. v. Chr.), Haupt der Bibliothek von Alexandrien. Die Argonautika sind das einzige Epos, das aus hellenistischer Zeit überkommen ist.[21] Der Plot ist im Kern aus vielen Kulturkreisen vertraut: „Eine an Gefahren reiche Fahrt, deren Zweck die Gewinnung eines hohen Kleinods ist, führt unter der Leitung eines Auserlesenen eine Schar von Helden mit übernatürlichen Kräften zusammen; die Gefahren, die sich entgegenstellen, die Aufgaben, die vor die Erwerbung jenes köstlichen Preises gesetzt sind, werden von den Gefährten dank ihrer Wunderkräfte überwunden und gelöst".[22]

Konkret geht es darum, dass der Königssohn Iason mit einer Mannschaft aus Heroen und Halbgöttern – unter ihnen Orpheus, Herakles, die Dioskuren – auf dem schnel-

---

[20] Den mythographischen Befund schildern Diod. 4,40–56; Apollod. 1,107–147. Einen Überblick über die weite literarische und ikonographische Verbreitung des Mythos im Zeitraum vor der vierten pythischen Ode Pindars gibt Braswell, Commentary, 6–23; zur Tradition und deren möglichem historischen Hintergrund Giebel, Reisen, 13–18.

[21] Handliche, knapp und nützlich erläuterte Textausgaben mit Übersetzung von Reinhold Glei / Stephanie Natzel-Glei (1996), Peter Green (1997) und Paul Dräger (2002/2010). Eine schwungvolle, nicht zuletzt mentalitätsgeschichtlich erhellende Durchsicht der „armchair epic" des Apollonios bei Green, Alexander, 201–215.

[22] Meuli, Odyssee, 595.

len Schiff Argo nach Kolchis am Schwarzen Meer aufbricht, das wiederum mit dem Ende der Welt assoziiert wurde (Apoll. Rhod. 2,417 f.: Αἶα δὲ Κολχίς / Πόντου καὶ γαίης ἐπικέκλιται ἐσχατιῇσιν; vgl. 2,397 f.; ferner Pindar, I. 2,41 f.; Platon, Phaid. 109a–b; Ailios Aristeides, or. 26 [Romrede],82). In diesem mythisch umwobenen Land soll Iason das Goldene Vlies stehlen und zu König Pelias von Iolkos bringen, was ihm mit Hilfe der zauberkundigen Prinzessin Medeia auch gelingt. Anders als bei Gilgamesch hat diese Reise also vordergründig Erfolg, doch das Verhältnis von Iason und Medeia entwickelt sich (freilich erst nach Buchschluss in Korinth) grausam-tragisch.

Als Apollonios sein Epos schrieb, kannte man gerade einmal ein Zehntel der Land- und kaum drei Prozent der Wasserfläche der Erde.[23] Der Himmel schien vertrauter: Die Reise der Argonauten findet unter lebhafter Anteilnahme der olympischen Götterwelt statt. Zu den eindrucksvollsten Lektüre-Eindrücken gehört der Vogelblick auf die Erde, den der fliegende Eros während seiner Himmelsreise nimmt. Apollonios zeichnet ein von der Morgensonne gerötetes Panorama, mit einer Kunst, die den Leser in einen Betrachter verwandelt, der selbst von oben auf die Welt schaut:

νειόθι δ᾽ ἄλλοτε γαῖα φερέσβιος ἄστεά τ᾽ ἀνδρῶν
φαίνετο καὶ ποταμῶν ἱεροὶ ῥόοι, ἄλλοτε δ᾽ αὖτε
ἄκριες, ἀμφὶ δὲ πόντος, ἀν᾽ αἰθέρα πολλὸν ἰόντι.

Dort unten erschienen ihm bald die Nahrung spendende Erde und die Städte der Menschen und die Flussläufe, göttlich bewohnt, bald auch die Spitzen der Berge, das Meer ringsum, da er die Lüfte im Weiten durchzog. (3,164–166)[24]

---

[23] Halvin-Schulze, Reisen, 28.

[24] Vgl. Phinney, Painting, 148; deForest, Argonautica, 150.

In solchen Übersichten misst das alexandrinische Ordnungswissen im ästhetischen Modus epischer „Universalgeschichte“ die Welt neu aus. Zeiten und Räume werden miteinander verschränkt; Aitiologie und Topographie stiften weitgefächerte Übersicht. Die Mannschaft – deren Glieder in der Überlieferung austauschbar sind – umfasst eine hinreichende Anzahl von Referenzgestalten, die Reisestationen berühren, sowie eine hinreichende Menge von Orten, um in der nach den Alexanderzügen neu zusammenwachsenden Welt Orientierung zu schaffen. Mehr noch: um durch die Reise-Erzählung selbst am Zusammenwachsen mitzuwirken.

Die Reiseroute mag den modernen Betrachter überraschen: Die Donau mündet in das Adriatische Meer. Dass durch das libysche Sandmeer kein schiffbarer Fluss führt, steht auch für den Erzähler außer Frage, denn die Seefahrer tragen die Argo auf ihren Schultern durch die Wüste. Immerhin berührt das Epos auch Rhein, Rhône, den Schwarzwald und die „keltischen Seen“, zu denen man den Bodensee zählen wird. Das Epos setzt also in Teilen die damals forciert entwickelte Geographie voraus.[25] Wilamowitz, der das Epos verachtet, nimmt die geographischen Versuche als Beleg für die „ganze Verkehrtheit dieser zwitterhaften Poesie“.[26]

Er tut damit Apollonios wohl Unrecht. Denn die Verbindung von aktueller Gelehrsamkeit und klassischer Poesie dient einer durchaus anspruchsvollen Absicht: der kulturellen Anverwandlung einer neuen Welt. Es kommt dem helle-

---

[25] Allerdings wird die Reiseroute im vierten Buch phantastisch; vgl. näher HARDER, Descriptions, bes. 28 f. Zur Bedeutung der aktuellen alexandrinischen Wissenschaft im Allgemeinen und der geographischen Einsichten im Besonderen für Apollonios vgl. ZANKER, Realism, 71–73.116–119; ferner FRÄNKEL, Noten, 635 f.

[26] Literatur, 205.

nistischen Epos weniger auf die altertümelnde Homerimitation an als darauf, dass die Weltreise möglichst viele Orte sinnstiftend berührt, die unbekannte Weite erzählend wie erklärend bewältigt und den topographischen *horror vacui* bändigt. Das Reise-Epos des Apollonios ist allenfalls insofern „zwitterhaft", als es die den Griechen so selbstverständliche Scheidung zwischen sich selbst und allen anderen, den „Barbaren", aufhebt und Kulturen einander berühren lässt.[27] Die Hellenen wohnten nach Platons Wort um das Mittelmeer herum wie Frösche um einen Sumpf:

> ... πάμμεγά τι εἶναι αὐτό καὶ ἡμᾶς οἰκεῖν τοὺς μέχρι Ἡρακλείων στηλῶν ἀπὸ Φάσιδος ἐν σμικρῷ τινι μορίῳ, ὥσπερ περὶ τέλμα μύρμηκας ἢ βατράχους περὶ τὴν θάλλαταν οἰκοῦντας.
>
> ... dass die Erde etwas Großes sei und wir, die Siedler vom Phasis [Fluss in Kolchos am Schwarzen Meer] bis zu den Säulen des Herakles [Gibraltar], einen winzigen Teil um das Meer herum bewohnen, wie Ameisen oder Frösche um einen Sumpf herum. (Phaid. 109a–b)

Die Argonautensage ist ein Zeichen dafür, dass die hellenistische Kultur mit der – *sit venia verbo!* – Krötenwanderung beginnt: Sie erobert in der friedlichen Weise von poetischer Ortskunde die Welt und macht sie – mit den erzählten Ruderschlägen der Griechen und unter den Auspizien ihrer Götter – zu kosmopolitischer Heimat. Damit verändert sich das Selbstverständnis auch der Rezipienten. Indem Apollonios kognitive Landkarten entwirft, stiftet er dichterisch οἰκουμένη.[28]

Dass Urchristen begonnen und gelernt haben, auf die οἰκουμένη hin zu denken, verdanken sie wesentlich der

---

[27] Vgl. Thalmann, Apollonius, IXf.

[28] Zur wissenssozialen Konstruktion von „Welt" jetzt instruktiv Thalmann, Apollonius, bes. 3–24; zur mentalen Ausprägung von Raumbildern in der frühen Kaiserzeit Hänger, Welt.

großen Reise-Erzählung des Lukas. Versuchen wir daher den Brückenschlag zur zweiten Schrift des lukanischen Werkes! Unter dem Gesichtspunkt der Gattung ist die Apostelgeschichte zweifellos keine epische Dichtung in gebundener Sprache. Dies schließt jedoch keineswegs aus, dass sie sich auf den Feldern von Pragmatik und Perspektivik mit dem Epos berührt.

Vor allem in der US-amerikanischen Exegese wird mitunter postuliert, dass die Apostelgeschichte literarisch von den klassischen Epen des Homer oder Vergil abhängig sei.[29] Auf den ersten Blick erscheint eine solche Annahme durchaus triftig. Die episch erzählten Großwanderungen, namentlich Ilias und Odyssee, besitzen eine kaum zu überschätzende Bedeutung in der Lebenswelt des antiken Mittelmeerraums, angefangen von der elementaren Bildung über die soziale Gedächtnisarbeit bis hin zur Alltagsbebilderung.[30]

Diese Reise-Erzählungen gehörten zur kulturellen Enzyklopädie der Menschen im frühkaiserzeitlichen Reich, selbst wenn sie – wie dies für weite Teile der Bevölkerung galt – nicht literarisch lesen konnten. Daher liegt es in der Tat nahe, dass Lukas auf solches Kulturwissen, vielleicht auch in kritischem Kontrast, zurückgreift, um die Großwanderung des Evangeliums darzustellen. Dass er sich solcher Erzähl-

[29] Zu Homer vgl. bes. MacDonald, Testament; Ders., Farewell. Zum Bezug auf die Aeneis (die Lk nach Ansicht der Vf.in in einer griechischen Übersetzung vorgelegen hat) Bonz, Past, bes. 189–193. Zwar ist die einseitige Konzentration auf literarische Abhängigkeiten zwischen lukanischen Schriften und der Aeneis zu kritisieren, jedoch kommt Bonz das Verdienst zu, die Zusammenhänge zwischen Epik und christlicher Herkunftsmimesis erstmals in methodologisch reflektierter und heuristisch weiterführender Form aufgearbeitet zu haben.

[30] Einen auf breitere soziale Basis gestützten Überblick über die erzieherisch relevanten Texte, besonders die Schultext-Papyri berücksichtigend, gibt Morgan, Education, bes. 90–119.308–313.

mittel bedienen kann, wie sie etwa Vergil zur poetischen Veredelung des augusteischen Prinzipats benutzt, dokumentiert eindrücklich die lukanische Geburtsgeschichte, die in den Farben des Goldenen Zeitalters gemalt ist.[31] Jedoch ist es, soweit ich sehe, bislang nicht gelungen, eine *literarische* Abhängigkeit des Lukas von Homer oder Vergil auch nur halbwegs plausibel aufzuweisen.[32] Im Gegenteil: Wo man synoptisch arbeitet, wird aus unbefangener Sicht unschwer erkennbar, dass Lukas sogar auf an sich verwandten Motivfeldern seine eigenen Wege geht.[33]

Löst man sich dagegen von der Frage nach der literarischen Dependenz, zeigt sich das Epos *heuristisch* ausgesprochen anregend: Die Apostelgeschichte stimmt mit der Reise-Epik darin überein, dass sie Ursprung, Herkunft und Daseinsrecht der Erzählgemeinschaft vergegenwärtigt und fremde Kulturräume kognitiv erschließt. Dies gilt allerdings für das Werk des Apollonios von Rhodos deutlicher als für die klassischen Epen der Ilias, Odyssee oder Aeneis. Obwohl die Argonautika nach Zeit und Sache dem lukanischen Erzählwerk vergleichsweise nahe liegen, werden sie kaum zum Vergleich mit der Apostelgeschichte herangezogen. Die Querlektüre lässt uns acht wichtige Einsichten gewinnen:

(1) *Narrative Malkunst:* Meisterlich beherrscht Apollonios die Ekphrasis, die erzählerische Kunst, ein Geschehen

---

[31] Vgl. etwa SCHREIBER, Weihnachtspolitik, bes. 63–83.

[32] Vgl. auch die kritischen methodologischen Beiträge von MITCHELL, Homer (zu Homer) und KRAUTER, Evangelium (zur Aeneis).

[33] Dies wird (gegen die Absicht des Vf.s) an der Synopse bei MACDONALD, Farewell, 194–201 unübersehbar: Die Abschiedsrede des Paulus vor den ephesischen Presbytern in Milet unterscheidet sich nahezu schlagend von einer Imitatio der Abschiedsrede Hektors an Andromache; die entfernten Motivanalogien sind ausschließlich durch den Texttyp „Abschiedsrede“ als solchen bedingt (vgl. Il. 6,440–502).

so zu beschreiben, dass es dem Leser/Hörer als Bild vor Augen tritt.[34] Vielleicht hat er den Mythos von der Argo-Fahrt gerade deshalb aufgegriffen, weil dieser altbekannte Stoff ihm erlaubte, die *neue* Kunst klarer demonstrieren zu können. Zweifellos hat er sich darin oft an Homer gemessen und die allseits bekannten, aber entfernten Motive durch die neugeschaffenen Möglichkeiten sprachlicher Formung auf gewandelte Weise beleben wollen.[35] Dichtung wird im innovativen Milieu Alexandriens zum medialen Experimentierraum. Der Dichter malt die Weltreise mit literarischen Mitteln vor Augen, oft in sehr anschaulichen Miniaturbildern. Ein besonders eindrückliches Textbeispiel – die Argo sticht in See – lässt erkennen, was gemeint ist:

ὣς οἱ ὑπ᾿ Ὀρφῆος κιθάρῃ πέπληγον ἐρετμοῖς
πόντου λάβρον ὕδωρ, ἐπὶ δὲ ῥόθια κλύζοντο·
ἀφρῷ δ᾿ ἔνθα καὶ ἔνθα κελαινὴ κήκιεν ἅλμη
δεινὸν μορμύρουσα ἐρισθενέων μένει ἀνδρῶν,
στράπτε δ᾿ ὑπ᾿ ἠελίῳ φλογὶ εἴκελα νηὸς ἰούσης
τεύχεα· μακραὶ δ᾿ αἰὲν ἐλευκαίνοντο κέλευθοι,
ἀτραπὸς ὣς χλοεροῖο διειδομένη πεδίοιο.
Πάντες δ᾿ οὐρανόθεν λεῦσσον θεοὶ ἤματι κείνῳ
νῆα καὶ ἡμιθέων ἀνδρῶν γένος, οἳ τότ᾿ ἄριστοι
πόντον ἐπιπλώεσκον· ...

Unter dem Leierspiel des Orpheus schlugen sie mit den Rudern das ungestüme Wasser der See, sodass es aufwallte. In Gischt strömte rechts wie links dunkles Meerwasser; gewaltig brauste es dahin unter der Schwungkraft der kraftvollen Männer. Wie das Schiff dahinglitt, da blitzten im Sonnenlicht ihre Waffen, einer Flamme vergleichbar. Da zogen sie eine weiße Spur weit hinter sich, wie ein gut sichtbarer

[34] Ἔκφρασίς ἐστι λόγος περιηγηματικὸς ἐναργῶς ὑπ᾿ ὄψιν ἄγων τὸ δηλούμενον. – „Die Ekphrasis ist eine Schilderung, die [den Leser/Hörer im Geschehen] umherleitet und so anschaulich vor Augen führt, was zutage treten soll" (Ailios Theon, Progymnasmata 7 § 118,6).

[35] Vgl. Zanker, Realism, 65–70.

Pfad durch grünes Gefilde verläuft. Alle Götter indes blickten an diesem Tag vom Himmel auf das Schiff und halbgöttlicher Männer Geschlecht – die Besten, die damals hinausfuhren auf hohe See. (1,540–549)

In diesem Szenenbild aus der Vogel- (oder Götter-)Perspektive (vgl. auch 3,161–166) sehen wir am Rand den Zentauren Chiron, den Erzieher des Iason, stehen. Er winkt den Aufbrechenden liebenswert zu und wünscht ihnen, mit feuchten Hufen scharrend, glückliche Heimkehr. Neben ihm steht seine Frau, das Ziehsöhnchen Achill auf dem Arm (vgl. 1,549–558). Eine Frau, die das Kleinkind trägt – das hält noch in der Kaiserzeit der Romanschriftsteller Chariton von Aphrodisias für ein Bild von tränentreibender Schönheit, da selbst Göttermaler dazu die Gelegenheit versäumten (Kallirhoe 3,8,6). Gerade in solchen Genrebildern, deren Wirkung ihm durchaus bewusst und erwünscht war, ist Apollonios ein zeitgenössischer Dichter des Hellenismus, geprägt nicht zuletzt vom alexandrinischen Malereistil.[36] Kurzum: „Apollonios saw like a painter".[37] Über die poetische Sprachkunst hinaus hat das Bemühen um eine den Leser / Hörer einbeziehende Darstellungsweise auch die Historiographie beeinflusst: Der Leser muss zum

[36] Zum „pictorial realism" in der alexandrinischen Poesie vgl. Zanker, Realism, 39–112; zu Apollonios ebd. 44.47 f.65–79; zum Nexus von alexandrinischer Dichtung und bildender Kunst Webster, Poetry, 156–177; zu Apollonios ebd. 174 f.; vgl. auch Phinney, Painting; Green, Alexander, 205 f.

[37] Webster, Poetry, 71. Auch hier ist das Urteil von Wilamowitz durch die ästhetische Befangenheit des Klassizisten getrübt: „Für seine Handlung können wir uns gar nicht interessieren, für seine Menschen kaum, und so oft man ihn durchliest, es bleibt kein Vers, kein eigentümlicher Ausdruck im Gedächtnis, und tut es ein Gleichnis (die er geflissentlich ausputzt), so geschieht es mehr, weil es gesucht, als weil es gefunden ist" (Literatur, 205).

Augenzeugen und Zeitgenossen derer werden, die das Erzählte selbst erlebt haben. Daher muss der wahre Historiograph ein sprechender Maler sein und sein Leser ein Betrachter.[38]

Diesen Beruf des Malers hat die Legende nicht zufällig Lukas zugeschrieben – historisch grundlos, doch im Grunde wahr.[39] Denn der lukanische Erzähler erläutert keineswegs die Herkunft des Christentums in der Weise, dass der Leser sich „einen Begriff“ machen kann. Er führt vielmehr Geschichte, rhetorisch und poetisch inspiriert, in Sprachbildern vor Augen, inszeniert sie im dramatischen Episodenstil, wie er die hellenistische Geschichtsdarstellung kennzeichnet.[40] Es ist nicht zuletzt die *geschaute Episode*, auch die fingierte, die die Apostelgeschichte mit dem Epos des Apollonios verbindet. Lukas ist wie dieser ein Meister imaginativer Erzählkunst oder, um es mit der antiken Rhetoriktheorie zu sagen, der ἐνάργεια oder *sub oculos*

---

[38] Deutlich reflektiert dies Plutarch. Für ihn ist Malerei schweigende Dichtung, Dichtung sprechende Malerei: ὁ Σιμωνίδης τὴν μὲν ζῳγραφίαν ποίησιν σιωπῶσαν προσαγορεύει, τὴν δὲ ποίησιν ζῳγραφίαν λαλοῦσαν (De gloria Atheniensium 346F): τῶν ἱστορικῶν κράτιστος ὁ τὴν διήγησιν ὥσπερ γραφὴν πάθεσι καὶ προσώποις εἰδωλοποιήσας. ὁ δ᾽ οὖν Θουκυδίδης ἀεὶ τῷ λόγῳ πρὸς ταύτην ἁμιλλᾶται τὴν ἐνάργειαν, οἷον θεατὴν ποιῆσαι τὸν ἀκροατὴν καὶ τὰ γιγνόμενα περὶ τοὺς ὁρῶντας ἐκπληκτικὰ καὶ ταρακτικὰ πάθη τοῖς ἀναγιγνώσκουσιν ἐνεργάσασθαι λιχνευόμενος. – „Der wirkmächtigste Geschichtsschreiber ist der, der die Erzählung wie eine Beschreibung mit Affekten und Charakterzügen ins Bild setzt. So strebt Thukydides in seinem Werk stets emsig nach solcher Anschaulichkeit, denn ihm liegt daran, den Hörer gleichsam zum Beobachter zu schmieden und das Geschehen seinen Lesern anschaulich einzuprägen: die Eindrücke von Leidenschaften und Verstörungen derer, die als Augenzeugen zugegen waren“ (347A).

[39] Vgl. Belting, Bild, 70–72.

[40] Vgl. Plümacher, Lukas, 80–111; Wirth, Geschichtsschreibung, 207 f.

subiectio: *Statuit enim rem totam et prope ponit ante oculos* (Rhet. Her. 4,69).[41]

Wer die Apostelgeschichte liest, wird aber nicht nur über die Weltreise des Evangeliums belehrt. Er wird im Sog der Erzählbilder zum Weggenossen. Er liest nicht – er nimmt am Geschehen teil. Wer es ausprobieren möchte, begebe sich lesend in den Trubel von Apg 19! Im Vergleich mit der zeitgenössischen Erzählmalerei[42] fällt dabei freilich nicht zuletzt dies auf: Lukas hegt keinerlei erzählerisches Interesse an den üblichen Genrebildern, z. B. von Landschaften, Stadtansichten, Bewegungsreiz und dergleichen. Ins Bild gesetzt wird die Beziehungsdynamik anschaulicher Akteure, und zwar immer dann und insofern ihr Verhältnis zum Evangelium vor Augen treten soll. Wenn bei Lukas eine Frau ihr Kind im Arm hält, geht es nicht um ein Genrebild, sondern um Christologie.[43]

Die Leser späterer Zeiten haben die sprachliche und theologische Malkunst des Lukas wahrzunehmen vermocht. Seine Darstellung ist ihrerseits lebhaft rezipiert und in andere Bildwelten übersetzt worden: in die der bildenden Kunst, aber auch etwa in die des Kirchenjahrs. Von Weihnachten über Himmelfahrt bis Pfingsten steht uns die Jesus- und

---

[41] Vgl. Rhet. Her. 4,68 f.; Cicero, de orat. 3,53 § 202; orat. 40 § 139; Dionysios von Halikarnass, Lysias 7; Quintilian, inst. 6,2,32 f.; 8,3,61–8,3,71; 9,2,40; Ps.-Demetrios, De elocutione 4 §§ 209–220. Andere rhetorische Termini bringen das malerische Element noch stärker zur Geltung: *demonstratio*, *evidentia*, *illustratio*, *repraesentatio*, ὑποτύπωσις.

[42] Das ganze einschlägige Kap. 7 (§§ 118,6–120,11), das Theon – etwa Zeitgenosse des Lk – der Ekphrasis widmet, fördert das Verständnis der lukanischen Erzähldynamik ungemein.

[43] Solche eidetische Christologie (hier mit Blick auf das empfangene Kind in Lk 1,39–45) erörtert lektürepragmatisch hilfreich NASSAUER, Gegenwart, bes. 80–87.

Jünger-Geschichte in lukanisch inspirierter Imagination vor Augen. Lukas hat ähnlich wie Apollonios – freilich mit eher theologischer als ästhetischer Zielsetzung – in seiner historiographischen Gattungswahl und mit seinem gemischten Erzählstil den medialen Experimentierraum gewählt und für die religiöse Kommunikation dauerhaft erweitert. Auf diese Weise hat er die Medialität der christlichen Kultur so bereichert wie kein anderer urchristlicher Verfasser.

(2) *Beschränkung der Transzendenz:* Götter gehören zum epischen Erzählkonzept. Im Vergleich zum klassischen Mythos hält sich Apollonios jedoch eher zurück, wenn es um das unmittelbare Eingreifen der Götter in den Handlungsverlauf geht. Zudem neigt er gelegentlich dazu, den Einbruch des Wunderhaften in die Menschenwelt, wie er ihn überliefert fand, gelehrt-rationalistisch zu entmythologisieren.[44]

Beide Züge finden sich auch in der Apostelgeschichte. Zwar gehören wundersame Geschehnisse in der „mimetischen" Geschichtsschreibung durchaus zum Darstellungs- und Deutungsapparat.[45] Doch die Protagonisten der Urkirche beschränken sich auf überschaubare Heilungstaten. Gewaltige Naturwunder fehlen; Himmelswesen greifen nur selten und sparsam (unmittelbar) in den Handlungslauf ein. Sehen wir von der verkündigten Auferstehung des Kyrios ab, bleibt das Geschehen im gemessenen Rahmen des Menschlichen. Die Gottheit bleibt vollends im Hintergrund. Sie tritt anders als bei Apollonios nicht in auktorialer Dichterrede, sondern nur durch das Zeugnis Dritter auf,

---

[44] Vgl. Glei / Natzel-Glei I, XIV. Zur Bedeutung des Göttlichen und göttlicher Erzählcharaktere für Apollonios Green, Alexander, 206 f.; Goldhill, Voice, 310–313; Hunter, Argonautica, 75–100.

[45] Dazu ausführlich Plümacher, Τερατεία.

indirekt durch Wirkungen, vor allem durch das Pneuma.[46] Sogar das unmittelbare Handeln Christi beschränkt sich auf die Himmelfahrt am Anfang. Von da an hängt der Himmel programmatisch (vgl. Apg 1,11) nicht mehr ganz so tief über den Akteuren wie etwa in den Argonautika. Wir müssen dabei freilich zwischen den Sorten der Himmel unterscheiden: Bei Apollonios handelt es sich um den mythisch-ästhetischen, bei Lukas um den leibhaftig geglaubten.

Wo die epischen Himmelskonferenzen (vgl. z. B. Apoll. Rhod. 3,7–166) fehlen, sind es die historiographischen Deutungskonventionen, allen voran die Menschenreden, die dem Geschehen ihren Richtungssinn abgewinnen. Die Gattungswahl des Lukas trägt also von vornherein einen nüchternen Zug in das Erzählen vom Ursprung. Es muss nicht nur ästhetisch schön sein; es muss freilich auch nicht nur dokumentarisch korrekt sein. Aber so wahrscheinlich sollte das Schöne sein, dass man es, ohne sich zu verbiegen, erzählen kann: „wahr genug, um erzählt zu werden".[47] Man muss das Schöne für wahr halten können. Darin nicht zuletzt liegt der Kern einer erzählenden Erlösungsreligion.

(3) *Verminderung des Heroischen:* Ein kennzeichnend hellenistischer Grundzug bei Apollonios liegt darin, dass er gegenüber der klassischen Epik den Heldentypus zurücktreten lässt. Iason kämpft zwar, aber beirrbar und nicht selten niedergeschlagen. Er ist Objekt sympathetischer,

---

[46] Dies beobachtet Alexander, Narrative, 179 f. ähnlich beim Vergleich zwischen Vergils Aeneis und Apg: „But even within the world of biblical narrative, Luke is unusually restrained in his refusal to exploit the privileged position of the narrator to convey the supernatural significance of the events as they unfold" (179).

[47] Vgl. dazu (dort mit Blick auf die kaiserzeitliche Biographie) die erhellende Analyse von Pelling, Truth, bes. 42 f.49; ferner Backhaus, Spielräume, bes. 20–29.

nicht admirativer Leseridentifikation, also eher ein Akteur, der unsere Schwächen teilt, als einer, dessen Stärken wir bewundern.[48] Er steht damit in einem gewissen Kontrast zu Herakles, dem klassischen, bei Apollonios freilich auch ironisch-burlesken Helden, der nicht ohne Grund das Team verlässt. Ein Heroe ist Iason (vgl. Apoll. Rhod. 3,427–432) jedenfalls so wenig wie seine Gefährten (vgl. 4,1245–1304). Sein folgenreichster Heldenakt ist eine gute Tat nach Pfadfinderart: Er hilft einer alten Dame (in der sich freilich Hera verbirgt) über den Fluss und verliert dabei seinen Schuh (vgl. 1,5–11; 3,66–74). Dem Paris ähnelt er mehr als dem Achill, liegen doch seine Stärken im Erotischen eher als im Martialischen.[49] Gar als weinerlich-verzagte Graumaus wurde er beschrieben: „acted on rather than acting".[50]

---

[48] Zu dieser auf Hans Robert Jauß zurückgehenden Unterscheidung EFFE, Held, 160–164; zum teils heroischen, teils ironischen Herakles-Bild des Apollonios NATZEL, Κλέα, 196–200; DEFOREST, Argonautica, 47–69. Dagegen sieht HUNTER, Argonautica, 25–36 Apollonios eher mit der epischen Führerrolle experimentieren.

[49] So GREEN, Alexander, 208; vgl. HEISERMAN, Novel, 11–29. Pointiert DEFOREST, Argonautica, 11: „love, traditionally the foil of epic, becomes the mainspring of the *Argonautica*. In his poem, heroic deeds offer only comic relief from the seriousness of romantic love. Bewitched by Medea, the reader affirms the literary seriousness of a love story over the battles of epic heroes".

[50] GREEN, Alexander, 205. Zum heroischen Defizit und unepischen Charakter Iasons auch NATZEL, Κλέα, 181–195; CLAUSS, Best, bes. 37–56.210f.; GLEI/NATZEL-GLEI I, XIV.153f. Anm. 48.154 Anm. 54. Die Beobachtung trifft einen Zug der Iason-Gestalt, sofern er im Vergleich mit den klassischen Erzählhelden, namentlich Achill oder Odysseus, auffällt. Dadurch wird Iason nicht zum „Anti-Helden" schlechthin; differenzierend HUNTER, Argonautica, 8–25, der Apollonios eher einen dynamisch-ausforschenden Umgang mit der klassischen Heldenrolle zuschreibt, was nicht zuletzt auch darin Geltung findet, dass Iason aus der Perspektive anderer Akteure wahrgenommen wird; dazu auch GOLDHILL, Voice, 314–321.

Diesen Eindruck führe ich an, weil er vorzüglich zur Apostelgeschichte passt. Man hat vorgeschlagen, sie nicht *Acta Apostolorum*, sondern *Acta Iesu Christi* zu nennen.[51] So wenig Jesus sich im Erzählverlauf sehen lässt, so sehr behält er das Heft in der Hand. Die Jünger sind in dem, was geschieht, trotz aller Standhaftigkeit, keine Führer; sie sind Geführte – „acted on rather than acted“, durchgehend „unepisch“, mitunter von verblüffender, ja erheiternder Passivität (vgl. z. B. Apg 12,6–17). Nun wirken, anders als Iason, weder Petrus noch Paulus erotisch. An diese Linie, die zeitgenössisch im Roman stark gemacht wird, knüpfen auf christlicher Seite erst, mit Vorzeichenwechsel, die späteren Apostelakten an. An die Stelle des Eros treten in der Apostelgeschichte vorläufig Agape und Glaube.

(4) *Die Akteure als Gemeinschaft:* Es ist oft aufgefallen, dass bei Apollonios der selbstbezogene Einzelheld homerischer Prägung von der Bühne tritt.[52] Iason ist Glied einer umfassenden Gruppe von 54 Gefährten, die eingangs detailfreudig vorgestellt wird (Apoll. Rhod. 1,23–233). Sie wählen und unterstützen Iason (z. B. 1,336–347); auch der Steuermann Ankaios wird nicht bestimmt, sondern von der Gruppe gewählt (2,894–898). Wo ein gemeinsamer Weg mit all den Nöten und Gefahren zu bewältigen ist, wo jeder Einzelne mit seinen ihm eigenen Stärken gebraucht wird, da legt sich – ungeachtet der Notwendigkeit, einen Anführer zu haben – keine hierarchische Struktur, sondern eine Gemeinschaft von Gleichen nahe. Das Prinzip lautet: ξυνὴ γὰρ χρειώ, ξυνοὶ δέ τε μῦθοι ἔασιν / πᾶσιν ὁμῶς. – „Gemeinsam ist

[51] So Avemarie, Acta, bes. 544 f. und ähnlich bereits Meyer, Ursprung III, 6.

[52] Vgl. etwa Glei / Natzel-Glei I, XIV.

doch das Vorhaben, gemeinsam dann auch der Austausch: / für alle zugleich!" (3,173 f.)

Die Akteure der Apostelgeschichte zeigen sich im ersten Hauptteil, ebenfalls mit einem Eingangskatalog (Apg 1,13 f.), in die Gruppe eingebunden.[53] Iasons Gedanke πολέων δέ τε μῆτις ἀρείων. – „Dass viele beratschlagen, ist besser!" (Apoll. Rhod. 4,1336) würde gut als Motto zur Konfliktlösung beim Apostelkonvent passen (Apg 15,1–35), und wenn im sog. Aposteldekret (15,23–29) der Heilige Geist auf gleicher Augenhöhe mit den Jerusalemer Autoritäten genannt wird (15,28), zeigt sich auf eigene Weise: Die Führer sind Geführte, und sie werden nicht anders geführt als im unheroischen Wir. Selbst Jesus, an dessen Anführerrolle Lukas keinen Zweifel lässt, wird in beiden lukanischen Schriften wesentlich aus der Perspektive der Wander- und Mahlgemeinschaft gesehen. Achten wir auf die Feinheit, mit der Lukas das Auswahlkriterium für einen Apostel beschreibt: „Es ist also nötig, dass von diesen Männern, die mit uns gemeinsam gingen (τῶν συνελθόντων ἡμῖν ἀνδρῶν) während der ganzen Zeit, in der der Herr Jesus bei uns ein- und ausging – angefangen von der Taufe des Johannes bis zu dem Tag, an dem er aufgenommen wurde, fort von uns – einer mit uns Zeuge seiner Auferstehung werde" (1,21 f.). Auch das Pfingstereignis mag man unter diesem Gesichtspunkt vertieft verstehen: „Ich werde ausgießen von meinem Geist über alles Fleisch. Und prophetisch werden

---

[53] Im zweiten Teil tritt Paulus als Individuum stärker hervor und gewinnt durchaus Züge von Weisheit und Tapferkeit, die das menschliche Normalmaß überschreiten. Aber auch er bleibt in Gemeinde und Gemeinschaft, nicht zuletzt in das (quellenkritisch so umstrittene) „Wir" der Mitreisenden, eingebunden und wirkt, zumal in den letzten Kapiteln, eher als Dulder denn als Kämpfer. Auch Lk experimentiert offenkundig mit der Heldenrolle.

reden eure Söhne und eure Töchter, und eure Jünglinge werden Schaugesichte schauen, und eure Greise werden Träume träumen“ (2,17f. [Joël 3,1f.^{LXX}]). Es gehört zum Wesen des Geistes, dass er nicht charismatischen oder anders legitimierten Führungsgestalten reserviert ist, sondern Gemeinschaft bildet. Der Gesichtspunkt uneingeschränkter Solidargemeinschaft reicht so weit, dass der Kyrios die Verfolgung der Seinen vom Himmel aus als die Verfolgung seiner selbst bestimmt (9,4f.; vgl. 22,7f.; 26,14f.).

Wiederum ist der Verstehensgewinn nicht nur auf den „Hellenismus“ beschränkt, sondern bis in die Reisen der heutigen Christenheit fruchtbar: Kirchengeschichte ist keine Herrscher-, Helden- und Geniegeschichte. Diese Einsicht ist so alt wie die Kirche selbst und prägt ihr erstes Geschichtsbuch. Übersehen wir übrigens nicht, dass es, wie bei Apollonios im Zeitalter der Ptolemäer, so im ersten Jahrhundert im Zeitalter der (sich gern in der Rolle des Herakles inszenierenden) Kaiser durchaus einen herrscherkritischen Impetus barg, wenn man den Helden in die Gruppe zurückband.

(5) *Komödisierung von Traditionsstoff:* Sublim kritische Züge zeigt auch eine andere Besonderheit beim Umgang mit der ehrwürdigen epischen Tradition. Apollonios kopiert das klassische Epos nicht, wie ihm Zeitgenossen vorwarfen; er bedient sich des tradierten Mythos leichtfüßig, spielt mit ihm, dehnt sein Potential mit warm- und weitherzigem Humor ins Heute aus. Besonders reizvoll wirkt die verblüffend bürgerliche Lebensweise im überkommenen Götterhimmel, die spaßhafte „domestication of the divine“.[54] Aphrodite richtet erstens ihrem hinkenden Ehemann das Bett und zweitens sich selbst nach dem Vorbild der vor-

---

[54] GOLDHILL, Voice, 312.

nehmen Damenwelt Alexandriens die Frisur (Apoll. Rhod. 3,36–50). Ihr Sohn Eros ist eine verzogene Göre, scheint beim Würfelspiel mit Ganymed zu mogeln, lässt sich aber mit einem funktionstüchtigen Spielball bestechen, Medeia – an sich die Idealfigur für Tragödien – die Liebespfeile ins Herz zu schießen (3,51–166). Von humorigem Spiel mit der epischen Tradition zeugt auch das Hilfsansinnen, das Hera matronenhaft im vierten Buch an die Meernymphe Thetis richtet, die ihr schon deshalb teuer ist, weil sie, wenigstens sie, dem notorischen Liebeswerben des unentwegt treulosen Gatten Zeus widerstanden hat: κείνῳ γὰρ ἀεὶ τάδε ἔργα μέμηλεν / ἠὲ σὺν ἀθανάταις ἠὲ θνητῇσιν ἰαύειν. – „denn seine Sorge zielt stets auf dieser Art Dinge: mal mit unsterblichen, mal mit sterblichen Frauen im Schlaf zu liegen“ (4,794 f.). In derlei Kalamitäten erfahren, neigt sie zu weitherzigem Rat: ἀάσθη, καὶ γάρ τε θεοὺς ἐπινίσσεται ἄτη. – „Mag Peleus auch gefrevelt haben, so werden doch auch Götter mitunter von Verblendung übermannt“ (4,817).

Zweifellos ist es nicht immer leicht, Humor aus dem geschichtlichen Abstand heraus richtig abzuschätzen, doch scheint er mir auch an anderen Stellen nicht zu fehlen. Das Goldene Vlies, um dessen Raub die Weltreise veranstaltet wird, dient am Ende zwei nachgerade ironischen Zwecken – als erotische Unterlage und als Stoff für weitere Gesänge: Ἔνθα τότ᾽ ἐστόρεσαν λέκτρον μέγα· τοῖο δ᾽ ὕπερθε / χρύσεον αἰγλῆεν κῶας βάλον, ὄφρα πέλοιτο / τιμήεις τε γάμος καὶ ἀοίδιμος. – „Daselbst machten sie sich damals ein großes Brautlager zurecht und warfen das Goldene Vlies, wie es strahlte, darüber, auf dass es eine kostbare und vielbesungene Hochzeit werde!“ (4,1141–1143) Auch den Umstand, dass die Argonauten ihr schnelles Schiff in Ermangelung von Wasser zwölf Tage und Nächte auf dem Rücken durch die libysche Wüste bis zum Tritonischen See schleppen (vgl. 4,1370–1392), entnimmt Apollonios seiner epischen Tradition nicht ohne Augenzwinkern. Der darauf bezogene Verfasserkommentar ist ein anschauliches Beispiel für den ironisch-leichtfüßigen Umgang des Ästheten mit seiner mythischen Überlieferung: Μουσάων ὅδε μῦθος, ἐγὼ δ᾽ ὑπακουὸς ἀείδω / Πιερίδων καὶ τήνδε πανατρεκὲς ἔκλυον ὀμφήν. – „Dies hier ist eine Erzählung der Musen, ich selbst singe nur als einer, der den Pieriden gehorcht, und ganz untrüglich habe ich derlei Kunde erfahren“ (4,1381 f.).[55] Apollonios bittet die Musen gar gestelzt um Nachsicht, dass er das unschickliche προτέρων ἔπος von der Kastration des Uranos – ohne es eigentlich zu wollen – wiedergibt (4,984 f.). Das epische Traditionsgut dient also der spielerischen Erzählfreude, und die religiöse Respektlosigkeit fügt ein humanisierendes Element in die alten Mythenstoffe ein.

Durch solche Einsicht bereichert, sollten wir Lukas auch in dieser Hinsicht als „hellenistischen“ Schriftsteller ernster und deshalb gerade unernster nehmen. Die urchristliche Literatur wird oft als witzlos eingestuft: „leider ist in aller jüdischen und christlichen Schriftstellerei auch kein Körnchen Humor zu finden: es ist, als hätte eine ganze Welt das Lachen verlernt“.[56] Zumindest der Apostelgeschichte wird dieses Urteil des großen Gräzisten Wilamowitz nicht gerecht. Unter den urchristlichen Schriften ist sie zweifellos jene, die am meisten mit Humorelementen arbeitet.[57] Lukas

[55] Vgl. näher Fusillo, tempo, 372–374 (die „Pieriden“ sind Musen). Zum Humor in den Argonautika Fränkel, Noten, 640 sowie die Erläuterungen in der Textausgabe Glei / Natzel-Glei.

[56] Wilamowitz, Literatur, 263. Ähnlich das Urteil bei Bultmann: Der Humor ist dem alten Christentum fremd, „und das Neue Testament zeigt keine Züge von Humor“ (Christentum, 209).

[57] Ich gehe diesem Thema in Backhaus, Transformation näher nach, wo ich auch das Problem der diachronen Eigenart von Humor

untermalt seinen naturgemäß ernst-kerygmatischen Traditionsstoff im Zuge der Literarisierung mit urbaner Ironie oder derber Komik, im Einzelfall gar burlesk: Die Volksversammlung von Ephesus verliert die Kontrolle über sich selbst, ohne zu wissen, warum sie zusammengetreten ist, und ihre Teilnehmer erinnern uns, im Kollektiv „blökend", an die Schafe in Orwells „Animal Farm" (Apg 19,23–40). Der imitierte Exorzismus einer Gauklergruppe endet im Fiasko der wildgewordenen Dämonen, die nun ihrerseits die Austreiber austreiben (19,13–20). Auch sonst liebt Lukas den ironischen Rollenwechsel: Ein Duodeztyrann, der einen Apostel öffentlich sterben lassen will, stirbt öffentlich im Theater, nachdem hier ein Engel den Apostel befreit und dort ein Engel den Herrscher mit Wurmbefall geschlagen hat (12,1–4.20–23). Ein Magier namens „Jesus-Sohn" entpuppt sich als „Teufelssohn", und aus dem Menschenführer wird einer, der, befristet blind geworden, nach Führern tappt (13,6–12). Einen Höhepunkt bildet die Anklagerede des angeheuerten Anwalts Tertullus (24,1–9), die die hohle Herrschaftsrhetorik von der Pax Romana parodierend auf den Kopf stellt. Es sind überhaupt die zahlreichen Gerichtsprozesse, die Lukas ein Forum für seinen Zug zum Komischen bieten. In der zeitgenössischen Romanliteratur wie in der menippeischen Satire gibt es dafür manche Parallele.[58]

Nicht ohne Grund konzentriert sich der lukanische Humor auf den erzählerischen Zentralteil der Apostelgeschichte, also auf die eigentliche „Weltreise". Der Redaktor ist nicht einfachhin komisch, sondern setzt literarisch wie theologisch gezielt szenische Komik ein, um die Welt-Kul-

---

methodisch bedenke und Vergleichsgut in der paganen und jüdischen Literatur eingehender heranziehe.

[58] Vgl. z. B. Achilleus Tatios, Leukippe & Kleitophon 8,8–11; Lukian, Bis accusatus sive tribunalia 12–35; Apuleius, met. 3,1–10.

tur zu kennzeichnen, auf die das Evangelium stößt, und um im *theatrum mundi* charmant dessen Überlegenheit zu demonstrieren. Aber selbst die eigenen urchristlichen „Helden“ – dies erinnert an die geknickten Heroen des Apollonios – werden mitunter zu komischen Akteuren. Ausgerechnet Petrus wirkt in der Befreiungsszene recht verwirrt, verwechselt Traum und Realität, übersieht den Engel als Wirklichkeit, wird seinerseits mit einem Engel verwechselt, durchschreitet spielend die eiserne Pforte der Stadt, während er an der Tür der betenden Hausgemeinde trotz Dauerklopfens keinen Einlass findet (Apg 12,5–17). Daran nun trägt eine „rennende Magd“ namens Rhode die Schuld: ein situationskomisches Klischee der Neuen Komödie und der *comoedia palliata* (vgl. bes. Plautus, Capt. 778–780; Terentius, Eun. 36–40; Haut. 35–40).[59] Es hat etwas Aufmunterndes, wenn selbst die kirchliche Ur-Geschichte die Führungsgestalt mit kaustischem Humor zu sehen vermag. Manchmal, so möchte man meinen, ist Kirchengeschichte eben nur mit solchem zu ertragen.

Allerdings ist ein wichtiger Unterschied zum augenzwinkernden Spiel, das Apollonios mit der epischen Tradition treibt, zu beobachten: Lukas spielt nicht mit der göttlichen Welt. Im Gegenteil: Auf subtile Weise bringt sich in seinem Humor das Spiel Gottes mit der gottfernen Welt zur Geltung.

Die lukanische Komik lebt, wie die des Apollonios und antike Komik überhaupt, von der überraschenden Brechung der Rezeptionserwartung: Komik richtet sich παρὰ τὴν προσδοκίαν – „wider die Erwartung“ (Ps.-Demetrios,

---

[59] Zum *servus (serva) currens*-Motiv DUCKWORTH, Function; CSAPO, Study; speziell zu Apg 12 auch HARRILL, Function.

De elocutione 3 §§ 152 f.).[60] Für Lukas ist dabei oft die Rollenrochade bestimmend, die die Ordnung der Mächtigen und Mehrheiten ulkig auf den Kopf stellt. Dabei geht es ihm, ganz im Sinn des programmatischen Magnifikat (Lk 1,46–55), vor allem darum, die προσδοκία seiner Leser als solche zu verändern. Anders gesagt: Sein Humor ist im theozentrischen Geschichtsbild und dem daraus resultierenden weltüberlegenen Ordnungswissen verwurzelt. Die letzte Pointe liegt für Lukas darin, dass sich seine Akteure in einem Spiel bewegen, dessen Plot allein der – mitunter überraschende – Herr der Geschichte bestimmt. So markiert die lukanische Leichtfüßigkeit den ironischen Abstand zum bunten Jahrmarkt der Mittelmeergesellschaft, aber mehr noch die vergnügte Gewissheit, dass das Evangelium die Absurdität menschlichen Treibens aufdeckt. Anders als bei Apollonios ist der Humor für Lukas deshalb nicht nur literarisches Spiel. Er bringt mit den kulturellen Möglichkeiten literarischen Erzählens Erlöstsein zur Geltung. Er ist zuerst und zuletzt eine Ausdrucksform der spezifisch lukanischen Soteriologie.

(6) *Erzählfortschritt durch „Davonkommen":* Noch eine weitere Parallele zwischen dem Epiker und dem Evangelisten mag uns den Blick dafür weiten, wie Lukas die christliche Geschichte verstanden hat. Das Argonautenepos des Apollonios ist „eskapistisch". Das heißt: Es präsentiert immer wieder die spannungsvolle Erzählfigur „Gerade noch einmal davongekommen". Die Weltenwanderer – dies ist klassischer Epenstoff – entkommen gerade noch einmal der stets neu drohenden Katastrophe. Sie entrinnen (unter anderem) den Harpyien und den Symplegaden, den Gefahren

[60] Vgl. Aristoteles, rhet. 3,11,6 f. p. 1412a–b; Cicero, de orat. 2,71 § 289; Quintilian, inst. 6,3,22–24.

auf Kolchos und der Verfolgung durch die Kolchos-Krieger, den Sirenen und Plankten, der libyschen Wüste und dem Riesen Talos. Am Ende erreicht das Vlies sein eingangs gesetztes Ziel. Zweifellos entspricht diese Reihung von Fluchtgeschichten („Eskapaden“) der Unterhaltungsabsicht, aber es geht darin um mehr als vordergründige Spannung. Letztlich prägt die Folge geglückter Fluchten dem Leser die Gewissheit ein: Das Geschehen ist durch eine sinnvolle Fügung, eine göttliche Hand gelenkt.

Die Abenteuer der lukanischen Glaubensboten sind nüchterner: Verfolgung durch Obrigkeiten und Volksmengen, Verschwörung und Steinigung, Volksauflauf und Gerichtsprozess, Schiffbruch und Schlangenbiss, nicht zuletzt Einkerkerungen und wundersame Befreiung (vgl. bes. Apg 12,6–19; 16,19–40).[61] Am Ende erreicht das Evangelium sein gesetztes Ziel. Das Spannungsschema ist kein anderes als im Epos: „Eben noch gutgegangen“. Kirchengeschichte beginnt bezeichnenderweise als Abenteuer-Erzählung – als wolle Lukas seinen Lesern signalisieren: Solange es Christen gibt, sind sie in der Krise. Solange sie in der Krise sind, gibt es sie noch. Am Ende erreicht der lukanische Paulus das oft beschworene, aber stets gefährdete Ziel: in der Kaiserstadt μετὰ πάσης παρρησίας ἀκωλύτως Jesus Christus zu verkünden (28,31). Dieser glückliche Ausgang stärkt die Gewissheit: Die Stiftungsgeschichte des Christentums wurde – wenn auch durch „Eskapaden“ – von göttlicher Hand gelenkt. Der Weg der Christen durch die Geschichte wird stets gefährdet bleiben, aber es wird stets den Ausweg geben und

[61] Pervo nennt das Kapitel, indem er den abenteuerlichen Erzählcharakter der Apg (im Vergleich mit dem antiken Roman) herausarbeitet: „When All Seems Lost“ (Profit, 12–57); zur Dramatik und Theologie der lukanischen Befreiungserzählungen Weaver, Plots, bes. 281–288.

wider alles Erwarten auch für die folgenden Generationen den glücklichen Ausgang.

Wir schließen diese Querlektüre mit dem Blick auf zwei Grundzüge der epischen Literatur, die uns bereits bei der Zwischenbilanz aufgefallen sind: der aitiologische Charakter und die nahezu unbegrenzte Fortschreibungsfähigkeit.

(7) *Aitiologischer Grundzug:* Die Weltreise eröffnet die Möglichkeit zu vielfältigen Rückführungen, deren Bedeutsamkeit für die Gegenwart der Erzählenden wir schon bedacht haben.[62] Als gelehrtes Spiel lag die Aitiologie den Alexandrinern nahe.[63] Das Argonautenepos erklärt in der Vorüberreise den Ursprung von Namen, Bräuchen, Riten, Orten und Heiligtümern.[64] Apollonios konstruiert auf diese Weise eine einheitliche Welt und schafft katalogische Ordnung in guter Bibliothekarsmanier. Zugleich sprengt er aber die Grenzen einer solchen geordneten Welt, indem er allerorten Räume für neue Erzählungen und Herkunftserinnerungen öffnet.[65] Die Aitiologie ist verwandt mit den Stiftungserzählungen von Gemeinwesen, die der Gegenwart

---

[62] Am auffälligsten ist die auktoriale Selbstbeschreibung Ἀλλὰ θεαί, πῶς ... Ἀργῴης περιώσια σήματα νηός / νημερτὲς πέφαται; – „Wie jedoch, Göttinnen, erscheinen ... untrüglich zahlreiche Spuren des Schiffes Argo?“ (Apoll. Rhod. 4,552–555)

[63] Der Prototyp sind die Aitia des Kallimachos; vgl. näher FUSILLO, tempo, 116–158; GOLDHILL, Voice, 321–333.

[64] Namen: Apoll. Rhod. 1,591.623–626.1129–1131; 2,909 f. 928 f.; 4,1694 f.1714–1718; Bräuche: 4,1726–1730.1770–1772; Riten: 1,1047 f.1075–1077; 2,522–527.711–713.846–850; 4,650–653.1217–1219; Orte: 1,1321–1323; 2,851–853; 4,514–521.1756–1764; Heiligtümer: 2,717–719; 4,250–252.1620–1622.

[65] „Like an encyclopaedia or catalogue – those privileged models of Hellenistic intellectual achievement – there is a taxonomy (the round-trip) but within it, there is the possibility of an unending expansion of entries or of any one entry, the exhaustiveness that ‘not even ten mouths’ could compass“ (GOLDHILL, Voice, 296).

dieser Gemeinwesen Daseinsrecht, Würde und Ordnung durch sozial erinnerte Herkunft geben. Solche Stiftungs- und Herkunftsmimesis besitzt unmittelbare Bedeutung für die intentionale Geschichtsschreibung der Apostelgeschichte.[66]

(8) *Fortschreibung:* Epische Stoffe – so sahen wir bereits beim Gilgamesch-Epos – sind nahezu unbegrenzt dehnungsfähig und füllen sich zunehmend mit den eigenen Existenzen der Traditionsträger. Die Argonautensage beginnt vorhomerisch, inspiriert Pindar zu panegyrischen Bezügen, findet ihre literarische Verleiblichung bei Apollonios, wird in Catulls Peleus-Thetis-Epyllion (carm. 64,1–30)[67] und in Ovids Metamorphosen verarbeitet,[68] von Varro Atacinus in augusteischer Zeit ins Lateinische übertragen und beeinflusst vor allem Vergil.[69]

In flavischer Zeit wird sie von Valerius Flaccus in acht Büchern eigenständig variiert, nimmt unter dem Einfluss der kaiserlichen Militärpolitik und -propaganda wieder heroischere Form an[70] und wird teleologisch – und damit auch theologisch – auf die römische Weltherrschaft aus-

[66] Zu den Schnittfeldern zwischen Apg und der Stiftungsmimesis griechisch-römischer Gemeinwesen Balch, Μεταβολή, bes. 154–174.

[67] Zum literarischen und mentalitätsgeschichtlichen Verhältnis zwischen Catulls Epyllion und Apollonios' Epos, namentlich zur kritischen Reaktion auf die apollonische Modernisierung des Heroenmotivs Giangrande, Epyllion, 135–144.

[68] met. 7,1–158: Der Raub des Goldenen Vlieses; 7,159–296: Die Verjüngung des Aison; 7,297–349: Die Rache an Pelias; 7,350–403: Medeias Flucht nach Athen.

[69] Dazu eingehend Hunter, Argonautica, 170–189; Nelis, Aeneid. Wilamowitz, obschon er Apollonios verachtet, räumt ein: „Dido ist ohne die Medea des Apollonios nicht denkbar, und die Liebe der schüchternen Jungfrau dürfte vor der leicht getrösteten Wittib manches voraus haben" (Literatur, 205).

[70] Vgl. Schenk, Studien, bes. 404–409; Buckley, War-epic.

gerichtet: Die Gegenwart der Leser ist das Ziel des Weltenlaufs, das der Argonautenfahrt die geschichtliche Richtung setzt.[71]

Nicht anders als beim Gilgamesch-Epos fasziniert es, wie sehr der antike Stoff den modernen Menschen anzuziehen vermag. Die Adaptionen reichen von Heiner Müllers Theaterdramatik[72] bis Christa Wolfs Medea-Roman (1996). In die Gefährtenschar der Argonauten reihte sich das Habsburger-Herrschergeschlecht mit seinem Orden vom Goldenen Vlies ein, das noch heute die Brust europäischer Monarchen schmückt. Weniger Blaublütige mögen sich am Videospiel „The Rise of the Argonauts" erfreuen. So oder so: Man fühlt sich noch immer in der Geschichte von damals – ein Phänomen, mit dem bereits Apollonios im metaliterarischen Selbstbezug sein Spiel treibt (vgl. Apoll. Rhod. 4,1141–1143.1773–1776).[73]

Epik antwortet auf drei wesentliche Fragen der Rezipienten. In ihrer universalen, existentiellen Anwendbarkeit scheinen diese Fragen in jeder Generation neue Aktualität zu gewinnen und keine Generation loszulassen. Dies erklärt, warum Epik bleibend bedeutsam wirkt. Diese Fragen lauten: Wer sind wir? Woher kommen wir? Wie soll es mit uns weitergehen? Das etwa sind auch die drei Probleme, unter denen Urchristen der zweiten bzw. dritten Generation am heftigsten litten. Nicht in der Gattung, aber in den Grundfunktionen und Leitmotiven wurde episches Erzählen eine ekklesiale Überlebensstrategie. In diesem Sinn wagt Lukas sein mediales Experiment: In Form seines teils biographischen, teils historiographischen Erzählwerks

---

[71] Vgl. WACHT, Weltenplan, bes. 17–33.

[72] Dramentrilogie „Verkommenes Ufer – Medeamaterial – Landschaft mit Argonauten" (1982).

[73] Vgl. GLEI/NATZEL-GLEI II, 200f. Anm. 117.

begründet er Identität, Herkunft und Sinnrichtung der christlichen ὁδός. In einer den Epikern vergleichbaren Weise nutzt er die „Reise bis zum Ende der Welt“ als kognitive Findungs-, Ordnungs- und Dehnungsübung. Die Apostelgeschichte legitimiert die Gegenwart der Ekklesia und formt ihre Leser angesichts einer neuen, noch unübersichtlichen Herausforderung zu kulturellen Kosmopoliten. Im Neuen Testament stellt die Apostelgeschichte die kognitive Landkarte. Lukas schafft eine οἰκουμένη, die gewiss nicht christlich ist, wohl aber den Christen hinreichend vertraut, um sich auf sie einzustellen, sich in ihr einzurichten und sie lesend oder hörend in das eigene Selbstverständnis zu integrieren. Zum Faszinierendsten an den Argonautika wie den Acta Apostolorum gehört es, dass hier wie dort geschildert wird, wie völlig verschiedene Kulturen einander begegnen und einander verwandeln. Diese Verwandlung kommt hier wie dort bereits im Medium der Erzählung selbst zum Ausdruck.

4. Heimkunft und Herkunft: Odyssee und Aeneis

… heu tot vada fessis
et tantum superesse maris, vox omnibus una.
urbem orant, taedet pelagi perferre laborem.

Ach, so weit das Wasser für die Erschöpften
und uferlos vor ihnen das Meer
– mit einer Stimme klagen sie alle!
Sie erflehen die Stadt
– zermürbt, die Mühsal des Meeres zu ertragen!
Aen. 5,615–617

Abschließend blicken wir auf die beiden bekanntesten epischen Weltreisen: Odyssee und Aeneis. Sie helfen uns den Lektürehorizont für die Weltreise des Evangeliums noch genauer abzustecken.[74] Wir nehmen dabei drei Umläufe: (4.1) Am Beispiel der Odyssee blicken wir auf die *Reiserichtung*, (4.2) am Beispiel der Aeneis auf den *Reisezweck*; (4.3) schließlich widmen wir uns auch hier der *Fortschreibungsfähigkeit*, denn die Wirkungsgeschichte der Epen verrät viel über den existentiellen Ernst von Heimkunft und Herkunft. Nicht zuletzt illustriert sie, dass auch die frühen Christen in Kontrast und Anknüpfung die Verwandtschaft des klassischen Epos mit der biblischen Reisemotivik wahrgenommen haben.

4.1 Heimkunft: Die Odyssee

„Man reist ja nicht, um anzukommen" – so titelt eine jüngere reisesoziologische Monographie. Epische Helden hätten dieser Auffassung leidenschaftlich widersprochen. Abenteuer-Erzählungen im Allgemeinen und deren epische Spielarten im Besonderen zielen auf An- und Heimkunft. Die Helden brechen aus ihrer Heimat zum *quest* auf und kehren am Ende mehr oder minder wohlbehalten und in jedem Fall verwandelt zurück. Sowohl das Gilgamesch-Epos als auch die Argonautika haben uns diese Zirkularität epischen Reisens vor Augen geführt. Für Odysseus ist die Heimkunft nach Ithaka alles. Gleich eingangs nennt das Epos den νόστος ἑταίρων, die – freilich gescheiterte – Heimkehr der Gefährten, als Erzählthema (Od. 1,5; vgl. 1,16–19.87; 24,479 f.). Allerdings fängt die Odyssee in Umkehrung der üblichen Rundreisemotivik am Ende der Welt an. Poseidon, der Erzfeind des Helden, sitzt gerade am äußersten Weltzipfel, bei den Äthiopiern, den ἔσχατοι ἀνδρῶν (1,23; vgl.

[74] Den homerischen Epen widmet sich unter dem Reise-Aspekt das motivreiche und lesenswerte Buch von Lane Fox, Heroes.

Herodot 3,25,1; 3,114; Vergil, Aen. 4,480 f.; Strab. 1,1,13; 17,2,1), um sich hekatombenweise am Opferschmaus aus Stieren und Widdern zu laben. Odysseus indes sitzt bei Kalypso fest – auf Ogygia, dem „Nabel des Meeres“ (1,50: ὀμφαλὸς θαλάσσης) – und verzehrt sich danach, auch nur den Rauch aus dem heimatlichen Ithaka aufsteigen zu sehen, um dann zu sterben (vgl. 1,57–59).[75] Die antike Tradition hat die gemeinsame Rückkehr von Odysseus und Penelope in das einstige Ehegemach als eigentlichen Schlusspunkt des Epos betrachtet:[76] οἱ μὲν ἔπειτα / ἀσπάσιοι λέκτροιο παλαιοῦ θεσμὸν ἵκοντο. – „Hierauf erreichen die beiden mit Willkommensfreude des altvertrauten Ehelagers Stätte“ (23,295 f.). Ähnliche Willkommensfreude empfinden die Argonauten im letzten Vers bei Apollonios, als sie endlich wieder die heimische Küste betreten (Apoll. Rhod. 4,1781: ἀσπασίως), und mit dem Homerzitat krönt Chariton von Aphrodisias die Wiedervereinigung von Chaireas und Kallirhoe nach so vielen Abenteuern in der ganzen Welt (Chariton, Kallirhoe 8,1,17). Jedenfalls ist die Odyssee Musterbeispiel für den epischen Schlusstyp „home again“.[77]

Auch die lukanische Weltwanderung des Evangeliums halbiert die klassische Rundreise, ist dabei aber das Gegenteil einer Heimkunft. Sie beginnt in der Vorgeschichte des

[75] Seit hellenistischer Zeit, namentlich bei Kallimachos, wurde Ogygia gern mit Gozo, der zweitgrößten Insel des Malta-Archipels, gleichgesetzt (vgl. Strab. 1,2,37; 7,3,6). Dies sei im Vorübergehen erwähnt, da der Erste, der dem Evangelium begegnet, als es zu seiner Weltreise aufbricht, ein Äthiopier ist (Apg 8,26–40) und die letzte Station, die es nimmt, bevor es Italien erreicht, Malta heißt (28,1–10).

[76] Dindorf (Hg.), Scholia II, 722; Troftgruben, Conclusion, 84 f. Anm. 99; zur Diskussion Wender, Scenes, bes. 72–78.

[77] Das mediterrane Rundreise-Modell prägt in lukanischer Zeit die Romane; vgl. für Chariton, Kallirhoe und Xenophon von Ephesus, Ephesiaka (im Vergleich mit Apg) Alexander, Journeyings, 70–75.

dritten Evangeliums mit den heimatlichsten Szenen alttestamentlicher Tempel-, Haus- und Wallfahrtsfrömmigkeit und bewegt sich allmählich aus dieser Welt hinaus. Dabei steht niemals die Herkunft des christlichen „Weges" infrage: Judentum ist Heimat, Mose dient als *mos maiorum*, und Paulus ist *vir vere Israeliticus*. Und doch führt die Reise nicht zurück nach Jerusalem, sondern programmatisch nach Rom.

Die Trennung vom Jerusalemer Judentum ist ein erhellendes Beispiel für die lukanische ἐνάργεια, also die Kunst, geschichtliche Entwicklungen in einem Lesebild zu fokussieren: Paulus wird im Tempelbezirk gesehen, als er sich frommerweise an einem Nasiräeropfer beteiligt, doch man beschuldigt ihn, einen Heidenchristen in die Juden vorbehaltene Zone geschleust zu haben (Apg 21,27–29). Sodann heißt es in bezeichnendem Detail: „Da geriet die ganze Stadt in Bewegung und das Volk rottete sich zusammen. Und man packte Paulus, zerrte ihn aus dem Tempel hinaus – und unverzüglich wurden die Pforten verschlossen" (21,30). Dieses Szenenbild bietet eidetische Theologie, also „Theologie zum Anschauen": Die Pforten des Tempels fallen krachend ins Schloss. Nicht heimatlich, „home again", endet die Erzählung, sondern in irgendeiner Mietwohnung, vielleicht in einer stadtrömischen *insula* – „mit allem Freimut, ungehindert" (28,31). Der Tempel war seit der lukanischen „Kindheitsgeschichte" steter Bezugspunkt auch des werdenden Christentums. Jetzt wird ein Einschnitt dramatisiert. In der Hauptstadt des Judentums werden die Tore verschlossen, in der des heidnischen Reiches stehen sie offen. Daraus folgt: Nicht als *Aufbruch*, sondern als *Ausbruch* ist die Urgeschichte der Kirche angelegt.[78] Die

[78] Daher tadelt Klemens von Alexandrien, der das Leben als Seereise zum himmlischen Zielhafen deutet, den „Alten aus Ithaka": οἱ δὲ

Odyssee als narrative Einbahnstraße macht uns hellsichtiger dafür, dass auch das Evangelium den üblichen Kreisverkehr des Reiseabenteuers verlässt, freilich in entgegengesetzter Richtung. Wir haben die Apostelgeschichte auch als abschiedliche Erzählung zu lesen.

4.2 Herkunft: Die Aeneis

„Man reist ja nicht, um anzukommen" – Auch Aeneas hätte dieser Titel nicht zugesagt. Auf eine Heimkehr nach Troja, das von den Feinden vernichtet wurde, besteht keine Aussicht. Für die Flüchtenden ist Ankunft im Neuland alles. Die Aeneis schildert – wie die Apostelgeschichte im Blick auf Paulus – eine von der Vorsehung gewollte, von göttlicher Hand gesteuerte, heilsgeschichtlich notwendige Ankunft in Rom.

Natürlich ist diese Ankunft für Aeneas insofern nur perspektivisch gegeben, als seine Landung in Italien die Voraussetzung für die Gründung Roms schafft. So schärft Vergils Epos unseren Blick für Aitiologie. Der die Erzählgemeinschaft legitimierende Aufweis von Herkunft und Ursachen, den wir bisher als wichtigen, aber verstreuten Zug der Epik wahrgenommen haben, findet sich bei Vergil zum Zweck einer Gesamtkomposition verdichtet. Sie stattet

---

ἄλλοι περιπεφυκότες τῷ κόσμῳ, οἷα φυκία τινὰ ἐνάλοις πέτραις, ἀθανασίας ὀλιγωροῦσιν, καθάπερ ὁ Ἰθακήσιος γέρων οὐ τῆς ἀληθείας καὶ τῆς ἐν οὐρανῷ πατρίδος, πρὸς δὲ καὶ τοῦ ὄντως ὄντος ἱμειρόμενοι φωτός, ἀλλὰ τοῦ καπνοῦ. – „Die Anderen halten die Welt umklammert, wie sich bestimmte Arten von Seetang an die Meerfelsen heften. Die Unsterblichkeit bekümmert sie wenig, sehnen sie sich doch wie der Alte aus Ithaka nicht nach der Wahrheit und dem Vaterland im Himmel und zudem nach dem wahrhaft seienden Licht, sondern nach dem Rauch [scil. des heimischen Herdfeuers]" (protr. 86,2).

Abb. 1
Vs.: Kopf der Göttin Venus
Rs.: Aufschrift: CAESAR; Motiv: Flucht des Aeneas aus Troja mit Palladium und Anchises auf der Schulter
Denar, RRC 458/1, 47–46 v. Chr.

den augusteischen Prinzipat mit mythischem Glanz aus: Er ist von den Göttern seit jeher gewollt und ist das Ziel aller Weltgeschichte. Dabei verschmelzen die historische Gegenwart und die mythische Herleitung zur sinnstiftenden Einheit. Da wir solche intentionale Geschichtsdarstellung auf eigene Weise auch im lukanischen Erzählwerk wahrnehmen, lohnt es sich, diese Deutungsstrategie näher zu betrachten.

Auf der Vorderseite dieses Denars (Abb. 1) ist die Göttin Venus zu sehen; die Rückseite zeigt den Helden Aeneas, der seinen greisen Vater Anchises aus der brennenden Stadt Troja trägt und in der rechten Hand ein Palladium hält, also eine Statue der bewaffneten Göttin Athena, die Aeneas nach einer von mehreren Überlieferungen aus Troja mitgenommen hat. Die Rückseite der Münze trägt in hinreichend großer Legende das Cognomen Caesar, das auf den Diktator C. Julius Caesar verweist, der zur Zeit der Prägung dieser Münze im Jahr 47/46 v. Chr. auf dem Höhepunkt seiner

Macht stand und diese – nicht zuletzt mit dem Gedanken an die Ergreifung der Königswürde – zu verstetigen suchte.

Vor diesem Hintergrund dient das numismatische Bildprogramm in allen Details einer sehr gezielten politischen Legitimationsstrategie durch Herkunftsaufweis. Venus/Aphrodite galt als Stammmutter des julischen Hauses. In jüngeren Jahren hatte der *verso* als Greis mitgeführte Anchises mit ihr Aeneas gezeugt, wie Aeneas bereits bei Homer ahnenstolz kundtut (Il. 20,200–243; vgl. Hom. h. 5,45–290).

Von der Flucht aus Troja bis zu seiner Landung an der italischen Küste legt Aeneas aitiologische Spuren: Seine fugitive Liebe zu Königin Dido von Karthago begründet den römisch-punischen Konflikt; in Actium, wo Oktavian der entscheidende Durchbruch zur Alleinherrschaft gelingen sollte, veranstaltet sein heroischer Vorfahr Kampfspiele und weiht einen Schild (Aen. 3,278–288). Vor allem zieht er die genealogische Spur von dem regierenden julischen Geschlecht zurück zum trojanischen Adel und legt den göttlichen Ursprung der Julier bei der Urahnin Venus/Aphrodite frei. Rom wird mit Troja verbunden; die augusteische Gegenwart ist mythisch verklärt. Im Eingang der Aeneis enthüllt Jupiter, der *hominum sator atque deorum* (1,254), seiner Tochter Venus lächelnd den im Weltenbuch verborgenen Geschichtsplan (1,262: *longius et volvens fatorum arcana movebo*). Die Trojaner werden in Italien eine neue Heimat finden. Die Weltreise der Trojaner begründet das *imperium sine fine* und verlagert die Achse der Welt:

hic iam ter centum totos regnabitur annos
gente sub Hectorea, donec regina sacerdos
Marte gravis geminam partu dabit Ilia prolem.
inde lupae fulvo nutricis tegmine laetus
Romulus excipiet gentem et Mavortia condet

moenia Romanosque suo de nomine dicet.
his ego nec metas rerum nec tempora pono,
imperium sine fine dedi. quin aspera Iuno,
quae mare nunc terrasque metu caelumque fatigat.
consilia in melius referet mecumque fovebit
Romanos, rerum dominos gentemque togatam.
sic placitum. veniet lustris labentibus aetas,
cum domus Assaraci Pthiam clarasque Mycenas
servitio premet ac victis dominabitur Argis.
nascetur pulchra Troianus origine Caesar,
imperium Oceano, famam qui terminet astris,
Iulius, a magno demissum nomen Iulo.
hunc tu olim caelo spoliis Orientis onustum
accipies secura; vocabitur hic quoque votis.
aspera tum positis mitescent saecula bellis.

Hier herrscht nun ganze dreihundert Jahre des Hektors Geschlecht, bis eine Priesterin aus Königsstamm, Ilia, schwanger von Mars, Zwillinge gebiert. Hierauf dann, geschmückt vom bräunlichen Fell der nährenden Wölfin, ergreift Romulus die Herrschaft über den Stamm, gründet die Mauern der Marsstadt und benennt die Römer nach seinem eigenen Namen. Denen begrenze ich weder Zeit noch Raum: Ich habe ein Reich ohne Ende verliehen! Sogar Juno, so unerbittlich, die jetzt das Meer und die Länder und den Himmel mit Furcht zermürbt, wird ihren Ratschluss zum Besseren hin wenden und mit mir hegen die Römer, die Herren der Welt und das Volk in der Toga. So lautet die Bestimmung! Es wird, da die Jahre vergehen, ein Zeitalter anbrechen, da das Haus des Assaracus Phthia und das berühmte Mykene zur Knechtschaft bezwingen und über das besiegte Argos herrschen wird. Aus glanzvollem Ursprung wird dann der trojanische Caesar hervortreten, sein Reich durch den Ozean, sein Ruhm durch die Sterne begrenzt: Julius, dem der Name vom großen Julus zugekommen ist. Ihn wirst du einst, bepackt mit der Beute aus dem Osten, im Himmel heiter empfangen. Auch er wird in Gelübden angerufen werden! Dann werden die verrohten Weltalter sich neigen zur Milde, da die Kriege ein Ende genommen haben. (1,272–291)[79]

---

[79] Wer weniger als der gebildete Römer oder heutige Philologe mit dem mythischen Hintergrund vertraut ist, mag eine knappe Verstehens-

So wird das große Gedächtnisgemälde von Troja, das Ilias und Odyssee malen und in dem auch die Argonauten ihren Platz haben, in einen neuen Kulturbereich transponiert.

---

hilfe wünschen: Ilia ist Rhea Silvia, Tochter des Königs von Alba Longa und vestalische Priesterin. Durch den Kriegsgott Mars wird sie Mutter des Romulus, der mit dem Zwillingsbruder Remus von einer Wölfin genährt wird. Juno ist die Gattin Jupiters, die im Epos die Fäden gegen Aeneas zieht. Assaracus ist ein mythischer Ahn des Aeneas; Phthia, Mykene und Argos repräsentieren Griechenland und den von Rom unterworfenen Osten. Ascanius, der Sohn des Aeneas, wird als Stammvater des julischen Geschlechts Julus genannt. Aus seinem Geschlecht stammt zu der von Vergil veredelten Zeitenwende C. Julius Caesar, der nach seinem Tod als Staatsgott in den Himmel erhoben wird; damit tritt zugleich dessen (adoptierter) Sohn Oktavian / Augustus vor Augen, der den Weltkreis endlich befriedet. – Die karge eigene Übersetzung sei durch die alte (1859), aber, zumal im nachgeahmten Versmaß, noch immer packende von Wilhelm Hertzberg (zit. nach Vergil. Werke in einem Band, Berlin 1965) untermalt:

Drei Jahrhunderte lang wird stets hier bleiben die Herrschaft
Unter des Hektor Geschlecht, bis die fürstliche Priesterin endlich,
Ilia, schwanger von Mars ein Zwillingspaar auf die Welt bringt.
Dann führt, prangend im bräunlichen Pelz der ernährenden Wölfin,
Romulus weiter den Stamm. Er wird die mavortischen Mauern
Gründen und Romas Volk nach dem eigenen Namen benennen.
Diesem bestimm ich kein Ziel im Raum, kein Ziel in den Zeiten:
Herrschaft hab ich ohn End' ihm verliehn. Selbst Juno, die harte,
Welche durch Meer und Land und Himmel Entsetzen verbreitet,
Wird zu besserem Rat sich verstehn, mit mir noch beschützen
Romas Volk, die Beherrscher der Welt, die togaumwallten.
Dies ist mein Spruch. Einst nahet die Zeit bei entrollenden Lustren,
Da Assaracus' Haus das erlauchte Mykenae und Phthia
Beugt ins Joch und als Herr dem geknechteten Argos gebietet.
Dann sproßt auf aus schönem Geschlecht der trojanische Caesar,
Dessen Gebot bis zum Ozean reicht, des Ruhm zu den Sternen,
Iulius, auch sein Nam' entstammt vom großen Iulus.
Ruhig empfängst du ihn einst, der beschwert mit des Ostens Trophäen
Nahet, im Himmel; auch er wird einst mit Gelübden gerufen.
Dann, von Kriegen erlöst, wird sanfter die störrige Menschheit …

Indem das aufstrebende Reich und seine herrschende Dynastie in dieses Gemälde eingetragen werden, gewinnen sie ihren Zeitpfeil in der Weltgeschichte, ihren geschichtlich ererbten Raum auf dem Erdkreis. Der neue Herrscher, Augustus, der Nachfahre sowohl des großen Eroberers Caesar als auch der mythischen Stadtgründer und damit der Götter, übernimmt ein Reich, das ohne Ende sein wird, und stiftet Frieden auf Erden. Vergils Epos ist politischer Paradefall einer teleologisch angelegten Heilsgeschichte.

Es ist kein Zufall, dass sich die lukanischen Schriften bisweilen – am eindrucksvollsten in der Weihnachtsgeschichte des Evangeliums – epischer Erzählfarben bedienen, wie wir sie ähnlich gerade bei Vergil finden.[80] Auch das lukanische Werk ist Gründungs- und Herkunftserzählung. Es ist nicht anzunehmen, dass Lukas das vergilsche Epos kennt.[81] Allerdings kann der (vorliterarische) Grundmythos auch einem griechischsprachigen Bewohner des Reichsostens durchaus bekannt gewesen sein.[82] In jedem Fall mag es auf dem Gebiet der religiös konnotierten Gründungs- und Herkunftsmemoria wichtige Analogien geben.[83] Im Modus von mythisch durchbrochener Historiographie bietet Lukas in seinem Vorevangelium, dem Epiker Vergil vergleichbar, die unvordenklich alte – bei ihm: altbiblische – Welt auf. Sie führt vor Augen, dass die Geschichte des Volkes Israel seit jeher auf den Einen zuläuft, über dessen Geburt in der

---

[80] Dazu eingehend Bonz, Past, bes. 56–60; vgl. Schreiber, Weihnachtspolitik, bes. 63–83.

[81] Dies ist die Annahme bei Bonz, Past; dagegen differenziert Krauter, Evangelium, bes. 218–220.

[82] Vgl. Alexander, Narrative, 170 f.

[83] Zum jeweiligen teleologischen und geschichtstheologischen Grundentwurf vgl. Bonz, Past, bes. 25–29.46–54.189–193; Alexander, Narrative, 173–181; Krauter, Evangelium, 229–239.

Davidstadt Betlehem vom Himmel selbst der Friede auf Erden ausgerufen wird. Wie dem Gottessohn Romulus aus dem Geschlecht des Aeneas verkündet der Himmel selbst dem Gottessohn Jesus aus dem Geschlecht des David ein *imperium sine fine* voraus: καὶ βασιλεύσει ἐπὶ τὸν οἶκον Ἰακὼβ εἰς τοὺς αἰῶνας καὶ τῆς βασιλείας αὐτοῦ οὐκ ἔσται τέλος. – „Und er wird herrschen über das Haus Jakob in Ewigkeit und seiner Herrschaft wird kein Ende sein!“ (Lk 1,33)

Da Lukas freilich kein Epos schreibt, kann er sich nicht allein in der Zeit vor Jesus aufhalten. Aber wie Vergil wiederholt auf die Zeit von Caesar und Augustus vorausblendet, so blendet Lukas von der erzählten Zeit Jesu und des Urchristentums auf die Vergangenheit zurück. Dazu dienen ihm, neben dem Vorevangelium (Lk 1 f.), vornehmlich die großen heilsgeschichtlichen Reden der Apostelgeschichte, die er einerseits in der Abschlussphase der Jerusalemer Urzeit, andererseits in der Eingangsphase der Völkermission verortet. In beiden Fällen geht es um die Stiftung einer umfassenden Verheißungskontinuität.

Im tragischen Finale zur goldenen Zeit der Urgemeinde schildert Stephanus, unter bewegten Umständen, die Vergangenheit seines Volkes. Durchaus programmatisch hebt er mit einem göttlichen Imperativ an: „Der Gott der Herrlichkeit erschien unserem Vater Abraham, als er in Mesopotamien war, ehe er in Charan wohnte. Und er sprach zu ihm: ‚Zieh hinaus aus deinem Land und deinem Geschlecht, und wohlan: in das Land, das immer ich dir zeigen will!‘“ (Apg 7,2 f.) Dieser Imperativ könnte auch im zweiten Buch der Aeneis stehen! Es folgt, gedrängt, die ganze Geschichte Israels unter den Gesichtspunkten von Heimatlosigkeit, Heiligtum und Heiligkeit: Auszug Abrahams – die Erzväter – Josef – Mose – Exodus – Bundessetzung am Sinai – Goldenes Kalb – Bundeszelt – Tempel

Salomos – das Gottesbild, das nicht am Menschenwerk haftet – die Neigung der Vorväter zum Prophetenmord: „Und sie haben die getötet, die im Voraus die Ankunft des Gerechten verkündet haben, dessen Verräter und Mörder jetzt ihr selbst geworden seid" (7,52; vgl. 7,2–53). Die Rückblende holt erheblich weiter aus, als es nötig wäre, um die Tempelkritik und die Anklage des in Jesus verhängnisvoll vollendeten Prophetenmords zu begründen. Dennoch ist die breite Darstellung keineswegs redundant. Sie zeigt die heilsgeschichtliche Richtung auf: Die junge Gemeinschaft führt auf ihrem Weg in die reichsrömische Welt gewissermaßen die ehrwürdige (und legitimierende!) Vergangenheit Israels mit. Diese Vergangenheit muss freilich „durchschaut" sein, um als zielgerichtete Vorgeschichte des Christentums verstanden zu werden. Genau diesem Zweck dient die durch Auswahl und Akzent deutende Nacherzählung. In Tod und Auferstehung des Messias erreicht die gesamte Vergangenheit Israels ihr seit je gesetztes, gegenwärtiges Ziel. Auch die Stephanusrede ist Paradefall einer teleologisch angelegten Heilsgeschichte.

In ähnlicher Weise verfährt Lukas beim endgültigen Aufbruch des Evangeliums in die Völkerwelt. An bedeutungsschwerer Stätte, der Synagoge im pisidischen Antiochien, lässt der lukanische Paulus die Geschichte Israels Revue passieren, damit sie in Jesus mündet, der hier den in der Herrschaftspropaganda gebräuchlichen Titel σωτήρ / Retter (Apg 13,23) trägt: Erwählung in Ägypten – Exodus – Landnahme – Richterzeit – Saul – David – der Davidsspross Jesus, vom Täufer Johannes vorherverkündet. „Ihr Männer, Brüder! Söhne aus Abrahams Geschlecht und Gottesfürchtige unter euch! Uns ist das Wort dieses Heiles zugedacht (ἡμῖν ὁ λόγος τῆς σωτηρίας ταύτης ἐξαπεστάλη)!" (13,26; vgl. 13,16–26) Auch hier formt die ausführliche

Nacherzählung das erwünschte Geschichtsbild nach dem Muster einer teleologisch angelegten Dynamik, die – eben weil sie Heilsgeschichte ist – notwendig politische Relevanz besitzt.[84]

So lassen sich die augusteische Stiftungsmemoria des Vergil und die jesuanische Stiftungsmemoria des Lukas unter textpragmatischem Gesichtspunkt lohnend miteinander vergleichen. Zweifellos unterscheiden sich die beiden Autoren nach Gattung und Stilhöhe beträchtlich. Zudem nehmen sie ganz unterschiedliche Sichtweisen ein, letztlich die der Herrschaftsträger hier und die der beherrschten Hoffnungsträger dort. Aber Vergil wie Lukas geht es wesentlich darum, im Modus des Erzählens einen sinn- und heilstiftenden Geschichtshorizont für die gegenwärtige Situation ihrer je eigenen Erzählgemeinschaft zu setzen. An die Stelle des monumentalen Gedächtnisgemäldes des archaischen Troja tritt bei Lukas die nicht minder zeitentiefe Welt der Bibel Israels (in unserer Sprache: des Alten Testaments).

Hier nun löst sich für uns eine Unklarheit auf. Wir haben es für eine triftige Annahme gehalten, dass Lukas in irgendeiner literarischen oder rezeptiven Form die klassischen Epen der Mittelmeerkultur – gewiss Homer, vielleicht die Aeneis – kannte. Wir haben jedoch nicht feststellen können, dass er sie irgendwo zitiert oder (auffällig) auf sie anspielt. Die nächstliegende Erklärung dafür liegt darin, dass er das große pagane Gedächtnisgemälde bewusst und nicht ohne kompetitiven Ehrgeiz zur Seite

---

[84] Zum Motiv der göttlichen Vorsehung und Lenkung im Geschichtsverlauf vergleicht Squires, Plan, bes. 15–77 aufschlussreich die Geschichtsentwürfe von Diodorus Siculus, Dionysios von Halikarnass und Josephus mit dem des Lk.

rückt. Denn er besitzt ein anderes, für ihn höherwertiges Gedächtnisgemälde: das (griechische) „Alte Testament".[85] In dieses Gedächtnisgemälde zeichnet er, vor allem in den Eingangspartien seiner beiden Schriften, die Aktanten ein: von den altbiblischen Leitmotiven bis in die Imitation der Septuaginta-Sprache. Die biblische Herkunftsgeschichte zielt mit den gleichen aitiologischen Aha-Erlebnissen, der gleichen Geschichtslogik und der gleichen Präzision auf die Jetztzeit der Kirche wie das alte Troja auf die Jetztzeit Roms. Die Septuaginta ist auch ein „Klassiker", und zwar der „eigentliche".

Auch die Urchristen haben demnach eine stolze Ahnentafel, die mit Abraham beginnt. Auch sie haben eine unvordenkliche Herkunft unter göttlichem Himmel, und wo sie neue Wege gehen, da ist es die Gottheit, die diese Wege will und lenkt. Dies verrät viel über das urchristliche Selbstverständnis und Kulturbewusstsein: Das Christentum ist keine gestern gegründete Winkelsekte (vgl. Apg 26,26). Sein Geltungsanspruch bewegt sich auf keiner geringeren Augenhöhe als die großen Legitimationsentwürfe des politischen Establishments. Was die Aeneis für das augusteische Rom leistet, leisten die Acta als Basis-Aitiologie für die (erstrebte) christliche Weltkultur.

---

[85] Vgl. auch ALEXANDER, Narrative, 171 f. mit gewagter Analogie: „In such a society, what is important, what labels you and gives you your cultural identity, is not the fact of *imitatio* but the choice of model: if you like, the question is not whether you are interested in football but which team you support. What is culturally significant about Luke's work, then, is precisely the fact that the model he chooses as his 'classic' is not Homer or Vergil but the Greek Bible. Our growing awareness of the cultural dominance of the classical epics merely throws this choice into relief as a conscious decision to inhabit an alternative narrative world" (172).

4.3 Weiterreise: Epische Reisen als Symbol

Odyssee wie Aeneis teilen die Fortschreibungskraft und das transkulturelle Potential des Epos, wie wir es im Gilgamesch-Mythos und in den Argonautika beobachtet haben. Mögen die Helden die Meere durchkreuzen, ihre Saga durchkreuzt die Kulturen. So werden die Weltreisen des Odysseus und des Aeneas zu existentiellen Chiffren, die die nomadische Existenz auf Erden verstehbar machen. Diese Wirkungsgeschichte setzt früh in der paganen Mittelmeerkultur ein und wird unter neuen Vorzeichen in das christliche Existenzverständnis transponiert. Um dies zu verdeutlichen, konzentrieren wir uns auf eine einzige Szene, die besonders inspirierend gewirkt hat: die Sirenenepisode (Od. 12,37–54.154–200). Auch die Argonauten haben dieses Abenteuer mit den betörend singenden Inselwesen zu bestehen (Apoll. Rhod. 4,891–919), die so viele Seefahrende um die ersehnte Heimkehr gebracht haben (4,900–902). Während bei ihnen Orpheus zur Leier greift, um den tödlichen Gesang zu übertönen, greift Odysseus, von Kirke belehrt, zu einer List: Er verstopft den Gefährten die Ohren und lässt sich selbst am Schiffsmast festbinden.

Die frühe Darstellung aus dem fünften Jahrhundert vor Christus (Abb. 2) zeigt den Helden – oder besser: „Dulder“ – Odysseus am Schiffsmast gefesselt, offenkundig angespannt lauschend. Seine Gefährten steuern das Schiff, ihrer Hörkraft beraubt, sichtbar unberührt durch die Gefahr, die in Form der drei tödlichen Sirenen die Szene beherrscht. Odysseus wird „zum Inbegriff des kühnen Menschen, der sich bis in die äußerste Annäherung an die tödliche Gefahr voranwagt und doch gerettet wird, der wohl mit offenen Sinnen hört und doch nicht folgt: er hat seine Freiheit

Abb. 2: Odyssee: Odysseus am Mastbaum, von den Sirenen bedrängt
Rotfiguriger Stamnos, um 480–460 v. Chr.
British Museum, London

selber gebunden, hat sich göttlicher Weisung folgend an den Mastbaum fesseln lassen".[86]

Das Faszinosum eines solchen assoziationsreichen und symbolgesättigten Mythenbilds tritt uns etwa sechs Jahrhunderte später im linken Relieffeld eines paganen Marmorsarkophags (Abb. 3) entgegen, der ursprünglich einem Siebzehnjährigen aus der stadtrömischen Ritterschicht zugedacht war und später an der Via Tiburtina als Kapellenstufe diente.[87]

Man hat viel darüber diskutiert, was einen römischen Heiden, wohl den Vater des Verstorbenen, bewogen haben

[86] Rahner, Mythen, 283.

[87] Zur Beschreibung vgl. auch Klauser, Studien, 83 f. Zur mythologischen Bildgebung auf römischen Sarkophagen des 3. Jh.s Dresken-Weiland, Mythen, 108–121.

Abb. 3: Odyssee: Odysseus am Mastbaum, von den Sirenen bedrängt
Sarkophagdeckel des Eques M. Aurelius Romanus, um 240 n. Chr.
Museo delle Terme, Rom

mag, das Sirenenmotiv als Deckelrelief zu wählen. Im rechten Relieffeld, also auf der wertvolleren Kopfseite, ist der verstorbene Jüngling im Brustbild von zwei Philosophen gerahmt, wodurch sich ein lebensdeutender Bezug nahelegt. Erwogen wurden metaphysische Einflüsse aus dem neuplatonischen oder neupythagoreischen Milieu.[88] Doch weder wirkt es wahrscheinlich, dass ein stadtrömischer Ritter seine Sarkophagmotivik speziellen Jenseitsspekulationen widmet, noch, dass die betörenden Sinnenwesen ein intellektuelles Ideal konterkarieren. Eher mag man an eine ethisch-lebenspraktische Bedeutung denken: Der Verstorbene ist den niedrigen Verführungen aus dem Weg gegangen und hat die unstete Fahrt seines Lebens bewältigt, sodass er auf das Jenseits hoffen darf.[89] Das Deckelrelief fügt sich dann an die philosophische Deutung von Odysseus als *exemplar sapientis viri*, der die Wechselfälle der Lebensfahrt meistert (vgl. Seneca, De constantia sapientis 2,2). Vielleicht ist es jedoch

[88] Zur Diskussion vgl. näher Klauser, Studien, 89–96.
[89] So Klauser, Studien, 95 f.

eine christlich vorgefasste Sichtweise, wenn wir das Sargbild nicht nur als Blick auf das diesseitige Leben interpretieren, sondern auch als Würdigung von Tugend und Vorausschau auf jenseitigen Lohn. Mythenbilder waren in der Antike höchst variabel. Die Sirenen können, etwa in Mosaikfußböden öffentlicher oder privater Thermen, als faszinierende Meerwesen ornamenthaft aquatische Daseinsfreude darstellen. Von der negativen Konnotation bei Homer gelöst, können sie auch recht allgemein das Faszinosum der Musik verkörpern.[90] Auf der anderen Seite ist das dritte Jahrhundert eine Zeit, in der das metaphysische Fernweh, unabhängig von einzelnen philosophischen Schulmeinungen, breite Bevölkerungskreise erfasst. So scheint mir die existentielle Deutung bei einem Sargrelief am Ende nicht gezwungen: Das Leben ist eine stets gefährdete Reise auf unsicherem Grund, doch nicht ohne Hoffnung auf das jenseitige Ufer.

Es ist, unabhängig von der Absicht der ursprünglichen Gestalter, jedenfalls ohne Weiteres vorstellbar, wie sehr sich das junge Christentum durch existentielle Chiffren dieser Art angezogen fühlte. In der eigenen, biblischen Überlieferung bot sich als Äquivalent die Jona-Novelle mit der Szene von der gefahrvollen Überfahrt des Propheten an, der nach drei Tagen dem Abgrund des Fischbauchs entkommt (Jona 1,3–2,11). In der Tat findet sich Jona auf frühchristlichen Sarkophagen ebenso wie in der Katakombenmalerei häufig und variantenreich dargestellt.[91] Aber letztlich konnten und wollten sich auch die Christen ihrem kulturellen Erbe und damit dem „blinden Seher“ Homer

---

[90] So umsichtig argumentierend Ewald, Sirenenabenteuer, bes. 234– 242.255–257; zur grundsätzlichen Problematik des Verhältnisses zwischen dem mythologischen Sarkophagbild und dem Bestatteten vgl. Dresken-Weiland, Mythen, 126–128.

[91] Vgl. Gerke, Sarkophage, 38–51.151–185.

nicht entziehen, der nach Gregor von Nazianz die betrübten Seelen heilt (epist. 70,4 ad Eutropium: φαρμακεύει τὰς ψυχὰς Ὅμηρος ἐν ταῖς λύπαις).[92] Die entwickelte Praxis der antiken Homer-Allegorese erleichterte den Überstieg in das allegoriefreundliche christliche Verstehenssystem.[93] Zudem überschritt Odysseus – anders als Herakles, Orpheus oder gar Dionysos – nicht die dem Menschen gesetzte Grenze zum Göttlichen, konnte also nicht zum Konkurrenten im Wettstreit der Religionen werden.[94] Dieser Umstand ersparte ihm leidenschaftliche Polemik seitens der frühen Kirchenschriftsteller und ließ sein Dulderschicksal umso anziehender für eine christliche Relektüre werden. Die Sirenenszene wird wieder und wieder durchgespielt und in verschiedensten Richtungen angewendet: Das Schiff ist die Kirche, den chaotischen Mächten der gottfeindlichen Welt mit ihren verführerischen Stimmen ausgesetzt und doch einzige Rettung auf gefahrreicher Überfahrt unter göttlichem Wind. Der Mastbaum dieses Schiffes – und seine Sicherheit – ist das Kreuz. Die Lockgesänge der Sirenen bilden die Versuchungen und sündigen Begierden ab (Klemens von Alexandrien, protr. 12,118,1–3; Ambrosius, in Luc. 4,2,30–36; 4,3,45–50) oder tödlich anziehende Irrlehren: Wer nicht umkommen will, muss, wenn er schwach ist, sich die Ohren

[92] Der kulturelle Aneignungsprozess verlief freilich nicht geradlinig, und selbst dort, wo man bemüht war, sich dem paganen Mythos zu öffnen, konnte Odysseus auch als Gegenbild zur christlich erstrebten Lebenspilgerschaft dienen (vgl. Klemens von Alexandrien, protr. 86,2; Methodios von Olympos, arb. 1,1–4).

[93] In seiner Empathie für den Mythos im christlichen Aneignungsprozess beeindruckt noch immer das materialreiche Kapitel „Odysseus am Mastbaum" bei Rahner, Mythen, 281–328; vgl. ferner (mit Textüberblicken) Markschies, Odysseus, 230–239; Schmitzer, Odysseus, bes. 49 f.; Zilling, Jesus, 102–117.

[94] Vgl. Zilling, Jesus, 101.

verstopfen, wenn er stark ist, sich aufrecht ans Kreuz binden (Hippolyt, ref. 7,13[95]; Klemens von Alexandrien, protr.

[95] Πελάγει κλυδωνιζομένῳ ὑπὸ βίας ἀνέμων ἐοικότα ὁρῶντας τὰ τῶν αἱρετικῶν δόγματα ἐχρῆν τοὺς ἀκροατὰς παραπλεῖν ἐπιζητοῦντας τὸν εὔδιον λιμένα. τὸ γὰρ τοιοῦτον πέλαγός ἐστι καὶ θηριῶδες καὶ δύσβατον, ὡς εἰπεῖν τὸ Σικελιωτικόν, ἐν ᾧ μυθεύεται Κύκλωψ καὶ Χάρυβδις καὶ Σκύλλα (ἔτι δὲ καὶ) τὸ Σειρήνων ὄρος, ὃ διαπλεῦσαι φάσκουσι τὸν Ὀδυσσέα Ἑλλήνων οἱ ποιηταὶ πανούργως χρησάμενον τῇ τῶν παραξένων θηρῶν δεινότητι· διάφορος γὰρ ἡ τούτων ὠμότης πρὸς τοὺς διαπλέοντας ἦν. αἱ δὲ Σειρῆνες λιγὺ ᾄδουσαι καὶ μουσικὸν ἠπάτων τοὺς παραπλέοντας, πείθουσαι ἡδείᾳ φωνῇ προσάγειν τοὺς ἀκροωμένους. τοῦτο μαθόντα φασὶ τὸν Ὀδυσσέα κατακηρῶσαι τὰς ἀκοὰς τῶν ἑταίρων, ἑαυτὸν δὲ τῷ ξύλῳ προσδήσαντα παραπλεῦσαι ἀκινδύνως τὰς Σειρῆνας κατακούσαντα τῆς τούτων ᾠδῆς. ὃ ποιῆσαι τοῖς ἐντυγχάνουσιν συμβουλεύω καὶ ἢ τὰ ὦτα κατακηρώσαντας δι' ἀσθένειαν διαπλεῦσαι τὰ τῶν αἱρέσεων δόγματα μηδὲ κατακούσαντας πείθειν εὐκόλως δυνάμενα πρὸς ἡδονήν, ὡς λιγυρὸν ᾆσμα Σειρήνων, ἢ ἑαυτὸν τῷ ξύλῳ Χριστοῦ προσδήσαντα πιστῶς κατακούσαντα μὴ ταραχθῆναι, πεποιθότα ᾧ προσέσφιγκται, καὶ ἑστηκέναι ὀρθῶς. – „Einem Meer, das von der Wucht der Winde aufgepeitscht wird, gleichen die Anschauungen der Irrlehrer. Wenn die Hörer solche wahrnehmen, sollten sie auf jeden Fall vorbeifahren, um einen stillen Hafen aufzusuchen. Ein solches Meer nämlich ist voller Seetiere und kaum zu durchqueren, wie etwa das um Sizilien, von dem man erzählt, dass ein Zyklop und Charybdis und Skylla und schließlich der Berg der Sirenen dort drohen. Wie die Dichter der Griechen behaupten, hat Odysseus es durchfahren, der mit dem Schrecken dieser entarteten Ungeheuer auf geschickte Weise umzugehen verstand. Denn ihre Rohheit gegen die, die einherfuhren, war widerlich. Indem sie aber hell und fein sangen, verführten die Sirenen die Vorüberfahrenden und lockten sie, die es hörten, mit süßer Stimme. Da er dies in Erfahrung gebracht hatte, so heißt es, habe Odysseus den Gefährten die Ohren mit Wachs verstopft. Er selbst aber habe sich am Holzmast festbinden lassen und sei so gefahrlos an den Sirenen vorübergefahren, wobei er noch ihren Gesang vernahm. Ich rate denen, die auf solche Dinge stoßen, Folgendes zu tun: Sie mögen entweder aufgrund ihrer Schwäche die Ohren verstopfen und so die Anschauungen der Irrlehrer durchfahren, ohne zu vernehmen, was die Macht hat, lieblich zur Lust locken wie der so helle Gesang der Sirenen; oder sie binden sich selbst am Holzmast Christi fest, vernehmen in gläubiger Haltung, ohne sich

12,118,4).[96] So verkörpert der homerische Held Odysseus letztlich die Lebensfahrt des christlichen Glaubenspilgers oder gar, in soteriologischer Durchformung, den erlösenden Weltenwanderer Jesus Christus, der wie Odysseus am kreuzförmigen Mastbaum den Verführungen der Welt widersteht und seine Gefährten rettet. So predigt Maximus von Turin *De die sancto paschae et de cruce domini*:

> *Si ergo de Ulixe illo refert fabula quod eum arboris religatio de periculo liberavit, quanto magis praedicandum est quod vere factum est, hoc est quod hodie omne genus hominum de mortis periculo crucis arbor eripuit! Ex quo enim Christus dominus religatus in cruce est, ex eo nos mundi inlecebrosa discrimina velut clausa aure transimus; nec pernicioso enim saeculi detinemur auditu, nec cursu melioris vitae deflectimur in scopulos voluptatis. … Ergo dominus Christus pependit in cruce, ut omne genus hominum de mundi naufragio liberaret.*
>
> Über Odysseus berichtet der Mythos, es habe ihn aus der Gefahr befreit, dass er sich an den Mastbaum habe fesseln lassen. Wie viel deutlicher ist dann zu verkündigen, was in Wahrheit geschehen ist: Heute hat der Mastbaum des Kreuzes das ganze Menschengeschlecht der Todesgefahr entrissen! Denn weil Christus der Herr an das Kreuz geheftet ist, durchqueren wir die lockenden Versuchungen der Welt, als seien unsere Ohren verschlossen. Denn wir lassen uns nicht mehr festhalten von dem verderblichen Lauschen auf die Welt, noch lassen wir uns ablenken durch den Kurs eines bequemeren Lebens, der uns auf die Klippen der Begierde treibt. … So hat Christus der Herr am Kreuz gehangen, um das ganze Menschengeschlecht vor dem Schiffbruch im Diesseits zu erlösen! (Maximus von Turin, serm. 37,2,16–37,3,39)

Die fiktionale Biographie des Odysseus führt somit „von Ithaka über Troja und Rom bis Golgatha“.[97] Die Spur

---

in Verwirrung bringen zu lassen; sie setzen den Glauben auf das, an das sie gefesselt sind – und bleiben aufrecht stehen“.

[96] Vgl. näher Zilling, Jesus, 108–115; zur Bekämpfung der Häretiker im mythischen Bild der Sirenen Oehl, Mythos, 316–321.325–331.

[97] So Schmitzer, Odysseus, 50.

der Sirenenszene muss uns genügen, denn der lange Weg der Aneignung des Epos in christlicher und dann auch wieder nicht-christlicher Existenzdeutung sprengt unseren Rahmen. Die Aeneis selbst ist ja bereits eine Fortschreibung der homerischen Großerzählung. Vergil seinerseits führt Dante nicht nur als göttlich beauftragter Führer durch die Unterwelt und den Läuterungsort, sondern liefert der *Divina Comedia* mit dem sechsten Buch seines Epos (vgl. Aen. 6,264–900) überhaupt die dichterische Anregung. Vielleicht ist die moderne Inkulturation des Mythos dort vollendet, wo die Odyssee den Deutungshintergrund für einen einzigen Stichtag, den 16. Juni des Jahres 1904, stiftet und die alltäglichen Irrfahrten durch das zeitgenössische Dublin chiffriert. Der so angelegte Roman „Ulysses" des irischen Schriftstellers James Joyce (1882–1941) dürfte das wirkungsreichste intertextuelle Spiel mit der Odyssee sein. Die Sirenen lauern hier verführerisch in Gestalt zweier „barmaids" auf der Insel ihrer Bar in jener Episode des präzise angelegten Romans, die der Musik und dem Ohr gewidmet ist.[98] Klassische Texte sind deshalb „klassisch", weil sie fortwährend Aufmerksamkeit erzielen, auf solche Weise neue Texte hervorrufen, schöpferische Re-Imaginationen von eigenem Rang freisetzen. Sie besitzen deshalb, wie George Steiner sagt, *answerability*, „Antwortstruktur".[99]

Auch die erzählten Wanderungen der Evangelien und der Apostelgeschichte antworten auf ihre Weise auf die großen

---

[98] Ulysses, 382–435.

[99] Presences, 8: „Interpretative response under pressure of enactment I shall, using a dated word, call *answerability*. The authentic experience of understanding, when we are spoken to by another human being or by a poem, is one of responding responsibility. We are answerable to the text, to the work of art, to the musical offering, in a very specific sense, at once moral, spiritual and psychological".

Reiseabenteuer der Antike und besitzen ihrerseits Antwortstruktur. Die Apostelgeschichte setzt programmatisch die Wanderung, die Jesus von Galiläa nach Jerusalem führt, über „ganz Judäa und Samarien bis an das Ende der Erde“ (Apg 1,8) fort. Zwar endet sie in einer stadtrömischen Mietwohnung, aber sie endet dort so offen, dass sie, wie ich vermute, auf „Weiterreise“ (vielleicht durch andere Verfasser) angelegt war. Anders als es sonst oft bei historiographischen Werken der Fall war, ist die Apostelgeschichte allerdings nie fortgesetzt worden. Euseb begreift sein Opus ausdrücklich als Novum (vgl. h.e. 1,1,3). Nicht zuletzt die – freilich von Lukas selbst forcierte – Sakralisierung der ehrwürdigen Stiftungsgeschichte hat einer Fortführung im Weg gestanden.[100]

Doch können sich Antwortstrukturen auch anders entwickeln. Wie Homer und Vergil in den Bildungskanon der antiken Mittelmeergesellschaft aufgenommen wurden, so die Apostelgeschichte in den theologischen Kanon der alten Kirche. Die Leser „antworten“ in Form von Exegese, sei sie gelehrt oder (wie in Ordensregeln oder Missionsprogrammen) lebenspraktisch. Sie „antworten“ auch in Form von Kunst, sei sie nachahmend oder variierend. Arator, der

[100] Dem Problem, warum Apg nicht fortgeführt wurde, widmet sich eingehend KANY, Apostelgeschichte, 333–348; zur komparativen Interpretation des offenen Endes der Apg vgl. TROFTGRUBEN, Conclusion, zusammenfassend 179–188. Das offene Ende verbindet Apg freilich abermals mit der epischen Stiftungsmemoria, die Erzählstränge gezielt offen lässt, um Anknüpfungsmöglichkeiten für den aktuellen Legitimationsbedarf bereitzustellen. Der angekündigte oder angespielte Überschuss wird in der Erzählung selbst nicht eingeholt, damit die Zukunft – d.h. die Gegenwart des Lesers – Teil der „je größeren Geschichte“ bleibt. Zum Schluss im Epos vgl. TROFTGRUBEN, Conclusion, 80–93, speziell der Aeneis ebd. 85–93; zur funktionalen Analogie des offenen Endes in Apg als „extensive saga“ ebd. 169–178.

im sechsten Jahrhundert die Apostelgeschichte in lateinische Hexameter transponiert, ist ein Bewunderer Vergils: *Sensibus ardor inest horum celebrare labores, / quorum voce fides obtinet orbis iter* – „In meinen Sinnen brennt ein Feuer, die Mühen jener zu feiern, durch deren Stimme der Glaube seine weltweite Reise unternahm" (Arator, Epistola ad Vigilium 17).[101] Das große epische Bild vom Weg jedenfalls hat das christliche Geschichtsverständnis nicht mehr verlassen. Es passt auf pagane wie auf christliche Sargdeckel. Ein letztes Mal: Große Reisen enden nie.

---

[101] Zur Vergilimitation bei Arator SCHRÖDINGER, Epos (bes. Aeneis, immer wieder auch Georgica, selten die Eklogen); zu Arator als Interpret der Apg in seinem Epos *De Actibus Apostolorum* SCHWIND, Arator-Studien, bes. 202–241; HILLIER, Arator; GREEN, Epics, 251–350.

III. Weg als Chiffre: Der Heiland als Weltenwanderer

Das Christentum sagt:
Du sollst hier (in dieser Welt)
– sozusagen –
nicht sitzen, *sondern* gehen.
LUDWIG WITTGENSTEIN, Denkbewegungen, n. 207

Es verrät viel über das Selbstverständnis des Urchristentums, wenn es sich die schlichte Bezeichnung ἡ ὁδός – „der Weg" gibt. Diesen Namen führt die junge Bewegung der Christusgläubigen jedenfalls bei Lukas, für den die *theologia viae* insgesamt maßgeblichen Rang besitzt (Apg 9,2; 19,9.23; 22,4; 24,14.22; vgl. 18,25 f.). Damit ist keineswegs eine bestimmte Glaubensweise im Sinne von „Observanz" gemeint, auch wenn diese Nuance hineinspielt. Noch weniger geht es um eine *neu* eingeschlagene Glaubensrichtung in Abkehr von der religiösen Herkunftsgemeinschaft, wie es die denkbar unglückliche Paraphrase „(neuer) Weg" in der katholischen Einheitsübersetzung suggeriert. Lukas hat vielmehr die Gemeinschaft der Christusgläubigen im Blick, insofern sie von außen vordergründig als „(neue) Religionspartei" wahrgenommen wird, tatsächlich aber den *uralten* Weg des Bundesvolks Israel mit seinem Gott konsequent weitergeht. Vor Gericht bekennt (ὁμολογῶ) der lukanische Paulus: „Dem Weg gemäß, den sie eine Partei heißen (τὴν ὁδὸν ἣν λέγουσιν αἵρεσιν) – auf diese Weise versehe ich Dienst für den väterlich ererbten Gott, indem ich an all das glaube, was im

Gesetz und was bei den Propheten geschrieben steht!“ (Apg 24,14) Das Nomen „Weg“ gewinnt in der Apostelgeschichte den Rang einer ekklesiologischen Leitmetapher, die wie von selbst aus der Lebens- und Glaubensweise Jesu von Nazaret hervorwächst. Damit ist das Thema dieses Kapitels umrissen.

1. Weg als Lebensform: Jesus von Nazaret

1.1 Die wandercharismatischen Anfänge

Das Selbstverständnis der *schola ambulans*, der Jüngergemeinschaft auf dem Weg, ist dem Christentum in den historischen Ursprung eingeschrieben. Die Lebensform Jesu und der ersten Jünger war die des charismatischen Wanderradikalismus ruraler Herkunft, der in der Redenquelle schneidenden Ausdruck erfahren hat (vgl. Q 9,57–60; 10,4; 14,26; 16,13).[1] Adjektiv und Nomen erklären sich gegenseitig: Das Wandern des Radikalen war unmittelbar Teil seines Charisma. Wenn aktives Christsein bis auf den heutigen Tag als ἀκολουθεῖν, das heißt: Nachfolge, beschrieben wird, so war dies anfänglich alles andere als eine Metapher. Das Christentum hat – die pointierte Wortwahl sei gestattet – als *road movie* begonnen. Jesus und seine Jünger wanderten

[1] In der deutschsprachigen Forschung hat sich vor allem Gerd Theissen der Soziologie des wandernden Urchristentums gewidmet: Wanderradikalismus, bes. 83–92; Soziologie, bes. 14–21; Jesusbewegung, 55–79; speziell zur sozialen Entwurzelung im Umfeld der Jesusbewegung: Nachfolge, bes. 107–133; insgesamt in kritischem Rückblick neuerdings: Jesus, 24–30.101–116. Wichtige Beiträge zur Diskussion sind ferner religionsgeschichtlich Hengel, Nachfolge, 18–40; sozialgeschichtlich Schmeller, Brechungen, 50–113; umfassend Tiwald, Wanderradikalismus.

im Zeichen der anbrechenden Gottesherrschaft unter einfachsten Reisebedingungen durch die Dörfer Galiläas.

Es wäre zu kurz gegriffen, würden wir darin lediglich eine pragmatische Missionsmaßnahme sehen. Der nomadische Lebensstil war nicht nur Mittel zur Verkündigung, er war Teil der Botschaft selbst. Jesus war radikaler Wandercharismatiker, weil das Wandern radikal zu seinem Charisma gehörte. Die jüdischen Gruppierungen seiner Zeit waren weithin durch abgrenzende Heiligkeitsvorstellungen gekennzeichnet, besonders deutlich in der Reinheitshalacha. Die Gottesherrschaft, die Jesus proklamiert, ist dagegen eine expansive Macht. Sie nimmt den Einzelnen unmittelbar und umfassend in Beschlag und setzt ihn in Bewegung. Sie wird zur dynamischen Lebensform.

Dies demonstriert eindrucksvoll bereits die kantige Gestalt, die der Jesusbewegung vorausging, einen bedeutenden Teil ihres ursprünglichen Anhangs stellte und sie religiös tief prägte: Johannes der Täufer.[2] Mit seiner nomadischen Lebensführung inszenierte er seinen prophetischen Anspruch und lebte seine Botschaft als „Gleichnis" – *acted parable* – vor. Sein Wüstendasein führte die einfache und ursprüngliche Beziehung zwischen JHWH und seinem Volk vor Augen, setzte den Umkehrruf ins Bild und verlieh seiner Verkündigung biblische Stimmigkeit.

Johannes entzog sich den städtischen Kulturzentren und lebte im selbstbestimmten Raum der wüstenhaften Einöde von Judäa (vgl. Mk 1,2–4 parr.; Q 7,24 f.). Er ist vermutlich am Jordanufer entlanggewandert und dürfte sogar durch Samarien gezogen sein (vgl. Joh 3,23). Als beeindruckend

---

[2] Zu Johannes dem Täufer monographisch ERNST, Johannes, 265–346; MÜLLER, Johannes, 13–93; ausführlich MEIER, Jew II, 17–233; zu der hier vorausgesetzten historischen Wahrnehmung des Täufers, auch in seinem Verhältnis zu Jesus von Nazaret, BACKHAUS, Echoes.

wurde sein Auftreten empfunden: Er trug Wüstentracht aus Kamelhaar und Ledergürtel und ernährte sich von Wüstennahrung wie Heuschrecken und wildem Honig (Mk 1,6/Mt 3,4; EvEb 3 [Epiphanios, haer. 30,13,4f.]; Justin, dial. 88,7; vgl. Q 7,33; Lk 1,15; Mk 2,18f. parr.). Solche schlichte Lebensweise entsprach dem religiösen Programm der syrisch-palästinischen Täuferbewegung, die sich in Kontrast zu Tempelkult und Stadtkultur definierte und zivilisationskritisch auf die ursprüngliche Lebensweise der Wüstennomaden zurückgriff. Der Ruf, den Weg des Herrn zu bereiten (Jes 40,3), erscholl programmartig gerade in der „Wüste" und entwickelte offenkundig eigene Faszinationskraft (Mk 1,3 parr.; 1QS 8,12–14; 4Q176 fr. 1,6–8; vgl. 1QS 9,19–21). Sogar Josephus gibt in seiner Autobiographie an, er sei vor seinem 19. Lebensjahr in die Wüste zu einem Aszeten namens Bannus gezogen und habe dort drei Jahre als dessen Jünger gelebt. Bannus habe sich von dem gekleidet und genährt, was die karge Landschaft ihm bot, und sich ständigen Kaltwaschungen unterzogen (vgl. vita 11f.). Die innere Botschaft solcher Rückzüge in die nomadische Existenz dürfte auf breiter Ebene sichtbar geworden sein: Unbehaust und einfach lebt der Gottesfreund!

Auf solche Weise wurden freilich auch Gott selbst und das Gottesvolk als Ganzes nachgerade medial „ins Bild gesetzt". Die Umkehr zum heiligen Gott Israels schlug sich in einer Art typologischen Lebensstils nieder. Schon im Eingang der Tora wird der Mensch grundlegend als Unbehauster bestimmt, der für immer aus dem bergenden Paradiesgarten verwiesen ist (Gen 3,23f.). Die großen Erzählungen, die Israels Selbstverständnis maßgeblich prägen, ranken sich um die Wanderexistenz der Erzeltern, den Exodus, die vierzigjährige Wüstenwanderung. „Ein umherirrender Aramäer war mein Vater" (Dtn 26,5): Das ist kein verlegenes Eingeständnis des eigenen „Migrationshintergrunds", sondern Bekenntnis und bleibendes Vermächtnis. Noch der Hebräerbrief wertet es als ein zeichenhaftes Bekenntnis (Hebr 11,13: ὁμολογήσαντες) zum existentiellen Nomadentum des Glaubenden, wenn die Erzeltern in Zelten gewohnt haben: Wer glaubt, hat auf Erden keine bleibende Stadt (vgl. Hebr 11,8–16).

So steht die Wüste einerseits für die dem Menschen bestimmte Existenz, andererseits für die große Zeit der erinnerten Gottesbegegnung Israels, der ersten, wenn auch schwierigen, Liebe zwischen dem erwählten Volk und seinem Herrn. An diese Zeit knüpfte Johannes der Täufer wie vor ihm die Propheten an. Er legte damit der Jesusbewegung eine religiös verankerte Neigung zu irdischer Heimatlosigkeit und Wanderexistenz in die Wiege.

Jesus von Nazaret schließt sich der Täuferbewegung an, lässt sich von Johannes taufen, rekrutiert seine Jünger aus diesem Milieu und nutzt die Prämisse der Täuferpredigt als Ansatz für sein eigenes Wirken. Ohne Bruch knüpft seine Verkündigung an Johannes an und beansprucht, dessen Botschaft dramatisch an ihr Ziel zu führen. So deutet Jesus die Gerichtsansage des Täufers im Licht seiner eigenen Abba-Theozentrik unter dem Primat der entgegenkommenden Gnade: Gott kommt nicht als Feuerrichter, um die Sünder zu strafen, sondern mit väterlicher Fürsorge, um sie zu gewinnen.

Auch dieses Gottesbild schlägt sich in der Lebensform nieder. Wie Johannes wählt Jesus die Wanderexistenz, aber er ändert die Richtung und den Stil. Waren die Umkehrwilligen zu Johannes an den Jordan gezogen, so zieht Jesus in die Dörfer Galiläas, um zur Umkehr einzuladen. Kommt der Sünder nicht zu Gott, so kommt Gottes Bote zum Sünder! Aus der strengen Lebensform des Wüstennomaden wird die frohe, „hochzeitliche" Feier der göttlichen Zuwendung (Mk 2,18f.). Den Zeitgenossen, die Jesus und Johannes nebeneinanderzustellen pflegten, ist gerade dieser Unterschied aufgefallen (Q 7,31–34).

Keine Ortsgemeinden also gründet Jesus, sondern er ruft „eine Bewegung vagabundierender Charismatiker ins Leben".[3] Die Existenz wurzelt für ihn und die Anhänger jener Bewegung in der endzeitlichen Nähe zu Gott, zu jenem „Vater im Himmel", der um die Tagesration Brot zu bitten ist (Q 11,3). Denn auf der Wanderung lässt sich gar nicht anders leben denn von der Hand in den Mund. Die Abhängigkeit von der Obsorge des Vaters ist in prophetischer Radikalität vor Augen zu führen: ohne Geldbeutel, ohne Proviantsack, ohne Sandalen, ohne Stock (Q 10,4; vgl. Mk 6,8f.). Der wandernde Charismatiker bricht mit seiner Herkunftstradition; sein Ethos ist mit Blick auf die konventionelle Bedeutung der Sippe afamilial (vgl. z.B.; Q 12,51.53; Q 14,26//EvTh 55; Mk 13,12; Lk 11,27f.//EvTh 79), denn Nachfolge schließt die herkömmliche Familienbindung aus: „Lass die Toten ihre Toten begraben!" (Q 9,60)[4] Aber der Wanderer lebt auch – darin den Raben und den Lilien ähnlich – ohne jene Sorge, die das Kennmal der Sesshaften ist, während dem Gottesboten die Basileia selbst als Lebensmittel im tieferen Sinn dient (vgl. Q 12,22b–31//EvTh 36; ferner Q 9,57–60//EvTh 86; Q 12,6f.). „Man darf in solche Worte nicht die Stimmung sonntäglicher Familienspaziergänge hineinlesen. Es geht hier nicht um die Freude an Vögeln, Blumen und Wiesen. Vielmehr spricht aus diesen Worten die Härte der heimat- und schutzlosen, vogelfreien Existenz wandernder Charismatiker, die ohne Besitz

---

[3] Theissen, Soziologie, 14.

[4] Dazu eingehend Hengel, Nachfolge, bes. 3–17.

und Arbeit durch die Lande zogen".[5] Keinen anderen Plan haben solche Vagabunden als ihren Gott selbst, der ihnen im Höchstfall bis zum Abend Planungsspielraum lässt. Sie sind im (atl.-)biblischen Sinn „arm", also mit Haut und Haaren angewiesen auf den Gott Israels.

Die reisepraktischen Bedingungen des Wanderers sind also theologie-haltig: Sie verkörpern das theozentrische Selbstverständnis Jesu, dienen als prophetische Zeichenhandlung, in der sich Freiheit und Vertrauen auf den himmlischen Vater im Zeichen der anbrechenden Gottesherrschaft zur Geltung bringen. Das Herrengebet ist das Vademecum dieser endzeitlichen Gelassenheit (Q 11,2b–4).

Die Lebensform der galiläischen Jesusbewegung ist zum Anfang des Christentums geworden und damit auch zum „mitgehenden Anfang"[6] des christlichen Existenzverständnisses. Die beiden frühesten Zeugnisse über Jesu Leben – Redenquelle (Q 10,2–12) und Markus (Mk 6,8–11) – haben die Erinnerung an die ursprüngliche Lebensart in der Aussendungsrede aufbewahrt, die in ihrem radikalen Grundgehalt zweifellos auf den Existenzentwurf Jesu selbst zurückgeht.[7] Die Wandercharismatiker, die wir hinter der Redenquelle vermuten, haben den Lebensstil Jesu fortgesetzt und ihn als bleibende Möglichkeit der Nähe zum

---

[5] Theissen, Soziologie, 19.

[6] Die vielzitierte Bildfigur vom „mitgehenden Anfang" (Otto Hermann Pesch mit Diego Arenhoevel) bezieht sich in der Regel auf die Funktion der Heiligen Schrift in der Kirche, lässt sich aber wohl sachgerecht auf das Ursprungscharisma ausdehnen, sofern es späteren, sesshaften Generationen im mündlichen wie im schriftlichen Modus von Überlieferung mitgegeben war.

[7] Vgl. Theissen, Wanderradikalismus, 90–92; zur Analyse: Luz, Mt II, 87–90; zur historischen Würdigung und detaillierten Interpretation von Q 10,2–12 als „Magna Charta des Wanderradikalismus" Tiwald, Wanderradikalismus, 98–211.

Menschensohn und Teilhabe an seinem Ursprungscharisma gedeutet. Wo die Boten unterwegs blieben, war ihr Herr gegenwärtig: „Nimmt einer euch auf, so nimmt er mich auf, und nimmt er mich auf, so nimmt er den auf, der mich gesandt hat!" (Q 10,16) In einer Gemeinde, in der längst die Sesshaftigkeit die Regel war, hat der Evangelist Matthäus die beiden Fassungen der Aussendungsrede zu einem ekklesiologischen Leitprogramm rekomponiert (Mt 10,5b–15).[8] Christsein bedeutet: bleibend in der Wandergemeinschaft des Messias unterwegs sein (vgl. 28,18–20). Das Motiv des Nomadentums in Freiheit und Vertrauen wurde – *sit venia verbo!* – zum „Stachel im Sitzfleisch" einer etablierten Kirchlichkeit.

Die soziale Unstetigkeit Jesu und der ersten Jünger wäre freilich ohne Rückbindung an stabile Hauszentren kaum möglich gewesen.[9] Auf dieser Ebene wird das afamiliale Ethos durch eine neue, sozial konstruierte Familienbindung *(fictive kinship)* abgelöst. Der Wandercharismatiker verliert Haus, Geschwister, Eltern, Kinder und Landgut – und empfängt sie auf vielfache Weise zurück (Mk 10,28–30).[10]

So kam von Anfang an dem Hauswesen (οἶκος, οἰκία) eine wichtige Funktion in der Jesusbewegung zu, woraus sich auch die besondere Rolle von Urchristinnen erklärt. Unter dem semantisch breitgefächerten Verb „dienen" (διακονέω) ist die lebenspraktische Unterstützung der wandernden

[8] Zur Auslegung und Wirkungsgeschichte Luz, Mt II, 90–104.

[9] Zur Rolle der sympathisierenden ortsansässigen Hausgemeinschaften Theissen, Soziologie, 21–26.

[10] In der zweiten Aufzählung fehlt bezeichnenderweise der Vater, da der Nachfolgende – ganz auf den himmlischen Vater geworfen – diesen in der menschlichen Gemeinschaft nicht zurückempfängt; vgl. Gnilka, Mk II, 91–94.

Jüngergruppe zu verstehen.[11] Von der Schwiegermutter des Petrus in Kafarnaum (Mk 1,31 parr.) bis zu den Jüngerinnen auf Golgota (Mk 15,40f./Mt 27,55f.; vgl. Mk 16,1; Mt 28,1; Lk 24,10; Joh 20,1f.11–18) teilen Frauen auf eigene Weise den wandercharismatischen Lebensstil und ermöglichen allererst dessen Radikalität (vgl. Lk 10,38–42). Während die Jünger gleichsam als „Spielbein" der Endzeitbotschaft durch das Land zogen, sicherten die Jüngerinnen als „Standbein" die haus-halterische Basis der riskanten Existenz. Das schließt nicht aus, dass sich auch Frauen, namentlich die Ehefrauen der Endzeitboten, im Zeichen der Gottesherrschaft auf die Wanderschaft begaben (vgl. 1 Kor 9,5).[12] Lukas hat, freilich unter den reisefreundlicheren Bedingungen seiner eigenen Umwelt, an eine Begleitung durch wohlhabende und wohltätige Patroninnen gedacht (Lk 8,1–3).[13] Aber auch unter historischem Gesichtspunkt sind offenkundig Jüngerinnen Jesus bis nach Jerusalem gefolgt, unter denen namentlich Maria von Magdala eine aktive und auffällige Nähe zum Jüngerkreis pflegte (vgl. bes. Mk 15,40f.; 16,1–8).[14]

Im koptischen Thomas-Evangelium, das vermutlich in der ersten Hälfte des zweiten Jahrhunderts im syrischen Raum niedergeschrieben wurde, ist ein auf uns bizarr wirkendes Logion aufbewahrt:

---

[11] Zum semantischen Horizont HENTSCHEL, Diakonia, 24–89; zur Aufgabenkomplementarität in der zeitgenössischen Lebenskultur ebd. 208–213.

[12] Zur Diskussion um wanderradikale Frauen TIWALD, Wanderradikalismus, 211–220.

[13] Vgl. HENTSCHEL, Diakonia, 217–235; eher an unbemittelte alleinstehende Frauen denkt, mit historisierender Tendenz, SIM, Followers, bes. 51–55.

[14] Vgl. HENTSCHEL, Diakonia, 228–231.

Es sagte Simon Petrus zu ihnen: ‚Mariham [Maria von Magdala] soll von uns fortgehen, denn die Frauen sind des [wahren] Lebens nicht würdig!' Da sagte Jesus: ‚Siehe, ich werde sie ziehen, sie männlich zu machen, damit auch sie zum lebendigen Geist wird, der euch Männern gleicht. Denn jede Frau, die sich selbst zum Mann macht, wird in das Königreich der Himmel eingehen!' (EvTh 114)

Im jetzigen literarischen Zusammenhang spiegelt die geforderte Mann-Werdung zweifellos gnostisierende Gender-Vorstellungen wider, die Frauen mit erdgebundenen Leidenschaften und der Beteiligung am unheilvollen Prozess der Fortpflanzung irdischen Lebens verbanden.[15] Vielleicht darf man jedoch den Ursprung des Logions auf eine geradezu emanzipatorische Wandertechnik von Frauen zurückführen, die sich unter den riskanten Reisebedingungen im Hinterland Syriens tunlichst als Männer zu tarnen hatten, wenn sie sich auf die Reise begaben.[16] Ein solches Auftreten wird in der Tat in einem apokryphen Apostelroman des zweiten Jahrhunderts, den Thekla-Akten, von der wandernden Paulusschülerin Thekla geschildert (ActThec 25.40, vgl. ActPhil 8,4 [95]) Möglicherweise also stoßen wir in EvTh 114 auf eine – freilich anthropologisch gewendete – Erinnerung an die ursprüngliche, schwierige Wandergemeinschaft von Männern und Frauen im Zeichen der anbrechenden Königsherrschaft Gottes. Wie dem auch sei, insgesamt weiß das Thomas-Evangelium noch um die nomadischen Anfänge der Jesusbewegung (vgl. EvTh 14) und macht daraus auf eigene Weise eine Grundsatzaussage über das Jüngersein in der vergehenden Welt: *Estote*

[15] Zur Interpretation Valantasis, Gospel, 194 f.; Petersen, Werke, 169–178; Nordsieck, Thomas-Evangelium, 384–390; Plisch, Thomasevangelium, 260–266.

[16] So Patterson, Gospel, 153–155; Petersen, Werke, 177 f.; vgl. Klauck, Evangelien, 160.

praeterientes. – „Werdet solche, die vorüberziehen!" (42) Im Vorübergehen lebt der Glaubende.

1.2 Die wandercharismatischen Anfänge, pagan gespiegelt

Werfen wir einen Querblick auf die Wahrnehmung des nomadischen Lebensstils durch die paganen Zeitgenossen, so finden sich als nächste Analogie die kynischen Wanderphilosophen und Sophisten wie auch die umherziehenden Goeten, die sich nicht immer so penibel von den Philosophen trennen ließen, wie es aufklärerischer Magie-Verachtung vorkommen mag.[17]

Vorbild kynischer Bedürfnislosigkeit und Unbehaustheit war Diogenes von Sinope (zwischen 412 und 321 v. Chr.), dessen unstetes Leben vor allem mit Korinth verbunden wird. Der kaiserzeitliche Bio- und Doxograph Diogenes Laertios hat ihm eine eingehende, anekdotenreiche Charakterzeichnung gewidmet (Diog. Laert. 6,20–81). Das dem kynischen Prototyp zugeschriebene Lebensprogramm würde an sich gut zu den galiläischen Wandercharismatikern passen: ἄπολις, ἄοικος, πατρίδος ἐστερημένος, πτωχός, πλανήτης, βίον ἔχων τοὐφ᾽ ἡμέραν. – „ohne Vaterstadt, ohne Behausung, der Heimat beraubt, arm, unstet, an Brot nur den Tagesbedarf" (6,38).

Tatsächlich entsprechen sich kynischer und täuferisch-urchristlicher Lebensstil insofern, als Lehre und Lebensform zwei Seiten einer Medaille sind. Die Lebensform erweist sich gewissermaßen als die verkörperte Ansicht der Lehre. In der jüngeren Jesusforschung, vor allem im kalifornischen Zweig des sog. *Third Quest*, deutet eine einflussreiche Richtung

---

[17] Zum Vergleich zwischen urchristlichem und kynischem Wanderradikalismus THEISSEN, Jesusbewegung, 76–79; Jesus, 101–116.

Jesus und die Jesusbewegung denn auch in Analogie zu den kynischen Wanderphilosophen.[18] Jedoch wird dabei ein entscheidender Unterschied übersehen: Die Lebensform des Täufers, Jesu und der frühen Jesusbewegung entspringt unmittelbar dem religiösen Selbstverständnis, der radikalen Bindung an den Gott Israels. Erst vor diesem Hintergrund werden die Kulturdistanz bei Johannes und das Urvertrauen auf den himmlischen Vater bei Jesus verständlich. Für die kynischen Wanderphilosophen dagegen stehen Autarkie und Autonomie im Vordergrund. Pointiert gesagt: Johannes, Jesus und die frühen Charismatiker wandern, weil sie sich in die schlechthinnige Abhängigkeit von JHWH werfen; der Kyniker wandert, weil er nach schlechthinniger Unabhängigkeit strebt. Diese souveräne Verachtung menschlicher Bindungen hat die wohl bekannteste Diogenes-Anekdote zum Ausdruck gebracht: Alexander der Große fragt den in der Sonne liegenden Philosophen nach einem Wunsch, den dieser prompt äußert: *nunc quidem paululum … a sole* (Cicero, Tusc. 5,92; vgl. Plutarch, Alexander 14,2 f.; Diog. Laert. 6,38; Gesta Romanorum 183). Im Zeichen des einbrechenden Feuergerichts oder der anbrechenden Gottesherrschaft hätte der Wunsch wohl anders gelautet.

Die Bewunderung, die dem Eroberer für sein soziales Gegenbild zugeschrieben wird, ist eines, die Bewunderung, die man für die wandernden Philosophen oder Goeten hegte, ein anderes. Sie war in gebildeten Schichten kaum ausgeprägt; die Quellen lassen vielmehr Misstrauen und Verachtung erkennen. So distanziert sich etwa zur Zeit Jesu der jüdische Religionsphilosoph Philon von Alexandrien

[18] Hauptrepräsentanten dieser Strömung sind John Dominic Crossan (vgl. bes. Jesus, 102–122) und Burton L. Mack (vgl. bes. Myth, 41–58); abwägend Downing, Jesus.

(um 15 v. Chr.–50 n. Chr.) mit Verve von umherziehenden Scharlatanen:

ἔστι δέ τι παράκομμα ταύτης, κυριώτατα φάναι κακοτεχνία, ἣν μηναγύρται καὶ βωμολόχοι μετίασι καὶ γυναίων καὶ ἀνδραπόδων τὰ φαυλότατα, περιμάττειν καὶ καθαίρειν κατεπαγγελλόμενα καὶ στέργοντας μὲν εἰς ἀνήκεστον ἔχθραν μισοῦντας δὲ εἰς ὑπερβάλλουσαν εὔνοιαν ἄξειν ὑπισχνούμενα φίλτροις καὶ ἐπῳδαῖς τισιν, εἶτα τοὺς ἀπλάστοις καὶ ἀκακωτάτοις ἤθεσι κεχρημένους ἀπατᾷ τε καὶ ἀγκιστρεύεται, μέχρις ἂν τὰς μεγίστας προσλάβωσι συμφοράς.

Falschmünzerei, eindeutig gesagt: Afterhandwerk, ist demgegenüber [d.h. im Vergleich mit der wahren, guten Magie] das, was Bettelpriester und Gaukelspieler, die übelste Hefe von Frauen und Sklaven ausüben: Sie bieten Reinigungs- und Sühnezauber feil, versprechen, mittels gewisser Liebesmittel und Beschwörungen hier Liebhaber zu grimmiger Feindschaft, dort Feinde zu überschäumendem Wohlwollen zu treiben, missbrauchen dann noch Einfaltspinsel und gutgläubige Leute durch Täuschung und angeln sie sich, bis sich diese die übelsten Misshelligkeiten zuziehen. (spec. 3,101)

So folgt Lukas durchaus einer in seiner Umwelt erkennbaren Tendenz, wenn er sich über die Wanderprediger (sofern sie nicht christlich sind!) lustig macht. Kaustischen Scherz treibt er mit einem umherziehenden jüdischen Exorzistenensemble zu Ephesus, das das verheißungsvoll-orientalische Signet „Sieben Söhne des jüdischen Hohepriesters Skeuas" führt (Apg 19,13–17). Statt den Abergeist zu bezwingen, werden die Sieben slapstickhaft durch diesen überwältigt und nackt und zerschunden aus dem Haus getrieben.[19] Am Hof des Prokonsuls Sergius Paulus von Zypern agiert ein Magier, der den wiederum „altjüdisch" klingenden Namen (oder Künstlernamen?) Bar-Jesus („Jesus-Sohn") führt. In Auseinandersetzung mit dem Erzählhelden Paulus wird er nicht nur als „Teufelssohn" entlarvt, sondern muss, zeitweilig

[19] Vgl. Klauck, Magie, 114–116.

erblindet, nach Wegführern tasten (13,6–12). Auch hier ist der ironische Rollentausch nicht zu übersehen: Der Seelenführer, der die geraden Wege des Herrn verkehrt, bedarf des Führers, um den eigenen Weg zu finden.[20]

Wer freilich im Glashaus sitzt, sollte behutsam mit Steinen umgehen. Den paganen Zeitgenossen blieb keineswegs verborgen, dass Jesus und die Seinen ein allzu vergleichbares Wanderleben führten. Dass die antiken Beobachter den Phänotyp zum Urteilsmaßstab machten, scheint verständlicher als aktuell bei den genannten kalifornischen Jesusforschern.

Die aufschlussreichsten Außenansichten verdanken wir dem äußerst schreibfreudigen Satiriker Lukian aus Samosata in der Provinz Syria (um 120–180 n. Chr.), einem Hauptvertreter der Zweiten Sophistik. Er hat selbst als Wanderredner die reichsrömische Welt gesehen, und dies, mit wahrhaft globalem Radius, von Gallien über Italien und Griechenland bis Ägypten. Herumziehende Scharlatane, denen er immer wieder begegnet sein dürfte, sind eine bevorzugte Zielscheibe seines beißenden Spottes:

περιῄεσαν γοητεύοντες καὶ μαγγανεύοντες καὶ τοὺς παχεῖς τῶν ἀνθρώπων – οὕτως γὰρ αὐτοὶ τῇ πατρίῳ τῶν μάγων φωνῇ τοὺς πολλοὺς ὀνομάζουσιν – ἀποκείροντες.

Sie zogen herum, trieben Hokuspokus und Gaukelei und scherten die unter den Leuten, die dummreich genug waren; so nämlich nennt man bei diesen Leuten nach der vertrauten Redensart von Magiern die Menge. (Alex. 6)

Die herbe Kritik bezieht sich auf einen berühmten Kultpropheten namens Alexander, auf den Lukian, in dem paphlagonischen Städtchen Abonuteichos getroffen war, wo dieser eine florierende Orakelstätte betrieb. Lukian hat ihm,

[20] Vgl. Klauck, Magie, 60–69.

nachgerade enthüllungsjournalistisch, ein ganzes Pamphlet gewidmet.

Eine ähnliche Schmähschrift richtet er gegen einen anderen in seinen Augen suspekten Wandervogel: Peregrinos Proteus.[21] Lukian war Zeuge gewesen, als sich dieser kynische Fahrensmann während der olympischen Spiele des Jahres 165 n. Chr. in einer Scheitergrube selbst verbrannte, um so nach der Weise indischer Brahmanen seine Weltüberlegenheit zu demonstrieren. Um dieses spektakuläre Ereignis kreist Lukians Schrift *De morte Peregrini*. Besonders wertvoll wird sie dadurch, dass sie zum ersten Mal in der erhaltenen Literatur das Leben urchristlicher Gemeinden aus der kritisch-paganen Außenperspektive darstellt. Denn in seiner wechselvollen Laufbahn im synkretistischen Klima des zweiten Jahrhunderts betätigte sich Peregrinos nach Lukian zeitweilig, anscheinend mit einiger Prominenz, als christlicher Wandercharismatiker. So lässt sich an seiner schillernden Gestalt gut verfolgen, welche Ähnlichkeiten der Lebensstil eines kynischen Philosophen mit dem eines urchristlichen Propheten besaß. Dies gilt auch dann, wenn man die durchweg satirisch-topischen und fiktionalen Elemente der biographischen Darstellung in Rechnung stellt. Angesichts antiker Maßstäbe im Allgemeinen und Lukians gereizter Parteilichkeit im Besonderen sind die dargestellte Faktengeschichte wie auch das ethische Urteil gewiss kritisch zu werten.[22] Wie immer man den historischen Referenzwert der Darstellung beurteilt, so gibt sie in jedem Fall das

---

[21] Für beide biographisierenden Schmähschriften stehen handliche zweisprachige Ausgaben mit hilfreicher religionsgeschichtlicher und literarischer Einführung zur Verfügung: für Alexander von Abonuteichos Victor (1997), für Peregrinos Pilhofer u. a. (2005).

[22] So urteilt der Buntschriftsteller Aulus Gellius, etwa Zeitgenosse Lukians, diametral entgegengesetzt: Peregrinos, ein *vir gravis et constans*,

Prestige urchristlicher Wandercharismatiker bei skeptischen reichsrömischen Beobachtern zuverlässig wieder.

Sofern wir Lukian glauben, hat Peregrinos in jungen Jahren seinen Vater beseitigt, seine Heimatstadt Parion in Mysien verlassen, sein Vermögen notgedrungen preisgegeben und seinen Lebensunterhalt als wandernder Scharlatan verdient: φυγὴν ἑαυτοῦ καταδικάσας ἐπλανᾶτο ἄλλοτε ἄλλην ἀμείβων. – „Er verurteilte sich selbst zur Verbannung und schweifte umher, zog mal hierhin, mal dorthin" (Peregr. 10). In Palästina lernt er die unbedarften Christen kennen, schließt sich ihren „Priestern und Schriftgelehrten" (τοῖς ἱερεῦσιν καὶ γραμματεῦσιν αὐτῶν) an und avanciert alsbald mit Leichtigkeit zum „Propheten und Kultvereinsvorsteher und Synagogenführer, und dies alles in einer Person" (προφήτης καὶ θιασάρχης καὶ ξυναγωγεὺς καὶ πάντα μόνος αὐτὸς ὤν). Er dient den Christen als Ausleger und Verfasser heiliger Schriften und wird in ihrer Verehrung nur von ihrem gekreuzigten Kultstifter selbst überragt (11). Auf diese Weise findet er sich schließlich im Kerker wieder:

ὅπερ καὶ αὐτὸ οὐ μικρὸν αὐτῷ ἀξίωμα περιεποίησεν πρὸς τὸν ἑξῆς βίον καὶ τὴν τερατείαν καὶ δοξοκοπίαν ὧν ἐρῶν ἐτύγχανεν. ἐπεὶ δ' οὖν ἐδέδετο, οἱ Χριστιανοὶ συμφορὰν ποιούμενοι τὸ πρᾶγμα πάντα ἐκίνουν ἐξαρπάσαι πειρώμενοι αὐτόν. εἶτ', ἐπεὶ τοῦτο ἦν ἀδύνατον, ἥ γε ἄλλη θεραπεία πᾶσα οὐ παρέργως ἀλλὰ σὺν σπουδῇ ἐγίγνετο· καὶ ἕωθεν μὲν εὐθὺς ἦν ὁρᾶν παρὰ τῷ δεσμωτηρίῳ περιμένοντα γρᾴδια χήρας τινὰς καὶ παιδία ὀρφανά, οἱ δὲ ἐν τέλει αὐτῶν καὶ συνεκάθευδον ἔνδον μετ' αὐτοῦ διαφθείραντες τοὺς δεσμοφύλακας. εἶτα δεῖπνα ποικίλα εἰσεκομίζετο καὶ λόγοι ἱεροὶ αὐτῶν ἐλέγοντο, καὶ ὁ βέλτιστος Περεγρῖνος – ἔτι γὰρ τοῦτο ἐκαλεῖτο – καινὸς Σωκράτης ὑπ' αὐτῶν ὠνομάζετο.

καὶ μὴν κἀκ τῶν ἐν Ἀσίᾳ πόλεων ἔστιν ὧν ἧκόν τινες, τῶν Χριστιανῶν στελλόντων ἀπὸ τοῦ κοινοῦ, βοηθήσοντες καὶ συναγορεύσοντες καὶ παραμυθησόμενοι τὸν ἄνδρα. ἀμήχανον δέ τι τὸ τάχος ἐπιδείκνυνται, ἐπειδάν τι

---

zeichnet sich dadurch aus, dass er die Untugend auch dann verabscheut, wenn sie verborgen bleibt (Gell. 12,11,1).

τοιοῦτον γένηται δημόσιον· ἐν βραχεῖ γὰρ ἀφειδοῦσι πάντων. καὶ δὴ καὶ τῷ Περεγρίνῳ πολλὰ τότε ἧκεν χρήματα παρ' αὐτῶν ἐπὶ προφάσει τῶν δεσμῶν, καὶ πρόσοδον οὐ μικρὰν ταύτην ἐποιήσατο.

πεπείκασι γὰρ αὑτοὺς οἱ κακοδαίμονες τὸ μὲν ὅλον ἀθάνατοι ἔσεσθαι καὶ βιώσεσθαι τὸν ἀεὶ χρόνον, παρ' ὃ καὶ καταφρονοῦσιν τοῦ θανάτου καὶ ἑκόντες αὑτοὺς ἐπιδιδόασιν οἱ πολλοί. ἔπειτα δὲ ὁ νομοθέτης ὁ πρῶτος ἔπεισεν αὐτοὺς ὡς ἀδελφοὶ πάντες εἶεν ἀλλήλων, ἐπειδὰν ἅπαξ παραβάντες θεοὺς μὲν τοὺς Ἑλληνικοὺς ἀπαρνήσωνται, τὸν δὲ ἀνεσκολοπισμένον ἐκεῖνον σοφιστὴν αὐτὸν προσκυνῶσιν καὶ κατὰ τοὺς ἐκείνου νόμους βιῶσιν. καταφρονοῦσιν οὖν ἁπάντων ἐξ ἴσης καὶ κοινὰ ἡγοῦνται, ἄνευ τινὸς ἀκριβοῦς πίστεως τὰ τοιαῦτα παραδεξάμενοι. ἢν τοίνυν παρέλθῃ τις εἰς αὐτοὺς γόης καὶ τεχνίτης ἄνθρωπος καὶ πράγμασιν χρῆσθαι δυνάμενος, αὐτίκα μάλα πλούσιος ἐν βραχεῖ ἐγένετο ἰδιώταις ἀνθρώποις ἐγχανών.

Das brachte ihm keine geringe Wertschätzung ein für sein weiteres Leben und seine Gaukelei und Ehrsucht, wie er sie so sehr schätzte. Als er inhaftiert worden war, nahmen sich die Christen dies zu Herzen und setzten alle Hebel in Bewegung, um ihn zu befreien. Nachdem dieser Versuch gescheitert war, erwuchs ihm dann anderweitig jedwede Fürsorge, nicht nebenher, sondern voll Eifer. Vom frühen Morgen an sah man betagte Witwen und Waisenkinder beim Gefängnis herumstehen. Jene aber, die bei ihnen an der Spitze standen, teilten gar drinnen seinen Schlaf, nachdem sie die Wächter bestochen hatten. Alsbald brachte man mannigfache Mahlzeiten hinein und las aus ihren heiligen Schriften, und der allertrefflichste Peregrinos – so nämlich hieß er immer noch – wurde von ihnen ein neuer Sokrates genannt.

Und selbst noch aus Städten in Asia trafen welche ein, von den Christen geschickt namens der Gemeinde, um dem Mann Hilfe zu bringen, ihm gerichtlich beizustehen und ihn zu ermuntern. Sie zeigen ja eine nicht einzuholende Geschwindigkeit, sobald es um ein öffentliches Anliegen dieser Art geht. Denn kurzum: Sie geben alles her! Und so traf denn damals auch bei Peregrinos viel Geld unter Hinweis auf seine Gefangenschaft ein, und er machte auf solche Weise keinen geringen Gewinn.

Überzeugt nämlich sind diese Geistverwirrten, dass sie ganz unsterblich sein und auf ewig leben werden, weshalb sie auch den Tod verachten und viele sich freiwillig der Behörde stellen. Zudem hat ihr erster Gesetzgeber sie überzeugt, dass sie alle einander Brüder seien, sobald sie ein für alle Mal übergetreten sind, die griechischen Götter verleugnen, jenen gekreuzigten Sophisten selbst aber anbeten und nach dessen Gesetzen leben. Sie verachten also gleichermaßen alles Eigentum und halten es für Gemeingut – Meinungen, die sie ohne irgendeinen gründlichen Beweis übernommen haben. Wenn daher irgendein Gaukler und betrugsgewandter Mensch, der die Dinge auszunutzen vermochte, bei ihnen auftrat, so wurde er sogleich sehr reich in kurzer Zeit und lachte den Gimpeln noch ins Gesicht. (12 f.)

Vom Statthalter freigegeben begibt sich Peregrinos erneut auf Wanderschaft, wobei er bei Lukian auch in seiner christlichen Phase in kynischer Manier auftritt: ἐκόμα δὲ ἤδη καὶ τρίβωνα πιναρὸν ἠμπείχετο καὶ πήραν παρήρτητο καὶ τὸ ξύλον ἐν τῇ χειρὶ ᾖν. – „Das Haar trug er bereits lang und war mit einem schmutzig-abgetragenen Mantel bekleidet, er trug einen Reiseranzen mit sich, und in seiner Hand führte er den Holzstab" (15; vgl. 36). Schon wird er auch von dem naiven Volk mit den kynischen Protagonisten Diogenes und Krates gleichgestellt (15), obschon er sich als Wanderprophet noch von den christlichen Gemeinden unterhalten lässt, die freilich nicht weniger naiv erscheinen: ἐξῄει οὖν τὸ δεύτερον πλανησόμενος, ἱκανὰ ἐφόδια τοὺς Χριστιανοὺς ἔχων, ὑφ' ὧν δορυφορούμενος ἐν ἅπασιν ἀφθόνοις ἦν. καὶ χρόνον μέν τινα οὕτως ἐβόσκετο. – „Er machte sich nun zum zweiten Mal auf schweifenden Weg. Dabei dienten ihm die Christen als reichlich gefüllte Reisekasse. Sie umschwärmten ihn und trugen Sorge, dass er in keiner Hinsicht darben musste. So schnabulierte er sich eine Zeitlang durch" (16). Als er sich jedoch bei der Verletzung christlicher Speiseregeln ertappen lässt, wird es Zeit, sich neu zu erfinden. Peregrinos begibt sich zu dem Kyniker Agathoboulos nach Ägypten, hält in Rom Schmähreden auf die Herrschenden und landet endlich in Griechenland.

Diese Schilderung führt uns einige Grundzüge der antiken Lebensform Wanderschaft und bzw. oder ihres Prestiges vor Augen: Der urchristliche Wanderprophet bemäntelt wie der kynische Wanderphilosoph seine unlautere parasitäre Existenz mit besonderem Wahrheitspathos. Auch Jesus gilt dem paganen Beobachter als ein Sophist, der sich mit eitlen Exaltiertheiten von den mehrheitsgesellschaftlichen Normen und Loyalitäten losgesagt und das verdient ehrlose Ende gefunden hat; er ist also letztlich kein anderer Wanderscharlatan als Peregrinos selbst. Der möglichst dramatisierte Konflikt mit den einheimischen Behörden fördert das binnenchristliche Sozialprestige (ἀξίωμα). Sowohl die Führer als auch die nicht-erwerbstätigen Glieder der christlichen Gemeinden zeigen sich außergewöhnlich flexibel. Man teilt nicht nur die Überzeugung, sondern auch den Kerker. Man legt flugs die weite Strecke von der Provinz Asia in das abgelegene Palästina zurück. Die Überführung von Privat- in Gemeindeeigentum trägt zur dynamischen Effektivität – der „nicht einzuholenden Geschwindigkeit" – offenkundig bei.

Spiegeln wir auch solche Widerspiegelung noch einmal in urchristlichen Quellen, so wird zweierlei deutlich: Weder war der Eindruck Lukians ganz unberechtigt noch waren die urchristlichen Gemeinden ganz so naiv.[23] Nicht lange vor jener Zeit, in der Peregrinos unterwegs ist, entsteht im ländlichen Gebiet Syriens die früheste erhaltene christliche Gemeindeordnung, die Didache.[24] Sie belegt, dass Urchristen sich keinen Illusionen über die Notwendigkeit hingaben, zwischen aufrechten Wanderpropheten und vagabundierenden Beutelschneidern zu unterscheiden: πᾶς

---

[23] Zum Vergleich zwischen dem Peregrinos des Lukian und den Wanderradikalen der Didache vgl. Tiwald, Wanderradikalismus, 296–298.

[24] Nähere Beschreibung bei Wengst, Einleitung; zur Situierung ebd. 61–63. Zum Phänomen des Wanderradikalismus in der Didache ausführlich Tiwald, Wanderradikalismus, 221–243.

δὲ ὁ ἐρχόμενος ἐν ὀνόματι κυρίου δεχθήτω, ἔπειτα δὲ δοκιμάσαντες αὐτὸν γνώσεσθε· σύνεσιν γὰρ ἔχετε δεξιὰν καὶ ἀριστεράν. – „Jeder, der im Namen des Herrn kommt, soll aufgenommen werden! Dann aber sollt ihr mittels Prüfung Kenntnis über ihn erlangen!" (Did. 12,1; vgl. 11,1–13,7) Derlei Prüfbereitschaft führt zu handfesten Regeln:

πᾶς ἀπόστολος ἐρχόμενος πρὸς ὑμᾶς οὐ μενεῖ δὲ εἰ μὴ ἡμέραν μίαν· ἐὰν δὲ ᾖ χρεία, καὶ τὴν ἄλλην· τρεῖς δὲ ἐὰν μείνῃ, ψευδοπροφήτης ἐστίν. ἐξερχόμενος δὲ ὁ ἀπόστολος μηδὲν λαμβανέτω εἰ μὴ ἄρτον ἕως οὗ αὐλισθῇ· ἐὰν δὲ ἀργύριον λαμβάνῃ, ψευδοπροφήτης ἐστίν. ... καὶ πᾶς προφήτης ὁρίζων τράπεζαν οὐ φάγεται ἀπ' αὐτῆς, εἰ δὲ μήγε ψευδοπροφήτης ἐστίν. καὶ πᾶς προφήτης διδάσκων τὴν ἀλήθειαν, εἰ ἃ διδάσκει οὐ ποιεῖ, ψευδοπροφήτης ἐστίν.

Jeder Apostel, der zu euch kommt, möge nicht länger bleiben als einen Tag; wenn es jedoch nötig ist, noch einen weiteren! Wenn er aber drei Tage bleibt, so ist er ein Lügenprophet! Zieht der Apostel weiter, so möge er nichts entgegennehmen außer einer Tagesration Brot. Wenn er jedoch Geld entgegennimmt, so ist er ein Lügenprophet! … Und jeder Prophet, der eine Mahlzeit festsetzt, isst selbst nichts von ihr, wenn er es doch tut, so ist er ein Lügenprophet! Und jeder Prophet, der die Wahrheit lehrt, ist, wenn er nicht tut, was er lehrt, ein Lügenprophet! (11,4–6.9 f.)

2. Weg als Verstehensform: Die Synoptiker

2.1 Markus: Weg als biographisches Emplotment

Die Lebensform Jesu hat sich im sozialen Gedächtnis der Kirche stets erhalten. Noch die Bettelmönche, die mit Franz von Assisi, von Jesu Weisung aufgerüttelt, zur unsteten und ungesicherten Daseinsweise zurückkehrten, setzten so einen gezielten Kontrast zum allzu sesshaft gewordenen kirchlichen Establishment. Damit die Lebensform Jesu freilich auch unter dem Leitbild einer Wanderung in das christliche

Gedächtnis eingehen konnte, bedurfte es einer formenden Erinnerungsleistung.[25]

Hierin liegt die entscheidende Innovation jenes einfachen Erzählers, der um das Jahr 70 den ersten Bios Jesu geschrieben hat und uns unter dem Namen „Markus" vertraut ist. Etwa vierzig Jahre nach dem Tod der maßgeblichen Bezugsfigur, also mit dem Tod der rezenten Zeitzeugen, wird es in Mündlichkeitskulturen notwendig, die Erinnerung an deren Leben und Lebenswerk zu verschriftlichen.[26] Als – um die Zeit des ersten jüdisch-römischen Krieges – die erste Generation auszusterben und damit die geschichtliche Gestalt Jesu endgültig zu verblassen drohte, setzte Markus das höchst irdische, genauer: galiläische Leben der Gründungsgestalt in einen Erzählrahmen, der vom ersten Auftreten am Jordan bis zur Kreuzigung und Auffindung des leeren

---

[25] Eine Analogie zum biographischen Plot in einer vereinfachten Denkfigur findet sich im 2. Jh. bei L. Annaeus Florus, *Epitomae de Tito Livio bellorum annorum DCC libri duo*. Florus sieht sich vor der Aufgabe, die nahezu unüberschaubare und schließlich weltweite Geschichte Roms so darzustellen, dass sie für die Adressaten augenfällig wird. So stößt er auf die Analogie der Kartographen, die Ländern eine in einem einzigen Blick wahrnehmbare Anordnung geben: *in brevi quasi tabella totam eius imaginem amplectar.* – „In kurzem Überblick will ich wie auf einem kleinen Gemälde deren ganzes Bild zusammenfassen" (epit. praef. 3). Zu diesem Zweck setzt er die siebenhundertjährige Geschichte Roms biomorph in den Plot eines einzigen Menschenlebens: die *infantia* unter den Königen – die *adulescentia* in der kämpferisch zur italischen Vormacht aufsteigenden Republik – die *robusta maturitas*, in der Rom den ganzen Weltkreis „befriedet" – unter den erschlafften Kaisern dann das Greisentum, das freilich, wie unter Trajan, durchaus Verjüngungsschübe erfahren kann (epit. praef. 4–8). Ähnlich wie bei der markinischen Idee vom „großen Weg in einem Jahr" gelingt es hier, einen komplexen Zeitraum in einer einzigen Vorstellungsfigur greifbar zu machen.

[26] Zu dieser kritischen Epochenschwelle in der kollektiven Erinnerung vgl. Assmann, Gedächtnis, 11.50f.

Grabes reichte. Die Auferstehung selbst war kein Thema seiner Erzählung, wohl deshalb, weil er sie bei seinen Adressaten als ungefährdetes Glaubensgut voraussetzte. Worum es dem Erzähler ging, war der geschichtliche Anfang, die ἀρχή, des Evangeliums vom Auferstandenen (vgl. Mk 1,1). Er traf daher die nachhaltig wirksame, aber keineswegs selbstverständliche Entscheidung, dem Bios Jesu eine nach Raum und Zeit höchst kommemorierfähige Erzählgestalt zu geben. In einer bestechenden Vereinfachungs- und Veranschaulichungsleistung spannte er das gesamte öffentliche Wirken Jesu in ein einziges Jahr und eine einzige Reise nach Jerusalem.[27]

Dieser Weg (Abb. 4) setzt in der Jordansenke an (1,1–13), führt im zentralen Erzählteil (1,14–8,26) durch Galiläa bis in den Norden bei Caesarea Philippi, wo im Christus-Bekenntnis, genauer: im Christus-Missverständnis des Petrus, buchstäblich gesprochen, ein Wendepunkt erreicht wird (8,27–30). Tragisch untermalt von der dreimaligen Leidensweissagung (8,31–33; 9,30–32; 10,32–34), führt der Weg dann hinunter nach Jerusalem, um am Kreuz zu enden (8,27–15,47). Das fast Letzte, was wir im Evangelium hören – mit einem redaktionellen Schlusswort des Evangelisten dem Grabesengel in den Mund gelegt[28] –, ist die Aufforderung, nach Galiläa zurückzukehren. Der Kreis schließt sich. Es gehört zu den ersten Erkenntnissen der Redaktionskritik am ältesten Evangelium, dass dessen

[27] Dass dies nicht den historischen Verlauf abbildet, verraten außer den in dieser Hinsicht tragfähigeren topographischen und chronologischen Angaben der johanneischen Tradition auch Inkonsistenzen beim markinischen Erzähler: Jesus scheint mit Jerusalem vertraut und besitzt dort Kontakte (z. B. 14,3; 15,43; vgl. 10,46 f.); dazu auch MARXSEN, Evangelist, 34 f.

[28] Zur Dekomposition BACKHAUS, Schlußnotiz, 278–283.

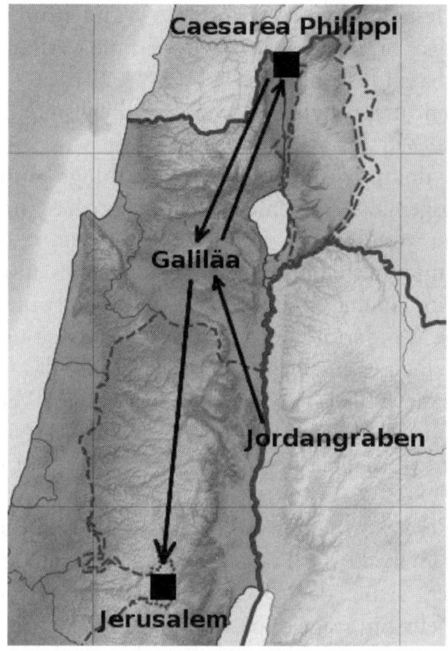

Abb. 4: Jesu Wanderung nach dem Markus-Evangelium

Topographie chiffrierte Christologie darstellt:[29] Galiläa, der Ort der „geheimen Epiphanien" (Martin Dibelius), der wunderbaren Heilungstätigkeit Jesu, der Frühling der Jesusbewegung, steht in grellem Kontrast zu Jerusalem, dem Ort der Offenbarung des Gottessohns am Kreuz, der Ver-

[29] Willi Marxsen, der redaktionskritische Pionier des ältesten Evangeliums, hat das zweite Kapitel seiner bahnbrechenden Habilitationsschrift dem „geographischen Aufriß" des Mk gewidmet und entschieden dessen christologische Bedeutsamkeit herausgestellt: Marxsen, Evangelist, 33–61.

werfung Jesu, an dem dieser nur *ein* Wunder tut, und zwar sein einziges Straf- oder Drohwunder: die Verfluchung des unfruchtbaren Feigenbaums (11,12–14.20 f.).

Aus dem ursprünglichen Wanderradikalismus Jesu wird ein *christologisches Bewegungsbild*. Hier wird nicht Historisches dokumentiert, sondern ein biographisches Erinnerungsgemälde inszeniert. Man mag dies (nach einer Denkfigur von Hayden White) *Emplotment*, also die geordnete und nachvollziehbare Fassung eines historischen Ablaufs in einem Erzählmodell, nennen. Pointiert: Die einjährige Wanderung Jesu führt durch alle Zeit und macht alle Zeit zu einer einzigen Glaubensreise. Galiläa ist überall dort, wo die Jünger – in einem typologischen Verständnis des Begriffs: also die Christen – Jesus folgen. Nicht Jesus lebt dort, wo Galiläa liegt, sondern Galiläa liegt dort, wo Jesus ist.[30]

In diesem Sinn lautet die österliche Weisung des Jünglings im Grab an die Frauen: „Er ist auferstanden! Er ist nicht hier! Siehe: der Ort, wohin sie ihn gelegt hatten! Jedoch, geht hin, sagt seinen Jüngern und Petrus: Er geht euch voraus nach Galiläa. Dort werdet ihr ihn sehen, wie er es euch gesagt hat" (16,6 f.). Die Osterzeuginnen stieben „mit Zittern und Entsetzen" davon, ohne jemandem von dem Geschehen mitzuteilen (16,8).[31] Das Evangelium endet – radikal offen –, wo es begonnen hat. So sieht sich der Lesende am Ende der Lektüre buchstäblich allein am Grab gelassen. Das, was sich ihm einprägt, ist die Weisung

[30] Vgl. Marxsen, Evangelist, 59 f.

[31] Die runderen Abschlüsse, die in heutigen Bibelausgaben meist eingeklammert oder in Fußnoten angeführt werden, sind textgeschichtlich hinzugewachsen. Sie stellen eine Reaktion der nicht ohne Grund verwunderten frühkirchlichen Rezipienten auf das nahezu verletzend offene Ende der ursprünglichen Fassung dar.

(und Schlussnotiz des Redaktors), nach Galiläa zu gehen, um den Kyrios zu sehen.[32]

Markus verknüpft die Metaphorik des Sehens an zentralen Stellen der Leserlenkung mit entscheidenden Akten der Christus-*disclosure* und Nachfolge. Unmittelbar vor dem alles wendenden Disput bei Caesarea Philippi befreit Jesus zu Betsaida einen Menschen von Blindheit (8,22–26); unmittelbar vor dem Einzug in Jerusalem heilt er den blinden Bettler Bartimäus (10,46–52): „Und Jesus sagte zu ihm: ‚Geh hin! Dein Glaube hat dich gerettet.' Und sogleich sah er wieder, und er folgte ihm nach auf dem Weg" (10,52) – nämlich auf dem Weg in die Passion (die dann zurück nach Galiläa führt).

Man hat die österliche Weisung als Aufforderung zur Relecture gedeutet: Wer im Licht der Auferstehung die Erzählung aus Galiläa liest, sieht sie mit neuen Augen, denn ihm erschließt sich das Messiasgeheimnis. Dies ist wohl noch zu sehr von den Prämissen einer Buchkultur her gedacht. Es geht zweifellos darum, die Jesus-Geschichte aufzusuchen, aber der Lebensort der Heilung, Offenbarung, Begegnung mit dem Kyrios und Nachfolge liegt nicht (primär) zwischen Buchdeckeln, sondern in der personalen Gemeinschaft der Jünger. So ist es die – aus der (nachlesbaren) galiläischen Erfahrung her versammelte und lebende – Jüngergemeinschaft, in der sich der Auferstandene zeigt und schenkt. Der Evangelist Matthäus hat dieses Implikat ausgefaltet. Bei ihm begeben sich die Elf nach Galiläa, sehen den Auferstandenen, erfahren von seiner vollmächtigen Gegenwart in der Ekklesia und werden hinausgeschickt „in alle Welt" (Mt 28,16–20). Unsichtbar

---

[32] Zur Interpretation BACKHAUS, Schlußnotiz, 283–293.

ist diese Landkarte bereits bei Markus angelegt: Wer ihre Wege bereist, gerät in die Nachfolge.

Paul-Gerhard Klumbies macht darauf aufmerksam, dass die narrative Auferstehungschristologie des Markus letztlich Heimat bietet: Heimat in der Gemeinschaft der Jünger, Heimat im Evangelium, Heimat in der Christus-Begegnung.[33] Dort, wo das Individuum seine je eigene Beziehung zum Auferstandenen findet, wird seine Lebensgeschichte verwurzelt. Gerade so werden die geographischen, ethnischen, kulturellen Bestimmungen von Heimat relativiert.

In den Grundzügen bleiben die synoptischen Großevangelien diesem Ansatz treu, während der vierte Evangelist ein anderes Emplotment wählt. Irdische Wirklichkeit ist ihm im Detail so unwesentlich, dass er sie erst gar nicht theologisch modelliert. Daher dürften die – weniger überschaubaren – topographischen Angaben der johanneischen Tradition die historischen Daten der Vita Jesu genauer widerspiegeln als die der Synoptiker. Im Johannes-Evangelium ist Jesus mehrere Jahre unterwegs; er wandert mehrmals nach Jerusalem. Die wesentliche Selbstoffenbarung findet aber – schon ab Kap. 13 – in einem einzigen Raum, dem Abendmahlssaal, statt. In bestimmter Weise vollzieht sich hinter dessen Mauern die denkbar weiteste Reise. Denn das christologische Wegmotiv wird vom Horizontalen ins Vertikale ausgerichtet. Die Abschiedsreden markieren eine einzige Strecke „nach oben" und stellen Jesus selbst als „den Weg" schlechthin heraus. Aus dem biographischen Emplotment wird die Personalisation des Wegmotivs. Jesus ist die „Himmelsleiter" (vgl. Joh 1,50 f.), „Weg, Wahrheit und Leben" *in Person* (14,6).

[33] Vgl. Klumbies, Verbindung, 142 f.

Die synoptischen Evangelien dagegen setzen beim markinischen Wegmotiv an und erkennen es als Chance, dem Jesus-Bios eine imaginative, erzählbare Gestalt zu geben: Matthäus baut es aus, Lukas baut es um. Dabei wird die unsichtbare Landkarte des Markus aufgeklappt: Bei Matthäus legt Jesus Christus seinen Jüngern die Völkerwelt ausdrücklich als Sendung zu Füßen; bei Lukas wird sie im zweiten Teil seines Werkes, der Apostelgeschichte, erzählerisch durchschritten.

2.2 Matthäus: Die christologische Entgrenzung des Weges

Matthäus lässt Jesus ungefähr den gleichen Jahresweg von Galiläa nach Jerusalem (und zurück) gehen, den er in der markinischen Vorlage nimmt. Die Breitenränder von Heiden und Samaritanern sind für die irdische Zeit des Wirkens Jesu ausgeklammert (vgl. Mt 10,5 f.). An den Längenrändern jedoch wird die kleine Erzählwelt des Markus gesprengt. Matthäus gibt dem markinischen Plot eine Vorgeschichte und einen Erzählschluss, der die Dimensionen des Evangeliums unter Rückgriff auf die Reisemotivik perspektivisch entgrenzt.

Als Erzählhorizont seiner Jesus-Geschichte wählt Matthäus die Welt: „His vision was not limited to the end of his own nose".[34] Bevor Johannes der Täufer am Jordan seine Taufe verkündet, wird das markinische Bios-Konzept durch die Vorgeschichte um zwei wesentliche Dimensionen ergänzt. *Temporal* setzt der Stammbaum Jesu (1,1–17) eine Erstreckung, die bis Abraham zurückreicht und die gesamte Geschichte des Gottesvolks einschließt, unter Bruch der

---

[34] Davies/Allison, Mt III, 698; zum Erzählhorizont des Mt vgl. insgesamt Backhaus, Himmelsherrschaft, 88–93 (Lit.).

Gattungskonvention auch Heiden (Rahab in Jericho, die Moabiterin Rut; Tamar gilt der jüdischen Tradition teilweise als Proselytin; Erwähnung findet auch der Hethiter Urija).[35] Ebenso wichtig sind die beiden *spatialen* Dehnungen der matthäischen Vorgeschichte. Zum einen reisen, vom Stern geführt, „Magier aus dem Orient" in Betlehem an (2,1–12). Zum anderen ahmt der „neugeborene König der Juden" die große Reise der Erzväter und des Exodus-Volkes nach, indem er, traumgeführt, nach Ägypten flieht und dann zurückkehrt „in das Land Israel" (2,13–23). Das leitende Gestirn und die – gleich fünffache (1,20; 2,12.13.19.22) – Lenkung der Wanderungen durch Traumbotschaften gehören zum Motivinventar paganer Reiseabenteuer. An das biblische Reisen erinnert es vor allem, wenn ein „Engel des Herrn" sich in die Planungen einschaltet (vgl. 1,20.24; 2,13.19 f.). Kurzum: Die räumliche wie zeitliche Anreise des Evangeliums ist gegenüber Markus nach hinten entgrenzt.

Dies gilt nicht minder für die Weiterreise nach vorn. Denn dort, wo Markus in spannungsreicher Unbestimmtheit endet, weitet Matthäus mit seiner abschließenden Schlüsselszene die Perspektive gezielt ins Unabsehbare (28,16–20).[36] Die Jünger wandern tatsächlich nach Galiläa zurück, sehen dort Jesus auf dem Berg, auf den er sie bestellt hat, beten an und zweifeln zugleich: καὶ ἰδόντες αὐτὸν προσεκύνησαν, οἱ δὲ ἐδίστασαν. – „Und als sie ihn sahen, beteten sie an; sie zweifelten aber" (28,17). Der Nachsatz ist keineswegs partitiv im Sinne einer Spaltung innerhalb der Jüngergemeinschaft zu lesen („einige aber zweifelten"), sondern bezeichnet einen Zwiespalt der Jünger selbst: die

[35] Zur Auslegung eingehend Luz, Mt I ([5]2002), 127–140, bes. 135 f.

[36] Zur Schlussszene als ekklesiologischer Schlüsselszene Backhaus, Kirchenkrise, bes. 128 f.134 f.

ὀλιγοπιστία (vgl. bes. 14,31).[37] Anders als das Markus-Evangelium setzt Matthäus einen prononcierten Schlusspunkt durch ein tragfähiges Machtwort des Auferstandenen: „Mir wurde alle Vollmacht gegeben im Himmel und auf der Erde. So zieht hin, macht alle Völker zu Jüngern, indem ihr sie tauft auf den Namen des Vaters und des Sohnes und des Heiligen Geistes und sie lehrt, alles zu halten, was ich euch geboten habe! Und siehe: Ich selbst bin bei euch alle Tage bis zur Vollendung der Weltzeit!" (28,18–20)

Auch hier stoßen wir keineswegs auf einen abgerundeten Schluss. Es bleibt nicht nur offen, wie die zwischen Anbetung und Zweifel schwankenden Jünger auf Ermutigung und Auftrag reagieren, sondern die räumliche und zeitliche Unabschließbarkeit des Auftrags wird nachgerade herausgehämmert: „alle Völker" – „alles Gebotene" – „alle Tage"! Die Jesus-Geschichte des Matthäus mündet in eine radikale Entgrenzung der Himmelsherrschaft; damit erlangt zugleich der Anspruch des vollmächtigen Kyrios Christus universale Geltung (vgl. 24,14 i.V.m. 24,15.30f. [Dan 7,13f.]).[38] In der Partikularität des erwählten Gottesvolks wurzelt die Universalisierung des Heiles. Keine zeitliche, keine räumliche Grenze gilt mehr für die neue Gemeinschaft. Wohl aber besitzt sie eine Mitte: den Kyrios, der „alle Vollmacht" hat.

Als folgte er der Schlussweisung des Markus-Evangeliums, durchschreitet Matthäus die galiläische Erzählwelt, um den Herrn sichtbar werden zu lassen.[39] So findet er die Zusage μεθ' ὑμῶν („bei euch") als Leitfaden in der Jesus-Geschichte selbst. Im Eingang bezeichnet der Engel des Herrn den Namen des erwarteten Kindes: καλέσουσιν τὸ

[37] Vgl. GIBLIN, Note; OBERLINNER, Anmerkung, 378–382.

[38] Dazu eingehender BACKHAUS, Himmelsherrschaft, bes. 97–101.

[39] Dazu BACKHAUS, Kirchenkrise, 135f. sowie ausführlich FRANKEMÖLLE, Jahwebund, 7–83, bes. 79–83.

ὄνομα αὐτοῦ Ἐμμανουήλ, ὅ ἐστιν μεθερμηνευόμενον μεθ’ ὑμῶν ὁ θεός. – „‚Sie werden seinen Namen Emmanuel rufen‘ (Jes 7,14^LXX^), das heißt übersetzt: ‚Bei uns ist Gott!‘ (Jes 8,8.10)“ (1,23). Das Mitsein des Kyrios manifestiert sich in der Jüngergemeinde, die allererst so zur Kyriake, „Kirche“, wird. Jesus ist unmittelbar gegenwärtig, wo seine Boten wirksam sind (10,40), wo zwei oder drei in seinem Namen versammelt sind (18,20), wo in seinem Zeichen Mahl gehalten wird (vgl. 26,29), vor allem – in vierfachem Umlauf geschildert – im „Geringsten meiner Brüder“, die in mancher Not der Zu-Neigung bedürfen (25,31–46). Aus der Wanderbewegung des Anfangs wird Christologie: Der Kyrios selbst begleitet die Jüngergemeinde auf ihrem Weg durch die Zeit. Kirche ist „Mit-Jesus-Sein“.

Daraus folgt, dass die Jünger niemanden Rabbi, Vater oder Meister nennen können (vgl. 23,8–10). Denn die Jüngergemeinde ist an keiner Stelle in Raum und Zeit anders konstituiert als damals in Galiläa. Sie ist nach wie vor *schola ambulans*, eine herumziehende Gemeinschaft von Jüngern. Über Raum und Zeit hinweg bleibt Christus ihr Lehrer. Pointiert gesagt: Im Matthäus-Evangelium erfolgt die „Himmelfahrt“ Jesu in die Gemeinschaft seiner Jünger. Sie stiftet auf deren unbegrenzten Reisen das einzige Kontinuum: seine Gegenwart.

2.3 Lukas/Apostelgeschichte: Weg als ekklesiologisches Programm

In mancher Hinsicht ähnelt die Reinterpretation des markinischen Wegmotivs durch den dritten Evangelisten der des Matthäus. Auch Lukas setzt dem galiläischen Hauptteil eine Vorgeschichte voran. Er bietet zunächst einen Stammbaum Jesu, der freilich, seinem umfassenden geschichtlichen Anliegen entsprechend, über Abraham zurückreicht bis Adam (vgl. Lk 3,23–38). Vor allem beschwört er in der Sprache der Septuaginta und mit den vertrauten Bildern alttestamentlicher Erzählwelt (Tempel, Opfer, Priester und Propheten, Engel, Wallfahrt, unfruchtbare Paare und wunderbare Geburten, Psalmen und Weissagungen) den Anreiseweg des Evangeliums herbei. Der Weiterreise widmet er nicht nur einen abschiedlichen Auftrag des Auferstandenen, sondern zugleich dessen Einlösung. Ähnlich wie bei Matthäus macht der Auferstandene die Elf im Himmelfahrtswort des Evangeliums zu Zeugen vor „allen Völkern" (vgl. Lk 24,47 f.). In der Apostelgeschichte gibt Lukas dann den Reise-Prospectus vor: „Ihr werdet Kraft empfangen, wenn der Heilige Geist auf euch herabkommt. Und ihr werdet meine Zeugen sein: in Jerusalem und in ganz Judäa und Samarien und bis zum Ende der Erde!" (Apg 1,8)

Während Matthäus die Zeit der Kirche auf die Zeit Jesu zurückblendet,[40] wählt Lukas einen anderen Weg: Er beschreibt die Zeit der Kirche – genauer: die formative Phase der christlichen Erstepoche – in einem zweiten, historiographischen Buch. Dieses wird (was uns nur in der Rückschau als selbstverständlich erscheint) durch die Grundentscheidung geprägt, das Werden des Christentums in hodologische und topologische Raumvorstellungen zu kleiden und so als Ausbreitungsgeschichte zu konzipieren.[41]

---

[40] Die Unterscheidung der Zeit Israels, der Zeit Jesu als der Mitte der Zeit und der Zeit der Kirche geht auf die redaktionsgeschichtliche Pionierarbeit von Hans Conzelmann zum lukanischen Gesamtentwurf zurück, in der auch die Erzählform der Reise als maßgebliches Gestaltungsmittel herausgearbeitet wird (vgl. Mitte, 12–86).

[41] Zu dieser eindimensionalen Form von Raumkonzeption, wie sie sich vornehmlich in Itinerarium und Periplous niederschlägt, Hänger, Welt, 12 f.95–112.

Dabei weicht Lukas bereits im ersten Teil seines Werkes von seinen beiden synoptischen Seitenreferenten bedeutsam ab. Er kennt nicht das *home again*-Motiv der Rückkehr nach Galiläa und bricht mit der Konvention der Rundreise. Jesus erreicht Jerusalem, und die Galiläer verlassen es nicht. Die Jünger wandern so wenig nach Galiläa zurück wie der Auferstandene selbst. Nicht von Jerusalem nach Galiläa richtet sich der narrative Kameraschwenk, sondern von Jerusalem nach Rom. Erst hier wird der Auferstandene, sublim auch auf der Erzählbühne, ein Kosmopolit.

Die Vorgeschichte des dritten Evangeliums beginnt leserlenkend im Tempel, und es zieht die Aktanten mit aller Macht in die altbiblische Erzählwelt: Der Ursprung des Heiles liegt in Israel. Aber nicht weniger bezeichnend werden die Pforten des Tempels hinter Paulus zugeschlagen (vgl. Apg 21,30). Im Lauf der lukanischen Reise vollzieht sich die Rochade des Evangeliums von Jerusalem nach Rom. Was einst der See Gennesaret war, wird jetzt das Mittelmeer. Die 200 km, die das Evangelium zwischen Caesarea Philippi und Jerusalem bei Markus durchwandert, dehnen sich zu den 2300 km zwischen Rom und Jerusalem und den 2600 km zwischen Jerusalem und Äthiopien. Die Grenzen der kleinen Welt von Galiläa werden auf den *orbis Romanus* hin gesprengt. In der Völkertafel von Apg 2,9–11 bildet Jerusalem den Nabel der Welt, und Rom liegt an der westlichen Peripherie.[42] In Apg 28 ist Rom perspektivische Mitte, und Jerusalem liegt am östlichen Rand.

Eine solche Refokussierung ist für die hellenistische Weltsicht keineswegs ungewöhnlich. Wir finden sie unter je

---

[42] Vgl. ALEXANDER, Journeyings, 79f.; BAUCKHAM, James, 417–427; zum geographischen Vorstellungshintergrund des Lk SCOTT, Horizon, 522–544.

eigenen Vorzeichen bei dem Philosophen Poseidonios, dem Historiographen Polybios und dem Geographen Strabon. Für alle Mittelmeeranrainer war es eine vielfältig und massiv erfahrbare Tatsache, dass die Oikoumene ihr Schwergewicht auf Rom hin verlagert hatte.[43] Im Grunde stoßen wir bei Lukas, unter gewandelten Voraussetzungen, auf eine ähnliche Grundabsicht wie bei Apollonios von Rhodos: Er will die Welt im Modus spannender Erzählung kognitiv bewohnbar machen. In diesem Sinn mag man ihn als „first Christian geographer"[44] bezeichnen. Dazu braucht er kein anderes Ordnungszentrum als jenes, das Cicero staatsphilosophisch, Augustus politisch und Vergil poetisch aufgewiesen hatten.

So gesehen ist die zweite lukanische Schrift eine religiöse Reaktion auf die späthellenistische bzw. frühreichsrömische Neuvermessung der Welt. Die hellenistischen Vordenker

---

[43] Die oikoumenische Neuvermessung der Welt durch die hellenistischen Philosophen, Historiographen und Geographen ist, vor allem in jüngerer Zeit, oft beschrieben worden. Hier kann nur eine Auswahl wichtiger einschlägiger Beiträge genannt werden: Clarke, Geography, 77–128 (Polybios), 129–192 (Poseidonios) und bes. 193–336 (Strabon); Shahar, Josephus, 130–173 (Polybios und Strabon); zur zeitgenössischen Dehnung der Perspektive ins Globale vgl. auch Clarke, Perspectives, bes. 261–265.276–278. Zur Reduktion des *orbis terrarum* auf den *orbis Romanus* – unter der eher klanglich als semantisch stimmigen Überschrift „Orbs et Urbs" – Shahar, Josephus, 188f. Zum Versuch eines „spatialised reading method for Acts" im Licht der christologischen Erhöhungsmotivik vgl. Sleeman, Geography, 22–56, bes. 42–56.

[44] Sleeman, Geography, 264. Zu den mentalen, erzählerischen, politischen und emotionalen Landkarten der lukanischen Reise-Erzählung (im Vergleich mit den frühen Romanen des Chaireas, *Kallirhoe* und des Xenophon von Ephesus, *Ephesiaka*, deren Weltreisen unwillkürlich an die des Paulus erinnern) erhellend Alexander, Maps, bes. 109–117; vgl. Dies., Journeyings, 75–80.

beugten sich auf allen kulturellen Ebenen dem rom-zentrierten Weltbild; Lukas tauft es. Er gewinnt dadurch eine universalistische Weltsicht, wie sie ihrerseits für die ganz andere Expansion des Christentums an die Mittelmeerküsten ausschlaggebend sein sollte. Wir werden diese perspektivische Weitung bei unserer Lektüre von Apg 27f. im Detail verfolgen können.

Wie bei Matthäus (perspektivisch) macht sich bei Lukas (narrativ) das Evangelium, namentlich in Gestalt des Völkermissionars Paulus, auf den weiten und abenteuerreichen Weg zu allen Völkern. Die Apostelgeschichte legt nahe, dass Lukas sich – zweifellos deutlicher als Matthäus – bewusst war, welcher unüberschaubaren Pluralität die werdende Kirche auf diesem Weg begegnen würde und wie bedrohlich sie dem Risiko der Verwechselbarkeit ausgesetzt war. Also muss auch er, wie Matthäus, dem fahrenden Christenvolk einen einheitsstiftenden Identitätsmaßstab ins Gepäck geben. Seine Lösung ist im Kern keine andere als die des Matthäus: „Ich bin bei euch alle Tage – überall!"

Doch wird diese christozentrische Affirmation erzählerisch ganz anders umgesetzt als bei Matthäus: (1) Während das Leitmotiv des „Immanuel" bei Matthäus eher einen zeitlichen Schwerpunkt besitzt, ist für Lukas die räumliche und, damit verbunden, kulturelle Selbstdefinition durch den Christus-Bezug ausschlaggebend. (2) Während Matthäus das Mit-Sein Jesu durch die Reprojektion des Christseins in die galiläische Zeit und die Typologisierung des Jüngerbegriffs löst, greift Lukas in die früheste Christentumsgeschichte aus und inszeniert die Geschichtsmacht des Auferstandenen mit konkreten (realen und ideal-postulierten) Erfahrungen des Urchristentums. (3) Lukas belässt es nicht bei einem programmatischen Versicherungswort des Auferstandenen; er führt das Programm in seiner zweiten Schrift aus. Mehr noch: Er setzt an das Erzählende seiner ersten Schrift einen Erscheinungsbericht, der das Mitgehen des „Immanuel" einprägsam und malerisch vor Augen führt: die Emmausepisode. Diese christozentrische Szene, die zum lukanischen Sondergut gehört, bietet die Verstehensmitte für die gesamte Apostelgeschichte und damit auch für den Weg aller Jünger, aller Zeiten.[45] Sie schlägt zugleich die Brücke zwischen der Zeit Jesu und der Zeit der Kirche. Genauer: Sie lässt die Zeit der Kirche als bleibende Zeit Jesu, des Auferstandenen, verstehen.[46] Das Motiv vom mitgehenden Anfang findet sich hier in einer österlichen Begegnungsszene „auf dem Weg" verdichtet.

Die erzählte Strecke verläuft zwischen Jerusalem und Emmaus; es spricht abermals für die narrative Malkunst des dritten Evangelisten, wenn sie den meisten Christen noch heute sehr lebendig vor Augen steht:

Und siehe: Zwei von ihnen zogen an diesem Tag des Weges in ein Dorf, sechzig Stadien von Jerusalem entfernt, das Emmaus hieß. Und sie besprachen sich miteinander über dies alles, was sich ereignet hatte. Und es geschah, während sie sich besprachen und miteinander stritten: Auch er selbst, Jesus, trat nahe zu ihnen und zog mit ihnen zusammen des Weges. Doch ihre Augen waren gehalten, auf dass sie ihn nicht wiedererkannten. Da sprach er zu ihnen: ‚Was sollen diese Worte, die ihr einander entgegenwerft, während ihr umhergeht?' Und sie blieben stehen mit trübem Blick. Der eine, der Kleopas hieß, antwortete und sprach zu ihm: ‚Bist du denn der einzige Fremde, der zu Jerusalem weilt und nichts von dem weiß, was in diesen Tagen daselbst geschehen ist?' Und er fragte sie: ‚Was

[45] Nach Wolter, Lk, 787 hat die „antiklimaktische" Episode „für den Plot der übergeordneten Erzählung keine Bedeutung"; mir scheint das Gegenteil der Fall: Sie bietet den Schlüssel!

[46] Zum Folgenden vgl. näher Backhaus, Christologia, 139–145 sowie, unter unterschiedlichen Blickwinkeln, Betz, Ursprung; Myllykoski, Way, bes. 112 f.; Grasso, Emmaus, bes. 435–440.445–452.

denn?‘ Sie antworteten ihm: ‚Die Jesus den Nazarener betreffenden Dinge: Er ist ein Prophetenmann gewesen, mächtig in Werk und Wort vor Gott und allem Volk – und wie ihn die Hohepriester und unsere Vorsteher zum Todesurteil ausgeliefert und sie ihn gekreuzigt haben! Wir aber hatten gehofft, dass er es ist, der Israel erlösen werde! Jedoch, mit alledem lässt er nun auch diesen dritten Tag vergehen, seitdem dies geschehen ist. Jedoch, auch einige Frauen aus unserer Mitte haben uns fassungslos gemacht: Sie hatten sich frühmorgens zum Grab begeben, und als sie seinen Leichnam nicht fanden, kamen sie und sagten, sie hätten auch eine Erscheinung von Engeln geschaut, welche sagen, dass er lebe. Und einige von denen, die mit uns sind, gingen hinaus zum Grab und fanden es so, wie die Frauen es auch gesagt hatten; ihn selbst aber schauten sie nicht‘. Und er selbst sprach zu ihnen: ‚Oh, ihr, die ihr zu arm am Verstand und zu träge am Herzen seid, um an all das zu glauben, was die Propheten geredet haben! Musste denn der Gesalbte dies nicht leiden und eingehen in seine Herrlichkeit?‘ Und im Ausgang von Mose und von allen Propheten erschloss er ihnen in allen Schriften die ihn betreffenden Dinge.

Und sie näherten sich dem Dorf, zu dem sie unterwegs waren, und er gab sich den Anschein, als ob er noch weiterziehen wolle. Und sie nötigten ihn und sagten: ‚Bleibe bei uns! Denn es geht auf den Abend zu und der Tag hat sich schon geneigt‘. Da ging er hinein, um mit ihnen zu bleiben.

Und es geschah: Als er sich bei ihnen zu Tisch gelegt hatte, nahm er das Brot, segnete es, brach es und reichte (Imperfekt: ἐπεδίδου) es ihnen. Da wurden ihre Augen aufgetan und sie erkannten ihn wieder; und er – er wurde vor ihnen unsichtbar. Und sie sagten zueinander: ‚Brannte denn nicht unser Herz [in uns], während er auf dem Weg zu uns redete, wie er uns die Schriften auftat?‘

Und sie standen noch in derselben Stunde auf und kehrten nach Jerusalem zurück, und sie fanden die Elf vor, die sich gesammelt hatten, und die, die mit ihnen waren. Sie sagten: ‚Der Herr ist tatsächlich erweckt worden, und er ist dem Simon erschienen!‘ Und sie selbst schilderten das Geschehen auf dem Weg und wie er von ihnen erkannt worden war am Brechen des Brotes. (Lk 24,13–35)

Ein kennzeichnendes Verb dieser evangelischen Verstehensanleitung lautet διανοίγω – „auftun, öffnen, entschlüsseln“

(24,31 f.; vgl. 24,45; Apg 17,2 f.). Tatsächlich geht es hier wesentlich um *disclosure*. Diese Ostererzählung, die unmittelbar in die zur Himmelfahrt führende Christophanie vor dem Apostelkreis führt (24,36–53; vgl. Apg 1,1–14), lässt sich als Programm einer präsentischen Christologie für die *zweite* Schrift im lukanischen Werk lesen. Sie legt die Sinnlinie für den Weg der werdenden Kirche sublim auf Christus, den Herrn der Geschichte, an. So lautet ein zweites kennzeichnendes Verb gleich zu Beginn der Episode πορεύεσθαι – „des Weges ziehen, gehen, wandern, reisen" (24,13; vgl. 24,28). Dieses Verb fasst das Jünger- und Kirchenbild der lukanischen Schriften präzise zusammen.[47] Mit Blick auf den Auferstandenen besitzt das durative Moment im Imperfekt συνεπορεύετο αὐτοῖς (24,15) nachgerade heilsgeschichtliche Qualität: Der Kyrios ist bleibend an der Seite der Seinen. καὶ εἰσῆλθεν τοῦ μεῖναι σὺν αὐτοῖς (24,29): In diesem Finalsatz liegt die österliche Mitte des lukanischen Entwurfs vom Christsein, wie er – nach seiner äußeren Seite – dann in der Apostelgeschichte entfaltet wird. Sieht man die Emmausszene in Verbindung mit der Abschlussszene der Apostelgeschichte, die vor den verschlossenen Augen und Herzen warnt (vgl. Apg 28,26 f.), wird ein lektüreleitender Rahmen erkennbar.[48] Pointiert ließe sich das rückschauende (Lk 24,24.32.35) Nomen ὁδός im Rahmen unserer Erzählung mit „Kirchengeschichte"

---

[47] Mit 51 Belegen in Lk und 38 Belegen in Apg ist das Verb πορεύομαι profiliert lukanisch; zum Vergleich: Mk 3, Mt 29, Joh 16, Corpus Paulinum 8, Katholische Briefe 9 Belege.

[48] Zur Bedeutung der Emmausepisode für die Erzählstrategie der beiden lukanischen Schriften, bes. zur Korrelation der Erzählung mit den lektüreleitenden Passagen Lk 1,1–4; Apg 8,26–40 und Apg 28,17–31 Gillman, Emmaus Story, bes. 165–168.169–171.175–179.

übersetzen, denn die hier beschriebene Wanderung ist die der Glaubenden durch Welt und Zeit.

Der Weg der Jünger, rat- und mutlos, zerstritten und blind, führt durch zerrinnende Hoffnung und verwirrendes Hörensagen. Der Auferstandene bleibt unsichtbar.[49] Jedoch wird er erfahrbar in vier „Anagnorismen":[50] das Durchschauen der prophetischen Schrift auf Christus (24,25–27.32) – damit verbunden: das brennende Herz (24,32) – das Brechen des Brotes (24,30 f.35) – im Episodenabschluss: die Gemeinschaft mit den apostolischen Osterzeugen (24,33 f.). Damit sind zugleich vier Konstituenten des dynamischen Kirchenbilds der Apostelgeschichte genannt: „Mose und die Propheten" geben durchgehend die biblische Richtung vor, das „Herz" ist das Glaubensorgan, das diese Richtung sicht (vgl. Apg 2,25 f.37.46; 4,32; 11,23; 15,9; 16,14); die Gemeinschaft der Glaubenden findet sich im Zeichen des Brotbrechens sowie im Anschluss an die apostolischen Ursprungszeugen zusammen (vgl. Apg 2,42–47; 4,32–37; 5,12–16). Die Emmausszene setzt also den gesamten christlichen Weg in ein einfaches Bild: Nicht wie es den Jüngern geht, ist entscheidend, sondern dass

[49] Moule, Christology, 179 f. hat das in Apg zu bewältigende Problem der augenscheinlichen Abwesenheit Jesu Christi als *absentee Christology* beschrieben; zur irdischen Repräsentanz des Erhöhten durch den Geist, den Namen, die Verkündigung sowie das Leben, Leiden und vollmächtige Handeln seiner Jünger MacRae, Heaven, bes. 58–64; zur Gegenwart Christi im Modus der Vision, in der Nennung des Christus-Namens, zumal beim Heilungswunder, und durch das Pneuma sehr instruktiv Avemarie, Acta.

[50] Der Anagnorismus (bzw. die Anagnorisis) bezeichnet eigentlich das Wiedererkennen der Liebenden nach langer Trennung, wie es Drama und Roman häufig schildern. Die christologische „Wiedererkennung" ist eher das Durchschauen der (kirchlichen) Wirklichkeit auf den Aktanten Christus hin.

es der Auferstandene ist, der mit ihnen geht. Und nichts anderes bedeutet es Kirche zu werden, als seine Nähe und seinen Anspruch im unscheinbaren Alltag des Christseins wahrzunehmen.

Von daher ist es keineswegs nur unter dem Unterhaltungsaspekt zu begreifen, wenn die Apostelgeschichte – wie auch die späteren Apostelakten – insgesamt als romanhaftes Reiseabenteuer angelegt ist.[51] Von der Urphase in Jerusalem abgesehen sind ihre Hauptakteure ständig unterwegs.[52] In Gestalt der Reise lassen sich die Überschreitung von geographischen und kulturellen Grenzen und das „Ankommen" des Evangeliums am fassbarsten erzählen. Hier tritt vor allem Paulus, der Wanderer zwischen den Welten, in den Blick. Bereits seine Berufung, deren Erzählung unter je neuem Aspekt die Wendepunkte des Aufbruchs in die Völkerwelt markiert (Apg 9,1–19; 22,3–21; 26,9–18), ist unverkennbar Weg-Geschichte und hat sich als solche nachhaltig der christlichen Erinnerung eingeprägt: der Sturz im Licht auf der Straße nach Damaskus. Bis er seinen Lauf vollendet hat (vgl. 20,24), bleibt Paulus ständig unterwegs. Zwar erreicht die Apostelgeschichte nicht „das Ende der Erde" (1,8), aber sie endet in der Mitte des Imperium Romanum, von der dann alle Enden erreichbar werden. Die Geschichte des Völkermissionars mündet in einer stadtrömischen Mietwohnung: κηρύσσων

---

[51] Vgl. PERVO, Profit, bes. 50–57; zum Wandermotiv in den Apostelakten ausführlich SÖDER, Apostelgeschichten, 21–51.

[52] Vgl. näher MARGUERAT, Voyages, bes. 36–39: Apg 1,8b bietet ein im Makrotext durchgehaltenes programmatisches Wegkonzept; die Handlungsträger befinden sich stets auf Wanderung; der Fortschritt des Evangeliums wird in Stationsverzeichnissen angelegt; die Reisesituation und -stimmung wird realistisch eingefangen; die *peregrinatio evangelica* besitzt theologischen Rang.

τὴν βασιλείαν τοῦ θεοῦ καὶ διδάσκων τὰ περὶ τοῦ κυρίου Ἰησοῦ Χριστοῦ μετὰ πάσης παρρησίας ἀκωλύτως. – „Er verkündigte die Königsherrschaft Gottes und lehrte die den Herrn Jesus Christus betreffenden Dinge mit allem Freimut, ungehindert" (28,31). Weiter lässt sich die Perspektive nicht aufreißen: Die Weltwanderungen des Paulus mögen enden, die des Evangeliums nicht.

In gewisser Weise ist das Ende der Erde bereits zugegen, als das Evangelium sich auf seinen Weg zu machen beginnt.[53] Noch vor den Reisen des Völkermissionars verdichtet sich in einer Straßenszene im vertrauten Milieu Palästinas der Aufbruch des Evangeliums von Jerusalem bis ans Ende der Welt (8,26–40).[54] Wir haben die Äthiopier bereits als ἔσχατοι ἀνδρῶν (Od. 1,23; vgl. Herodot 3,25,1; 3,114; Vergil, Aen. 4,480 f.; Strab. 1,1,13; 17,2,1) kennengelernt. In dem propagandistischen Rechenschaftsbericht, den Kaiser Augustus über seine Herrschaft ablegt, werden selbstverständlich die Ränder des *orbis terrarum* berührt: Spanien mit den „Säulen des Herkules" (die westliche Weltgrenze) gehörte ohnehin zum „befriedeten" Reich. Aus Indien (der östlichen Weltgrenze) hat er mehrfach Gesandtschaften empfangen, Skythen (von der nördlichen Weltgrenze) haben sich um seine Gunst bemüht; nach Äthiopien (der südlichen Weltgrenze) hat er ein siegreiches Heer geschickt (R. Gest. div. Aug. 26.31; vgl. Strab. 1,1,13).[55] Das exo-

[53] Zum Äthiopier als Repräsentanten des „Endes der Erde" und somit als vorweggenommene Einlösung der Ansage von Apg 1,8 Spittler, Christianity, 365 f.

[54] Zur Auslegung Klauck, Magie, 35–42; Pervo, Acts, 217–229.

[55] Zum oikoumenischen Anspruch des Rechenschaftsberichts und damit der reichsrömischen Weltpolitik Nicolet, Inventaire, 27–40; Scott, Horizon, 490 f.; zu den Grenzen der Erde im antiken Weltbild Sonnabend, Grenzen, 66–98.

tische Land regte immer wieder die Phantasie an[56] und wurde, wohl im dritten Jahrhundert, milieuprägend für den Liebes- und Abenteuerroman Αἰθιοπικά des Heliodor von Emesa, der noch Verdis Aida inspiriert hat.[57] Auch die legendäre Herrscherin Kandake[58] spielte in den Berichten aus dem Land von den Grenzen der Erde oftmals eine farbenfrohe Rolle.[59] Mit der Palette solcher Fabulierfreude zeichnet Lukas den Eunuchen und Schatzwesir dieser Königin,[60] wie er in Sehnsucht nach dem Gottesvolk unbewusst dem Evangelium entgegen zieht.[61] Ebenso wenig wie

---

[56] Vgl. Herodot 3,17–3,25; Artapanos, fr. 3,7–10; Diod. 3,2–10; Philostrat, Ap. 6,1–27; Xenophon von Ephesus, Ephesiaka 4,1,4 f.; eingehend Strab. 17,2,1–3. Zum mythischen und literarischen Einsatz des geographischen Motivs Äthiopien PERVO, Acts, 221 f. Zu den Äthiopiern als Bewohnern des südlichen Endes der Welt in der antiken Geographie ROMM, Edges, 49–60; SONNABEND, Grenzen, 94–97; SPITTLER, Christianity, 361 f.; die Mission an die Nachkommenschaft des Noach-Sohnes Ham betont SCOTT, Horizon, 533–538.

[57] Eine handliche Übersetzung des im Original (COLONNA, Heliodori Aethiopica, 1938) schwer zugänglichen Textes bietet die „Bibliothek der Alten Welt“ unter dem Titel „Die Abenteuer der schönen Chariklea“ in Übersetzung von RUDOLF REYMER.

[58] Die antiken Berichterstatter halten den Titel der Schwester des Königs bzw. Mutter des Thronfolgers in meroitischer Zeit meist für den Eigennamen der Herrscherin über das sagenhafte Land; vgl. näher ZACH, Meroe, 77–92.

[59] Vgl. Strab. 17,1,54; Plinius d. Ä., nat. 6,186; Cass. Dio 54,5,4–6; Ps.-Kallisthenes, Vita et acta Alexandri Magni (cod. L) 3,18–23.

[60] Zu den Exotica in der Erzählkunst der Apg PERVO, Profit, 70–72.

[61] Strabon liefert eine facettenreiche Schilderung der vielfältigen Religiosität der Äthiopier, die sowohl einen unsterblichen Schöpfer als auch einen sterblichen Gott annehmen: θεὸν δὲ νομίζουσι τὸν μὲν ἀθάνατον – τοῦτον δ' εἶναι τὸν αἴτιον τῶν πάντων –, τὸν δὲ θνητόν, ἀνώνυμόν τινα καὶ οὐ σαφῆ. – „Für Gott halten sie einerseits einen solchen, der unsterblich ist – dieser sei Urheber von allem –, andererseits einen, der sterblich ist, namenlos und undeutlich bleibt“ (Strab. 17,2,3). Zur

die Emmausjünger vermag er die prophetische Schrift zu verstehen, aber ein Engel schickt Philippus auf diese öde Strecke, um ihm die Augen zu öffnen. Gewissermaßen als Anhalter macht dieser sich zum äußeren Reisegefährten und mehr noch zum biblischen Hodegeten (vgl. Apg 8,31) des verirrten Pilgers.

Es ist christologisch aufschlussreich, wie der Missionar den unsichtbaren Auferstandenen hörbar werden lässt. Jesus, der Gottesknecht, musste schweigen: οὐκ ἀνοίγει τὸ στόμα αὐτοῦ. – „er tut seinen Mund nicht auf" (8,32 nach Jes 53,7^{LXX}). So spricht an dessen Stelle Philippus: ἀνοίξας δὲ ὁ Φίλιππος τὸ στόμα αὐτοῦ – „Da tat Philippus seinen Mund auf" (8,35). Im Ausgang vom Gottesknecht-Lied bringt er dem Schriftleser Jesus als Mitte des „Alten Testaments" zu Gehör. Wie bei den Emmausjüngern wird die Schrift auf solche Weise auf den Auferstandenen transparent αἴρεται ἀπὸ τῆς γῆς ἡ ζωὴ αὐτοῦ. – „Aufgehoben, fort von der Erde, wird sein Leben" (8,33 nach Jes 53,8^{LXX}). Was im jesajanischen Kontext das Sterben des Gottesknechts bezeichnet, beschreibt im christologischen die Geschichtsmacht des von der Erde Erhöhten (vgl. 1,9). τὴν γενεὰν αὐτοῦ τίς διηγήσεται; – „Sein Geschlecht – wer wird erzählen?" (8,33 nach Jes 53,8^{LXX}) Die implizite Antwort: die Christen (vgl. Lk 1,1: διήγησις). Getauft und frohgemut zieht der Wesir von dannen, und zwar an das heimatliche Ende der Erde. Die Geschichte der Glaubenden ist eine Fortsetzung des Weges Jesu vor neuen Horizonten. Die Sozialgestalt, in der Jesus zum Weltenwanderer wird, ist die Gemeinschaft der Getauften.

---

legendären Frömmigkeit der Äthiopier auch Diod. 3,2,2–4; Nikolaos von Damaskus, fr. 103 (m) (FGrH 2A, n. 90, p. 385); Paus. 1,33,4.

3. Des Heilands Weggenossen: Reisende Götter und Helden

3.1 Ein wandernder Wundertäter: Apollonios von Tyana

Der Vergleichsgang durch die griechisch-römische Kultur lässt uns Ausschau nach religiösen Bezugsgestalten halten, deren Wirken wie die Vita Christi narrativ in das Motiv der Reise eingespannt ist. Als nächste Analogie haben bereits antike Schriftsteller den neupythagoreischen Wanderprediger und Wundertäter Apollonios von Tyana betrachtet, der etwa in neutestamentlicher Zeit gelebt hat.[62] Über einhundert Jahre später trug die an Gelehrsamkeit wie Esoterik gleichermaßen interessierte Dame Julia Domna, Gattin des Kaisers Septimius Severus (reg. 193–211 n. Chr.), dem Sophisten Flavios Philostratos, der zu ihrem Hofzirkel gehörte, auf, eine Vita dieses verehrten Meisters zu verfassen (vgl. Philostrat, Ap. 1,3). Philostrat will einige Quellen, darunter die Aufzeichnungen eines Jüngers und Weggenossen des Apollonios, des Damis aus Ninive, ausgewertet haben[63] und

[62] Zur Diskussion über die Gestalt des Apollonios und ihre Bedeutung für die neutestamentliche Exegese MUMPRECHT, Einführung, 973–984; KOSKENNIEMI, Apollonios, bes. 230–235. Eine unmittelbare literarische Dependenz zwischen der *Vita Apollonii* und der neutestamentlichen Literatur wird aktuell kaum noch postuliert. Auf der einen Seite gibt es namentlich in den Wundererzählungen sachlich naheliegende Motiventsprechungen, auf der anderen Seite wird mit dem Einfluss der Jesus- auf die Apollonios-Tradition zu rechnen sein; dazu KOSKENNIEMI, Apollonios, 203–206.

[63] Die behauptete Quellenbenutzung wird heute recht skeptisch betrachtet. Namentlich das für Philostrat scheinbar maßgebliche Werk des angeblichen Jüngers Damis von Ninive gilt als Fiktion des Biographen selbst, der sein Apollonios-Bild gegenüber konkurrierenden Deutungsansprüchen abzusichern bestrebt ist. Zur Diskussion SPEYER,

legt die Vita des Pythagoras-Nachfolgers in acht Büchern als schier unbegrenzte Weltwanderung an. Neben Griechenland und Kleinasien durchwandert der wundertätige Gottesmann Spanien und Nordafrika, das Zweistromland und Ägypten, die Gebiete wilder Stämme und tierkundiger Araber und, wie zu erwarten, die Ränder der bekannten Kulturen: Äthiopien und – recht ausgiebig – Indien. Es sind also auch hier die „Enden der Erde", die diesen Wundermann anziehen.[64] Das Frühchristentum hat eine Reihe von Apostelakten gebraucht, um diese Länderfülle narrativ zu bewältigen![65]

Rom ist nicht nur wichtiges Reiseziel, wo der unerschütterliche Philosoph auf den topischen Tyrannen Nero trifft (vgl. 4,34–47), sondern bleibt Bezugspunkt auf den weiteren Wanderungen. So bemüht sich der zweite topische Tyrann, Domitian, von Rom aus, des mutigen Bekenners Herr zu werden (vgl. 7,1.4.6–10.20.24.27.32–34.36; 8,7,1). Mit Nerva, den Philostrat als mildes Gegenbild darstellt, herrscht (brieflich) freundschaftliches Einvernehmen; der gute Herrscher und der große Philosoph sterben etwa zu gleicher Zeit (vgl. 7,8; 8,27 f.). Die letzte Reise des greisen Apollonios ist nach einer der zahlreichen von Philostrat mitgeteilten Versionen die Himmelfahrt (vgl. 8,30 f.).

Bild 48–53; Bowie, Apollonius, bes. 1653–1671; Mumprecht, Einführung, 990–1008; Koskenniemi, Apollonios, 173–178.

[64] Vgl. Romm, Edges, 116–120.

[65] Paulus zieht nach Spanien (ActPetr 1), Thomas nach Indien (ActThom), Andreas und Matthias begeben sich zu den Skythen (Acta Andreae et Matthiae apud anthrophagos; vgl. Eusebios, h. e. 3,1,1); vgl. Spittler, Christianity, 365–371. Einen Überblick über die Routen der apostolischen „Wanderheroen" gibt Söder, Apostelgeschichten, 21–34.

Zweifellos sind viele Züge der Apollonios-Vita der Jesus-Tradition verwandt, neben der – bei Apollonios pythagoreisch-asketisch geprägten – Wanderexistenz als solcher vor allem übernatürliches Wissen, Heilungswunder und Dämonenaustreibung. Bereits in der Antike sind solche Ähnlichkeiten zwischen den beiden θεῖοι ἄνδρες aufgefallen. So soll der Kaiser Severus Alexander (reg. 222–235 n. Chr.), ein Großneffe der Julia Domna, in seinem Lararium Büsten von Christus und Apollonios in trauter Nachbarschaft aufgestellt haben.[66] Da sich daneben auch Abraham und Orpheus einfanden, haben wir hier ein schönes Beispiel für die Perspektive der *tria corda*.

Die frühen Kirchenschriftsteller sahen sich veranlasst, Jesus scharf von dem heidnischen Konkurrenten abzugrenzen (z. B. Laktanz, inst. 5,3,7–21; Augustinus, epist. 138,18). Gegen den hochrangigen Verwaltungsbeamten Sossianus Hierocles, der in seiner Streitschrift Φιλαλήθης unter Verweis auf die Parallelen Apollonios gegen Jesus Christus ausgespielt hatte, wandte sich energisch Eusebs Schrift *Contra Hieroclem*.[67] Nachdem jedoch die Konkur-

---

[66] So will es die – freilich notorisch unzuverlässige – *Historia Augusta* wissen: *matutinis horis in larario suo, in quo et divos principes sed optimos electos et animas sanctiores, in quis Apollonium et, quantum scriptor suorum temporum dicit, Christum, Abraham et Orpheum et huiuscemodi ceteros habebat ac maiorum effigies, rem divinam faciebat.* – „In den Morgenstunden pflegte er sich in seinem Lararium dem Gottesdienst zu widmen. In ihm bewahrte er auch vergöttlichte Herrscher, doch die ausgewählt besten, und vorzüglich heilige Seelen, unter denen sich Apollonios und – so berichtet ein Schriftsteller seiner Zeit – Christus, Abraham und Orpheus und Weitere solcher Art sowie Bilder der Ahnen befanden" (SHA Alex. 29,2). Zum „Synkretismus" dieses Vorgangs MacMullen, Paganism, 92–94.

[67] Die Verfasserschaft kann, auch wenn sie aktuell bezweifelt wird, wohl weiterhin Euseb zugeschrieben werden; zur Diskussion Jones, Apollonius, 49–52.

renz eindeutig zugunsten des Christentums entschieden war, fand der Wanderphilosoph – neben Misstrauen und Tadel als Magier – aufgrund seiner Tugendhaftigkeit auch Respekt unter frommen Christen. Seine Deutungslaufbahn mündete schließlich im byzantinischen Heiligenkanon.[68] Unter dem Namen Balīnūs, Balīnās o. ä. lebte er als „Schöpfer der Talismane" und fingierter Verfasser von Werken der Magie und Alchemie auch in der arabischen Kultur fort.[69] Er genoss seine Renaissance in neuzeitlicher Esoterik und beschäftigt noch die moderne Poesie und Belletristik.[70]

Unter den positiven Zeugnissen der alten Kirche findet sich eine Würdigung des Hieronymus, die das Fernweh des Weisheitssuchers hervorhebt und Apollonios zwischen Platon und Paulus einordnet:

Apollonius – sive ille magus, ut vulgus loquitur, sive philosophus, ut Pythagorici tradunt – intravit Persas, transivit Caucasum, Albanos, Scythas, Massagetas, opulentissima Indiae regna penetravit et ad extremum latissimo Phison amne transmisso pervenit ad Bragmanas, ut Hiarcam in throno sedentem aureo et de Tantali fonte potantem inter paucos discipulos de natura, de moribus ac de siderum cursu audiret docentem; inde per Elamitas, Babylonios, Chaldaeos, Medos, Assyrios, Parthos, Syros, Phoenices, Arabas Palaestinam reversus Alexandriam perrexit, Aethiopiam adivit, ut gymnosophistas et famosissimam Solis mensam videret in sabulo. invenit ille vir ubique, quod disceret, ut semper proficiens semper se melior fieret. [scripsit super hoc plenissime octo voluminibus Philostratus].

Apollonios – sei er nun ein Magier, wie das Volk sagt, oder ein Philosoph, wie die Pythagoreer überliefern – hat die Perser aufgesucht, den Kaukasus überschritten, das Land der Albaner, Skythen, Massageten

[68] Vgl. Speyer, Bild, 63.

[69] Vgl. Strohmaier, Apollonius.

[70] Zur Rezeption des Apollonios in der Spätantike Speyer, Bild, 53–63; Mumprecht, Einführung, 1008–1011; Koskenniemi, Apollonios, 6–10; Jones, Apollonius.

und die so üppigen Reiche Indiens durchzogen und ist am äußersten Ende, nachdem er über den unvergleichlich breiten Phison-Strom gesetzt war, zu den Brahmanen gelangt, um Iarchas zu hören, der auf goldenem Thron saß, aus der Quelle des Tantalus trank und inmitten von ein paar Schülern über die Natur, über die Ethik und über den Lauf der Sterne lehrte. Von dort aus kehrte er durch das Land der Elamiter, Babylonier, Chaldäer, Meder, Assyrer, Parther, Syrer, Phönizier und Araber zurück nach Palästina, reiste nach Alexandrien weiter und suchte Äthiopien auf, um die Gymnosophisten und den höchst berühmtem Sonnentisch im Sand zu sehen. Überall hat dieser Mann etwas gefunden, von dem er zu lernen wusste, damit er durch ständigen Fortschritt sich selbst ständig bessere. [Darüber schrieb Philostrat ausgiebigst in acht Büchern.] (epist. 53,1,4 ad Paulinum presbyterum)[71]

Die Passage steht im Eingang eines Schreibens, dessen abschließender Appell den gelehrten Brieffreund Paulinus von Nola selbst auf die Reise – äußerlich ins Heilige Land, innerlich in die Heilige Schrift und persönlich in die Obhut des Hieronymus – ziehen will:

festina, quaeso te, et haerentis in salo naviculae funem magis praecide, quam solve. nemo renuntiaturus saeculo bene potest vendere, quae contempsit, ut venderet. quidquid in sumptus de tuo tuleris, pro lucro conputa. antiquum dictum est: avaro tam deest, quod habet, quam quod non habet. credenti totus mundus divitiarum est, infidelis autem etiam obolo indiget. sic vivamus quasi nihil habentes et omnia possidentes.

So bitte ich dich: Spute dich und löse, vielmehr: zerhaue das Tau des Schiffleins, das am Gestade der hohen See festliegt! Niemand, der dieser Welt den Rücken kehren will, kann solches Gut günstig verkaufen, das er so verachtet, dass er es verkaufen will. Was auch immer

---

[71] Der Fluss Phison ist der Ganges; Iarchas ist der Führer der indischen Weisen, von dem Apollonios bei einem viermonatigen Aufenthalt reiche Belehrung empfängt (vgl. bes. 2,40f.; 3,16–51). Die Gymnosophisten, so genannt aufgrund ihrer naturverbundenen Lebensart, sind Träger ursprünglicher Weisheit in Indien oder, wie hier, in Äthiopien.

du als Aufwendung von deinem Vermögen [für die Reise] zu tragen hast, rechne es dir als Gewinn an! Ein altes Sprichwort lautet: Dem Habgierigen fehlt das, was er besitzt, wie das, was er nicht besitzt! Dem, der glaubt, gehört die ganze, so reiche Welt! Dem Ungläubigen dagegen fehlt noch der Obolus! So wollen wir leben als solche, die nichts besitzen und denen doch alles gehört! (epist. 53,11,2)

Apollonios gehört für den Kirchenvater also in die lange Reihe der Fernreisenden auf der Suche nach der Wahrheit. Offenbarungsträger ist er nicht mehr, eher nahezu ein unbewusster Nachfolger Jesu.

In jedem Fall wird der Unterschied der Apollonios-Vita Philostrats zur synoptischen Darstellung der Wanderungen Jesu deutlich. Das Motiv des Reiseabenteuers dient für Philostrat der Unterhaltung und Erbauung. Es will nicht die Vita des Helden (kultisch) kommemorierfähig halten und für dessen Jüngergemeinde in den narrativen Modus zeitübergreifender Gegenwart setzen.[72] Die erzählte Jesus-Vita bringt die Jünger aller Zeiten in das gleiche Verhältnis zum erhöhten Kyrios, sodass es (mit Kierkegaard gesagt) keine Jünger erster und zweiter Klasse mehr gibt, weil der Abstand von zweitausend Jahren im Verhältnis zur Ewigkeit nicht zählt. Philostrat dagegen legt seine Erzählung nicht nur darauf an, dass Apollonios Staunenswertes tut, sondern dass er auch eine staunenswerte Welt durchreist. Das Reisemotiv ist nicht theologische Ordnungsfigur, sondern erhöht den perspektivischen Reiz. Die Lust an Land und Leuten, an den exotischen zumal, ist unübersehbar. Im Neuen Testament –

[72] Philostrat erläutert seine Erzählabsicht etwas spröde folgendermaßen: ἐχέτω δὲ ὁ λόγος τῷ τε ἀνδρὶ τιμήν, ἐς ὃν ξυγγέγραπται, τοῖς τε φιλομαθεστέροις ὠφέλειαν· ἦ γὰρ ἂν μάθοιεν, ἃ μήπω γιγνώσκουσιν. – „Nun gereiche das Werk dem Manne, über den es verfasst worden ist, zur Ehre und denen, die lernbegierig sind, zum Nutzen! Denn es dürfte sich aus ihm lernen lassen, was man noch nicht weiß“ (1,3).

auch in den Briefen von den weiten Reisen des Paulus und selbst in der Apostelgeschichte – fehlt dieses Interesse fast ganz. Hier ähnelt die *Vita Apollonii* eher den – ihr auch zeitlich nahestehenden – apokryphen Apostelakten als den Evangelien. Diese konzentrieren sich ganz auf den reisenden Meister, um dessen Gegenwart herbeizuerzählen und seinerseits zur Nach-Reise anzureizen. Zweifellos stehen auch die Entdeckungsreisen des Apollonios für das metaphysische Fernweh der Zeit, aber er reizt es eher an, als dass er es stillt. Weggenossen des Heilands auf den „metaphysischen Wanderungen" müssen wir im Mythos suchen.

3.2 Mythische Reisende: Herakles und Orpheus

Zweifellos gab es zahlreiche kulturelle und soziale Faktoren, die dazu geführt haben, dass sich das Christentum in der reichsrömischen Welt in weniger als drei Jahrhunderten durchgesetzt hat. Aber der Signifikanzmaßstab schlechthin, der diese Faktoren zusammenführte und ihnen eine erkennbare Mitte gab, war die Person Jesu Christi. Dies war offenkundig auch der Eindruck von Beobachtern außerhalb des Christentums, wenn sie der jungen Bewegung den Namen ihrer Identifikationsfigur gaben. Vermutlich geschah das zunächst im Zusammenhang der römischen Verwaltungs- und Gerichtspraxis, wie sie im syrischen Antiochien greifbar wird: Χριστιανοί (Apg 11,26; vgl. 26,28; 1 Petr 4,16) – jene Leute, die sich von „Christus" her bestimmen. Das Alleinstellungsmerkmal der zunehmend auffallenden Religionsbewegung in der griechisch-römischen Kultur war also durch eine personale Beziehung bestimmt. In dieser Beobachtung stimmen die frühesten Außenzeugnisse über das Christentum – so unterschiedliche Perspektiven sie auch einnehmen – deutlich überein (Tacitus, ann. 15,44,2f.; Plinius d.J., epist. 10,96,5–7; Sueton, Claud. 25,4; Lukian, Peregr. 13).

Auf den ersten Blick scheint der Signifikanzmaßstab des Christentums damit eindeutig: das historisch konkretisierbare Individuum Jesus von Nazaret. Versetzen wir uns freilich in die Medialität der antiken Mittelmeerwelt, so entgleiten uns die klaren Grenzen. Dokumentierte Historizität (im modernen Sinn) war in der frühchristlichen Mündlichkeitskultur weder greifbar noch überhaupt wünschenswert.[73] Wen oder was man sich unter „Christus/Chrestus" vorstellte, hing daher für Christen wie Nicht-Christen von dem eigenen Verstehenshorizont und – mitunter recht diffusen – Überlieferungskanälen ab.

Ein Graffito mag uns die Verlegenheit vor Augen führen (Abb. 5). Ein Spötter, vielleicht ein Schüler, hat ihn an die Wand des Paedagogium auf dem römischen Palatin gekritzelt, um sich über einen Frühchristen lustig zu machen. Dieser wird im Orantengestus gezeigt. ΑΛΕΞΑΜΕΝΟΣ ΣΕΒΕΤΕ ΘΕΟΝ steht in nicht ganz korrektem Griechisch an der Wand: „Alexamenos betet [seinen] Gott an" (Ἀλεξάμενος σέβεται θεόν); daneben ein Gekreuzigter – mit dem Kopf eines Esels (vgl. auch Tertullian, apol. 16,1–8; nat. 1,14).[74] Paulus sagt es auf seine Weise: „Die Juden verlangen nach Wunderzeichen, die Griechen streben nach Weisheit. Wir aber verkünden Christus, den Gekreuzigten: den Juden ein Ärgernis, den Griechen eine Dummheit!" (1 Kor 1,22f.)

---

[73] Zur Begründung Backhaus, Undeutlichkeit, bes. 374–383.

[74] Das Kritzelbild wurde 1856 entdeckt. Naturgemäß lässt die Karikatur auch andere Deutungen zu; die hier angeführte scheint mir die nächstliegende zu sein. Vgl. näher Guyot/Klein, Christentum II, 375.

Abb. 5: Der gekreuzigte Esel
Graffito auf dem Palatin, Rom, ca. 2. Jh. n. Chr. (Radierung: R. Lanciani)

Der Bios, den Markus, etwa 40 Jahre nach den Ereignissen, über Jesus von Nazaret schrieb, war ein erster, aus der Not geborener Versuch, die Identifikationsgestalt mittels einer Charakterzeichnung in erzählerischen Einzelepisoden für die Nachwelt zu porträtieren. Bereits hier wird in der ganzen Erzählung das Bemühen spürbar, den Kreuzestod in seiner biographischen Konsequenz als Heilsgeschehen transparent zu machen. Das gleiche Bemühen steht hinter einem noch plastischer angelegten, äußerst kühnen Akt christologischer Demonstration. Man griff auf die großen mythischen Helden der antiken Kultur zurück, machte sie zu Christus-Symbolen und erzielte so einen dreifachen Gewinn: Das mediale Defizit wurde durch die figurativen

Möglichkeiten der Mehrheitskultur überwunden; für die Heiden (und für die Liebhaber paganer Kultur unter Juden) wurde das befremdende Christus-Geschehen existentiell nachvollziehbar; der Heilsaspekt des furchtbaren Kreuzestods wurde in vertrauter Form (als „ästhetisch selbstverständliches") Reiseabenteuer plausibel. Wir haben in diesem Sinn bereits gesehen, dass der mythische Held Odysseus in der Sirenenszene für die frühen Kirchenschriftsteller als plausible Präfiguration des gekreuzigten Erlösers diente.

Von daher erklärt sich vielleicht auch ein anderes überraschendes Bild (Abb. 6): Der Gekreuzigte ist auf diesem Siegelstein kein Esel mehr, sondern der mythische Held Orpheus, wie eindeutig aus der Aufschrift ΟΡΦΕΟΣ ΒΑΚΧΙΚΟΣ – „Orpheus, der zu Bacchus gehört" (Ὀρφέως bzw. Ὀρφεὺς Βακχικός) hervorgeht. Der ursprünglich aus dem Berliner Antiquarium stammende Zylinder mit einem Durchmesser von 0,9 cm ist in mancherlei Hinsicht rätselhaft und – sogar in seiner Echtheit – umstritten.[75] Einiges

[75] Beschreibung und Diskussion bei MARKSCHIES, Odysseus, 244–246 mit 253 Abb. 6 (Lit.). Vgl. bereits RAHNER, Mythen, 65 f., der – historisch allzu unbekümmert – von einer „christlichen Kreuzesdarstellung" ausgeht und die Brücke zum mittelalterlichen Osterhymnus *Morte Christi celebrata* (Saint-Martial, 12. Jh.) schlägt, in dem der Gekreuzigte in die Unterwelt steigt, um seine geliebte Braut zu befreien: *Qui sub morte tenebantur / vita duce liberantur, / nuda gemunt tartara. / Homo, gaude si reductus / consoletur tuus luctus / dulci sono, cithara … / Israhelem in Egipto / Pharaone circumscripto / serpens salvat eneus; / Sponsam suam ab inferno, / regnum locans in superno, / noster traxit Orpheus* (zit. nach DRONKE, Return, 274). – „Die unter dem Tod festgehalten wurden, wurden befreit unter der Führung des Lebens: Die Totenwelten stöhnen leer! Du Mensch, erfreue dich, da du heimgeführt bist. Deine Trauer sei getröstet vom lieblichen Klang der Kithara … Die eherne Schlange hat Israel einst in Ägypten gerettet, als es vom Pharao in die Enge getrieben war; seine Braut führt aus der Hölle hinter sich her unser Orpheus, der ein Reich im Höchsten aufrichtet".

Abb. 6: Der gekreuzigte Orpheus
Siegelstein, Aufschrift: ΟΡΦΕΟΣ ΒΑΚΧΙΚΟΣ

spricht für die etwa von Christoph Markschies vorsichtig vertretene Deutung, dass Orpheus, der wie sein Kultgott Dionysos / Bacchus den Tod der Zerreißung stirbt (vgl. Justin, 1apol. 54,6; dial. 69,2), als Typos des Gekreuzigten verstanden wurde. Wie dem auch sei: Von dem karikierenden Schandbild des gekreuzigten Esels sind wir hier, beim gekreuzigten Argonauten, weit entfernt.

Die mythischen Reisen der paganen Erzählkultur gehörten zur Sozialisation auch der frühen Christen. Das rapide Wachstum der christlichen Religion hatte eine uns oft nicht recht bewusste Folge: „Zu jedem beliebigen Zeitpunkt bis ins vierte Jahrhundert hinein lag für die Mehrheit der irgendwo Versammelten die Zuwendung zum Christentum erst wenige Jahre zurück".[76] Jörg Rüpke hat daher vorgeschlagen, die Denkfigur von zwei aufeinandertreffenden Kulturen durch die von der *einen* sich innerlich ausdifferenzierenden Mittelmeerkultur zu ersetzen.[77] Die Globetrotter des Mythenkosmos waren jedenfalls so übergreifend und zugleich so lebens- und deutungsfähig in der kulturellen Enzyklopädie verankert, dass sie sich anboten, um Christen ihr Christsein augenfällig zu machen. Für die im ersten Jahrhundert bereits unvordenklich alten Erzählungen gab es kein einheitliches Rezeptionsmuster. Der allgegenwärtige Herakles etwa konnte philosophisch das stoische Daseinsideal abbilden, politisch den heroischen Kaiser präfigurieren oder auch spaßig als burlesker Muskelprotz dienen. Indes boten die allegorisch anwendbaren Erzählkreise auf breiterer Ebene gewissermaßen existentielle Chiffren. Gerade so eigneten sie sich dafür, das Christus-Drama fassbar und plausibel vor Augen zu führen, und dies vor allem unter dem Aspekt des zum Heil führenden Weges. Erlösung nimmt ja nicht nur im mythischen Code der Christen wesentlich die Form der Grenzüberschreitung (Tod / Leben, Diesseits / Jenseits, Erde / Unterwelt / Himmel, Heil / Unheil, Dunkelheit / Licht) an.

---

[76] Rüpke, Bilderwelten, 363; noch immer erhellend MacMullen, Christianizing, 74–85: „How complete was conversion?"

[77] Rüpke, Bilderwelten, bes. 362–364.373 f. Ähnlich spricht sich Bowersock, Hellenism, 44 gegen die Denkfigur einer kulturellen Einbahnstraße aus: „Late paganism responded no less to the Christian environment in which it flourished". Zum Perspektivwechsel gehört auch die Revision der Vorstellung, ein aufblühendes Christentum trete in der Spätantike an die Stelle eines in Schlaffheit ergrauten und absterbenden Heidentums; zur Lebendigkeit paganer Frömmigkeit bis Konstantin MacMullen, Paganism, bes. 62–73.

Als unentwegte Reiseabenteurer haben Herakles und Orpheus mit Laertes, dem Vater des Odysseus, an dem uns schon vertrauten Argonautenzug teilgenommen. Aber die Wege dieser mythischen Helden führten über unterhaltsame Abenteuer hinaus. Herakles und Orpheus verbindet mit dem Weltenwanderer Odysseus, dass sie sich für ihre „Gefährten“ einsetzen, die bei Orpheus in einer Geliebten, bei Herakles im Menschengeschlecht überhaupt bestehen. Der am Mastbaum „gekreuzigte“ Odysseus entspricht auch als „Dulder“ (vgl. Od. 1,4 f.) dem zerrissenen oder gekreuzigten Orpheus und dem vorbildlich bzw. stellvertretend sterbenden und zum Himmel auffahrenden Herakles. Alle drei schließlich haben die Grenzen zur Totenwelt überwunden. Herakles als Heilandsgestalt und Kultgott, Orpheus als Offenbarer und Kultstifter, beide als (halb)göttliche Wesen waren freilich für die frühen Kirchenschriftsteller unmittelbare Konkurrenten Christi und somit bedrohlicher als der nur in seinen menschlichen Zügen gezeichnete Odysseus. So zogen sie heftige Polemik auf sich. Und doch verkörperten sie mit ihren Abenteuern zwischen Himmel und Erde auch für die frühe Kirche Weg und Wirken Jesu Christi.

Die Malerei (Abb. 7) findet sich in einer geräumigen, offenkundig von mehreren Familien genutzten Katakombe an der römischen Via Latina und wird ins vierte Jahrhundert datiert.[78] Das Bild (Raum N, rechtes Arkosol, Lünette)[79] führt uns an den Schlund der Unterwelt – und sie ist besiegt. In der Mitte sehen wir den Helden Herakles, mit etwas überraschendem Nimbus, begleitet vom dreiköpfigen

---

[78] Zur Katakombe und deren Bildprogramm Malherbe, Herakles, 581–583; Ferrua, catacombe, bes. 19–132; Berg, Alcestis; Pergola, catacombe, 171–174; Rüpke, Bilderwelten, 370–372.

[79] Zur Beschreibung Ferrua, catacombe, 115–117; Berg, Alcestis, 226 f.

Abb. 7: Herakles, Alkestis, Kerberos
Katakombe an der Via Latina, Rom, 4. Jh. n. Chr.

Höllenhund Kerberos. Herakles berührt mit seiner Rechten die verstorbene Alkestis, hinter der noch die Totenwelt erkennbar wird, und führt sie zu ihrem rechter Hand vor seinem Haus sitzenden Gatten zurück.

Alkestis ist die Frau des Admetos, des Königs der thessalischen Stadt Pherai, der mit Herakles am Argonautenzug teilgenommen hatte (Apoll. Rhod. 1,49 f.).[80] Ihm haben die Moiren beschieden, dass er den drohenden Tod abwenden könne, wenn ein anderer für ihn zu sterben bereit sei. Allein Alkestis ist willens, den stellvertretenden Tod auf sich zu

---

[80] Die in der griechisch-römischen Welt sehr beliebte Alkestis-Geschichte wurde in manchen Varianten überliefert; einen Überblick gibt Wentzel, Art. Admetos. Ich halte mich an das Drama des Euripides (aufgeführt 438 v. Chr.), bei dem Herakles freilich nicht selbst in die Unterwelt hinabsteigt, sondern den nach Totenopfern gierigen Thanatos am Grab überwältigt und zur Herausgabe der Verstorbenen zwingt. Zur Mythographie Apollod. 1,105 f.; Hyginus, fab. 51.

nehmen. Nur um die als Waisen zurückbleibenden Kinder besorgt und dem Gatten bis zuletzt zugetan, stirbt sie tapfer und treu. Mit Jesu Abschiedsrede bei Johannes formuliert: „Eine größere Liebe hat niemand, als wer sein Leben gibt für seine Freunde“ (Joh 15,13; vgl. Euripides, Alc. 153–155).

So tritt Alkestis, als Charon, der Fährmann der Toten, sie abholt, die πικρὰ ναυκληρία – „bittere Schifffahrt“ (Euripides, Alc. 258; vgl. 252–263) in den Hades an. Als Herakles am selben Tag auf seiner mühereichen Wanderung für König Eurystheus bei Admetos einkehrt, erfährt er von ihrem Tod. Um die Gastfreundschaft des Königs zu belohnen, begibt er sich an ihr Grab, ringt Thanatos nieder und führt die Verstorbene zu ihrem fassungslosen Gatten zurück. Noch steht sie im Bann der Totenwelt, doch nach drei Tagen kann sie wieder ganz ins Leben zurückkehren (1144–1146). So schließt der Chor bei Euripides mit Recht: πολλαὶ μορφαὶ τῶν δαιμονίων, / πολλὰ δ᾽ ἀέλπτως κραίνουσι θεοί· / καὶ τὰ δοκηθέντ᾽ οὐκ ἐτελέσθη, / τῶν δ᾽ ἀδοκήτων πόρον ηὗρε θεός. / τοιόνδ᾽ ἀπέβη τόδε πρᾶγμα. – „Vielgestaltig sind die göttlichen Taten, / Viel gar vollbringen die Götter, was niemand zu hoffen vermocht. / Und was wir uns vorstellen, wird Wirklichkeit nicht. / Ein Gott aber findet den Pfad zu dem, was wir uns nicht vorstellen können. / So ging denn diese Sache aus“ (1159–1163).

Eros und Thanatos finden sich hier dramatisch vereint. Das Alkestis-Motiv ziert daher kaiserzeitliche Sarkophage, zweifellos als Symbol der diesseitigen ehelichen und familiären Liebe, aber für manchen Auftraggeber, Steinhauer oder Betrachter doch wohl auch als Ausdruck der Hoffnung, dass die Totenwelt nicht eisern verschlossen bleibt.[81]

---

[81] Vgl. SICHTERMANN/KOCH, Mythen, 20–22 (G. KOCH) mit Tafeln 16–19, die zwei stadtrömische Sarkophage (um 160–180 n. Chr.)

In dieser Hinsicht ist die Malerei in der Katakombe an der Via Latina, die durch andere Szenen – wie das Sterben der Alkestis und Herakles' Kampf mit Thanatos – umrahmt wird, nicht ungewöhnlich. Ungewöhnlich scheint, dass sie uns im Kontext eines christlich geprägten Bildprogramms begegnet. In einer benachbarten Kammer (Cubiculum O) wird die Auferweckung des Lazarus, in einer anderen (Cubiculum M) der Prophet Jona gezeigt, der – abermals nach drei Tagen – dem Bauch des großen Fisches entrinnt (Jona 2). Darin sahen Urchristen seit Matthäus (vgl. Mt 12,40 diff. Q 11,30) ein Zeichen für die Auferstehung aus dem Abgrund der Totenwelt. Der *jüdische* Prophet verkörpert den *christlichen* Glauben, der in einem *paganen* Mythos zum Ausdruck kommt. So vereint die Via Latina die *tria corda* im Zeichen der Hoffnung, dass der Tod besiegbar ist.

Leider wissen wir nicht, wie die intrakulturelle Kombination zustande gekommen ist und in welchem Sinn die Maler oder Auftraggeber sie verstanden haben. Früher sah man im Wesentlichen drei Erklärungsmöglichkeiten, die sich darin verbanden, dass sie von einer „septischen" Trennung paganer und christlicher Sepulkralkultur ausgingen:[82] Ein einschlägiges Unternehmen hat Kammern an Heiden wie an Christen verkauft. – Das Bildprogramm wurde von einer religiös gespaltenen Eigentümerfamilie

---

zeigen, in denen der Mythos in dynamischen Details repräsentiert ist; dazu auch ZANKER/EWALD, Mythen, 202–204 (P. ZANKER); Dokumentation zu Mythos und Ikonographie ebd. 297–301 (B. CHR. EWALD). Zum Verhältnis zwischen dem Alkestis-Motiv auf dem Sarkophag und dem bzw. der darin Bestatteten SICHTERMANN/KOCH, Mythen, 11 f. (H. SICHTERMANN); DRESKEN-WEILAND, Mythen, 127.

[82] Einen knappen Forschungsüberblick bietet MALHERBE, Herakles, 582.

mit christlicher Dominanz bestimmt. – Eine christliche Eigentümerfamilie hat die Herakles-Darstellung allegorisch auf Christi Heilswerk bezogen oder nur dekorativ eingesetzt. Die allegorische Deutung erfreute sich besonderer Beliebtheit. Es wäre indes anachronistisch, jedes Bild in Katakomben oder auf Sarkophagen im Sinne eines christlichen Transzendenzverständnisses deuten zu wollen. Oft wird es sich um ein sehr diesseitig gemünztes oder schlicht um ornamentales Mythenzitat handeln. Vor allem ist die Dichotomie „hier christlich – dort heidnisch" allzu vereinfacht. Die benachbarte Bestattung führte eben zu einem additiven Nebeneinander verschiedener Erzähltraditionen.[83] Es steht jedoch außer Frage, dass Frühchristen wie ihre Zeitgenossen die Hoffnungsbilder zusammenstellen und zusammensehen konnten.[84] An *einer* Totenstätte verkörperte der Herakles/Alkestis-Mythos zumindest für einen Teil der Betrachter den von Christus errungenen Sieg über das Totenreich. Für sie trat Jesus Christus funktional an die Stelle des halbgöttlichen Heroen Herakles, und umgekehrt personifizierte

---

[83] Vgl. Rüpke, Bilderwelten, 372. Zum bleibenden ästhetischen Wert der paganen Tradition in (potentiell) christlichen Deutungssystemen grundsätzlich Liebeschuetz, Mythology; speziell zur bildenden Kunst ebd. 195–199. Zur konstitutiven Mehrdeutigkeit von Mythenbildern auch Zanker/Ewald, Mythen, 54f. (P. Zanker).

[84] Zur Diskussion vgl. Berg, Alcestis, bes. 219f. Die Vf.in vertritt die plausible Auffassung, dass es bei dem Auftrag zur malerischen Ausstattung weniger um einen Frömmigkeitserweis gegenüber Christus oder Herakles ging als um die Wiedervereinigung der durch den Tod getrennten Gatten: „The pagan artistic funerary tradition provided paradigms for expressing this theme whereas the Christian scriptural repertory did not, for in the art of the catacombs the emphasis was shifted from the deceased to the divinity. The painter of the cubiculum, at home both in the pagan and Christian artistic traditions, has been able to harmonize the mythological material with the Judeo-Christian ambiance of the adjacent chambers" (231).

Herakles das Heilswirken Christi. Freilich trägt auch Alkestis mit ihrem proexistenten Tod aus Liebe, der *vicaria mors* (Hyginus, fab. 51), zur christlichen Deutungsfähigkeit des Mythos bei. Abermals können wir an die Kritzelei mit dem gekreuzigten Esel denken, um die hermeneutische Hilfe zu verstehen, die der Mythos der christlichen Aussage leistete: Die Wanderung des Helden Herakles zwischen Himmel und Erde wird zur Chiffre für die große Wanderung des anderen Gottessohns.

Die Einkleidung des Christus-Weges in den Herakles-Mythos scheint mir bereits im Neuen Testament selbst anzusetzen.[85] Im Hebräerbrief, der vermutlich in den neunziger Jahren des ersten Jahrhunderts an stadtrömische Christen geschrieben wurde, stoßen wir auf eine auffällige Beschreibung der Heilstat Christi, die mit dem soteriologischen Hauptmotiv des Schreibens – der himmlisch-irdische Hohepriester durchschreitet den „Vorhang", der die Welt vom Heiligkeitsraum Gottes trennt (vgl. Lev 16) – nicht kompatibel ist (Hebr 2,14 f.):

> Weil nun die Kinder Gemeinschaft haben an Blut und Fleisch, hatte auch er selbst gleichermaßen teil an ihnen, damit er durch den Tod den vernichte, der die Macht des Todes hat, das heißt: den Teufel, und jene befreie, welche durch Todesangst durch das ganze Leben hin einer Sklaverei verfallen waren.

In diesem perspektivischen Abstecher verwandelt sich Christus vom Hohepriester zum Heros. Für einen Moment also leuchtet an der „Wand" des Hebräerbriefs, wie in der

[85] Vgl. näher Attridge, Captives, bes. 108–115; Aune, Heracles, 13–19; Backhaus, Hebräerbrief, 126–129; Ders., Knoten, 132–136. Eine kritische Durchsicht über die (in der älteren Forschung oft überschätzten) Bezüge zwischen dem Herakles-Mythos, der Vita Jesu und der frühchristlichen Christologie bieten Malherbe, Herakles, 568–573; Aune, Heracles, bes. 11–13.

Via Latina-Katakombe, das Heilswirken des Herakles auf. Das biblisch-kultische Leitbild wird im Licht des paganen Mythos als heldisch-kämpferische Befreiungstat plausibel – vor allem für die mehrheitlich „heidenchristlich" geprägten Adressaten. Der Gottessohn aus dem Ewigen nimmt das Menschenschicksal seiner irdischen Geschwister an und fordert so Thanatos heraus, der hier als Folterknecht des Teufels wirkt. In einer Art Todestyrannei hält der Teufel (der sonst im Hebräerbrief nicht vorkommt) die Menschen unter der Geißel ständiger Angst und raubt damit dem irdischen Leben Reichtum und Aussicht. Indem Jesus am Kreuz den Zugang zu Gott öffnet, bricht er diese Tyrannei und stiftet jedem Heute Hoffnung und Tiefe ein. War das Leben im teuflischen Zeichen des Thanatos ein verängstigtes Warten auf das Ende, so ist es jetzt Vorraum zur ewigen Daseinsfülle: Der Glaubende muss es nicht absitzen, er kann es führen.

τίς δ' ἔστι δοῦλος τοῦ θανεῖν ἄφροντις ὤν; – „Wer denn ist Sklave, wenn er den Tod nicht fürchtet?" – auch dieser Gedanke findet sich schon bei Euripides (fr. 958; vgl. Or. 1521–1523). Von Juden (z. B. Philon, prob. 22) wie Heiden (z. B. Plutarch, De audiendis poetis 34B) wird er oft zitiert; der Stoiker Epiktet lässt ihn, etwa in neutestamentlicher Zeit, zum Leitmotiv seiner Gesamtkonzeption werden. Seit Homer (Il. 5,395–404) galt Herakles als übermenschlicher Kämpfer gegen Tod und Trauer, heilandartig als τῆς γῆς καὶ τῶν ἀνθρώπων σωτήρ (vgl. Dion Chrys. 1,84), als *vindex terrae* (Ovid, met. 9,241).[86] In der (früher Seneca zugeschriebenen) Tragödie *Hercules Oetaeus*, ebenfalls wohl aus neutestamentlicher Zeit, wird der Kampf des Men-

[86] Zum mythographischen Befund Diod. 4,8–39; Apollod. 2,61–166.

schen mit der Todesmacht auch unter dem Leidensaspekt existentiell wie religiös sowie auf seine kosmische Wirkung und den himmlischen Triumph hin entfaltet. Der *auctor ad Hebraeos* appelliert also an die Kulturkompetenz seiner Adressaten. Durch die gewagte Polymythie wird Christus auf Herakles transparent und sein Heilswirken schlüssig. Übrigens schließt die theologische Kühnheit die politische ein: Die Kaiser bedienten sich der Herkules-Typologie propagandistisch, und Domitian (reg. 81–96 n. Chr.) gehört zu jenen Herrschern, die dabei gerade die heroischen Züge herausstellten.

Was sich im Hebräerbrief – der bildungsnächsten Schrift der urchristlichen Literatur – andeutet, wird bei den Apologeten und Kirchenvätern differenziert ausgearbeitet. In Erzählkultur, Literatur, Politik, Kult, Kunst und alltäglicher Lebenswelt war Herakles eine hervorstechende und offensichtlich gerade bei den einfachen Reichsangehörigen beliebte Heldennatur, Heilandsgestalt und Identifikationsfigur.[87] Seine Popularität, die zweifellos auch Christen faszinierte, führte die frühen Kirchenschriftsteller zu einer Dreifachstrategie: Die Ähnlichkeiten wurden in Abrede gestellt, relativiert oder dämonischen Einflüssen zugeschrieben; gegen Person und sittliche Rohheit des Herakles wurde kräftig polemisiert; sein Heilswirken wurde auf Jesus Christus projiziert. Tatsächlich stieß der Vergleich – sofern ihm an theologischen Feinheiten nicht gelegen war – auf gewichtige Ähnlichkeiten: die menschlich-göttliche Doppelnatur, der

[87] Einen Überblick über das antike Herakles-Bild geben MALHERBE, Herakles, 560–568; ZILLING, Jesus, 119–152; zur christlichen Reaktion MALHERBE, Herakles, 573–581; ZILLING, Jesus, 189–220. Dass – bei aller unmittelbaren Mythenkritik – Figurenapparat und Erzählwelt der paganen Mythen im frühen Christentum unterschwellig anziehend blieben, zeigt BURKERT, Kritiken, 182–193.

Kampf mit dem Thanatos und der *descensus ad inferos*, die Wohltätigkeit zugunsten der Menschen und deren Befreiung, das heilschaffende Leiden und die himmlische Erhöhung des Gottessohns.[88] Die im Urchristentum bedeutsame Lehre von den zwei Wegen und der notwendigen ethischen Entscheidung (Did. 1–6; Barn. 18,1–20,2; vgl. 1QS 3,17–21; 4,2–14; Herm. sim. 9,20,4 [97,4]) dürfte nicht ohne Bezug auf die verbreitete Prodikos-Parabel von Herakles am Scheideweg (vgl. bes. Xenophon, mem. 2,1,21–34) verstanden worden sein.[89]

So werden die Wanderungen des Herakles auf einem recht gewundenen Deutungspfad bei dem Martyrer Justin zu einer Nachäffung des Christus-Weges. Die Dämonen bringen in Erfahrung, dass der prophetische König David den Messias als Weltenwanderer ankündigt: „Stark wie ein Riese läuft er seinen Weg“ (Ps 18,6^{LXX} [19,6^{MT}]); daraufhin erfinden sie die Geschichte des Weltenwanderers Herakles:

Ἐπὰν δὲ τὸν Ἡρακλέα ἰσχυρὸν καὶ περινοστήσαντα πᾶσαν τὴν γῆν, καὶ αὐτὸν τῷ Διῒ ἐξ Ἀλκμήνης γενόμενον, καὶ ἀποθανόντα εἰς οὐρανὸν ἀνεληλυθέναι λέγωσιν, οὐχὶ τὴν Ἰσχυρὸς ὡς γίγας δραμεῖν ὁδὸν αὐτοῦ περὶ Χριστοῦ λελεγμένην γραφὴν ὁμοίως μεμιμῆσθαι νοῶ;

Wenn man behauptet, Herakles sei ein starker Held, über die ganze Erde gewandert, dem Zeus von Alkmene geboren, und er sei, nachdem er gestorben war, in den Himmel aufgestiegen, soll ich dann nicht in ähnlicher Weise meinen, hier werde die Schrift nachgeahmt, die über Christus sagt: ‚Stark wie ein Riese läuft er seinen Weg‘? (Justin, dial. 69,3; vgl. 1apol. 54,9)

Umgekehrt setzte die antichristliche Politik auf Herakles als den überzeugenderen Heiland. Herakles hatte um der Menschheit willen gekämpft; er, der alles bezwang, hatte

---

[88] Vgl. Zilling, Jesus, 153–188 (Lit.), die allerdings mitunter allzu textfern urteilt und die Parallelen überschätzt.

[89] Dazu ausführlich Zilling, Jesus, 199–220.

auch die Unterwelt bezwungen und sich, in einer Wolke zum Himmel aufgefahren, in den Olymp gesetzt (vgl. Apollod. 2,160). Die religiöse Restauration in der diokletianischen Tetrarchie berief sich gezielt auf den volkstümlichen Helden, der als menschenfreundlicher Gottessohn, repräsentiert im Caesar, ein personales Angebot gegen den Helden der Christen stellte.[90] Kaiser Julian (reg. 361–363 n. Chr.), der noch einmal die pagane Theologie gegen das Christentum zu mobilisieren suchte, machte Herakles zum Anti-Christus: ein Heiland (σωτήρ) der Welt, der trockenen Fußes über das Meer zu schreiten vermag (vgl. or. 7,219b–222a).[91]

Das Heldentum des Herakles ist auf seinen Wanderungen durch die Welt und zwischen Himmel und Erde gewachsen. Er wird damit, in Anknüpfung und Widerspruch, zum Symbol des Heilswegs Christi und derer, die ihm folgen. Auf solche Weise nimmt Christus Züge des Weltenwanderers Herakles an, wie Herakles Züge Christi annimmt. Sie werden zu Weggenossen, die einander nicht gesucht haben.

Dem zweiten unsterblichen Wanderer begegnen wir abermals in einer Katakombe, deren Malerei ins vierte Jahrhundert datiert wird und die – zumindest teilweise – von Christen benutzt wurde (Abb. 8). Die Marcellinus- und Petrus-Katakombe liegt an der Via Labicana.[92] Die

---

[90] Zur Theologie der Tetrarchie LIEBESCHUETZ, Continuity, 235–252, mit der erhellenden Beobachtung „Jupiter is the supreme god. His son, Hercules, acts as his executive representative, and as a benefactor of man. The resemblance to Christian theology is obvious. Of course, imperial theology makes use of this pattern a second time: Jupiter and Hercules are each represented on earth by a 'Son'. The pagan state religion and Christianity were never closer in theology than at the time of the Great Persecution"(243).

[91] Vgl. MALLEY, Hellenism, 196–202; ZILLING, Jesus, 148–151.

[92] Zur Katakombe und deren Bildprogramm PERGOLA, catacombe, 162–166 sowie die umfassende zweibändige Dokumentation DE-

Abb. 8: Orpheus / Christus
Petrus- und Marcellus-Katakombe, Rom, 4. Jh. n. Chr.

Wandmalerei zeigt den thrakischen Sänger Orpheus, Sohn des Königs bzw. Flussgotts Oiagros und der Nymphe Kalliope. Der Mythos berichtet, dass Orpheus Himmel und Erde mit seinem Gesang erfreute und Menschen, Tiere, Bäume und Steine erweichte. Selbst den verführerischen Gesang der Sirenen soll er mit seinem Lied übertönt haben (Apoll. Rhod. 4,891–911). Unser Lunetten-Fresko zeigt ihn mit phrygischer Mütze, in der Linken die Kithara, in der Rechten das Plektron. Die Szene mit lauschender Fauna und einem Vogel, vielleicht Phoenix, strahlt Schöpfungsfrieden aus.[93]

Wiederum finden sich benachbarte Malereien mit eindeutig biblischem Bildinventar: Daniel überlebt in der Löwengrube, Mose schlägt Wasser aus dem Felsen, Jesus weckt Lazarus auf. Auch hier haben wir mit der Mehrdeutigkeit von Mythenbildern zu rechnen. Der Zusammen-

---

ckers / Seeliger / Mietke (Hg.), Katakombe; zum „Arcosolio di Orfeo“ Deckers / Seeliger / Mietke, ebd. I, 348–350.

[93] Zur Beschreibung Deckers / Seeliger / Mietke (Hg.), Katakombe I, 350 mit Tafel 79; ebd. II, 64 (J. G. Deckers); Markschies, Odysseus, 240 f.

stellung lässt sich kein konsistentes theologisches Programm entnehmen. Aber zweifellos rückte für einen Teil der Betrachter Jesus Christus in die Funktion des Orpheus; der „existentielle Orpheus" lebte im Kyrios der Christen fort: „Wie Mose durch das Quellwunder neues Leben ermöglicht und Christus dem Lazarus neues Leben schenkt, so weidet Christus als neuer und wahrer Orpheus die auferweckten Glaubenden im Paradies".[94]

Für die Darstellung des Heilswegs Christi durch Orpheus scheint mir die neutestamentliche Literatur selbst keinen Beleg zu bieten. Jesus Christus als der tiernahe Urmensch im endzeitlichen Schöpfungsfrieden blitzt einmal – für einen Viertelvers (καὶ ἦν μετὰ τῶν θηρίων) – im ältesten Evangelium auf (Mk 1,13), aber bereits die synoptischen Seitenreferenten hatten für dieses Motiv kein Verständnis mehr und tilgten es. Dagegen haben die frühen Kirchenschriftsteller Bezüge – *negative*, *positive*, *supereminenter* – zwischen beiden Konkurrenten hergestellt. Manche – aus heutiger Sicht eher entfernte – Ähnlichkeit fiel zeitgenössischen Beobachtern ins Auge. Auch Orpheus durchwandert die Welt unter offenem Himmel und wird zum Boten des Jenseits.[95] Das Genre der Schöpfungsnähe führt zum johanneischen Motivfeld des Guten Hirten – sei es für die antiken, sei

[94] So Markschies, Odysseus, 241 mit einer vielleicht etwas zu einlinigen Interpretation, die aber gewiss einen naheliegenden und für manchen frühchristlichen Betrachter wichtigen Deutungsaspekt herausstellt.

[95] In der Spätantike wurde gar im orphischen Milieu die Tradition vom Argonautenzug, wie sie vor allem bei Apollonios von Rhodos greifbar wird, in 1376 Hexametern so umgedichtet, dass sie in orphischem Geist und aus der Perspektive des Orpheus, der in der Grundtradition eine Nebenrolle besetzt, wahrnehmbar wird. Diese *Argonautica Orphica* sind aktuell greifbar in der von Francis Vian besorgten Ausgabe (1987).

es eher für die modernen Betrachter. Noch enger als der Alkestis-Mythos verknüpft die Überlieferung von Orpheus und Eurydike Thanatos und Eros miteinander: Orpheus steigt in den Tartaros hinab, um die Geliebte – wenn auch ohne bleibenden Erfolg – zu erlösen.[96] Ähnlich zieht Jesus aus Liebe in die Unterwelt, um die Seinen zu befreien; anders als beim ersten Orpheus setzt sein Sieg sich durch. Tatsächlich findet sich Orpheus als Meister der weltenübergreifenden und heilenden Musik wie als Besucher der Unterwelt oft als Mythem auf Sarkophagen.[97] Es ist zu vermuten, dass Frühchristen hier – obwohl es ursprünglich vielleicht um Gattenliebe oder Musik ging – ihre eigene Botschaft vernahmen.

Auf der anderen Seite bargen die Ähnlichkeiten aus Sicht der christlichen Theologen ein hohes Risiko. Wenn Kaiser Severus Alexander, wie wir sahen, neben Christus, Abraham und Apollonios von Tyana auch Orpheus seine kultische Referenz erwiesen haben soll (SHA Alex. 29,2), mochte man hier den Exklusivitätsanspruch gefährdet sehen. Gegner konnten auf Orpheus als den älteren und überzeugenderen Offenbarer verweisen (vgl. Origenes, Cels. 7,41). Abermals stoßen wir hier auf die Dreifachstrategie der Kirchenschriftsteller, die wir bei der Herakles-Adaption beobachtet haben:

---

[96] Auch dieser anrührend-schöne und daher sehr beliebte Mythos wurde variantenreich erzählt. Die vergleichsweise späte Entfaltung bieten Vergil, georg. 4,453–506 und Ovid, met. 10,1–71; vgl. auch Euripides, Alc. 357–362; Seneca, Herc. f. 569–591; Herc. O. 1031–1099. Zur Mythographie Apollod. 1,14f. Einen Überblick über die Orpheus-Tradition gibt Ziegler, Orpheus, 1207–1308, zu Orpheus und Eurydike ebd. 1268–1281.

[97] Vgl. Dresken-Weiland, Mythen, 108f.115. Sichtermann/Koch, Mythen, 54 mit Tafel 141,1 diskutieren ein typisches Orpheus-Motiv auf einem stadtrömischen Sarkophag und halten – mit wohl allzu kühnem Urteil – „alle diese Orpheussarkophage" für christlich.

Die Ähnlichkeiten sind betrügerisch oder dämonisch vorgegeben; der alte Orpheus wird zugunsten des neuen Orpheus depotenziert; sein angeblich erlösendes Lied wird in Wahrheit erst von Christus auf der Kithara des Heiligen Geistes gespielt, mit der er gar die versteinerten Herzen der Sünder erweicht und die ganze Schöpfung verwandelt. Besonders eingehend und wirkungsvoll widmet sich Klemens von Alexandrien in der Eingangspartie seiner Werbeschrift für das Christentum dem Thema. Christus wird hier zum wahren Sänger Orpheus, während der erste in die von Dämonen verführte Welt zurücksinkt (protr. 1,1–1,6;[98] ähnlich Eusebios, laud. Const. 14,5; vgl. Theophilos von Antiochien, Autol. 2,30).[99] Doch sind die polemischen Ausfälle nicht überall aggressiv. Aufgrund der orphischen Gesänge kann Orpheus sogar als *theologus poeta* (vgl. Augustinus, civ. 18,24,1–4; 18,37,21–24) gewürdigt werden, dem sich die Offenbarung erschließt. Ein Rezeptionsstrang, der bereits im hellenistischen Judentum zu finden ist, weiß von der Bekehrung des Orpheus zum wahren Gott (vgl. Ps.-Orph 10.17; Klemens von Alexandrien, protr. 7,74,3–5)[100] oder sieht ihn sogar als Propheten Christi (vgl. Augustinus, Faust. 13,15).[101] Wie im Christentum mit Christus, so kann Orpheus im Judentum mit dem Harfe spielenden

---

[98] Dazu Schultze, Orpheus, 176f. und eingehend Wlosok, Orpheus.

[99] Zur frühchristlichen Rezeption der Orpheus-Überlieferung Schultze, Orpheus; Ziegler, Orpheus, 1313–1316; Geerlings, Bild, 259–265; Markschies, Odysseus, 239–248 sowie umfassend und eindringlich jetzt die zweibändige Dissertation über die griechisch-christliche Orpheus-Rezeption der fünf ersten Jahrhunderte von Fabienne Jourdan (2010/11).

[100] Vgl. den Exkurs „Orpheus im hellenistischen Judentum" bei Walter, Pseudo-Orpheus, 230–232.

[101] Vgl. Geerlings, Bild, 259.

prophetischen Psalmensänger David verschmelzen.[102] So schlagen auch in Orpheus-David-Christus die *tria corda* im gleichen Takt.

3.3 Ein fahrender Gott: Dionysos

JHWH, ursprünglich ein Gott von Nomaden, begleitet die Wanderungen seines Volkes und erweist sich dabei gewissermaßen selbst als nomadischer Gott. Diese Beweglichkeit des Gottes Abrahams, Isaaks und Jakobs hat dann im Bundeszelt der Wüstenzeit ihren augenfälligsten Niederschlag gefunden. Die Transzendenz der Gottesvorstellung verhindert freilich, dass JHWH selbst die Erde durchstreift.[103] Indes ziehen in der alttestamentlichen (vgl. Gen 19,1–22) und mehr noch in der frühjüdischen Literatur Engel durch die Welt. Der Engel Rafael begleitet gar als Reisegefährte inkognito den frommen Tobias samt Hund auf der Wanderschaft von Ninive nach Ekbatana in Medien und nimmt ihm, mit zwei Kamelen ausgestattet, die Weiterreise nach Rages freundschaftlich ab (vgl. Tob 5,1–17; 9,1–5).

---

[102] Markschies, Odysseus, 243 mit 252 Abb. 3 verweist auf ein Mosaik aus Gaza (6. Jh., heute im Israel-Museum zu Jerusalem), auf dem König David vor den lauschenden Tieren singt.

[103] Wir sehen von Traditionen ab, in denen Gen noch altes Erzählgut mitträgt. Gott ergeht sich hallenden Schrittes in frischer Brise (Gen 3,8): Für Philon ist dies ein von Gott erweckter subjektiver Eindruck (QG 1,42)! In redaktionell überformten Erzählungen besucht JHWH (bzw. sein traditionsgeschichtlicher Vorfahre) Abraham (Gen 18) oder kämpft mit Jakob am Jabbok (32,23–33). Das Frühjudentum schreibt solche Auftritte konsequent Engeln zu (vgl. Philon, Abr. 107–118; Josephus, ant. 1,196–198; ferner TestAbr[rec. A] 1,4–4,11).

Noch das Urchristentum begründet die Gastfreundschaft mit dem Hinweis: „Durch diese haben manche, ohne es zu wissen, Engel beherbergt" (Hebr 13,2). In der paganen Götterwelt ist der Himmel noch offener; seine Bewohner begeben sich auf alle möglichen Erdenausflüge, Handgreiflichkeiten und Seitensprünge inbegriffen, mitunter mit misslichen Folgen für alle Beteiligten.[104] Im Neuen Testament hat sich indirekt eine alte Sage verewigt, wie sie Ovid überkommen ist, der ihr in den Metamorphosen klassischen Ausdruck gegeben hat (met. 8,623–731): Jupiter und sein Sohn Merkur, *specie mortali* in Phrygien unterwegs, werden auf der Herbergssuche allerorten abgewiesen, nur von dem greisen Ehepaar Philemon und Baucis in ärmlicher Hütte gastlich aufgenommen, sodass sie das freundliche Paar beim anschließenden Strafgericht verschonen.[105] Völlig anders ergeht es Barnabas und Paulus, als sie die ebenfalls zentralanatolische Landschaft von Lykaonien durchwandern. Zu Lystra halten die Ortsansässigen – offenkundig vorsichtiger als die phrygischen Nachbarn – Barnabas für Zeus (Jupiter) und Paulus, der das Wort führt, für den Götterboten Hermes (Merkur). So erhebt sich Anbetungsgeschrei: „Die Götter, Menschen gleichgeworden, sind zu uns herabgestiegen!" Der Priester des Tempels „Zeus vor der Stadt" lässt es sich nicht nehmen, zum Opfer bekränzte Stiere für die Putativgötter herbeizutreiben, bis die beiden Boten, ihrerseits in Furcht vor Gotteszorn, dem Spuk aufklärend ein Ende bereiten (Apg 14,8–18).[106] Hier haben

[104] Das Motiv der Götter- und Heroeneinkehr in der griechischen Mythologie untersucht Flückiger-Guggenheim, Gäste.

[105] Zu Hintergrund und Interpretation der Philemon-Baucis-Tradition Flückiger-Guggenheim, Gäste, 50–56; Jipp, Visitations, 124f.

[106] Vgl. näher Klauck, Magie, 69–76; zur Lokaltradition in Apg 14,11–13 Breytenbach, Zeus, 399–407.

wir den einzigen Fall, dass die *religio mythica* im Neuen Testament direkt anklingt. Es verrät viel über das Überlegenheitsgefühl des biblischen Monotheisten Lukas, wenn er hierfür zur Karikatur greift.

Auf anderer Ebene bringt der Inkarnationsgedanke freilich mit sich, dass sich am Ende auch der biblische Gott in Jesus Christus selbst auf irdische Reisen begibt. Die palästinischen Wanderungen enden mit der österlichen Erhöhung. Wie wir gesehen haben, bleiben sie indes als „mitgehender Anfang" der religiösen Erinnerung höchst gegenwärtig. Vereinzelt schlägt sich dies auch im Legendengut nieder, am bekanntesten wohl in der Quo Vadis-Erzählung der Petrusakten (ActPetr 35).

Halten wir Ausschau nach einem Gott, der nicht nur gelegentliche Erdausflüge unternimmt, sondern dessen Gedächtnisbild sich wie im Fall Jesu Christi insgesamt als Wanderung verdichtet hat, stoßen wir auf den Gott des Weines Dionysos / Bacchus, den reisefreudigsten aller Zeussöhne. In der Spätantike wurde er wohl noch vor Herakles der reichsweit am meisten verbreitete (pagane) Gott – und wie dieser erreichte er seine Weltgeltung im Zeichen mythisch erzählter Wanderungen.[107] Es ist vielleicht überraschend, aber, wie wir sehen werden, kein Zufall, dass ausgerechnet dieser populäre Gott wie Apollonios von Tyana, Herakles und Orpheus zum Konkurrenten Christi wurde.

Unsere Abbildung (Abb. 9) führt uns nach Zypern, wo Paulus, als er mit Barnabas bei seiner ersten Missionsreise dessen Heimatinsel durchzog, mit dem Prokonsul Sergius Paul(l)us den ranghöchsten Interessenten für das Christentum gewann, den das Neue Testament erwähnt (Apg 13,6–13). Unser Mosaik stammt allerdings aus dem

---

[107] Vgl. Bowersock, Hellenism, 41.

Abb. 9: Triumphzug des Dionysos
Mosaik, „Haus des Dionysos“, Paphos, 2. Jh. n. Chr.

zweiten Jahrhundert: Es schmückt den Eingangsbereich des Trikliniums eines wohlausgestatteten Hauses in der Stadt Paphos an der Südwestküste der Insel, das nach diesem Mosaik heute Dionysos-Haus genannt wird.[108] In einer Art Triumphzug zieht der Gott, der einen Thyrsos, den Bacchusstab, in den Händen hält, auf einem Gefährt, von

[108] Zur Beschreibung und Diskussion KONDOLEON, Domestic, 191–221; zum Haus im Ganzen ebd. 1–23. Zur Entwicklung des dionysischen Mosaikprogramms auf Neo-Paphos insgesamt DASZEWSKI, Dionysos, bes. 11–14.46–48; der Autor nimmt eine fortschreitende Dionysos-Interpretation an, deren Spektrum von den lebensfrohen Darstellungen des Dionysos-Hauses bis in die esoterisch-soteriologische Bildgebung im „Haus des Aion“ (4. Jh.) reicht (vgl. ebd. 38–45). Der Blick auf Dionysos lehrt also, was die *vita beata* ist – freilich mit durchaus wechselnden Lebenskonzepten!

Leoparden gezogen, einher. Zu seinem üblichen Gefolge gehört auch der Silen, der auf den Leoparden reitet, und der mit Weinkrug und -schlauch beladene Satyr, der von hinten auf das Gefährt aufsteigt. Der erzählerische Hintergrund ist der weinselige Eroberungszug, der Dionysos durch Asien und nach Indien – abermals ein Ende der Welt – führt.

Auf den ersten Blick scheint diesen feuchtfröhlichen Gott mit den wandernden Heroen wenig zu verbinden. Bereits der Umstand, dass sich der Triumphzug – wie die Motive von Odysseus, Herakles und Orpheus – im Zusammenhang der Sepulkralkultur findet, sollte uns allerdings vorsichtig stimmen. Zwar mag es dabei auch um eine melancholische Hommage an die Diesseitsfreude gehen, aber wir können Vorstellungen von Erlösung und Jenseitsreise keineswegs ausschließen, zumal der Dionysoskult in den Mysterien durchaus transzendent orientiert ist und Bezüge zur Orphik nahelegt (vgl. Apollod. 1,15). Dionysos und sein lebenslustiger Thiasos zählen zu den beliebtesten Sarkophagmotiven.[109] Ernster wirkt Plutarch, der einem anspruchsvollen Mittelplatonismus verbunden ist. Er ruft seiner Gattin, die den Tod ihres Kindes betrauert, Dionysos als Zeugen der Hoffnung auf:

Καὶ μὴν ἃ τῶν ἄλλων ἀκούεις οἳ πείθουσι πολλοὺς λέγοντες ὡς οὐδὲν οὐδαμῇ τῷ διαλυθέντι κακὸν οὐδὲ λυπηρόν ἐστιν, οἶδα ὅτι κωλύει σε πιστεύειν ὁ πάτριος λόγος καὶ τὰ μυστικὰ σύμβολα τῶν περὶ τὸν Διόνυσον ὀργιασμῶν, ἃ σύνισμεν ἀλλήλλοις οἱ κοινωνοῦντες. ὡς οὖν ἄφθαρτον οὖσαν τὴν ψυχὴν διανοοῦ ταὐτὸ ταῖς ἁλισκομέναις ὄρνισι πάσχειν.

Und wenn du andere, die viele zu überzeugen vermögen, sagen hörst, dass es nach der Auflösung [durch den Tod] weder Übel noch

[109] Zu dionysischer Bildwelt auf Sarkophagen Zanker/Ewald, Mythen, 135–167 (P. Zanker); Dokumentation zu Mythos und Ikonographie ebd. 304–316 (B. Chr. Ewald); zur Beziehung zwischen Dionysoskult und Orphik Merkelbach, Hirten, 130–134.

Schmerz gibt, so weiß ich: Die von den Ahnen ererbte Lehre und die heiligen Wahrzeichen der Mysterien von Dionysos, welche wir, die wir an der Kultgemeinde Anteil haben, kennen, halten dich davon ab, das zu glauben. Sei daher gewiss, dass die Seele unsterblich ist, und hier gleich Vögeln, die gefangen sind, ihr Geschick erleidet. (Consolatio ad uxorem 611D–E)

Ein tröstend-ernster (und zweifellos sehr vergeistigter) Kultherr Dionysos steht hier gegen die Verhaftung im Diesseits. Die Gemeinde seiner Erlösten wird durch die Mysterien aufgerichtet und in ihrer Hoffnung auf Unsterblichkeit bestärkt. Mit dem Kyrios der Christen verbindet diesen Gott, dass sich das große Gedächtnisbild, das sein Wirken und die Durchsetzung seiner Verehrung festhält, an eine (triumphal endende) Reise knüpft.

Dionysos entstammt den bronzezeitlichen Anfängen der griechischen Religiosität.[110] Aus naheliegenden Gründen war sein Kult weit verbreitet, wurde etwa von den Ptolemäern (vgl. 3 Makk 2,29 f.) und im Kaiserkult[111] auch politisch gefördert, stieß aber wegen seines ekstatischen Charakters ebenso auf politischen Widerstand, besonders heftig im Bacchanalienskandal, der nach Livius die römische Republik im Jahr 186 v. Chr. erschüttert hat (vgl. Liv. 39,8–19). Etwa 220 Jahre zuvor hatte bereits Euripides, freilich aus ganz anderer Perspektive, den Konflikt zwischen dem politischen Machthaber und dem Zeussohn in dem Drama „Die Bakchen" durchgespielt. Aus Asien begibt sich Dionysos nach triumphaler Fahrt in seine Geburtsstadt Theben:

---

[110] Zum mythographischen Befund: Diod. 3,62–74; 4,2–5; Apollod. bes. 3,26–29.33–38; Hyginus, fab. 167; vgl. auch Prop. 3,17,19–38. Überblicke zu Gottheit und Kult geben KERN, Dionysos, bes. 1034–1041; KLAUCK, Umwelt I, 96–104; SENFF/LEY, Dionysos; eingehend mit Blick auf die römische Kaiserzeit MERKELBACH, Hirten, 5–134.

[111] Zur Verehrung des Kaisers als νέος Διόνυσος LABAHN, Jesus, 159.

λιπὼν δὲ Λυδῶν τοὺς πολυχρύσους γύας
Φρυγῶν τε, Περσῶν θ' ἡλιοβλήτους πλάκας
Βάκτριά τε τείχη τήν τε δύσχιμον χθόνα
Μήδων ἐπελθὼν Ἀραβίαν τ' εὐδαίμονα
Ἀσίαν τε πᾶσαν, ἣ παρ' ἁλμυρὰν ἅλα
κεῖται μιγάσιν Ἕλλησι βαρβάροις θ' ὁμοῦ
πλήρεις ἔχουσα καλλιπυργώτους πόλεις,
ἐς τήνδε πρῶτον ἦλθον Ἑλλήνων πόλιν,
κἀκεῖ χορεύσας καὶ καταστήσας ἐμὰς
τελετάς, ἵν' εἴην ἐμφανὴς δαίμων βροτοῖς.

Hinter mir ließ ich die goldreichen Gefilde der Lyder und Phryger, die sonnenbeschienenen Fluren der Perser und Baktriens Mauern, und ich durchzog das winterherbe Land der Meder und das glückgesegnete Arabien, ganz Asien auch, das da liegt an salzigem Meer, mit wohlbetürmten Städten, voll der Hellenen und Barbaren, die zur Einheit sich vermischen. Und zuerst traf ich ein in dieser Stadt der Hellenen, nachdem ich dort schon das Tanzen gestiftet hatte und eingerichtet meine Weihen, auf dass ich aufscheine als Gottheit den Sterblichen! (Bacch. 13–22)

Doch Pentheus, der König von Theben, lässt sich weder durch weise Warnungen noch durch das wilde Wunderwirken beirren und tritt der Einführung des orgiastischen Kultes entschieden entgegen. Den fremden Zuwanderer setzt er gefangen, der sich freilich mühelos selbst befreit, während Pentheus am Ende von den Mänaden zerrissen wird.[112]

Es sind seine Reiseabenteuer, die Dionysos zum dankbaren Gegenstand spannender Erzählungen machen. Ovid ergänzt die Geschichte von der Bestrafung des kultunwilligen Pentheus (met. 3,511–581.692–733) um eine alte Kontrastgeschichte (vgl. Hom. h. 7; Apollod. 3,37 f.), die ein Seefahrer dem Pentheus erzählt. Dessen Kameraden

---

[112] Zur Interpretation der *Bacchae* unter dem Gesichtspunkt der Theoxenie Jipp, Visitations, 90–95.

hatten den auch hier in Menschengestalt reisenden Gott an der Küste von Chios aufgegriffen und auf ihrem Schiff entführt. Zur Strafe verwandelte Dionysos sie in Delphine und verschonte nur den frommen Steuermann, der sich alsbald dem Dionysoskult weihte: *nec enim praesentior illo est deus* (met. 3,658 f.; vgl. 3,582–691). Lukian widmet dem indischen Triumph – als Vorspann zu einem größeren Werk – einen kurzen Essay: Der merkwürdige Stratege mit seinem bizarren Gefolge wird von den Machthabern am „Ende der Welt" nicht ernstgenommen – nicht anders ergeht es dem satirischen Romancier (vgl. bes. Dionysos 1–5).

Der unverwüstliche Gott begegnet uns als Weltreisender noch in den *Dionysiaka*, dem längsten und letzten Großepos des Altertums: Im fünften Jahrhundert verfasst Nonnos aus dem oberägyptischen Panopolis in 48 Büchern – dies entspricht der Summe von Ilias und Odyssee – mit 21382 Hexametern ein buntscheckig-enkomiastisches Epos, das die „Biographie" des Dionysos von seiner Geburt bis zu seiner Apotheose präsentiert.[113] Gleich 28 Bücher behandeln den indischen Feldzug (Dion. 13–40), der in die triumphale Rückreise mündet: Tyros – Berytos – Theben mit der Pentheus-Episode – Athen – Naxos – Argos – Thrakien – Phrygien: „und aus dieser Route ergibt sich auch ein Kompendium der Gründungsmythen der Städte".[114] Die letzte Reise führt in das Reich des Vaters: Καὶ θεὸς ἀμπελόεις πατρῴιον αἰθέρα βαίνων / πατρὶ σὺν εὐώδινι μιῆς ἔψαυσε τραπέζης. – „Und der Weingott steigt auf zum väterlichen

[113] Zur Übersicht und zum Œuvre des Nonnos insgesamt Fornaro, Nonnos.

[114] Fornaro, Nonnos, 996; vgl. Liebeschuetz, Mythology, 203. Zur geographischen Linienführung in den *Dionysiaka* monographisch Chuvin, Mythologie.

Sitz im Himmel und begibt sich an den gemeinsamen Tisch mit dem Vater, der froh zur Welt ihn gebracht" (Nonnos, Dion. 48,974 f.)

Man mag die *Dionysiaka* als letztes Aufbäumen paganer Gottesbotschaft in einer allmählich christlich werdenden Welt lesen. Nach unserem Gang durch die Katakombe unter der Via Latina sind wir freilich auf ein Problem vorbereitet, das die Forschung nicht selten verlegen stimmt: Derselbe Nonnos hat offenkundig auch das Johannes-Evangelium in 20 Gesängen und 3650 Hexametern paraphrasiert; möglicherweise hat er sogar als Bischof von Edessa am Konzil zu Chalzedon teilgenommen. Deshalb wird vielfach angenommen, er sei nach Abfassung seines Epos betagt zum Christentum konvertiert. Diese Annahme ist keineswegs zwingend. Auch in der Spätantike dürfen wir uns die pagane Symbolwelt nicht nur im Modus des Absterbens vorstellen.[115] Die Grenzen zwischen einer – noch immer kraftvollen – paganen Ästhetik und christlichem Glauben waren, wie wir sahen, fließend. Die Lebensfreude des Dionysos bot vielleicht gar ein willkommenes Gegengewicht zum transzendenten Ernst großkirchlicher Christologie. Die paganen Farben mögen, jenseits von „Glauben", der epischen Gattungskonvention sowie den literarischen Traditionen und Vorbildern verdankt sein. Dann zitiert Nonnos, dessen erzählerisches Gepränge man gern als „Barock" bezeichnet, das Heidentum nicht anders als Rubens den Dionys/Bacchus auf seinen Gemälden.[116]

Sollte es sich so verhalten, so wäre Dionysos nicht im Triumph, sondern friedlich in den christlichen Sym-

---

[115] Dies ist die Leitthese von Bowersock, Hellenism, der sie gerade am Beispiel des Dionysos durchspielt (vgl. ebd. 41–53).

[116] Zur Diskussion Liebeschuetz, Mythology, 203–208.

bolkosmos eingezogen. Davor aber liegt eine lange Phase der Konkurrenz, denn dieser θεός, / δεινότατος, ἀνθρώποισι δ' ἠπιώτατος – „Gott, der furchtbarste, doch den Menschen freundlichste" (Euripides, Bacch. 860 f.), bot Angriffsflächen für die Polemik, aber auch Anknüpfungspotential als erlösender Kultgott. So lassen sich bereits im Neuen Testament Analogien zum dionysischen Erzählzyklus wahrnehmen. Die Befreiung aus der Haft, verbunden mit der triumphalen Durchsetzung eines neuen Kultes und seiner Gemeinschaft, ist ein Standardthema nicht nur der Dionysos-Tradition (vgl. Euripides, Bacch. 443–450.604–655; Ovid, met. 3,696–700; Nonnos, Dion. 45,262–285; 46,1–5), sondern *mutatis mutandis* auch der Apostelgeschichte (Apg 5,17–25; 12,6–17; 16,23–34).[117] Auch hier sind die *tria corda* vereint: Der jüdische Schriftsteller Artapanos, der im dritten oder zweiten Jahrhundert v. Chr. in Ägypten schrieb, transponierte das Motiv auf den wahren Kulturbringer Mose. Dessen wunderbare Befreiung aus der ägyptischen Haft präludiert die Sammlung des Bundesvolks (fr. 3,23–26).[118] Da die Motivverbindung insgesamt weit verbreitet ist, lässt sich kaum feststellen, ob sich Lukas oder Artapanos hier unmittelbar von der Dionysos-Tradition inspirieren lassen.

Eine solche Inspiration ist dagegen für das Vierte Evangelium als wahrscheinlich anzunehmen. Die Hochzeit zu Kana mit ihrem Weinwunder (Joh 2,1–11) wird seit

[117] Zum Motiv der wunderbaren Befreiung aus der Haft monographisch Weaver, Plots; zur Dionysos-Tradition näher ebd. 29–64.150 f.194–201. Zum Verhältnis zwischen der Dionysos-Tradition und der Apg insgesamt Dormeyer, Bakchos, bes. 155–167, der allerdings die Motivanalogien wohl überschätzt.

[118] Vgl. Weaver, Plots, 64–78.201–204.

langem der Dionysos-Tradition an die Seite gestellt.[119] Das Hochzeitsmotiv, der göttliche Gast, das Gefolge, vielleicht auch die Mutter,[120] Fülle und Qualität des Weines, die implizierte Trunkenheit der Festversammlung, vor allem das Geschenkwunder als Epiphanie mit Durchsetzung eines „Glaubens" – all dies erinnert an charakteristische Züge dieser Tradition.[121] Großzügige Verwandlungswunder passen jedenfalls sehr gut in das üblicherweise spendierfreudige Verhalten des Weingotts.[122] Zur Verwandlung von Wasser in Wein hat man auf – mehr oder minder entfernte – kultische Analogien verwiesen. Auf der Kykladeninsel Andros pflegte jährlich am 5. Januar, dem Fest der Gottesgaben (Θεοδοσία), im Tempel des Gottes eine Quelle Weingeschmack anzunehmen (Plinius d. Ä., nat. 2,231; 31,16; vgl. Paus. 6,26,2). Zu Teos verwies man als Beweis dafür, dass Dionysos in dieser Stadt geboren sei, auf eine

---

[119] Die religionsgeschichtliche Diskussion verläuft kontrovers. Aus der umfangreichen Literatur seien genannt: Hengel, Messias; Broer, Weinwunder; Labahn, Jesus, bes. 146–160; Wick, Jesus; Eisele, Jesus. Eine Forschungsübersicht bietet Wick, Jesus, 179–183.

[120] So Eisele, Jesus, 9–12 (vgl. ebd. 19–23) unter Verweis auf das Motiv der Amme in der dionysischen Tradition.

[121] Wick, Jesus, 189–197 sieht zahlreiche weitere Berührungen und Überbietungen in der „Argumentationsstrategie" (ebd. 194) des Vierten Evangeliums; sie reichen von verwandten Epiphanie-Schilderungen bis hin zur in seiner Sicht untersuchungswerten Möglichkeit eines Zusammenhangs mit „Effeminierungstendenzen in der Darstellung des Lieblingsjüngers" (ebd. 197). Mir wollen diese „Parallelen" produktionsästhetisch weithin als gezwungen erscheinen, aber es ist keineswegs auszuschließen, dass sich für einen antiken Kenner der Dionysos-Tradition tatsächlich solche Bezüge nahelegen konnten, wenn er das Johannes-Evangelium las.

[122] Vgl. z. B. Ovid., met. 13,648–652; Memnon von Herakleia, fr. 1,28,9 (FGrH 3B, n. 434, p. 357); Philostrat, imag. 1,14,3; Nonnos, Dion. 14,411–437; 16,252–254.

Quelle, die zu bestimmten Zeiten Wein hervorzusprudeln pflegte (Diod. 3,66,2). Zu Elis auf der Peloponnes stellten Priester in öffentlicher Begehung am Festtag der Thyia drei leere Gefäße in das Gebäude, das dann versiegelt wurde; am folgenden Morgen fand man diese Gefäße mit Wein gefüllt (Theopomp von Chios, fr. 277 [FGrH 2B, n. 115, p. 392]; Paus. 6,26,1 f.).[123] Solche sachlich und örtlich entfernten „Parallelen" zeigen zwar den allgemeinen Konnotationsbereich des johanneischen Wunders an, haben aber gewiss nicht als Vorlage gedient. Es gilt indessen mittlerweile als gesichert, dass die Dionysos-Tradition auch in Palästina und Syrien gepflegt wurde und die Motive zwischen paganer und jüdischer Tradition wandern konnten.[124] Wahrscheinlich spekulieren wir nicht zu kühn, wenn wir annehmen, dass die Vorstellung, Dionysos selbst sei im Wein real gegenwärtig (vgl. Euripides, Bacch. 284),[125] im Rahmen der johanneischen Réécriture eucharistische Widerklänge fand (vgl. Joh 6,35.53–56).[126]

Zweifellos muss man sich vor einlinigen Ableitungen hüten. Im biblischen Makrokontext und vor allem im johanneischen Mikrokontext legt sich für Joh 2,1–11 zuerst und deutlich eine Beziehung zu der mit dem Wasser assoziierten Täuferbewegung und zu Wein und Hochzeit als Symbolen endzeitlich-messianischer Fülle nahe. Dies schließt aber andere Bezüge keineswegs aus. Dabei ging es

---

[123] Zu den dionysischen Wundern näher MERKELBACH, Hirten, 109–111.

[124] Vgl. HENGEL, Messias, 595–600; WICK, Jesus, 183–188. EISELE, Jesus, bes. 3–14 illustriert dies an dem berühmten Dionysos-Mosaik zu Sepphoris: Zwar wird es erst um 200 n. Chr. datiert, doch repräsentiert es, wie auch numismatisch belegt werden kann, die regionale Tradition.

[125] Vgl. KLAUCK, Umwelt I, 97.

[126] So EISELE, Jesus, 6 f.; vgl. WICK, Jesus, 190 f.

dem Evangelisten nicht darum, Jesus als neuen Dionysos zu stilisieren. Vielmehr nahmen johanneische Christen wahr, wie das symbolische Universum eines faszinierenden Kultes in der eigenen Heilserfahrung „aufgehoben“ war. In diesem Sinn dürfte sich in der kirchlichen Liturgie auch das Epiphaniefest am 6. Januar, zu dessen Stammevangelien die „Hochzeit zu Kana“ gehört, nicht ohne Anregungen von den großzügigen Epiphanien des Dionysos entwickelt haben.

Umso abgrenzender fiel der Vergleich zwischen beiden Gottessöhnen aus. Die Aggression der askesefreudigen Kirchenschriftsteller war schon aufgrund des durchaus unasketischen Auftretens des Weingotts besonders heftig,[127] zumal man seinen moralischen (vgl. z.B. Iulius Firmicus Maternus, err. 6) und intellektuellen (vgl. z.B. Klemens von Alexandrien, protr. 1,2,1–3) Einfluss auf die Zeitgenossen als verheerend einstufte. Das berührte die Gebildeten unter seinen Verehrern wenig. Der mittelplatonische Christentumskritiker Kelsos stellte in der zweiten Hälfte des zweiten Jahrhunderts Dionysos und Jesus Christus nebeneinander, mit offenkundig ungünstigem Ergebnis für den Zweiten: Christus kann sich nicht selbst aus der Haft befreien, und den Verfolger trifft keine Strafe wie Pentheus (vgl. Origenes, Cels. 2,34). Origenes verweist im Gegenzug, eher überzeugt denn überzeugend, auf die Befreiungswunder der Apostelgeschichte und sieht das jüdische Volk, das den Gottessohn abgewiesen habe, „zerstückelter“ noch als Pentheus nach dem Wahngericht der Mänaden.[128] Justin erklärt die Ähnlichkeiten abermals mit der List der Dämonen, die die

---

[127] Vgl. Aristeides Ath., apol. 10,8; Justin, 1apol. 25; Tertullian, spect. 10,6–9; Epiphanios, anc. 103,3;

[128] Vgl. näher Dormeyer, Bakchos, 167–170.

messianische Prophetie Gen 49,10f. von Jesus auf Dionysos umgemünzt hätten (1apol. 54,6; dial. 69,2; vgl. 1apol. 21f.).

Man muss den Dämonen zugutehalten, dass sie beeindruckende narrative wie funktionale Analogien entwickelt haben: Die Wanderung durch Galiläa und Judäa hier und die Wanderung bis ans und vom Ende der Welt dort setzen ein Erlösungswerk ins Bild, das in beiden Fällen, wie wir sahen, im Jenseits verankert war (oder sein konnte). In beiden Fällen dient die Wanderschaft des Gottessohns der Aufrichtung einer Heilsgemeinde durch Befreiung, Wunder und – Wein. Natürlich sind die Unterschiede beachtlich: Dionysos begibt sich auf einen Triumphzug und streckt seine Gegner nieder; Jesus beschließt seine schlichte Wanderung am Kreuz. Die fiktive Reise des Dionysos verdankt sich oft der – bei Nonnos „barocken" – Erzähllust und oft auch schlichter Diesseitsfreude; die gestaltete Erinnerung der Urchristen vergegenwärtigt die Ursprünge in österlich-personaler Beziehung. Und doch hat die erlösende Reise ihres jeweiligen Kyrios für die ernsteren Dionysos- und Christus-Anhänger eine vergleichbare Wirkung. Um es noch einmal in das Bild Plutarchs, des neutestamentlichen Zeitgenossen, zu kleiden (vgl. Consolatio ad uxorem 611D–E): wie auf Vögel, die im Käfig in die Welt jenseits der Stäbe schauen.

4. Bilanz: Unruhe als Gedächtnisbild

Wir haben selbst eine weite Strecke zurückgelegt. Angesetzt haben wir bei der wanderradikalen Lebensform des Täufers Johannes und Jesu. Sie erwies sich, (atl.-)biblisch inspiriert, als charismatische Verkörperung des jeweiligen Gottesbilds und der ihm eigenen Lebensdynamik. Reisepraxis war implizite Theo-Logie. Für Jesus, die erste Jüngergeneration und die Wanderradikalen der Redenquelle verleiblichte sie die Erfahrung, dass die „Armen" ganz auf den fürsorgenden Abba angewiesen waren und dass dessen Königsherrschaft angebrochen war und den Menschen ganz beanspruchte. Damit wird das Selbstverständnis des Christentums von der Wurzel her durch eine heilsame Unruhe geprägt. Aus der Außenperspektive wurden Jesus und seine Boten auf solche Weise freilich verwechselbar mit umherziehenden Kynikern, Goeten und Scharlatanen. Die Vorkehrungen gegen das zwielichtige Wirken reisender Gaukler in urchristlichen Gemeinden haben uns vor Augen geführt, dass sich die Außenperspektive durchaus mit Binnenwahrnehmung decken konnte. Die bodenständigen Ortsgemeinden suchten realitätsnah die Spreu vom Weizen zu trennen.

Diese Spannung zwischen äußerer Stabilität und innerer Dynamik wurde zu einem wissenssozialen Signum des Christentums. Die ortsgebundenen Sympathisanten haben die Jesusbewegung bereits in ihren bewegten Anfängen unterstützt, versorgt und mitgetragen. Eine frühchristliche Gemeinde lebte nicht wanderradikal, sondern bildete die zeitgenössische Stadtbevölkerung – mit Abstrichen bei den Eliten und vielleicht auch in der Unterschicht – ungefähr repräsentativ ab. Dafür hat sich in der Exegese die Rede von der sozialen Strukturkongruenz des Urchristentums eingebürgert. Die christliche „Religion" ließ sich nicht an eine bestimmte soziale Schicht und deren Lebensform binden, sondern spiegelte die reichsrömische Gesellschaft wider. Gleichwohl – oder: gerade deshalb – blieb die gepflegte Erinnerung an die Anfänge, mit biblischen Leitmotiven angereichert, auch für die längst vor Ort verankerten Stadtgemeinden ein Impuls zum Fernweh. So paradox es klingt:

In dem Maße, in dem das Urchristentum sesshaft wurde, verstärkte sich seine Überzeugung, wanderndes Gottesvolk zu sein.

Solche Überzeugung blieb ein geistlicher Stachel im Sitzfleisch des Christentums, auch als es älter wurde. Dieses Fernweh erklärt die Faszinationskraft, die das Wandermotiv für die Erinnerung an die eigenen Ursprünge entfalten sollte: Man gedachte dessen, einst gewandert zu sein. Nicht über die Vergangenheit verrät solche gepflegte Erinnerung etwas, sondern über das Selbstverständnis: Christsein ist seiner Herkunft und damit seinem ganzen Wesen nach *quest*, abenteuerlicher Auszug ins Ungewisse, doch mit einem lohnenden Ziel. Markus gibt der Vita Jesu die für die Adressaten plastische Erinnerungsgestalt einer einjährigen Wanderung von Galiläa nach Jerusalem: Nicht biographische Erinnerung wird hier konserviert, sondern ein christologisches Erinnerungsbild geformt, das den Adressaten selbst in Bewegung setzt. Der Weg vom galiläischen Frühling ans Kreuz lässt sehen, wie sich die Heilstat des Messias durchsetzt, und ruft selbst in die Nach-Folge. Matthäus entgrenzt diesen Weg zeitlich, örtlich und sozial: Die Ekklesia ist mit dem Lehrer Jesus als *schola ambulans* unterwegs, durch alle Zeit, bei allen Völkern. Lukas formt daraus sein Bild von der Geschichte der Kirche: Der Weg Christi setzt sich in Gestalt der Gemeinschaft seiner Jünger fort bis ans Ende der Welt.

Wir sahen: Das Emplotment des Weges ist kein Alleinstellungsmerkmal christlicher Gedächtniskultur. Philostrat verdichtet seine Vita des Apollonios in dem umfassenden Bild einer Reise ans „Ende der Welt". Die am weitesten verbreiteten – auch theologisch vielfältig gewürdigten – Akteure des paganen Mythos, Herakles und Dionysos, wie auch Orpheus werden vornehmlich als Wandernde vor- und dargestellt. Sie entfalten ihre Taten für das Menschenheil gerade auf abenteuerlichen Zügen über die Erde und deren Grenzen hinaus. Bezeichnenderweise verbindet das offenkundig attraktive Wanderungsmotiv diese populären Helden und Heilsgestalten sehr augenfällig mit dem Weltenwanderer Jesus Christus.

So haben wir Apollonios, Herakles, Orpheus und Dionysos als Kon-kurrenten des christlichen Kyrios kennengelernt. Auf christlicher Seite führte dies *negative* zu ihrer (meist) mehr oder (selten) minder polemischen Herabsetzung, *positive* zur Projektion ihres Heilswirkens auf die deutende Erinnerung an Jesu Taten und *supereminenter* zur christologischen Überbietung ihres Wirkens. Ohne die Erinnerung an die großen Reisenden der paganen Erzählkultur ist also die christliche Erinnerung an Jesus von Nazaret nicht zu denken. Damit ist zugleich die pagane Heilssehnsucht Teil christlicher Hoffnung geworden. Wir nahmen freilich ebenso wahr, dass ein einliniger Richtungspfeil die Deutungsdynamik nicht sachgerecht wiedergibt. Die Absetzungs- und Übertragungsprozesse waren vielschichtig, wechselseitig und oft mehrdeutig. Die Vorstellung von einer paganen Kultur, die neben dem Christentum existiert und von diesem allmählich aufgesaugt wird, erwies sich als zu einseitig. Wir stießen am Beispiel der Wanderschaft auf *eine* antike Kultur, in der die Grenzen fließend wurden. Heils- und Hoffnungsbilder, die wir nicht immer säuberlich in „heidnisch" und „christlich" dividieren können, wurden hier nebeneinander gepflegt, lebten miteinander und beeinflussten sich gegenseitig.

Gleichwohl scheint mir die christliche Erinnerungsstrategie am Ende doch zwei Besonderheiten aufzuweisen, die – zumindest in dieser maßgeblichen Form – bei den Kon-kurrenten fehlen. Ich halte es für wahrscheinlich, dass diese Besonderheiten, zumal in ihrer inneren Verbindung, zu den Attraktivitätsfaktoren des Frühchristentums in einer pluralen religiösen Umwelt gehören.

(1) Der Auferstehungsglaube bringt es mit sich, dass die normative Bezugsgestalt den Glaubenden als real gegenwärtig gilt. Die nächste Parallele dafür dürfte in den Kulten zu sehen sein, wie wir es bei Dionysos näher beobachtet haben. Doch ist die Verbindung zwischen Mysten und Kultgottheit vornehmlich vertikal gedacht. Das durch die christliche Erzählkultur forcierte Motiv des mitgehenden Anfangs klappt den Weg gewissermaßen horizontal um. Zwischen dem Weg der Bezugsgestalt, vor allem in seinem in den Evangelien erinnerten Bios, und dem Glaubenden besteht eine enge, ständige und unmittelbare Verbindung. So begreift dieser sich selbst nur in dieser umfassend-personalen Beziehung zu seinem als lebendig erfahrenen Kyrios und setzt seinen Alltag unter den Anspruch von Nach-Folge.

(2) Solche Nachfolge wird sozial bzw. ekklesial auf die wachsenden Gemeinschaften von Nachfolgern hin geweitet. Die Verehrer des Apollonios folgen diesem weder lebenspraktisch noch spirituell als Kommunität auf der erzählten Reise. Im paganen Mythos gibt es zweifellos mannigfache rituelle und zum Teil auch soziale Beziehungen zur erinnernden Kultgemeinschaft. Die Kohärenz und Interaktion in den Kultvereinen und Mysterien sind zudem in mancher Hinsicht mit denen der frühchristlichen Gemeinde verwandt. Aber nur die christlichen ἐκκλησίαι vernetzen sich zu einer schichtenübergreifenden Nachfolgegemeinschaft mit dem Selbstverständnis eines durch Zeit und Welt wandernden Volkes und prägen ein dieser Identität entsprechendes und lebensweltlich relativ konsequent umgesetztes Sozialethos aus.

So hat der als Weg gefasste Christus-Bios unmittelbare Folgen für die Selbstwahrnehmung der Getauften, sei es einzeln, sei es als Gemeinschaft. Das Christentum wird eine Religion, die stets Wurzeln fasst und niemals am Ziel ist. Längst ortsansässig – und im Laufe der Kirchengeschichte mitunter allzu sesshaft geworden –, nehmen Christen das ursprüngliche Wandercharisma als Vermächtnis in ihr kulturelles Gedächtnis auf. Das Kirchenjahr, das die einzelnen Stationen des Jesus-Weges für die Gemeinschaft der Getauften gegenwärtig setzt, pflegt und inszeniert diese Erinnerung, freilich in domestizierter Form.

Von Zeit zu Zeit meldet sich das ursprüngliche Wandercharisma in Gestalt eines schlechten Gewissens. Reformbewegungen nahmen oft die Lebensform von Aufbruch und Wanderung an, verweigerten die herkömmliche Heimat und ahmten (oder: zogen) Johannes, Jesus und den ersten Jüngern nach: Wüstenväter, Wandermissionare, umherziehende Bettelmönche, nomadische christliche Minderheiten, bewegliche Einzelgänger, auf ihre Weise die Kreuzfahrer. Auch das Wallfahrts- und Pilgerwesen bis hin zum aktuellen Trend des „Ich bin dann mal weg" (der auf seine Weise vielfach „pagane" Impulse aufgreift) steht in der wandercharismatischen Tradition.

Albert Schweitzer beschließt seinen durchdringenden Bericht über die Geschichte der Leben-Jesu-Forschung mit einer Sicht auf Jesus, die heilsame Unruhe verrät:

> Als ein Unbekannter und Namenloser kommt er zu uns, wie er am Gestade des Sees an jene Männer, die nicht wußten, wer er war, herantrat. Er sagt dasselbe Wort: Du aber folge mir nach! und stellt uns vor die Aufgaben, die er in unserer Zeit lösen muß. Er gebietet. Und denjenigen, welche ihm gehorchen, Weisen und Unweisen, wird er sich offenbaren in dem, was sie in seiner Gemeinschaft an Frieden, Wirken, Kämpfen und Leiden erleben dürfen, und als ein unaussprechliches Geheimnis werden sie erfahren, wer er ist …[129]

[129] Geschichte, 630.

Bekanntlich führte die historische Untersuchung der wandercharismatischen Ursprünge in Palästina Schweitzer zur fachlichen Skepsis, zum nicht-fachlichen Charisma und auf die eigene Wanderung nach Lambarene in Äquatorialafrika. Im Grunde sind wir hier noch immer bei der von Markus angelegten Landkarte und auch bei seinem österlichen Schlusswort: „Dort werdet ihr Ihn sehen!"

Christentum ist Weg, nicht Stammsitz, allenfalls Zelt, niemals Stadt. Mit der „Denkbewegung" Ludwig Wittgensteins, die unserem Kapitel als Motto dient: „Das Christentum sagt: Du sollst hier (in dieser Welt) – sozusagen – nicht *sitzen*, sondern *gehen*". Auf solche Weise wird Glaube zu einer abenteuerlichen Reise-Erzählung. Deshalb gehören zu ihm auch Gefahr und Schiffbruch, Untergang und Übergang. Davon handelt unser nächstes Kapitel.

IV. Schiffbruch: Paulus als apostolischer Sindbad

También se le ocurrió que los hombres, a lo largo del tiempo,
han repetido siempre dos historias:
la de un bajel perdido que busca por los mares mediterráneos
una isla querida,
y la de un dios que se hace crucificar en el Gólgota.
Auch kam es ihm so vor, als hätten die Menschen,
die Zeiten entlang, immer wieder zwei Geschichten erzählt:
die eine von einem verlorenen Schiff,
das das Mittelmeer durchzieht
auf der Suche nach einer ersehnten Insel,
und die andere von einem Gott,
der sich auf Golgota kreuzigen lässt.
Jorge Luis Borges, El Evangelio según Marcos, 128 f.[1]

Noch bevor die christliche Botschaft die Form einer Reise-Erzählung annimmt, artikuliert sie sich in Gestalt von Briefen – und damit im Modus des Unterwegsseins.[2] Wie die Apostelgeschichte das Christentum als „Weg“ zeichnet, so zeichnet sie Paulus als Reisenden. In vielen Bibelausgaben

[1] Den Hinweis auf die Kurzgeschichte und das Zitat verdanke ich Alexander, Maps, 118 f., die es auf die erzählerischen Landkarten der Apg anwendet: „The hinted combination of romance and veracity is a seductive one“ (ebd. 119).

[2] Hans Weder zeigt erhellend auf, wie sehr die Briefform im Modus von persönlicher Zuwendung, Konkretion und lebensweltlicher „Vordergründigkeit“ der inneren Gestalt des paulinischen Evangeliums entspricht (Hermeneutik, 314–322).

findet sich im Anhang eine Karte mit dem *orbis Romanus*, auf der Linien mit unterschiedlichen Farben oder Stricharten die drei Missionsreisen und die Gefangenschaftsreise des Völkermissionars darstellen. Die Vorstellung von den vier großen Wanderungen bietet – ähnlich wie die einjährige Jerusalem-Wanderung Jesu – eine ordnende Gedächtnisfigur. Paulus durchzog nicht die Welt in wachsenden Ringen, sondern suchte pragmatisch die Metropolen auf – Antiochien am Orontes, Korinth, Ephesus, unfreiwillig und dennoch geplant: Rom. Die sog. erste Missionsreise (Apg 13 f.) ist vermutlich überhaupt eine Modellwanderung, die der Chronist Lukas aus verstreuten Einzelüberlieferungen zusammengestellt hat.[3] Er platziert sie gezielt vor dem Apostelkonvent (Apg 15), um ihm einen problemgeschichtlichen Hintergrund zu geben. Solche – in der Geschichtsschreibung nicht unüblichen – Rearrangements sollen das Charakteristische in der Entwicklung herausstellen.[4]

Gleichwohl steht außer Frage, dass der Apostel, in einem bereits fortgeschrittenen Alter, zu Fuß und auf „Nussschalen" weite Teile des östlichen römischen Reiches durchquert[5] und konsequent den Westen als Ziel angesteuert hat. Dabei stand ihm der „Weg" durchaus als missionstheologische Kategorie vor Augen. Die vielen Orte zwischen Illyrien und Spanien, mit den urbanen Polen Jerusalem und Rom, die er

[3] Zur Diskussion vgl. Schröter, Lukas, 255–258.

[4] Plutarch setzt die Rhodos-Reise Caesars in einen Block, der dessen frühe auswärtige Bildungserfahrungen abhandelt. So gewinnt er, in narrativer Überschaubarkeit, einen Hintergrund, der die stadtrömischen Erfolge Caesars als Konsequenz eines biographisch ausgeprägten Charakters stimmig werden lässt (Caesar 3 f.; anders Sueton, Iul. 4); vgl. Pelling, Truth, 39.

[5] Zur Fortbewegungsweise und zu den zu bewältigenden Tagesmärschen des Paulus Rapske, Acts, 6–14.

in Röm 15,18–29 aufzählt, erheben eine *pax evangelica* für das römische Reich zum christologischen Programm. Das Evangelium muss die Grenzen und Zentren der Zivilisation erreichen und treibt somit seine eigene Topographie voran: Da es Anspruch auf die Welt anmeldet, bedarf es der Welt als Schauplatz.[6] Die Verse Apg 1,8 und Röm 1,8 bilden in dieser Hinsicht ein reisetheologisches Zwillingspaar. Hinter den kleinen Strichen auf der Bibelkarte stehen daher weitreichende Entfernungen und Erfahrungen.

Unser Kapitel beschreibt die riskante Realität solcher Reisen (1) und lenkt den Blick näher auf ein besonders gefahrvolles Urerlebnis, das für die antike Lebenswelt, Literatur und Symbolsprache höchst bedeutsam ist: Seesturm und Schiffbruch (2). Anschließend verfolgen wir, wie die gefahrvolle Reise, mit nachhaltigen Wirkungen in der christlichen Spiritualität, zur Leitmetapher von Existenzverständnis wird (3).

1. Die gefahrvolle Reise als Realität und Fiktion

Das geographische und touristische Interesse an Regionen und Kulturen war im antiken Mittelmeerraum durchaus rege. Es hat sich etwa bei Eratosthenes, Strabon und Pausanias monographisch Geltung verschafft, seemännisch, militärisch und kommerziell in der Periplous-Literatur, ästhetisch reizvoll in Ausonius' *Mosella*. Unter religiösem Aspekt ragt die Pilgerin Egeria hervor, die in den Jahren

---

[6] Zur „mental map" des Paulus, der konzeptionellen Weltkarte, in der sich der *orbis Romanus* spiegelt, eingehend MEEKS, Jerusalem, bes. 179 f. Dabei dürfte das nördliche Grenzgebiet Illyrien im Osten – es ist nicht bekannt, dass Paulus jemals dort war – als rhetorischer Gegenpol zur westlichen Randregion Spanien dienen; vgl. ebd. 174.

381–384 n. Chr. von Galicien (oder Gallien) ins Heilige Land und weit darüber hinaus an die heiligen Stätten in Ägypten, dem Zweistromland und Kleinasien reiste und ein beobachtungsreiches *Itinerarium* ihrer Reise verfasste. Zumal Ägypten, Griechenland und berühmte Poleis der Provinz Asia waren auch im ersten und zweiten Jahrhundert bevorzugte Ziele von Bildungsreisenden.[7]

Daraus folgt nicht, dass Reisen als Erholung galt. Einen aufschlussreichen „Peristasenkatalog" für Reisende im Altertum bietet das lange Kapitel „Les misères du voyage antique" in der Monographie von Jean-Marie André und Marie-Françoise Baslez.[8] Die Unterkapitel lassen uns frösteln: *Contraintes, fatigues et perturbations* (widrige Wetterbedingungen, erschöpfende Weglängen, Gesundheitsrisiken, ungünstige Wegführung, Seekrankheit, unsichere Verpflegung), *Incertitudes et aléas* (miserable Unterkunft, unzuverlässige Führer, sprachliche Schranken, Begegnung mit wilden Tieren), *Insécurité persistante et tracasseries administratives* (Räuberunwesen, Gewalterfahrungen, administrative und pekuniäre Beschwernisse für Reisende und deren mangelhafter Rechtsschutz, Fremdenfeindlichkeit), *Voyage, absence et rupture* (Risiko des heimatlichen Eigentums, Entwurzelung und Vereinsamung, Tod am Wegrand).

---

[7] Aus der umfangreichen Literatur seien genannt: zur Periplous-Literatur Börstinghaus, Sturmfahrt, 17–31; zum reichsrömischen Tourismus allgemein André / Baslez, Voyager, 348–372; zum Tourismus hochgestellter Damen in Ägypten Frass, Frauen; zu Pausanias und zur religiösen Reise in der zweiten Sophistik Rutherford, Tourism, bes. 45–52; zur religiösen Reise in der paganen Kultur André / Baslez, Voyager, 247–260; zur frühchristlichen „Pilgerfahrt" ebd. 260–267; Giebel, Reisen, bes. 215–223; zu Ausonius' poetischer Beschreibung seiner Moselfahrt im Reisegedicht *Mosella* ebd. 223–228.

[8] Voyager, 483–540.

Um diesen allgemeinen Eindruck zu konkretisieren, verfolgen wir die Strapazen einer – noch gut situierten – Reisegruppe, über die uns Horaz berichtet.[9] Um 37 v. Chr. begibt er sich mit Freunden, darunter Vergil, im Gefolge des Maecenas auf eine etwa zweiwöchige Reise nach Brundisium, dem östlichen Zipfel der Via Appia. In seinem detailfreudigen Reisebericht sat. 1,5 fängt er Stimmung(slosigkeit)en wie diese aus den ersten Tagen ein, als er sich zu einer Treidelfahrt durch die Pontinischen Sümpfe einschifft:

… mali culices ranaeque palustres
avertunt somnos; absentem cantat amicam
multa prolutus vappa nauta atque viator
certatim; tandem fessus dormire viator
incipit ac missae pastum retinacula mulae
nauta piger saxo religat stertitque supinus.
iamque dies aderat, nil cum procedere lintrem
sentimus, donec cerebrosus prosilit unus
ac mulae nautaeque caput lumbosque saligno
fuste dolat …

Üble Schnaken und Frösche aus dem Sumpf halten vom Schlaf ab. Der Schiffer, von der Fuselmenge bezecht, verherrlicht die ferne Flamme im Lied, und ein Passagier treibt's um die Wette mit. Schließlich sinkt der Reisende erschöpft in den Schlaf. Der Schiffer, ein Faulpelz, schickt das Maultier zum Grasen, bindet die Leitleine an einen Stein und schnarcht rücklings! – Längst ist der Tag angebrochen, da merken wir, dass der Kahn um keinen Deut vorangekommen ist. Darauf springt einer, ein Hitzkopf, nach vorn und durchprügelt mit einem Weidenast Haupt und Lende von Maultier und Schiffer. (1,5,14–23)

Der spätere Teil der Reise wirkt keineswegs komfortabler:

inde Rubos fessi pervenimus, utpote longum
carpentes iter et factum corruptius imbri.

---

[9] Zur Erläuterung der Fahrt mit ihren siebzehn Reisestationen Casson, Travel, 194–196; Giebel, Reisen, 165–169; zum politischen Hintergrund der Reise Stepper, Idylle, bes. 381–384.

postera tempestas melior, via peior ad usque
Bari moenia piscosi …

Von dort aus nach Rubi! Erschöpft kommen wir dort an, war doch die Reise langwierig zu bewältigen und noch elender gemacht durch den Regen. Am nächsten Tag ist das Wetter zwar besser, doch der Weg schlechter noch, bis zu den Mauern des fischreichen Bari. (1,5,94–97)

Wenn es schon dieser Reisetruppe, die den einflussreichen Maecenas in politischer Mission begleitete, derart widrig erging, so wurde für die einfachen Leute der Weg nicht selten zur Tortur.[10] Der Meister der Reiseklage ist Ailios Aristeides.[11] Gerade die Herbergen hatten einen notorisch schlechten Ruf.[12] So wird übrigens deutlich, warum die frühchristlichen Gemeinden der Gastfreundschaft ethisch so hohen Stellenwert eingeräumt haben. Erst unter den Bedingungen sicherer Reise und gepflegter Unterkunft

---

[10] Zu den Reisebedingungen in reichsrömischer Zeit ausführlich Casson, Travel, 115–225; André/Baslez, Voyager, 373–540; Giebel, Reisen, 129–228; zur Kartographie und Reisepraxis Adams/Laurence (Hg.), Travel.

[11] Zur so beklagenswerten Reiseerfahrung des Aristeides ausführlich Börstinghaus, Sturmfahrt, 44–59; vgl. Casson, Travel, 193f.; André/Baslez, Voyager, 270–272. Pervo, Profit, 159 Anm. 226: „Travel was exhausting. The *Hieroi Logoi* of Aelius Aristides do not give a rosy picture of 2d-century c. e. travel, even after due allowance has been made for neurosis and hypochondria".

[12] Zwar mag manche krasse Darstellung übertrieben sein, aber der Horrorkatalog bei Rapske, Acts, 15 dürfte insgesamt einen nicht unrealistischen Eindruck geben: „The available literary and archaeological sources generally witness to dilapidated and unclean facilities, virtually non-existent furnishings, bed-bugs, poor quality food and drink, untrustworthy proprietors and staff, shady clientele, and generally loose morals". Zu Reiseunterkunft und -verpflegung in reichsrömischer Zeit Casson, Travel, 197–218; André/Baslez, Voyager, 449–466; speziell zu den „mauvaises surprises de l'hôtellerie" ebd. 497–500.

wuchsen die kleinen, aber reisefreudigen Gemeinschaften allmählich zur Welt-Kirche zusammen.[13]

Bei den unfreiwilligen Gastfreunden konnten freilich auch die großen Reisezüge der Mächtigen als Tortur empfunden werden. Cicero schildert mit verdrießlichem Humor einen Höflichkeitsbesuch Caesars nebst zahlreichem Gefolge in seiner Landvilla zu Puteoli, der ihn – angesichts von 2000 Mitgästen und einem Chaos beim vorangehenden Gastgeber – begreiflicherweise nervös stimmt (Att. 13,57 [52]). Begaben sich Kaiser auf Reisen, so war für etwa 5000 Mitziehende Unterkunft und Verpflegung zu stellen.[14] Als der asarkidische Prinz Tiridates im Jahr 66 aus der Hand Neros das Königreich Armenien empfangen sollte, wurde bereits die Anreise vom Euphrat zum propagandistischen Spektakel. Zum Gefolge des Prätendenten zählten 3000 parthische Reiter nebst Scharen von Römern; der tägliche Aufwand für die neunmonatige Prinzenreise wird mit 800.000 Sesterzen angegeben (Cass. Dio 63,2,1 f.; vgl. Sueton, Nero 30,2).

Gemeinhin lag das Risiko freilich beim einfachen Reisenden, der unter den Bedingungen unsicherer Wege, unbequemer Herbergen und ungewissen Reiseerfolgs unterwegs war. Lieber stillten die antiken Menschen daher ihr Fernweh, indem sie hörten und lasen, als dass sie selber aufbrachen.

---

[13] Zum kulturellen Kodex der Gastfreundschaft in der griechischen und römischen Kultur Arterbury, Angels, 15–54; Jipp, Visitations, 59–130; in der hebräischen Bibel und der frühjüdischen Literatur Arterbury, Angels, 55–93; Jipp, Visitations 131–170; zum frühchristlichen Ideal der Gastfreundschaft und dessen Verwirklichung Arterbury, Angels, 94–132.

[14] Vgl. Halfmann, Itinera, 110; Giebel, Reisen, 191. Zur Reisebegleitung des Kaisers eingehend Halfmann, Itinera, 90–110; zur Unterkunft der reisenden Herrscher ebd. 88 f. Einen Überblick über die Reisen der einzelnen Kaiser bieten André / Baslez, Voyager, 172–192.

Jener spätantike Paradoxograph, dem wir die unter dem Namen des Philon von Byzanz überlieferte Schrift „Über die sieben Weltwunder“ verdanken,[15] kann es seinen Lesern nachsehen, dass sie diese Weltwunder eher vom Hörensagen als durch eigenes Bereisen kennenzulernen wünschen, da eine Bildungsreise zu den sieben Stätten allzu mühselig und langwierig sei (vgl. De septem orbis spectaculis praef. 1). Umso erfreulicher ist es, dass Bildung als solche eine Reise ersetzt:

> διὰ τοῦτο θαυμαστὸν παιδεία καὶ μεγαλόδωρον, ὅτι τῆς ὁδοιπορίας ἀπολύσασα τὸν ἄνθρωπον οἴκοι τὰ καλὰ δείκνυσιν, ὄμματα τῇ ψυχῇ προσδιδοῦσα. καὶ τὸ παράδοξον· ὁ μὲν γὰρ ἐπὶ τοὺς τόπους ἐλθὼν ἅπαξ εἶδεν καὶ παρελθὼν ἐπιλέλησται· τὸ γὰρ ἀκριβὲς τῶν ἔργων λανθάνει καὶ περὶ τὰ κατὰ μέρος φεύγουσιν αἱ μνῆμαι· ὁ δὲ λόγῳ τὸ θαυμαζόμενον ἱστορήσας καὶ τὰς ἐξεργασίας τῆς ἐνεργείας, ὅλον ἐγκατοπτρισάμενος τὸ τῆς τέχνης ἔργον ἀνεξαλείπτους φυλάσσει τοὺς ἐφ᾽ ἑκάστου τῶν εἰδόλων τύπους· τῇ ψυχῇ γὰρ ἑώρακεν τὰ παράδοξα.

> Deshalb ist die Bildung fabelhaft und großzügig! Denn sie nimmt dem Menschen das Herumreisen ab und zeigt ihm das Schöne daheim, gibt sie doch seiner Seele Augen! Und das Wunderbare liegt darin: Da ist einer, der zu den Orten gezogen ist; er hat sie ein einziges Mal gesehen und nach der Abreise alsbald vergessen. Denn die Feinheiten der Werke bleiben ihm verborgen und die einzelnen Dinge entweichen der Erinnerung. Da ist ein anderer, der mittels dieser Schrift das Staunenswerte erforscht und die nähere Beschaffenheit seiner Ausarbeitung. Er beschaut das ganze Kunstwerk wie in einem Spiegel und behält auf solche Weise unauslöschlich die Eindrücke von den Sehenswürdigkeiten im Einzelnen bei sich. Denn es ist die Seele, mit der er das Wunderbare betrachtet hat. (praef. 2)

Auch die – auf uns heute etwas eintönig wirkende – Fixierung des antiken Romans auf das Reisethema erklärt sich

---

[15] Vgl. Giebel, Reisen, 110–112 (die das Werk noch Philon von Byzanz, um 200 v. Chr., zuweist) sowie die Erläuterungen in der von Kai Brodersen veranstalteten Textausgabe (1992), bes. 14–19.

so: Das Geschick der fiktiven Weltenbummler gab den Lesern „a secondhand experience of strange lands".[16] Lukian von Samosata karikiert einen korinthischen Thukydides-Epigonen, der seine Schilderungen über den Partherkrieg als kundiger Augenzeuge der Geschehnisse im Osten gewonnen haben will. Dabei hat er in Wirklichkeit noch keinen Fußbreit aus Korinth gesetzt, nicht einmal in Richtung des Stadthafens Kenchreä, und das Auditorium seiner Lesungen weiß durchaus, dass er Schlachten nicht einmal von Wandgemälden her kennt (hist. conscr. 29).

Ein phantastisches Reise- und Schlachtengemälde hat Lukian in seinen „Wahren Geschichten" entworfen. Sie geben uns einen köstlichen Einblick nicht in die Realität der Reise, wohl aber in die des Reiseromans.[17] Genussvoll ausgreifend begibt auch er sich in Welten, die er nie betreten hat. Um das unter den Zeitgenossen so beliebte Abenteuergenre zu persiflieren, stürzt er sich in den klassischen Mythenbestand und die (überkommene oder verschollene) Reiseliteratur und führt vor, dass er noch erfinderischer ist als die lügnerischen Dichter und Reiseschriftsteller. Man hat darin einen Vorläufer der Science-Fiction gesehen. Jedenfalls enthalten die beiden Bücher alles, was an Exotica und Utopica nur verlangt werden mag und auch heutige Zeitgenossen zu faszinieren pflegt. Lukian nimmt selbst die Rolle des Ich-Erzählers ein: Wenn man schon lügt, soll man es richtig und deshalb unterhaltsam tun (vgl. VH 1,4). Mit fünfzig Gefährten segelt er von Gibraltar ab, um die Weite des westlichen Ozeans zu erkunden. Ein achtzigtägiges

---

[16] PERVO, Profit, 54.

[17] Einen ausführlichen Kommentar zu dem ebenso umfang- wie geistreichen Roman bietet VON MÖLLENDORF, Suche; zu den Vorlagen des literarischen Spieles vgl. bes. ebd. 512–538; vgl. auch den Kommentar GEORGIADOU / LARMOUR, Novel.

Unwetter verschlägt sie auf eine Insel, auf der vor ihnen bereits die Weltenwanderer Herakles und Dionysos waren, wovon nicht zuletzt die Quellen der Inseln zeugen, denen Wein entströmt (1,7). Auf der Weiterfahrt reißt sie ein Wirbelwind in die Höhe, sodass sie sich nach sieben Tagen auf dem Mond wiederfinden. Dessen Herrscher gewinnt sie zur Teilnahme an einem galaktischen Krieg gegen den Sonnenkönig, der um die Besiedlung des Morgensterns geführt wird. Die beeindruckende Mondarmee umfasst Geierritter (ἱππόγυποι), Krautflügler (λαχανόπτεροι), Hirseschützen (κεγχροβόλοι) und Knoblauchrecken (σκοροδομάχοι) sowie Hilfstruppen vom Großen Bären: Flohschützen (ψυλλοτοξόται), die auf Flöhen von der doppelten Größe eines Elefanten kämpfen, und Windinfanteristen (ἀνεμοδρόμοι). Ihnen stehen auf der Seite des Sonnenkönigs eine Kavallerie aus drachenartigen Riesenameisen, eine Mückenluftwaffe, radieschenbewehrte hüpfende Fußbrigaden und ähnlich imposante Krieger gegenüber (1,13–16).[18] Die Schlacht wird, als die zunächst überlegene Mondarmee bereits – nach Art des Peloponnesischen Krieges – Siegesmale errichtet, durch die Wolkenzentauren (νεφελοκένταυροι) unter dem Kommando des Sternzeichen-Schützen entschieden. Nachdem der Friedensvertrag geschlossen ist und Lukian eine großzügige Offerte des Mondkönigs, ihm seinen Sohn zur Frau zu geben – Frauen als solche sind im Mondreich unbekannt –, abgelehnt hat, treten die Kosmonauten die Rückreise zur Erde an. Sie führt auch am berühmten Wolkenkuckucksheim (Νεφελοκοκκυρία) vorbei (1,29). Bereits am dritten Tag nach der Landung auf dem Ozean wird das Schiff von einem Riesenwal verschlungen, in dessen

[18] Zu den bizarren selenitischen und heliotischen Truppenformationen von Möllendorf, Suche, 118–134.

Inneren sich eine weite Landschaft auftut. Als Prätext dieser Irrfahrt dient nicht zuletzt die Odyssee.[19] Nach langer Zeit mit manchem Abenteuer entkommen die Gefährten dieser Gefangenschaft und setzen die Reise durch exotischste Wunderlandschaften fort, bis sie – wie es sich für einen wahren Reisebericht gehört – die Insel der Seligen erreichen, die unter der Herrschaft des Rhadamanthys steht. So darf Lukian das edelsteinerne Stadtbild bewundern. Tag und Nacht gibt es dort nicht mehr, wohl aber paradiesische Landschaften, in denen Honig, Milch und Wein fließen (2,13).[20] Das „endzeitliche" Mahl findet auf den Elysischen Feldern statt; man singt dazu, im persönlichen Beisein des Dichters, homerische Gesänge. Lukian trifft die Großen aus Mythos und Geschichte, vermisst aber etwa die Stoiker, die noch den Tugendgipfel zu erklimmen suchen, und die Platoniker, die sich nicht einigen können, ob es die Insel der Seligen wirklich gibt (2,18). Auf der Weiterfahrt passieren die Gefährten – abermals nach Vorlagen der Odyssee – die Strafinseln. Hier werden die Verfasser lügnerischer Auslandsbeschreibungen wie Ktesias von Knidos oder Herodot am härtesten gezüchtigt – für Lukian insofern beruhigend, als er nicht zu lügen pflegt (2,31).[21] Nach allerlei weiteren Abenteuern entdecken die Globetrotter eine neue Welt. Brüsk abbrechend, verspricht Lukian, von ihr in den folgenden Büchern zu erzählen (2,47) – von allen Lügen die dreisteste.[22]

---

[19] Vgl. VON MÖLLENDORF, Suche, 210–222.

[20] Zur Landeskunde der Insel der Seligen (2,11–21) VON MÖLLENDORF, Suche, 316–383.

[21] Zur Insel der Verdammten (2,29–32) VON MÖLLENDORF, Suche, 426–436.

[22] So bereits der Scholiast (μέγιστον ψεῦδος); dazu näher VON MÖLLENDORF, Suche, 505 f.

Der satirische Reisebericht spielt aus gutem Grund mit dem Motiv der Schifffahrt: Sie war der Spannungslieferant schlechthin. Der Grund hierfür war freilich alles andere als spaßig. So wechseln wir vom leichtfüßigen Genre zum existentiellen Ernst der antiken Seereise, die oft als Grenze zwischen Leben und Tod erfahren wurde.[23] In einer ergreifenden Elegie auf den beim Schiffbruch ertrunkenen Freund seufzt Properz: *ventorum est, quodcumque paras: haut ulla carina / consenuit, fallit portus et ipse fidem.* – „Was immer du baust, gehört den Winden: Kein Schiff wird jemals alt. Selbst der Hafen noch täuscht deinen guten Glauben!" (Prop. 3,7,35 f.) Der Römer konnte das Mittelmeer selbstbewusst *mare nostrum* nennen – solange er am Ufer stand. Musste er sich selbst auf hohe See begeben, schwand sein Selbstbewusstsein. τί ἐστι πλοῖον; – „Was ist ein Schiff?", soll Kaiser Hadrian (reg. 117–138 n. Chr.) nach einer Legende des zweiten Jahrhunderts den kynischen Philosophen Sekundos den Schweiger gefragt haben. Dieser habe – schweigend eben, aber mit dem Griffel – folgenden Sinnspruch zur Antwort gegeben.

Ἐπίσαλος πρᾶξις, ἀθεμελίωτος οἰκία, ἡρμοσμένος τάφος, κυβικὴ σανίς, ἀνέμων ὁδοιπορία, ἀνιπταμένη φυλακή, συνδεδεμένη μοῖρα, ἀνέμων

[23] Eine beeindruckende Sammlung von Textzeugnissen über die Seefahrt als Risiko und „Grenzsituation" bieten Rahner, Mythen, 291–294; Wachsmuth, Δαίμων, 431–434. André/Baslez, Voyager, 437–447 stellen auch hier einen wenig ermutigenden „Peristasenkatalog" zusammen: die Abhängigkeit der kleinen und unstabilen Schiffe von Wind und Wellengang, die Häufigkeit von Schiffbrüchen, gezielte Irreführung durch plünderungsfreudige Uferbewohner, endemisches Seeräubertum. Beredtes Zeugnis über die Gefahr des Schiffbruchs legt die Fülle an Nachrufen und Grabsprüchen auf ertrunkene Schiffbrüchige ab, die sich durch das siebte Buch der *Anthologia Graeca* ziehen (vgl. z. B. Anth. Gr. 7,263–279.282–288.291 f.494–503).

παίγνιον, ἐπιπλέων μόρος, ὄρνεον ξύλινον, πελάγιος ἵππος, ἠνεωγμένη γαλεάγρα, ἄδηλος σωτηρία, προσδοκώμενος θάνατος, ἐγκύματος ὁδοιπόρος.

Ein schwankendes Etwas, ein Haus ohne Fundament, ein schon bereitstehendes Grab, ein würfelförmiges Holzbrett, von Winden beherrschte Fahrt, dahinfliegendes Gefängnis, zusammengeschnürtes Schicksal, Spielball der Winde, dahinsegelndes Todeslos, hölzernes Federvieh, ein Pferd zu See, offene Wieselfalle, ganz ungewisse Rettung, der Tod im Wartestand, wellenumspült Dahinfahrendes. (Secundi philosophi Taciturni vita ac sententiae 14)

Hadrian, selbst ein Reisekaiser, soll die Frage hinzugefügt haben: τί ἐστι ναύτης; – „Was ist ein Seemann?" Auch hier wirkt der Sinnspruch kaum ermutigend:

Κυμάτων ὁδοιπόρος, θαλάσσιος βερεδάριος, ἀνέμων ἰχνευτής, ἀνέμων συνοδευτής, οἰκουμένης ξένος, γῆς ἀποστάτης, χειμῶνος ἀνταγωνιστής, διαπόντιος μονομάχος, ἄδηλος ἐπὶ σωτηρίᾳ, θανάτου γείτων, θαλάσσης ἐραστής.

Einer, der auf Wellen reist, ein berittener Meeresbote, ein Spürhund der Winde, der Winde Weggenosse, ein Fremder in der Menschenwelt, dem Land entlaufen, Widersacher des Wintersturms, Gladiator zur See, ganz ungewiss seiner Rettung, ein Nachbar des Todes, ein Liebhaber des Meeres. (15)

Die zugespitzte Aufzählung lässt keinen Zweifel daran: Schiffbruch war keine Ausnahmesituation, sondern ein nahezu erwartbares Vorkommnis.[24] Für das jüdische Buch der Weisheit aus dem frühkaiserzeitlichen Alexandrien zeigt sich in dem Umstand, dass der Mensch sein Leben auf den Wogen des Meeres einer schmalen Holzplanke anvertraut, das staunenswerte Vertrauen auf die Weisheit und väterliche Vorsehung Gottes (Weish 14,5; vgl. 13,18; 14,1–8). Arat bringt diese Lebens- und Sterbenserfahrung der antiken

[24] Zur Realität der Seefahrt in der römischen Mittelmeerwelt Casson, Travel, 149–162; André/Baslez, Voyager, 419–447.

Mittelmeeranrainer in seinem berühmten astronomischen Lehrgedicht Φαινόμενα auf die (nicht ganz so vertrauensvolle) Formel:

… ἴκελοι δὲ κολυμβίσιν αἰθυίῃσιν
πολλάκις ἐκ νηῶν πέλαγος περιπαπταίνοντες
ἥμεθ’ ἐπ’ αἰγιαλοὺς τετραμμένοι· οἱ δ’ ἔτι πόρσω
κλύζονται· ὀλίγον δὲ διὰ ξύλον ἄϊδ’ ἐρύκει.

Ähnlich den Vögeln, die ins Wasser sich tauchen, sitzen wir oftmals da und starren aus den Schiffen furchtsam aufs Meer. Wir strecken uns aus nach dem Gestade. Das aber, von Wogen umspült, liegt noch fern: Nur ein dünnes Holzbrett trennt uns von der Totenwelt. (Arat. 296–299)

Von philosophischer Seite meldet sich Kritik an Aufwand und Gefahr des Reisens.[25] Das Unterwegssein bleibt solange nutzlos, als der Reisende nur den Standort, nicht aber sich selbst verändert. Es ist nicht der Ort, sondern der Mensch, der sich wandeln muss. Seneca, Zeitgenosse des Paulus, plädiert energisch für die Reise des „inneren Menschen“, der wie von selbst zum Kosmopoliten unter weitem Himmel wird. So schreibt er in einem seiner Lehrbriefe „an Lucilius“:

Hoc tibi soli putas accidisse et admiraris quasi rem novam, quod peregrinatione tam longa et tot locorum varietatibus non discussisti tristitiam gravitatemque mentis? Animum debes mutare, non caelum. Licet vastum traieceris mare, licet, ut ait Vergilius noster, ‚terraeque urbesque recedant‘: sequentur te, quocumque perveneris, vitia. Hoc et idem querenti cuidam Socrates ait: ‚Quid miraris nihil tibi peregrinationes prodesse, cum te circum feras? Premit te eadem causa, quae expulit.‘ Quid terrarum iuvare novitas potest? Quid cognitio urbium aut locorum? In irritum cedit ista iactatio. Quaeris quare te fuga ista non adiuvet? Tecum fugis. Onus animi deponendum est: non ante tibi ullus placebit locus. …

[25] Vgl. André / Baslez, Voyager, 160–166.

At cum istuc exemeris malum, omnis mutatio loci iucunda fiet: in ultimas expellaris terras licebit, in quolibet barbariae angulo colloceris, hospitalis tibi illa qualiscumque sedes erit. Magis quis veneris quam quo, interest, et ideo nulli loco addicere debemus animum. Cum hac persuasione vivendum est: ‚Non sum uni angulo natus, patria mea totus hic mundus est.'

Du meinst, dir allein sei dies widerfahren, und verwunderst dich wie über einen Fall, der noch nie vorgekommen ist: dass du auf einer dermaßen langen Reise und bei solch mannigfachem Wechsel von Aufenthalten nicht die Traurigkeit und Seelenschwere zerstreut hast? Du musst deinen Geist verändern, nicht die Himmelsrichtung! Magst du auch das weite Meer überquert haben, mögen auch, wie es unser Vergil sagt, ‚Länder und Städte vorbeirauschen', die Gebrechen folgen dir doch, wohin auch immer du gelangst, treu auf dem Fuß! Einem, der über genau dieses Problem Klage führte, hat Sokrates gesagt: ‚Was wunderst du dich, dass dir die Reisen keinen Nutzen bringen, da du dich selbst herumträgst? Dich bedrückt kein anderer Grund als der, der dich fortgetrieben hat!' Was kann schon die neue Erfahrung von Ländern helfen? Was die Wahrnehmung von Städten und Orten? Derlei Hin und Her führt zu gar nichts! Du fragst, warum dir solche Flucht nicht hilft? – Du nimmst dich ja selbst mit auf die Flucht! Du musst die Last auf deinem Geist loswerden. Bevor du das nicht vollbracht hast, wird dir kein Ort zusagen! …

Wenn du dich jedoch dieses Übels entledigt hast, wird jede Ortsveränderung angenehm werden: Du magst in die abgelegensten Länder vertrieben werden, dich an einem beliebigen Winkel der Fremde ansiedeln – der Wohnsitz, wie immer er auch beschaffen ist, wird dir gastlich sein. Es liegt mehr daran, wer du bist, der da kommt, als wohin du kommst. Und daher dürfen wir keinem Ort unseren Geist anheimgeben. Mit dieser Überzeugung muss man leben: ‚Ich bin nicht für einen einzigen Winkel geboren, meine Heimat ist die ganze Welt.' (epist. 28,1 f.4)

Der Apostel Paulus hat einerseits die geschilderten Ängste und Erfahrungen durchlebt, andererseits war er sehr bewusst mit eben diesem „inneren Menschen" unterwegs. Was wir von ihm besitzen, besitzen wir als Brief. Das sagt bereits einiges über seine in gewissem Sinn wurzellose – im

Sinne Senecas: winkellose – Lebensweise: Dieser *homo viator* meldet sich aus wechselnden Distanzen. Und doch erfahren wir von ihm selbst nicht im Einzelnen, wie es auf seinen weiten Reisen zugeht.[26] Einmal, in seiner „Narrenrede", macht er jedoch seinem Herzen Luft. In ungewohnter rhetorischer Eindringlichkeit beruft er sich gegen seine korinthischen Kontrahenten auf seine Mühen um das Evangelium, unter denen der unsteten Wanderschaft besonderes Gewicht zukommt:

> Diener Christi sind sie? Von Wahnwitz berührt, sage ich: Ich viel mehr! In Anstrengungen umso mehr, in Haft umso mehr, geprügelt noch und noch, den Tod vor Augen immer wieder. Fünfmal habe ich von den Juden die 39 Hiebe bekommen. Dreimal hat man mich ausgepeitscht; einmal bin ich gesteinigt worden; dreimal habe ich Schiffbruch erlitten; eine Nacht und einen Tag trieb ich auf hoher See. Oft auf Straßen, gefährdet von Flüssen, gefährdet von Räubern, gefährdet vom eigenen Volk, gefährdet durch Heidenvölker, gefährdet in der Stadt, gefährdet in der Wüste, gefährdet auf dem Meer, gefährdet durch Scheinbrüder; in Mühsal und Schweiß, oft schlaflos, in Hunger und Durst, mit leerem Magen oft, frierend und nackt. Abgesehen von all dem Übrigen: der tägliche Andrang zu mir, die Sorge um all die Gemeinden. … In Damaskus bewachte der Ethnarch des Königs Aretas die Damaszener-Stadt, um mich einzufangen. Doch durch ein Fenster wurde ich in einem Korb durch die Mauer hinabgeseilt, und ich entkam seinen Händen. (2 Kor 11,23–28.32 f.)

Die meisten dieser Nöte, Bedrängnisse und Mühen, im exegetischen Sprachgebrauch: „Peristasen", gehören offen-

[26] Immerhin führt Apg ihren Paulus in Athen in einer Art „Periegese" vor Augen, einem kulturellen Sightseeing im „Alt-Heidelberg" seiner Zeit (so Klauck, Magie, 89 mit Zitat von Ernst Haenchen; vgl. ebd. 89 f.). Diese Tour dient aber zu nichts anderem, als Paulus mit jenem inspirierenden Zorn auszustatten, den er für seine Areopag-Rede braucht, und vor allem jenen Altar einzuführen, der ἀγνώστῳ θεῷ gewidmet ist und so eine Brücke zur paganen Theologie schlägt (vgl. Apg 17,16.22 f.).

kundig zu einer harten Wanderexistenz. Auch das Leiden unter Nahrungsmangel und widriger Temperatur ist Bestandteil der Lebensform der ὁδοιπορία (11,26).[27] Das letzte Motiv des Zitats könnte in einem antiken Roman stehen. Würden wir es nur aus dem Schreibrohr des Lukas (vgl. Apg 9,24 f.) kennen, hielten wir es wohl in der Tat für ein fiktionales Element. Auch dass Paulus eine Nacht und einen Tag auf hoher See trieb, klingt fiktiv. Tatsächlich erinnert dies an Odysseus,[28] aber auch Josephus berichtet in seiner Autobiographie, dass es ihm so ergangen sei.[29] Wir müssen uns damit begnügen, dass der antike Reisende sich häufiger in Situationen wiederfand, die wir eher der Abenteuerfiktion zuweisen.

Fest steht: Paulus empfand Reisen als notwendiges Übel, nicht als bereicherndes Erlebnis. In seinem Peristasenkatalog hat die Reise eine einzige Bedeutung: Sie bietet die Staffage

---

[27] Für Rapske, Acts, 5 f. folgt aus der Passage: „the apostle … is to be numbered among the intrepid professionals rather than the fair-weather traffic“ (6; vgl. ebd. 3–6).

[28] ἔνθα δύω νύκτας δύο τ’ ἤματα κύματι πηγῷ / πλάζετο, πολλὰ δέ οἱ κραδίη προτιόσσετ’ ὄλεθρον. – „Auf solche Weise trieb er zwei Nächte und zwei Tage umher auf wallender Woge; vielfach aber sah das Herz schon Untergang drohen“ (Od. 5,388 f.).

[29] βαπτισθέντος γὰρ ἡμῶν τοῦ πλοίου κατὰ μέσον τὸν Ἀδρίαν, περὶ ἑξακοσίους τὸν ἀριθμὸν ὄντες, δι’ ὅλης τῆς νυκτὸς ἐνηξάμεθα, καὶ περὶ ἀρχομένην ἡμέραν ἐπιφανέντος ἡμῖν κατὰ θεοῦ πρόνοιαν Κυρηναϊκοῦ πλοίου, φθάσαντες τοὺς ἄλλους ἐγώ τε καί τινες ἕτεροι, περὶ ὀγδοήκοντα σύμπαντες, ἀνελήφθημεν εἰς τὸ πλοῖον. – „Nachdem nämlich unser Schiff mitten in der Adria gesunken war – wir waren ungefähr 600 an der Zahl –, hielten wir uns die ganze Nacht hindurch schwimmend über Wasser, und als der Tag anbrach und uns nach Gottes Vorsehung ein kyrenäisches Schiff erschien, kamen ich und einige andere – insgesamt waren wir ungefähr achtzig – den Übrigen zuvor und wurden auf das Boot gehievt“ (Josephus, vita 15); vgl. Börstinghaus, Sturmfahrt, 35–37.

für die apostolische Mühe, steht für die Widerborstigkeit und das Gefahrenpotential der Außenwelt, der sich der Wanderer „um Christi willen“ ausgesetzt sieht, als „äußerer Mensch zerrieben“, wie es zum Abschluss eines anderen Peristasenkatalogs heißt:

Wir brennen nicht aus. Vielmehr: Wenn auch unser äußerer Mensch zerrieben wird, unser innerer wird neu geschaffen von Tag zu Tag. Denn das, was uns im Augenblick geringfügig bedrängt, bewirkt uns grenzenlose Fülle in Gottes Machtglanz. Denn wir achten nicht auf das, was sichtbar wird, sondern auf das, was unsichtbar bleibt. Denn das Sichtbare ist zeitlich begrenzt, das nicht Sichtbare ewig. (2 Kor 4,16–18)

Gewiss ist der „innere Mensch“ des Apostels, der sich ganz auf Christus wirft, nicht der in sich ruhende Stoiker, der sich von den Einflüssen der Außenwelt frei gemacht hat. Aber hier wie dort ist die Seelenlandschaft bedeutsamer als das, was sich draußen erstreckt. So liegt es nicht nur am literarischen Genre des apostolischen Schreibens, wenn wir von den vielen tausend Kilometern, die Paulus auf abenteuerlichen Strecken gelaufen oder zwischen gefährlichen Küsten gefahren ist, in seinen Briefen kaum etwas wahrnehmen: nichts über Land und Leute, Leben und Landschaft, über all das, was man heute Reiseeindrücke nennt. Wenn Reiseerfahrungen thematisch werden, dann in Gestalt der Gefahr oder Blockade. Dies ist kennzeichnend: Natur war Hindernis. Die Reise des Apostels führt in die innere Welt: Die *loca amoena* findet er ἐν Χριστῷ, sodass es ihn immerhin, wie die Narrenrede zu berichten weiß, schon einmal in den „dritten Himmel“ führte, sei es im Leib, sei es außerhalb desselben (vgl. 12,2–4). Wir gewinnen den Eindruck, dass Paulus zwar ständig unterwegs ist, aber nie eigentlich „reist“.

2. Der Seesturm als Schlüsselgeschehen

Seesturmgeschichten haben seit Jona (Jona 1,3–2,11) ihren Sitz in der biblischen Literatur und kennzeichnen auch die Jesus-Überlieferung (vgl. Mk 4,35–41/Mt 8,23–27/ Lk 8,22–25; Mk 6,45–52/Mt 14,22–33; Joh 6,16–21). Gleichwohl sprengt die Seesturmerzählung am Ende der Apostelgeschichte (Apg 27,1–28,16) den Rahmen.[30] Sie ist eine der umfangreichsten Episoden des Buches, übertroffen nur durch das Stephanus-Martyrium, das den Bruch mit Jerusalem einläutet, und die Taufe des Zenturio Cornelius, mit der die Christus-Botschaft endgültig die pagane Grenze überquert. Bereits diese Beobachtung lässt erwarten, dass das theologische Gewicht der lukanischen Seesturmerzählung ihrem Umfang und vor allem ihrer kompositorischen Schlüsselstellung entspricht.

Tatsächlich markiert auch die Überfahrt von Caesarea Maritima nach Puteoli eine Zäsur. Vor symbolgeladener Kulisse hält der gefangene Apostel Paulus im Hafen nach Rom seine letzte große Apologie (Apg 26). Die drei prominenten Hörer sind der heidnische Statthalter Festus, Fürstin Berenike (geb. 28/29 n. Chr.), reichsweit bekannt durch ihr Changieren zwischen Judentum und Römertum (nicht zuletzt als Gefährtin des späteren Kaisers Titus), und König Agrippa II. (geb. 27/28 n. Chr.). Dem Letztgenannten kommt als romfreundlichem Prototyp kundigen Judentums das letzte Wort zu: der moralische Freispruch des Paulus (26,30–32; vgl. 26,2 f.26–28). Mit diesem oikoumenischen

---

[30] Vgl. dazu die quellenkundige Interpretation bei Pervo, Profit, 50–57; Klauck, Magie, 127–133. Zur Detailauslegung Pervo, Acts, 639–678; monographisch Praeder, Voyage; Börstinghaus, Sturmfahrt, bes. 279–444.

Schlussakkord endet die urchristliche Erstepoche. In Rom beginnt die (lukanische) Normalzeit der Kirche. Um die Grenzüberschreitung zu markieren, retardiert Lukas das Erzähltempo, führt das Geschehen gleichsam in Zeitlupe vor. Detailfreudig und mit den konventionellen Mitteln der Reisetopik beschreibt er eine ebenso abenteuerliche wie aufschlussreiche Schifffahrt.[31] Die Seereise- und Schiffbrucherzählung wird so zur Ekphrasis eines gefahrvollen, aber gottgelenkten Übergangs.

Um den Unterhaltungs-, Aussage- und Vertiefungsaspekt der lukanischen Seesturmerzählung komparativ zu erfassen, heben wir drei Gesichtspunkte voneinander ab. Der erste – der Seesturm als Abenteuer (2.1) – bindet unsere Episode ganz in die antik-mediterrane Erzählkultur ein; der zweite – der Seesturm als Charakterbild (2.2) – entfaltet die spezifische Erzählgestalt des Paulus; der dritte – der Seesturm als Offenbarung (2.3) – verweist auf das lukanische Gottesbild, gibt ihm sein Proprium und bindet es zugleich in die antike Theologie zurück.

2.1 Der Seesturm als Abenteuer

Seestürme und Schiffbrüche sind gattungsübergreifende Themen fiktionaler wie non-fiktionaler Erzählweise in der antiken Mittelmeerkultur.[32] Jene, die daheim die Abenteuer

---

[31] Zur Markierung der Zäsur durch die Sturmfahrt-Episode WOLTER, Doppelwerk, 277f.; zum repräsentativen Charakter der Schlussszene der Erstepoche BACKHAUS, Σκεῦος, 425–427. Zur narrativen Zeitlupe ALEXANDER, Maps, 118: „the slow motion filming of the travel process has the effect of highlighting the narrative significance of this particular journey within the story as a whole".

[32] Vgl. PRAEDER, Voyage, 227–245; PERVO, Profit, 50f. mit 156 Anm. 182; THIMMES, Studies, 40–80. Reiches Vergleichsmaterial,

zu erleben pflegten, interessierten sich offenkundig rege für solche Vorkommnisse auf unsicherer See, auf unzuverlässigen Holzschiffen, unter unheimlichen Mächten. Alle epischen Helden erdulden Seesturm oder Schiffbruch: die Argonauten, nahezu unentwegt Odysseus und seine Gefährten, unter göttlicher Führung Aeneas.[33] Zweifellos inspiriert ihr Schicksal spätere Erzähler. Das Thema „Seesturm und Schiffbruch" beschäftigt griechische Tragiker, römische Lyriker wie Epiker, Philosophen, Rhetoren, Fabeldichter, Satiriker, Historiographen, Biographen, Autobiographen und amtliche oder private Briefschreiber.[34] Es findet – vor allem in frühchristlicher Zeit – „massenhaft"[35] Verwendung in den Romanen[36] wie dann auch in den romanesken apokryphen Apostelakten.[37]

---

kritisch aufbereitet, bietet jetzt die instruktive Erlanger Dissertation von Börstinghaus, Sturmfahrt, bes. 13–277. Zum intertextuellen Anspruch der Passage Hummel, Factum, 46–52.

[33] Argonauten: Apoll. Rhod. 2,1097–1122; 4,1223–1249; Val. Fl. 1,608–658; Odysseus und seine Gefährten: Od. 3,286–300; 5,291–463; 7,248–255.270–282; 9,67–84; 12,401–450; Aeneas: Vergil, Aen. 1,81–156; 3,192–208; 5,8–25.

[34] Repräsentativ für diese Gruppen und Textsorten seien genannt: Euripides, Hel. 400–413; Prop. 3,7; Horaz, carm. 1,3,9–24; Lucan. 9,319–347; Diog. Laert. 7,1,2.4 f. (Zenon); Dion Chrys. 7,2.31 f. (vgl. Ailios Aristeides, or. 45,33 f.); Phaedr. 4,23,9–25; Lukian, merc. cond. 1; nav. 7–9; Toxaris 19 f.; VH 1,6.9 f.; Appian, civ. 5,88–90; Plutarch, Dion 25,3–11; Josephus, vita 14 f.; Ailios Aristeides, or. 48 (Sacri sermones 2),12–14.65–68; Arrian, per. p. E. 3,2–5,3; Synesios von Kyrene, epist. 5,69–174.195–227.

[35] Söder, Apostelgeschichten, 48.

[36] Chariton, Kallirhoe 3,3,10–12; Xenophon von Ephesus, Ephesiaka 2,11,10; Achilleus Tatios, Leukippe & Kleitophon 3,1–5; Longos, Daphnis & Chloe 1,30,1–31,1; Heliodor, Aithiopika 1,22,21–29; 5,27,1–45; Historia Apollonii regis Tyri 11 f. Dazu ausführlich Börstinghaus, Sturmfahrt, 69–118; zum Reisemotiv in den frühen Romanen (Chariton, Kallirhoe; Xenophon von Ephesus, Ephesiaka) im Ver-

Auch die aus Apg 27,1–28,16 bekannten Einzelmotive finden sich sehr verbreitet: selbstverständlich stets die Ekphrasis von tückischen Winden, erschreckender Finsternis und hilflosen Rettungsmanövern,[38] sodann der unzeitige Aufbruch oder falsche Entschluss zur Weiterfahrt,[39] das den Seeleuten überlegene Wissen des besonderen Passagiers,[40] seine Belehrung im Traum,[41] der Abwurf von Ladung zur Schiffsrettung,[42] das Aussetzen des Beiboots,[43] die sinkende

---

gleich mit Apg Alexander, Journeyings; Dies., Maps bes. 101–117. Zur generischen Verbindung von Romanerzählung und Reisedichtung Rohde, Roman, 178–309, bes. 178–183.

[37] Clem. hom. 12,16,3–17,4; ActPhil 3,10–12 (33 f.); ActJoh (Prochoros) ed. Th. Zahn pp. 8 f.50 f. Zum Seesturm- und Schiffbruchmotiv in den Apostelakten Söder, Apostelgeschichten, 48; Börstinghaus, Sturmfahrt, 237–245.

[38] Lukian (bzw. sein Sprecher Mnesippos) fürchtet seine Adressaten durch die allzu häufig wiederholten Einzelheiten zu langweilen: καὶ τὰ μὲν πολλὰ τί ἂν τις λέγοι, τρικυμίας τινὰς καὶ στροβίλους καὶ χαλάζας καὶ ἄλλα ὅσα χειμῶνος κακά; – „Und das Viele [scil. was bei einem Seesturm zu geschehen pflegt] – was soll man es noch erzählen: tosende Wogen eben und Wirbelwinde und Hagel und die anderen Übel, die zu einem Sturm gehören?" (Toxaris 19) Zur Seesturmtopik vgl. Pervo, Profit, 156 Anm. 189.

[39] Plutarch, Dion 25,4 f.; Chariton, Kallirhoe 3,5,1; Heliodor, Aithiopika 5,18,8–11.

[40] Phaedr. 4,23,19–24; Ailios Aristeides, or. 48 (Sacri sermones 2),67 f.; or. 50 (Sacri sermones 4),33–36; Philostrat, Ap. 5,18; Synesios, epist. 5,57–71.

[41] Ailios Aristeides, or. 48 (Sacri sermones 2),13; Xenophon von Ephesus, Ephesiaka 1,12,4; Heliodor, Aithiopika 5,22,1–20. Zu Ailios Aristeides näher Börstinghaus, Sturmfahrt, 48 f.

[42] Achilleus Tatios, Leukippe & Kleitophon 3,2,9; vgl. auch Jona 1,5.

[43] Petron. 114,7; Achilleus Tatios, Leukippe & Kleitophon 3,3,1–3,4,2; Heliodor, Aithiopika 5,24,4–11; vgl. TestNaph 6,6.

Hoffnung,[44] immer wieder die rettenden (oder am Ende nicht rettenden) Holzplanken[45] oder helfenden Schwimmer,[46] liebenswert oft die gastfreundlichen Einheimischen.[47] Bereits Lukian von Samosata lässt in seinen „Wahren Geschichten" die gängigen Klischees in kaustischer Parodie aufmarschieren, um das überstrapazierte Erzählgenre genüsslich vorzuführen (VH 1,1–4; vgl. merc. cond. 1).

Als Querlektüre im kontextuellen Eigenraum sei aus dem breiten Spektrum Juvenals zwölfte Satire ausgewählt. Sie gehört etwa in die lukanische Zeit und illustriert sprachgewaltig, dass der Schiffbruch nicht ausschließlich um seiner Eigendramatik willen erzählt werden muss. Zudem belegt sie selbstironisch die topische Konventionalität der *poetica tempestas*. Das eigentliche Thema der Satire ist die Erbschleicherei, sodass man sich fragen mag, welche Bedeutung dem überschwänglichen Dank des Dichters für die Rettung seines Freundes Catullus aus gefährlichem Seesturm (Iuv. 12,10–82) hier zukommen mag. Auf der einen Seite zeigt die entschlossene Haltung des Catullus, der sich in Seenot vom Besitz trennt, dass das Überleben mehr zählt als das Wohlleben. Auf der anderen Seite demonstrieren Juvenals selbstlose Opfer für den Geretteten, der doch drei Erben

[44] Plutarch, Dion 25,9; Lukian, Toxaris 20; Achilleus Tatios, Leukippe & Kleitophon 3,2,4.

[45] TestNaph 6,6; Od. 5,370 f.; 7,252–254; Apoll. Rhod. 2,1110–1112; Prop. 3,7,53; Anth. Gr. 7,289 (Antipatros von Thessalonike); Lukian, Toxaris 20; Xenophon von Ephesus, Ephesiaka 2,11,10; Achilleus Tatios, Leukippe & Kleitophon 3,4,6–3,5,1; Historia Apollonii regis Tyri 12.

[46] Lukian, Toxaris 19 f.; Xenophon von Ephesus, Ephesiaka 1,12,4.

[47] Petron. 114,14; 115,6; Dion Chrys. 7,5; Lukian, VH 1,29; Synesios, epist. 5,217–232.239–242.251–270; Historia Apollonii regis Tyri 12; Clem. hom. 12,17,1–3.

hat, dass die *amicitia* nicht durch schnöde Gewinnsucht getrübt werden darf (vgl. 12,93–95).[48]

Das üppigste Opfer ist angesichts der Rückkehr des noch immer bebenden Freundes angemessen, der kaum fassen kann, der furchtbaren Gefahr entronnen zu sein:

nam praeter pelagi casus et fulminis ictus
evasit: densae caelum abscondere tenebrae
nube una subitusque antemnas inpulit ignis.
cum se quisque illo percussum crederet et mox
attonitus nullum conferri posse putaret
naufragium velis ardentibus (omnia fiunt
talia, tam graviter, si quando poetica surgit
tempestas), genus ecce aliud discriminis! ...

Denn außer des Meeres Fährnissen ist er auch dem Blitzschlag entronnen: Dichteste Dunkelheit verhüllte den Himmel in einer einzigen Wolke nur, und plötzlich schlug Feuer in die Rahen ein. Als ein jeder sich dadurch zerschmettert glaubte und alsbald sich, vom Donner betäubt, sagte, unvergleichlich schlimmer als Schiffbruch seien brennende Segel (alles geschieht ja in solcher Weise, dermaßen ungestüm, wenn sich einmal ein Unwetter nach Dichterart erhebt!) – siehe: eine neue Form von Gefahr! (12,17–24)

Was nun geschieht, sieht man, fährt Juvenal fort, auf Votivbildern der aus Seenot Entkommenen, wie sie in den Tempeln gezeigt werden, denn es sei bekanntlich Isis, die Schutzpatronin der Seefahrer, die die Maler ernähre (12,25–28). So malt er denn im Hexameter kein weniger lebhaftes

[48] Diesen Zusammenhang scheint schon ein Glossator zu vermuten, der in die dramatische Szene des Ballastabwurfs einfügt: *non propter vitam faciunt patrimonia quidam, / sed vitio caeci propter patrimonia vivunt.* – „Nicht um zu leben, erwerben manche ihr Vermögen, sondern sie leben, blind vom Laster, um des Vermögens willen" (12,50 f.). Zum vermutlich sekundären Charakter dieser Stelle wie zu dem im Folgenden vorausgesetzten Verständnis der zwölften Satire überhaupt vgl. die Erläuterungen in der Tusculum-Edition von Joachim Adamietz (1993), 417–421.

Bild von den Gefahren, in denen Catullus schwebt, und von der Entschlossenheit, mit der er sich vom Schiffsballast trennt, um sein Leben zu retten. Der mittlere Rumpf des Schiffes ist schon von Wasser geflutet, die Wellen lassen das Schiff schwanken, der erfahrene Steuermann ist hilflos – da lässt Catullus *quae mea sunt … cuncta* über Bord werfen (12,37) – ein Vorgang, dem Juvenal nicht weniger als 25 Verse widmet, einschließlich eines groben Vergleichs mit der Tierwelt.[49] Alles muss über Bord: Textilien und Geschirr aus dem Luxusbedarf, dann auch das wirklich Nützliche. Schließlich wird der Schiffsmast gefällt: *discriminis ultima, quando / praesidia adferimus navem factura minorem.* – „Die Gefahr muss das Äußerste berühren, bevor wir uns solcher Schutzmittel bedienen, die das Schiff kleiner machen sollen" (12,55 f.). Es folgt eine Sentenz, in der sich das Verhältnis des Römers zum Meer vielleicht am dichtesten zum Ausdruck bringt und die uns ähnlich bei Arat (Arat. 296–299) und im jüdischen Weisheitsbuch (Weish 14,5) begegnet: *i nunc et ventis animam committe dolato / confisus ligno, digitis a morte remotus / quattuor aut septem, si sit latissima, taedae.* – „Also los jetzt! Übergib dein Leben den Winden und vertraue dich einem behauenen Stück Fichtenholz an, vier Finger breit vom Tod entfernt – oder sieben, wenn es ganz dick ist" (12,57–59).

[49] *imitatus castora, qui se / eunuchum ipse facit cupiens evadere damno / testiculi: adeo medicatum intellegit inguen.* – „Er ahmt den Biber nach, der sich selbst zum Eunuchen macht, da er durch Einbuße des Hodens zu entkommen trachtet: So klar versteht er die Heilkraft seines Unterleibs!" (12,34–36) Der Biber sucht (vermeintlich) den Jäger dadurch abzuschütteln, dass er die Hoden, die das als Heilmittel begehrte Drüsensekret enthalten sollten, abbeißt und von sich wirft. Ähnlich trennt sich der Sturmgejagte mit Blick auf die Rettung durch Abwurf von seinem Besitz.

Schließlich jedoch beruhigt sich der Südostwind, das Wetter schlägt um, und die Parzen spinnen ein günstigeres Geschick. Das Schiff – genauer: das, was von ihm noch übrig ist – eilt in günstigem Wind dahin. Die Sonne lässt sich wieder sehen und bringt die *spes vitae* (12,70) mit sich. Wie einst die Trojaner erblicken auch diese Seefahrer in den Gipfeln der Albaner Berge das Zeichen der endlich erreichten Heimat und fahren schließlich in den Hafen von Ostia ein, … *gaudent ubi vertice raso / garrula securi narrare pericula nautae.* – „wo die Seeleute, jetzt in Sicherheit, mit geschorenem Kopf ihre Freude daran finden, schwatzhaft von den Gefahren zu erzählen" (12,81 f.; vgl. auch Lukian, merc. cond. 1). Der geschorene Kopf, der wohl auf ein Gelübde in der Not zurückgeht, bringt die Dankbarkeit der Geretteten zum Ausdruck. Zugleich sehen wir, wie sich aus dem Seemannsgarn Stoff für die zahlreichen maritimen Abenteuergeschichten spinnen lässt.

Wer bei unserer Querlektüre die lukanische Seesturmerzählung mitgelesen hat, stellt fest, dass sich viele Elemente dieser Episode auch bei der dramatischen Überfahrt des Paulus nach Italien finden: das Spiel der Winde; die Dunkelheit (Apg 27,20); der mannigfache, fieberhafte Einsatz von *praesidia*, im Griechischen: βοήθειαι (27,17); der (detailliert beschriebene) Abwurf von Ladung und Schiffsgerät (27,18 f.38); die aufflammende *spes vitae* (vgl. 27,20.34–36); in eigener Weise auch das Vertrauen auf das „behauene Stück Holz", das die Gekenterten schließlich an das Land rettet (27,44). Auch wenn Paulus seinen Reisegenossen (natürlich auf einer anderen, metaphorischen Ebene) zusagt, dass ihnen der unvermeidliche Schiffbruch kein Haar vom Kopf rauben werde (27,34), sehen wir ihn in anderem Zusammenhang selbst *vertice raso*, und zwar – vermutlich nicht ohne Grund – in einer Hafenstadt: κειράμενος ἐν Κεγχρεαῖς τὴν κεφαλήν, εἶχεν γὰρ εὐχήν. – „In Kenchreä hatte er sich den Kopf scheren lassen; er hatte nämlich ein Gelübde abgelegt“ (18,18).

Man pflegt diese merkwürdige Notiz mit dem Nasiräatsgelübde in Verbindung zu bringen und stuft sie oft als lukanische Fiktion ein. Dabei muss vorausgesetzt werden, dass Lukas Sinn und Praxis dieses Gelübdes nicht recht verstanden hat. Möglicherweise hat Paulus sein Gelübde aber im Zusammenhang mit der Überfahrt von Korinth nach Ephesus abgelegt und Lukas, zumal er aus dieser Notiz keinerlei narrativen Nutzen zieht, eine Erinnerung daran aufbewahrt. Dann war der Apostel tiefer in die Gebräuche zur See eingebunden, als wir, die wir ihn eher für einen religiösen Aufklärer halten wollen, es uns vorstellen. Nicht auszuschließen ist freilich, dass Lukas selbst hier ein nautisches Detail einträgt, das Paulus in der mediterranen Kultur verwurzelt – ohne natürlich seine Bindung an den *einen* Gott Israels in Frage zu stellen.[50]

Wie dem auch sei, die epochale Zäsur in der Geschichte der werdenden Kirche gestaltet Lukas so, dass seine Leser aufatmen, wenn das Evangelium endlich in Rom – und damit auch in ihrer eigenen Epoche – eintrifft. Was immer es mit dem Evangelium sonst noch auf sich hat, langweilig ist es jedenfalls nicht! So gehören Seesturm und Schiffbruch zu der uns bereits bekannten Erzählfigur „Gerade noch einmal davongekommen“ (s. o. S. 55–57). Lukas verwendet dafür sein Vorzugsverb διασῴζειν / διασῴζεσθαι – „hindurchretten“ (Lk 7,3; Apg 23,24; 27,43.44; 28,1.4). Die Funktion dieser Figur ist es, die göttliche Hand im Spiel ahnen

[50] Vielleicht ist ein anderer Brauch mitzubedenken: Das Haareschneiden auf See galt als Herausforderung der Götter und ungünstiges Vorzeichen (vgl. Petron. 103,3–6; 104,5–105,4); zu dieser Vorstellung Wachsmuth, Δαίμων, 302–304; Börstinghaus, Sturmfahrt, 121 f.

zu lassen. Was da geschieht, ist Fügung, nicht Zufall: Wenn das Evangelium so dramatische Gefahren überstanden hat, dann steht Gott auf seiner Seite – und dann will er, dass es Rom erreicht und Paulus vor Nero steht (vgl. Apg 19,21; 25,11 f.; 26,32; 27,23–25). Wir werden auf diese Einsicht in unserer Bilanz zurückkommen.

Werten wir zunächst unsere Vergleichsarbeit aus: Lukas will gewiss – nicht anders als Juvenal – zunächst *unterhalten*. In dieser Hinsicht hat unser Motivvergleich ergeben, dass das Seeabenteuer des Paulus in seiner lukanischen Darstellung recht konventionell angelegt ist.[51] Die literarisch anspruchsvolleren Satiriker spotten nicht ohne Grund über den stets gleichen Einsatz aus dem Motivrepertoire allzu geläufiger Seesturm- und Schiffbruch-Erzählungen oder schwelgen ironisch in den Stereotypen (Iuv. 1,9.14; 12,22–24.81 f.; Lukian, Toxaris 19; VH 1,1–4; vgl. auch Synesios, epist. 5,296 f.). Die subtile Botschaft ist eindeutig: Sturmerzählungen sind literarische „Dutzendware".[52]

Wenn Lukas seine intendierten Leser auf solche Weise zu ergötzen sucht, lässt dies darauf schließen, dass sich diese Leser mit einer durchaus herkömmlichen Unterhaltung zu begnügen wussten. Nun wäre es kein kulturgeschichtliches Unikum, dass Einfallslosigkeit Menschen zu fesseln vermag. Zudem mögen die hier beispielhaft genannten Werke und Motive weithin gar nicht zum kulturellen Bildungsstand der Frühchristen gehört haben, so dass für sie neu war, was uns heute allzu abgegriffen erscheint. Dass Lukas hier einfach Topoi aus der fiktionalen Literatur imitiert, ist freilich keineswegs gesagt: Typik und Topik

---

[51] Überraschend anders nimmt Reiser, Caesarea, 61 die Quellenlage wahr, wenn er für Apg 27 feststellt: „literarische Topoi aus der Tradition der Seesturm-Ekphrasis seit Homer fehlen vollständig".

[52] Vgl. Börstinghaus, Sturmfahrt, 142 f.

liegen nah beieinander. Zwischen Autopsie und Fiktion ist kaum hinreichend zu unterscheiden. Denn die erfundenen Geschichten entwickeln diese Topoi, weil sie in der außertextlichen Wirklichkeit gang und gäbe waren. Und umgekehrt: Die Wirklichkeit wurde von den unmittelbaren Zeugen so wiedergegeben (und vermutlich auch bereits so wahrgenommen), wie es topische Erzählformen vorgeprägt hatten.[53] Diese Affinität typischer und topischer Züge lässt historische Rückschlüsse außerordentlich schwierig erscheinen.[54] Denn die Fiktion muss wahrscheinlich sein und der Augenzeuge will fesseln.[55] So fanden wir das skizzierte Motivensemble sowohl in eindeutig fiktionalen als auch in

---

[53] Reiser, Caesarea, 53 weist kritisch darauf hin, dass dokumentarische Seefahrtberichte in der Apg-Exegese oft zugunsten fiktionaler Genera vernachlässigt werden. Dass Autopsie und topische Formung einander nicht widersprechen müssen, zeigt die ausführliche und literarisch anspruchsvolle Schilderung von zwei Seestürmen mit Strandung bei Synesios von Kyrene, epist. 5: Einerseits betont der gelehrte Korrespondent, dass die Seestürme ähnlich zu verlaufen pflegen (5,198–200), andererseits weiß er aus den beiden Seeabenteuern ein δρᾶμα ἐκ τραγικοῦ κωμικόν zu komponieren, um den Adressaten mit seinem allzu lang gewordenen Brief zu unterhalten (vgl. 5,296–301); dazu eingehend Börstinghaus, Sturmfahrt, 253–277.

[54] So wirkt die rekonstruktive Zuversicht bei Rapske, Acts befremdlich: Weil die in Apg 27 f. geschilderten Geschehnisse – sofern man verschiedene Hilfsannahmen zu ihrer Plausibilisierung zulässt – so vorgefallen sein könnten, sind sie auch so vorgefallen. Andere Annahmen verfallen dem methodologischen Verdacht der „Parallelomanie" (vgl. bes. Acts, 43–47), wenn nicht gar dem gereizten Vorwurf des „historischen Hyperskeptizismus" und der „Neigung, alles *[sic!]* der Phantasie zuzuschreiben" (vgl. Reiser, Caesarea, 53 Anm. 24).

[55] Lukian, merc. cond. 1 lässt die (angeblichen) Überlebenden der Schiffbrüche mit geschorenem Haupt an den Heiligtümern der Hafenstädte kräftig mit den üblichen Topoi flunkern, um ihre τραγῳδίαι zu komponieren.

dokumentarischen Zusammenhängen.[56] Dass sich Lukas bei seinem Bericht von literarischen Gestaltungsmustern leiten lässt, steht jedenfalls außer Frage. Auch die diversen – scheinbar „unerfindlichen" – Details der Schilderung können zum Beglaubigungs- und Veranschaulichungsapparat einer Fiktion gehören und der ἐνάργεια / *evidentia* dienen: *consequemur autem ut manifesta sint, si fuerint veri similia, et licebit etiam falso adfingere quidquid fieri solet.* – „Wir werden ... erreichen, dass die Geschehnisse bar vor Augen liegen, wenn sie dem Wahren ähnlich wirken, und es wird erlaubt sein, auch fälschlich alles Mögliche hinzuzudichten, was [in solchen Fällen] zu geschehen pflegt" (Quintilian, inst. 8,3,70; vgl. 8,3,61–71). Insgesamt erscheint mir die Annahme am nächstliegenden, dass Lukas über Schiffbruch und Strandung der Reisegruppe des Paulus informiert war und diese mit den üblichen topischen Motiven literarisch ausgestaltet hat.

Gerade so werden wir umso aufmerksamer für die *theologische* Dimension der Darstellung. Wir sahen, dass sich die vordergründige Spannung mit einer ernsten Absicht verbindet: bei Juvenal ist es der ethische Kontrast zur Erbschleicherei, bei Lukas die geschichtliche Sinnrichtung in der epochalen Zäsur. Die Reiseabenteuer sollen unterhalten, aber zugleich auch sittlich bilden, die Orientierung vertiefen, belehren. Die Grundregel hat Horaz formuliert:

---

[56] So macht ALEXANDER, Maps, 115–117 auf die Nähe zwischen Autopsie und zielsicherer geographischer Information in der Periplous-Literatur aufmerksam und sieht hier eine Nähe zur Apg; die Romane dagegen sind in eine entfernte Erzählwelt, vor allem in die weite Vergangenheit, versetzt und scheuen das topographische Detail. Sehr konkret in Arrian, per. p. E. 3,2–4 sieht REISER, Caesarea, 60 „nach Darstellungsart und Ausführlichkeit die genaueste Analogie zu Act 27,13–20" (vgl. ebd. 59–61).

centuriae seniorum agitant expertia frugis,
celsi praetereunt austera poemata Ramnes:
omne tulit punctum, qui miscuit utile dulci
lectorem delectando pariterque monendo.
hic meret aera liber Sosiis, hic et mare transit
et longum noto scriptori prorogat aevum.

Der Wahlkörper der Älteren wendet sich gegen das Werk, das keinen Nutzen bringt; strenge Dichtung indes wird von der edlen Jugend übergangen. Der Zustimmung aller ist sicher, wer dem Unterhaltsamen das Nützliche beigemischt hat, indem er den Leser ergötzt und zugleich auch sittlich belehrt. Derlei Buch bringt der Firma Sosius klingende Münze ein, derlei überquert auch das Meer, und dem wohlbekannten Verfasser erwirbt es eine lange Lebensdauer! (ars 341–346)[57]

Lukas war kein Dichter, und gewiss besaß er keinen Zugang zur Theorie der Dichtung, gar der lateinischen. Aber er besaß genügend literarischen Ehrgeiz (vgl. Lk 1,1–4), um im ersten Werk einer Kirchengeschichtsschreibung die von Horaz vorgezeichneten Ansprüche erfüllen zu wollen. Die geschichtliche Belehrung der Leser kommt nicht trocken daher, sondern, wie es dem Unterhaltungsanspruch reichsrömischer Geschichtsschreibung entspricht, im Gewand abenteuerlicher Reise-Erzählung.

Worüber aber will dieses Reiseabenteuer belehren? Lukas nutzt es, um ein Charakterbild seines Akteurs Paulus zu zeichnen (2.2) und um den die Geschichte Israels lenkenden Gott am dramatischen Detail zu enthüllen (2.3).

[57] Das Zitat von Horaz, ars 343f. hat Richard I. Pervo seiner einflussreichen Dissertation über das romanhafte Genus der Apg vorangestellt. Die Monographie trägt ihrerseits den programmatischen Titel „Profit with Delight".

2.2 Der Seesturm als Charakterbild

Wie soll sich ein Charakter klarer zeigen als *in extremis*? Erst in der Todesgefahr erweist sich, ob eine Lebensweise zu tragen vermag. Theophrast bedient sich daher in seiner Charakterkunde sehr gezielt des Beispiels des Seesturms, um den Feigling zu karikieren:

ἀμέλει δὲ ἡ δειλία δόξειεν ἂν εἶναι ὕπειξίς τις ψυχῆς ἔμφοβος, ὁ δὲ δειλὸς τοιοῦτός τις, οἷος πλέων τὰς ἄκρας φάσκειν ἡμιολίας εἶναι· καὶ κλύδωνος γενομένου ἐρωτᾶν εἴ τις μὴ μεμύηται τῶν πλεόντων· καὶ τοῦ κυβερνήτου ἀνακύπτων μὲν πυνθάνεσθαι εἰ μεσοπορεῖ καὶ τί αὐτῷ δοκεῖ τὰ τοῦ θεοῦ, καὶ πρὸς τὸν παρακαθήμενον λέγειν ὅτι φοβεῖται ἀπὸ ἐνυπνίου τινός· καὶ ἐκδὺς διδόναι τῷ παιδὶ τὸν χιτωνίσκον· καὶ δεῖσθαι πρὸς τὴν γῆν προσάγειν αὐτόν.

Die Feigheit – so scheint es zweifellos – stellt ein gewisses Zurückweichen der Seele aus Furcht dar. Der Feigling ist von solcher Art, dass er, wenn er auf See fährt, behauptet, die Riffe seien Piratenschiffe. Setzt Wellengang ein, erkundigt er sich, ob irgendwer unter den Schiffsleuten etwa nicht in die Mysterien eingeweiht sei [scil. und so den Zorn der Gottheit auf das Schiff zieht]. Er taucht beim Steuermann auf, um ihn auszuforschen, ob er mittleren Kurs halte und was ihn hinsichtlich der himmlischen Dinge dünke. Und dem Mitreisenden neben ihm sagt er, aufgrund eines gewissen Traumbilds hege er Besorgnis. Er zieht sein Unterkleid aus und gibt es dem Sklaven. Und er bittet darum, dass man ihn an Lande setze. (Theophrast, char. 25,1 f.)

Vor allem offenbarte die äußerste Lebensgefahr, was eine Philosophie wert war. Verlor etwa der Stoiker im Seesturm die Fassung, so konnte es entweder mit seiner Philosophie nicht weit her sein oder er musste sein Verhalten differenziert begründen (vgl. Gell. 19,1; Augustinus, civ. 9,4,29–71). Lukian führt es genüsslich am Kyniker (und zeitweiligen christlichen Starpropheten) Peregrinos vor: Bis zu seiner spektakulären Selbstverbrennung während der olympischen Spiele des Jahres 165 n. Chr. demonstrierte er publikumswirksam Todesverachtung – und verlor gleichwohl beim

Gewitter auf See die Nerven. Lukian selbst, so gibt er zu Protokoll, war Augenzeuge,

ὡς ἐπεὶ ταραχθείημεν τῆς νυκτὸς ἐν μέσῳ τῷ Αἰγαίῳ γνόφου καταβάντος καὶ κῦμα παμμέγεθες ἐγείραντος ἐκώκυε μετὰ τῶν γυναικῶν ὁ θαυμαστὸς καὶ θανάτου κρείττων εἶναι δοκῶν.

wie er, als wir nachts mitten im ägäischen Meer durchgeschüttelt wurden, da eine Gewitterwolke aufzog und sich gewaltiger Wellengang erhob, zusammen mit den Frauen herumheulte – er, der Wundermann, der sich dem Tod überlegen dünkte! (Peregr. 43)[58]

Ein spätes, aber köstliches Beispiel für den Charakter des toraobservanten Juden bietet – freilich aus der entgeisterten Wahrnehmung des Passagiers – der jüdische Schiffsführer, der sich, wie Synesios von Kyrene berichtet, mitten im Seesturm vom Steuer entfernt und zur Lektüre heiliger Schriften zurückzieht, da mit der Sturmnacht zugleich der Sabbat anbricht. Auch durch brachiale Bedrohungen der Passagiere lässt sich dieser „Makkabäer" – wie Synesios schimpft – nicht beirren, bis er um Mitternacht freiwillig ans Steuer zurückkehrt, da nunmehr offenkundig Todesgefahr drohe und damit der Einsatz nicht gegen die Tora verstoße (vgl. Synesios, epist. 5,86–119).

Der Seesturm entlarvt (oder bestätigt) den Charakter des Philosophen oder Gottesmanns. Gerade in der frühen Kaiserzeit war man am ethischen Wert des biographischen Beispiels interessiert. Wie wir sahen, benutzt Juvenal die Seenot, um seinen Freund Catullus als entschlossenen Handlungsträger zu charakterisieren, der sich um des Lebens willen von seinen Gütern trennen kann. Damit stellt Catullus das Gegenbild zu den habgierigen, Freundschaft heuchelnden Erbschleichern dar, die Reichtum anhäufen

[58] Vgl. BÖRSTINGHAUS, Sturmfahrt, 176–178; zum Kontrast zu dem „Seehelden" Paulus ebd. 181 f.

und damit alt werden mögen, doch niemanden haben, den sie lieben noch der sie lieben könnte: … *nec amet quemquam nec ametur ab ullo* (Iuv. 12,130; vgl. 12,93–130).

Ein damit verwandter und bei Juvenal auch deutlich thematisierter moralischer Zug ist der: Der Schiffbruch erst lässt ermessen, was im Leben wirklich zählt und was der Reisende aus sich gemacht hat. Als der Sokratiker Aristipp – so berichtet Vitruv – bei einem Schiffbruch auf Rhodos strandete, entdeckte er am Ufer geometrische Figuren, die ihn hoffnungsfroh auf die Nähe menschlicher Zivilisation schließen ließen. Dort durch seine philosophischen Auftritte alsbald zu Ehren gelangt, habe er sich zur Weiterfahrt gerüstet – doch nicht ohne den Reisegefährten einen Rat mit auf den Weg zu geben:

eiusmodi possessiones et viatica liberis oportere parari, quae etiam e naufragio una possent enare. Namque ea vera praesidia sunt vitae, quibus neque fortunae tempestas iniqua neque publicarum rerum mutatio neque belli vastatio potest nocere.

Nur solcherlei Besitztümer und Wegzehr solle man den Kindern überantworten, die man aus einem Schiffbruch herausretten könne. Denn allein das sind die wahren Hilfsmittel des Lebens, denen weder das wechselvolle Sturmwetter des Schicksals noch der Umsturz im Staatswesen noch die Verwüstung des Krieges etwas anzuhaben vermögen. (Vitr. 6 praef. 1 f.)[59]

Vor diesem Hintergrund wird deutlich, dass Lukas mit seiner Seesturmerzählung ein letztes und besonders klares Licht auf den unanfechtbaren Charakter des Gottesmanns Paulus wirft – der aus dem Unwetter nichts rettet als das Evangelium und dessen Kraft. Prozess und Hinrichtung des Paulus werden in der Apostelgeschichte zwar nicht mehr

---

[59] Blumenberg, Schiffbruch, 14 f. führt die Anekdote zur Illustration seines gedankenreichen Kapitels „Was dem Schiffbrüchigen bleibt“ an (ebd. 12–27).

geschildert, waren aber den Adressaten zweifellos bekannt. Umso wichtiger war es, dass vor der Ankunft in Rom die Unanfechtbarkeit des „Helden“ noch einmal deutlich zu Tage tritt.

Zur heuristischen Querlektüre bleiben wir bei der lateinischen Satire des ersten Jahrhunderts. Unser Text gewährt eine vertiefende Sicht auf das auffällige Verhalten des Paulus in Seenot, obschon der Vergleichsfall überhaupt nichts von der Weisheit des Völkermissionars verrät. In den *Satyrica* des Petronius Arbiter wird – mit den üblichen Erzählelementen – ein Seesturm vor der italischen Küste geschildert (Petron. 114,1–115,5). Wiederum begegnen uns, in satirischer Verdichtung, die topischen Erzählmuster, die wir aus Apg 27 kennen: das Spiel der Winde, Finsternis, das ausgesetzte Beiboot, der abgeknickte Mastbaum, Holzplanken auf der tosenden See. Auch hier mündet die Katastrophe darin, dass das Schiff auf eine Klippe läuft. Wenigstens einige der Passagiere überleben; Fischer, die plündern wollen, verwandeln sich, als sie dies bemerken, wie die Malteser in „philanthropische“ Helfer. Die Havarie bietet Gelegenheit einen Mitreisenden des Erzählers Encolpius sprechend zu charakterisieren: den bizarren Dichter Eumolpus.

audimus murmur insolitum et sub diaeta magistri quasi cupientis exire beluae gemitum. persecuti igitur sonum invenimus Eumolpum sedentem membranaeque ingenti versus ingerentem. mirati ergo quod illi vacaret in vicinia mortis poema facere, extrahimus clamantem iubemusque bonam habere mentem. at ille interpellatus excanduit et ‚sinite me‘ inquit ‚sententiam explere; laborat carmen in fine‘. inicio ego phrenetico manum iubeoque Gitona accedere et in terram trahere poetam mugientem.

Wir hören seltsames Gemurmel und unter der Kapitänskajüte ein Gestöhne wie von einem Untier, das zu entkommen sucht. Wir folgen nun dem Geräusch und stoßen auf Eumolpus, der dasitzt und auf riesengroßem Pergament Verse schmiedet! Da staunen wir, dass jener in der Nachbarschaft zum Tode hinreichend Muße findet, in Dichtung zu machen! Wir zerren ihn, obwohl er schreit, heraus und bedrängen ihn, dass er vernünftig wird. Der jedoch, ob der Unterbrechung wutentflammt, ruft: ‚Lasst mich doch den Satz vollenden! Mein Gedicht ist am Ende noch mangelhaft!' Ich greife mir den vom Wahnsinn Befallenen und rufe Giton zu, dazuzukommen und den brüllenden Poeten an Land zu zerren. (115,1–5)

In satirischer Verzerrung wird hier eine ernste Einsicht herausgestellt: *in vicinia mortis* offenbart sich die Wahrheit eines Lebens. Denn wofür sich nicht zu sterben lohnt, dafür lohnt sich auch nicht zu leben.

Eben dies gibt der lukanischen Seesturmerzählung, ungeachtet aller Topik, ihre Besonderheit. Auch Paulus und seine Weggefährten werden *in vicinia mortis* geschildert, und die Todesangst der „Wir"-Gruppe (vgl. Apg 27,20) ist für den Leser angesichts der bedrängenden Gefahren nachvollziehbar. Allein Paulus, der „besondere Passagier", verkörpert die Ruhe im Sturm und zeigt sich aller Not überlegen: Er prophezeit, wetterkundiger oder nautisch bewanderter als Seeleute und Zenturio, die drohende Gefahr für Ladung, Schiff und Leben (27,9–11). Auf dem Höhepunkt der Not ermutigt er, seinerseits durch einen Engel in nächtlicher Vision bestärkt, die Reisegenossen und sagt den weiteren Ablauf exakt voraus: Zwar gehe das Schiff verloren, nicht aber das Leben der Reisenden; man werde auf eine Insel verschlagen. Den Grund für die Rettung hat er vom Engel erfahren: Weil der „besondere Passagier" vor dem Kaiser stehen muss, hat Gott ihm alle Mitreisenden „geschenkt" (27,21–26).

Im weiteren Verlauf unterbindet Paulus durch seine Weisung an die militärische Besatzung die Flucht der Seeleute (27,30–32). Unmittelbar vor der Havarie tritt er noch einmal vor seine 275 Reisegenossen, ermuntert sie, die seit zwei Wochen nicht recht zu essen wussten, Speise zu sich zu nehmen, und sagt ihnen „Rettung“ (σωτηρία) an. Der Wortstamm hat im lukanischen Sprachgebrauch seine eigene Tiefe und oszilliert zwischen „Lebensbewahrung“ und „Heil“. So gesehen tritt zwar keine Allegorie, wohl aber ein Beispielfall für die lukanische „Ekklesiologie“ vor Augen. Nicht jenseits, sondern inmitten der Turbulenzen ist die σωτηρία zu finden.

Dass diese Deutung nicht zu weit ausholt, belegt das weitere Verhalten des Paulus:

εἴπας δὲ ταῦτα καὶ λαβὼν ἄρτον εὐχαρίστησεν τῷ θεῷ ἐνώπιον πάντων καὶ κλάσας ἤρξατο ἐσθίειν. εὔθυμοι δὲ γενόμενοι πάντες καὶ αὐτοὶ προσελάβοντο τροφῆς.

Nachdem er dies gesagt hatte, nahm er Brot, sagte Gott vor aller Augen Dank, brach es und begann zu essen. Da wuchs ihnen allen guter Mut zu und sie nahmen selbst Speise zu sich. (27,35 f.)

Wie die Rettung auf das Heil durchscheint, so spielt diese Brotbrechung das Thema Eucharistie ein.[60] Dem paganen Beobachter wird sich hierbei die Nähe zum *votum in tempestate* aufgedrängt haben.[61]

Denken wir an die Havarie bei Petronius zurück: Eumolpus bestätigt seinen Charakter als bizarr-entschiedener Dichter durch poetisches Schaffen *in vicinia mortis*. Vergleichbar (natürlich seriöser) bestätigt sich im Schiffbruch der Charakter des Völkerboten, der *in vicinia mortis* „Rettung“ verkündet und im Modus der Danksagung Brot

---

[60] Es geht hier um die sublime Symbolik, nicht um eine regelrechte Eucharistiefeier; zur Diskussion KLAUCK, Magie, 128 f.; PERVO, Acts, 664. In ActPetr 5 nutzt Petrus eine Flaute, um den durch eine nächtliche Audition und dann auch durch seine Verkündigung belehrten Schiffskapitän zu taufen; danach teilt er die Eucharistie mit ihm.

[61] Zu dieser Gebetsform in Seenot ausführlich WACHSMUTH, Δαίμων, 435–439.

bricht. Paulus – so signalisiert Lukas seinen Lesern mit den Konventionen des Genres – ist insofern „Held“ der Erzählung, als er den Auftrag erfüllt, den die Jünger seit den Jerusalemer Tagen von Jesus her wahrnehmen. Er erfüllt ihn hier noch im Untergang, der sich als Übergang in die Mitte der Welt erweist. Die Seenot zeigt: Der Charakter des Paulus ist vom Evangelium geprägt, und die Leser dieser dramatischen Erzählung – selbst an Heilsbotschaft und Eucharistie gewöhnt – werden auf literarische Weise in den Strudel der Ereignisse gezogen. Indem sich der Erzähler der zersagten Konventionen bedient, sprengt er sie und lässt sie zu triftigen Aussageformen des Evangeliums werden.[62]

Die jüdisch-christlichen und griechisch-römischen Theologien teilen manche Plausibilitäten über die den Geschichtsläufen inhärente Logik. Darauf greift eine weitere Charakterisierung mittels Katastrophe zurück. Sie ist Lukas angesichts des in der erzählten Welt bevorstehenden (aber nicht mehr erzählten) Prozesses vor dem Kaiser wichtig. Die außergewöhnliche Rettung aus Seenot erweist: Der „besondere Passagier“ ist unschuldig. Die Vorstellung durchzieht die griechisch-römische Antike (und prägt auch die Jona-Erzählung): Wen die Götter aus gutem Grund treffen wollen, den treffen sie auf hoher See. Und umgekehrt: Wen sie freisprechen oder sogar hochschätzen, den retten sie aus Seenot, lassen ihn diese zumindest überleben, mitunter durch himmlische Intervention, oder sie verschonen ihn von vornherein trotz gefährlicher Überfahrt vor jeglicher Gefahr. Selbst vor Gericht konnte dieser Tun-Ergehen-Zusammenhang eine Rolle spielen.[63]

---

[62] Zum Verhältnis von literarischer Konvention und Innovation am Beispiel antiker Seesturmerzählungen Thimmes, Studies, 103–110.

[63] Miles / Trompf, Luke, bes. 261–263 verweisen auf die Rede Περὶ τοῦ Ἡρώδου φόνου des athenischen Gerichtsredenschreibers Antiphon

Aus dieser retributiven Logik folgt, dass der Himmel Paulus auf seiner gefahrvollen Fahrt begleitet. Nicht nur er

(um 480–411 v. Chr.): Der Angeklagte wurde beschuldigt, auf der Seefahrt nach Ainos einen Mitreisenden namens Herodes beseitigt zu haben. Die Verteidigung betont, dass unreine Passagiere oft auf dem Meer umgekommen seien und ihre Mitreisenden, auch die unschuldigen, mit in den Tod gerissen hätten. In diesem Fall aber hätten alle Passagiere günstige Fahrt genossen, womit die Unschuld des Angeklagten belegt sei (de caed. Herod. 82f.). Die Analogie zu den geretteten Mitreisenden des Paulus ist deutlich (vgl. Apg 27,22–24.34.44). Die angeführte Passage liegt zeitlich und kulturell freilich weit von Apg entfernt. Ihr heuristischer Wert ist darin zu sehen, dass sie eine nahezu gemeinantike Vorstellung plastisch vor Augen führt, für die Miles/Trompf von dem Frevel der Odysseus-Gefährten an den Rindern des Helios (Od. 12,127–141.260–446) bis zu Laktanz chronologisch umfassende Eckpunkte anzuführen vermögen (ebd. 263f.). Ladouceur, Preconceptions, bes. 436–441 steuert einen weiteren Beleg aus dem Gerichtswesen des klassischen Athen bei. 399 v. Chr. wurde der Redner Andokides wegen Asebie verklagt. Außer seiner Verteidigungsrede ist hier auch die im Redenkorpus des Lysias überlieferte Anklagerede erhalten. Auf beiden Seiten wird der Umstand, dass Andokides allerlei Reisen zur See unbeschadet überstanden hat, stark gewichtet. Die Anklage betont, dass die Götter auf solche Weise den Frevler für das menschliche Strafgericht aufgespart hätten (Ps.-Lysias, Contra Andociden 19f.26–28.31f.). Andokides verweist im Gegenzug auf die heftigen Gefahren seiner Reisen in unsicherer Zeit. Wen die Götter verschonen, den wollen sie nicht durch Menschenhand gerichtet sehen: ἐγὼ μὲν οὖν, ὦ ἄνδρες, ἡγοῦμαι χρῆναι νομίζειν τοὺς τοιούτους κινδύνους ἀνθρωπίνους, τοὺς δὲ κατὰ θάλατταν θείους. – „Ich für meinen Teil, ihr Herren, halte dafür, dass man diese Art von Gefahren [scil. die Risiken eines Prozesses] für solche menschlicher Natur halten solle, jene aber, die auf dem Meer drohen, für solche göttlicher Natur!“ (De mysteriis 139; vgl. 137–139) Auch hier liegt die Analogie auf der Hand: Dem Gott, der seinem Boten Paulus das Leben rettet und ihn damit offenkundig freispricht, ist eher zu vertrauen als dem menschlichen Gerichtshof des Kaisers Nero, der Paulus zum Tod verurteilen wird. Wie Ladouceur selbst betont (ebd. 441), ist selbstverständlich auch hier der zeitliche und kulturelle Abstand zum 1. Jh. zu berücksichtigen; er fügt daher ergänzende Beispiele (z.B. Vergil, Aen. 1,39–45; Horaz, carm. 3,2,26–30)

selbst überlebt die furchtbare Gefahr, sondern um seinetwillen verliert keiner der zahlreichen Passagiere auch nur ein Haar vom Haupt (Apg 27,34).[64] Die Rettung lässt auf göttliche Absicht (κατὰ θεοῦ πρόνοιαν) schließen: Dies ist die Überzeugung des Josephus, der sich gern als priesterlicher Prophet stilisiert. In seinem Fall ist der Beweis (aus seiner Sicht) sogar noch klarer: Von den etwa 600 Passagieren werden nur 80, die den anderen Schiffbrüchigen zuvorkommen, auf ein rettendes Schiff gezogen. Daraus folgt: Gott will, dass er, der Erwählte, in Rom auftritt und nach Jerusalem zurückkehrt (vgl. vita 15).

Daran, dass Gott zumindest das Erstere ebenfalls im Fall des erwählten Völkermissionars will, lässt unsere Erzählung keinen Zweifel. In ungewöhnlicher Dichte interveniert der Himmel bei Lukas im Grundlegungsgeschehen (Geburten des Vorläufers und Jesu, Oster- und Pfingstereignis) und in den umwälzenden Episoden der Berufung des Paulus und der Taufe des Cornelius. Demgegenüber wird die göttliche Absicht hier eher in historiographischer Manier durch den Richtungssinn (in Josephus' Worten: κατὰ θεου πρόνοιαν)

an (ebd. 441–443). Zur Vorstellung des Schiffbruchs oder der Aploia aufgrund von Asebie mit vielen Belegen Wachsmuth, Δαίμων, 265–271; zur komplementären Vorstellung der Euploia durch Eusebie ebd. 272–276. Ein spätes, aber besonders aufschlussreiches Beispiel bietet Prokop, BV 1,12,1 f.: Als die byzantinische Flotte im Vandalenkrieg 533 n. Chr. ausläuft, wird nach den Segensgebeten des Bischofs demonstrativ ein frisch getaufter Soldat mit christlichem Namen an Bord des Flaggschiffs genommen. Die auch Christen leitende Überzeugung entspricht ganz der herkömmlichen paganen Vorstellung: Ein εὐσεβής, soeben von Sünden gereinigt, mit glückverheißendem Namen, in die Mysterien eingeweiht, bringt allen Mitreisenden göttlichen Beistand (vgl. Wachsmuth, Δαίμων, 317 f.).

[64] Vgl. bes. Lk 21,18; ferner Lk 12,7/Mt 10,30; 1 Sam 14,45; 2 Sam 14,11; 1 Kön 1,52.

gezeigt als direkt geschildert. Doch die theologische Aussage steht fest: Gott lenkt, offenbart und rettet.

Lukas demonstriert dies abermals mit den genreüblichen Darstellungsformen. Eine nächtliche Angelophanie, wohl ein Traum, bereitet den Gottesmann auf Seenot und Rettung vor (vgl. Apg 27,22–25). Vorzeichen bevorstehenden Unheils, warnende Träume und göttliche Interventionen gehören in unterschiedlichsten Weisen zum ständigen Repertoire (z. B. Ailios Aristeides, or. 48 [Sacri sermones 2],12–14). Noch einmal – nun ganz aus paganer Perspektive – bringt sich der göttliche Beistand am rettenden Ufer zur Geltung (Apg 28,1–6): Am Holzfeuer, an dem die Inselbewohner die Gestrandeten aufwärmen, wird Paulus von einer Schlange gebissen. Die retributive Logik lautet in diesem Fall: Wer einer Todesgefahr knapp entgangen ist und dann von der unverzüglich folgenden dahingerafft wird, muss frevelhaft den Gotteszorn auf sich gelenkt haben: „Sicherlich ist dieser Mensch ein Mörder, dem die Strafgöttin (Dike), nachdem er aus dem Meer heil durchgebracht worden ist, zu leben verwehrt!“ (Apg 28,4)[65] Die Schlange gilt als Vollstreckerin göttlichen Strafgerichts. Den Charakter des Schurken Thermuthis legt in Heliodors Roman ein höchst einschlägiger Tod offen:

πρὸς ὕπνον τραπεὶς ὁ Θέρμουθις χάλκεόν τινα καὶ πύματον ὕπνον εἵλκυσεν, ἀσπίδος δήγματι, μοιρῶν τάχα βουλήσει, πρὸς οὐκ ἀνάρμοστον τοῦ τρόπου τὸ τέλος καταστρέψας.

[65] Ohne retributiven Hintergrund: Den Schiffbrüchigen, der sich ans Ufer zu retten vermag, beißt die Giftnatter (Anth. Gr. 7,290) oder zerreißt ein Wolf (7,289.550); vgl. Am 5,19: „Es ist, wie wenn einer vor dem Löwen flieht, da trifft er auf den Bären; aber er entkommt noch in sein Haus, stützt sich mit der Hand an die Mauer: Da beißt ihn die Schlange!“ Eine Variation mit strafendem Seehund bietet Anth. Gr. 9,269 (Antipatros von Thessalonike).

Thermuthis legte sich schlafen und fiel so in den letzten, den tödlichen Schlaf, herbeigeführt durch Vipernbiss. Es mag der Ratschluss der Moiren gewesen sein, dass er sein Dasein so zum Ende brachte, dass es nicht übel zu seinem Charakter passte. (Heliodor, Aithiopika 2,20,13–16)

Dass Paulus auch die zweite Gefahr abschüttelt, beweist in den Augen der Barbaren: Er ist kein Mörder, sondern ein Gott (Apg 28,5 f.). Der Leser wird – durch die heidnische Logik vielleicht erheitert, vielleicht beeindruckt – diese Folgerung ziehen: Die Göttin Dike – die personifizierte Gerechtigkeit – spricht selbst aus der Sicht der Barbaren diesen Angeklagten frei – ganz gleich, ob Kaiser Nero ihrem Urteil beipflichten wird.[66] So zielt die Anklage, der Paulus in Rom entgegensieht (vgl. Apg 27,23 f.), ethisch (und theologisch!) ins Leere.

Von der Strafgöttin Dike führt der Weg zu den Dioskuren Kastor und Polydeukes, lateinisch: Castor und Pollux.[67] Das alexandrinische Schiff, auf dem Paulus mit seinen Weggefährten nach den drei Monaten der Überwinterung die letzte Etappe nach Italien bewältigt, trägt ihr Schiffszeichen und steht damit unter ihrem Schutz: παρασήμῳ Διοσκούροις (28,11). Natürlich mag dieses zunächst un-

[66] Zur Auslegung von Apg 28,1–6 Ladouceur, Preconceptions, 448 f.; Klauck, Magie, 129–131; Kauppi, Gods, 107–112; Pervo, Acts, 673–675; Jipp, Visitations, 257–264.

[67] Mythographischer Befund bei Apollod. 1,67.111.119; 2,63; 3,117.126–128.134–137.173; Hyginus, fab. 77; 80. Wie stets gibt es zahlreiche Erzählvarianten: Nicht immer ist Zeus der Vater; oft wird Kastor menschlicher Ursprung und Sterblichkeit zugeschrieben. Zum Überblick über Mythos, religiöse und politische Bedeutung sowie Ikonographie Geppert, Castor, 4–35; Scheer/Ley, Dioskuroi; zum religions- und kulturgeschichtlichen Hintergrund Dölger, Dioskuroi; zum Zusammenhang mit Apg 28,11 eingehend Ladouceur, Preconceptions, 443–449.

scheinbar wirkende Detail Lukas aus der Tradition überkommen sein, aber auch dann ist zu fragen, warum er ausgerechnet dieses Detail von der langen Reise für erwähnenswert hält. Die beiden Zeussöhne sind mit einer zeitlich wie räumlich äußerst verbreiteten Tradition der griechischen und römischen Antike Schutzpatrone der Seefahrer und Nothelfer in Schiffsnot.[68] Zugleich genießen sie – gerade in der frühen Kaiserzeit – besondere Verehrung als Stadtgottheiten von Rom. Diese Verehrung wurzelt nicht zuletzt in der gepflegten Erinnerung an ihre Taten als Retter und Überbringer guter Botschaft in der Frühzeit.[69] So gehen wir nicht zu weit, wenn wir diese – der kulturellen Enzyklopädie der Adressaten zweifellos präsenten – Bezüge auf den Frohbotschafter Paulus bei seiner Reise nach Rom übertragen: Im oikoumenischen Zeichen der populären Nothelfer gelangt er an sein Ziel; wie die Dioskuren hat er zu Rom den Heiden eine frohe Rettungsbotschaft auszurichten. Hinzu tritt eine Eigenschaft, die gut zur richtenden Funktion der Dike passt: Die Dioskuren gelten als Hüter von Eid und Wahrheit.[70] Sie bestrafen den Frevler und retten den

---

[68] So tut der Feigling, den wir am Anfang dieses Kapitels bei Theophrast kennengelernt haben (s. o. S. 204), gut daran, sich zu erkundigen, ob jemand an Bord uneingeweiht sei: Er scheint dabei an einen volkstümlich mit den Dioskuren identifizierten Kult zu denken, den samothrakischen Kabirenkult. An der Sympathie der fachkompetenten Kultgottheiten auf See ist ihm natürlich gelegen; vgl. LADOUCEUR, Preconceptions, 442.

[69] Vgl. GEPPERT, Castor, 19–28.32–35. In christlicher Zeit übernahm Paulus selbst nebst Petrus wichtige Funktionen der Dioskuren, sei es als Patron der Stadt Rom, sei es als Nothelfer der Seeleute; vgl. LADOUCEUR, Preconceptions, 448.

[70] Vgl. LADOUCEUR, Preconceptions, 445 f., der die auch im 1. Jh. nachweisbare Bedeutung der Dioskuren als eidsichernde Götter betont. Älter, aber besonders deutlich ist die Selbstbeschreibung der Dioskuren im Schluss von Euripides' Elektra: νὼ δ' ἐπὶ πόντον Σικελὸν σπουδῇ /

Schuldlosen. Lukas kommt hier der zeitgenössischen Volksfrömmigkeit charmant entgegen, aber die Botschaft dieses Details bleibt im Bereich der Konnotation. Die Dioskuren sind ein kulturell anschlussfähiges Zeichen für den „guten Stern“, unter dem die Fahrt des Paulus nach Rom steht – nicht mehr. Es ist der Gott Israels, der diese Fahrt leitet und seinen Botschafter behütet.[71]

2.3 Der Seesturm als Offenbarung

Die Schuldlosigkeit des Paulus ist letztlich nur Nebenaspekt einer umfassenderen Sinnlinie: Nicht Paulus, sondern das Evangelium ist der „besondere Passagier“. So ist der Völkermissionar nicht nur unschuldig, er ist der machtvolle Gesandte des Gottes Israels.[72] Und im Seesturm offenbart sich dessen souveräner Geschichtswille.

Das *tremendum* und *fascinosum* des Meeres eignet sich gut als Medium göttlicher Hoheit. So demonstriert JHWH

σῴσοντε νεῶν πρῴρας ἐνάλους. / διὰ δ' αἰθερίας στείχοντε πλακὸς / τοῖς μὲν μυσαροῖς οὐκ ἐπαρήγομεν, / οἷσιν δ' ὅσιον καὶ τὸ δίκαιον / φίλον ἐν βιότῳ, τούτους χαλεπῶν / ἐκλύοντες μόχθων σῴζομεν. / οὕτως ἀδικεῖν μηδεὶς θελέτω / μηδ' ἐπιόρκων μέτα συμπλείτω. – „Wir beide aber eilen dahin zur sizilischen See, zu retten Schiffe, die im Meer treiben. Wenn wir die Flächen der Lüfte durchschreiten, stehen wir denen nicht bei, die befleckt sind. Die jedoch, die im Leben Gottesordnung und Gerechtigkeit zugetan sind, retten wir als Befreier aus schweren Nöten. So möge niemand Unrecht tun noch mit Meineidigen gemeinsam zur See fahren!“ (Euripides, El. 1347–1355)

[71] Zur Auslegung vgl. Klauck, Magie, 132 f.; Kauppi, Gods, 112–114. Insgesamt zur Interpretation von Apg 27 f. als Demonstration der Schuldlosigkeit Pauli vgl. den kritischen Überblick bei Jipp, Visitations, 7–12. Zur Lektüre von 28,1–11 durch eine griechisch-römisch sozialisierte Leserschaft Kauppi, Gods, 114–117.

[72] Darauf bestehen Börstinghaus, Sturmfahrt, 449.451 und Jipp, Visitations, 11 f. mit Recht.

alttestamentlich im Spiel mit dem Meer seine Schöpfungsmacht und Stärke; Jesus Christus erweist sich im Sturm auf dem See Gennesaret als Kyrios.[73] Auch die zeitgenössische Welt verbindet das Meer mit dem Numinosum, und zwar vornehmlich mit dessen unheimlichen Seiten. Die Argonauten, Odysseus und Aeneas ziehen auf ihren Schiffen nicht zuletzt durch die Göttergeschichte, die sich ihnen unter einem niedrigen Himmel auftut. Die Namen der Schiffe in hellenistischer und reichsrömischer Zeit erinnern an die Allerheiligenlitanei oder die Register dogmatischer Handbücher: *Aphrodite*, *Artemis*, *Asklepios*, *Athena*, *Demeter*, *Apollon*, *Dionysos*, *Herakles*, *Isis*, *Parthenos*, *Poseidon*, *Eleutheria*, *Castor*, *Pollux*, *Dioscuri*, *Clementia*, *Concordia*, *Constantia*, *Fides*, *Iustitia*, *Pax*, *Pietas*, *Providentia*, *Salus*, *Salvia*.[74] Die theologische Nomenklatur verrät einiges über die existentielle Unsicherheit, die diejenigen befiel, die sich auf Seefahrt begaben, aber auch wohl etwas von der Grunderfahrung, dass der, der eine Reise tut, am Ende etwas zu erzählen hat – vom Göttlichen.

Zur Querlektüre wählen wir einen Text, der anders als die vorangegangenen Beispiele denkbar weit von Zeit und kultureller Welt der Apostelgeschichte entfernt ist. Der Grund für die Auswahl ist (neben dem zeitlos wirkenden Charme der Erzählung selbst[75]) eine sachliche Verwandtschaft. Über

[73] Zur „Seemacht" JHWHs vgl. etwa Ijob 38,8–11; Ps 104,25 f.; zu der Jesu Christi Mk 4,35–41/Mt 8,23–27/Lk 8,22–25; Mk 6,45–52/Mt 14,22–33; Joh 6,16–21.

[74] Nach Casson, Ships, 354–360; eine Auflistung von antiken Schiffsnamen ebd. 439–441; zur Benennung von Schiffen in der Antike insgesamt vgl. ebd. 348–360 sowie Miltner, Seewesen, 946–956; zu theophoren und soteriologischen Schiffsnamen auch Wachsmuth, Δαίμων, 98–100.

[75] Diesen stellt Der Manuelian, Sailor heraus, bes. ebd. 224: „To this writer it would appear to be one of the more poignant, eloquent

den religionsgeschichtlichen Abstand hinweg verfolgen wir hier wie dort, wie die Reise-Erzählung dazu dient, das Gottesbild zu entgrenzen, und wie sie so für den Leser zum theologischen Lernprozess wird.

Unsere Erzählung firmiert in der Ägyptologie unter dem Titel „Der Schiffbrüchige" („Tale of the Shipwrecked Sailor"). Sie ist singulär auf einem Papyrus der St. Petersburger Eremitage überkommen, stammt, um 2000 v. Chr., aus dem Mittleren Reich, und birgt wohl die älteste überlieferte Seefahrergeschichte.[76] Man hat sie gern mit den Sindbad-Erzählungen verglichen.[77]

Der Erzähler, zum Sinai in See gestochen, gerät mit seinem Schiff und dessen Besatzung in einen Sturm, das Schiff havariert, und er wird als einziger Überlebender an das Ufer einer Insel gespült: „Ich verbrachte drei Tage dort allein, mit meinem Herzen als (alleinigem) Genossen".

---

but brief philosophical treatises to come out of the ancient world. 'The Shipwrecked Sailor' should take its place among the better pieces of wisdom literature, and its theme could be considered as applicable today as it was to its contemporaries. It is a concise and practical manual for living. And rather than displaying an unenlightened vocabulary, its simplicity of style serves to contribute all the more to the force of its message".

[76] Der Papyrus wurde von dem russischen Ägyptologen Wladimir Golenischeff entdeckt und publiziert: Les papyrus hiératiques N°s. 1115, 1116A et 1116B de l'Ermitage impérial à St. Petersbourg, St. Petersburg 1913; Edition: Aylward M. Blackman (1932). Ich bediene mich der mit Erläuterungen versehenen Übersetzung von Richard B. Parkinson, 89–101; die wörtlichen Zitate übernehme ich von Goedicke, Geschichte, der auch als laufender philologischer Kommentar herangezogen wird. Zur Erschließung ferner: Goedicke, Geschichte, bes. 76–90; Kurth, Interpretation, 170–179; Baines, Story, bes. 65–67.70–72; Der Manuelian, Sailor; Kurth, Ägypter, bes. 136; Moers, Welten, 245–251; Bourquin, Schreiben, 36–38.

[77] Vgl. Goedicke, Geschichte, 1.

Schließlich macht er sich auf die Suche nach Nahrung, die sich auf dieser Insel üppig anbietet, und bringt ein Brandopfer dar. Darauf erscheint ihm in gewaltiger Epiphanie ein golden-schlangenartiger Gott, der ihn, den „Kleinen", menschenfreundlich auf dieser Insel (des *Ka*?) willkommen heißt und ihm zusagt, nach vier Monaten in seine Heimat zurückkehren zu können. Dankbar verspricht der Schiffbrüchige, er werde nach seiner Rückkehr seinem Herrscher von der Macht dieses Gottes künden und dem Gott reiche Gaben darbringen und Opfer schlachten, aber der Schlangengott lacht nur darüber. Bedarf an Geschenken hat er wahrlich nicht: Er ist (wie) der Herrscher des sagenhaft reichen Punt; zudem wird die Insel nach der Abfahrt des Schiffbrüchigen versinken. Nur dies begehrt er beim Abschied als Dank: „Gib meinen Namen, der gut war, in deiner Stadt! Siehe, meine Forderung an dich ist es!" Wie es scheint, weiß der Schiffbrüchige längst um die zu verkündende Eigenart dieses Gottes: ein „Gott, der die Menschen liebt in einem fernen Land, das die Menschen nicht kennen".[78]

Die Interpretation der Erzählung ist sehr umstritten.[79] Man hat sie – vielleicht etwas zu anspruchsvoll – als eine „Metapher der offenen menschlichen Existenz selbst" gedeutet, „in welcher der Mensch befangen ist und die ihm Anfang und Ende als konkret erfahrbare Größen vorenthält".[80] Der heuristische Wert der Begegnung, die den Reisenden grundlegend verwandelt, liegt für uns jedenfalls in ihrer

---

[78] Übersetzung nach KURTH, Ägypter, 136; vgl. GOEDICKE, Geschichte, 58.

[79] KURTH, Interpretation, 167–170 zählt (bis 1987) dreizehn, teilweise sehr unterschiedliche Deutungsansätze.

[80] MOERS, Welten, 250f.; vgl. GOEDICKE, Geschichte, 89f. Skeptisch gegen eine „Allegorisierung" der Erzählung KURTH, Interpretation, 169.171; BAINES, Story, 71f.

oikoumenischen Öffnung. Die Gottheit vom Rand der bewohnten Welt – vermutlich im „äußersten Westen“[81] – ist nicht vom Opferkult abhängig, nicht an sakrale Orte gebunden, ein weltweiter und offenkundig menschennaher Gott. Vielleicht steht hinter ihr der Sonnengott Re(-Atum).[82] Er verlangt vom Schiffbrüchigen nichts anderes als „Mission“.[83] Hier tun wir den heuristischen Sprung: Denn dies gilt für den lukanischen Weltreisenden Paulus (wie für den realen Paulus) auf eigene Weise auch. Die Areopagrede führt es am markantesten aus: Der „unbekannte Gott“, dem die Athener einen Altar errichtet haben, hat die Welt und alles in ihr geschaffen. Er ist Herr über Himmel und Erde und lässt sich nicht an Tempel aus Menschenhand binden noch durch Menschen bedienen, da er dessen nicht bedarf. Er ist jedem Einzelnen nahe (vgl. Apg 17,22–29). Es ist dieses Gottesbild – an hochsymbolischer Stätte proklamiert –, das sich nun, nachdem hinter Paulus die jüdischen Tempelpforten verschlossen wurden und ihn die römischen Heiden verhaftet haben (vgl. 21,30–36), auf die Reise an den „Mittelpunkt der Welt“ begibt.

Natürlich ist es zunächst nur eine recht vordergründige Parallele, dass der Gottesbote schiffbrüchig auf einer fernen Insel strandet. Gleichwohl wird eine Analogie in den beiden so unterschiedlichen Texten wahrnehmbar: Die Reise und ihre gewaltsame Unterbrechung geben Anlass, ein kosmopolitisches Gottesbild vor Augen zu malen. In der lukanischen Erzählung geschieht dies nicht durch den Auftritt des Gottes selbst, sondern durch die Charakterisierung der heidnischen Aktanten, die nun ihrerseits „die Menschen lieben“. Der

[81] Kurth, Interpretation, 174; vgl. Baines, Story, 55 f.67.
[82] Vgl. Kurth, Interpretation, 172–175.
[83] Vgl. Kurth, Ägypter, 136.

Kommandant des römischen Bewachungstrupps, der Zenturio Julius von der kaiserlichen Kohorte, wird ausdrücklich als φιλανθρώπως (vgl. 27,1.3) beschrieben. Er erlaubt Paulus in Sidon, sich zu Freunden in die Obhut zu begeben (27,3); er lässt sich – beim zweiten Versuch klüger geworden – auf den nautischen Rat des Paulus ein (27,30–32; anders noch 27,11); schließlich rettet er Paulus sogar das Leben (27,42–44). Den gastlichen Insulanern auf Malta wird ebenfalls οὐ ἡ τυχοῦσα φιλανθρωπία zugeschrieben, mögen sie auch βάρβαροι sein (28,2).[84] Gastfreundliche Einheimische sind uns bereits beim Schiffbruch des Encolpius begegnet (vgl. Petron. 114,14; 115,6) und gehören auch sonst zur Topik. Jedoch gewinnt der Erzählzug bei Lukas den Rang einer theologischen Aussageform. Wenn im ganzen lukanischen Werk nur die Barbaren und der römische Zenturio Julius als „Philanthropen" gezeichnet werden, obschon von ihrer Christwerdung nichts gesagt ist, drückt sich darin eine Wertschätzung aus, die letztlich in jenem weiten Gottesbild wurzelt, von dem die Areopagrede Zeugnis gibt. Nichts verbindet bekanntlich so sehr wie die gemeinsame Reise. Die Reise nach Rom verbindet den Völkermissionar im Zeichen von Menschenfreundlichkeit mit den Heiden zur Weggenossenschaft.[85] Dazu passt abermals, dass die Weiterreise von Malta an den italischen Zielhafen ausgerechnet im Zeichen der Dioskuren gelingt (Apg 28,11). Dadurch wird Lukas gewiss nicht zum Anwalt des paganen Götterkosmos, aber eines verbindet den schiffbrüchigen Paulus

---

[84] Zur Gastfreundschaft der Barbaren eingehend Jipp, Visitations, bes. 17–22.39–44.257–261. Dass es sich bei der Insel um Malta handelt, darf trotz gelegentlich heftig diskutierter Zweifel als sehr wahrscheinlich gelten; dazu Reiser, Caesarea, 61–68; Börstinghaus, Sturmfahrt, 432–444.

[85] Vgl. Klauck, Magie, 127–129.

am Ende mit dem schiffbrüchigen Ägypter: Transzendentes Gottesbild und weltweite Verkündigung bilden eine Einheit, und im Zeichen der Philanthropia werden religiöse Grenzen durchlässig. Nicht zuletzt deshalb greift Lukas auf das Genus der Reise zurück, weil auf diese Weise Grenzüberschreitung – religiöse wie kulturelle – erzählbar wird.

2.4 Bilanz: Sturmfahrt an neue Ufer

Unsere Vergleichsarbeit eröffnet uns wichtige Einsichten in die Bedeutung, die das Seeabenteuer des Paulus hat. Lukas setzt es an die kompositionelle Schaltstelle der Überfahrt des Völkermissionars nach Italien und damit der Ankunft des Evangeliums in Rom, wo die Apostelgeschichte mit dem Bild ungehinderter Verkündigung offen endet. Die Episode ist nicht einfach „Bericht", sie ist Entschlüsselung. Wir sichern unsere Ergebnisse:

(1) *Christliche Geschichtsschreibung als Gegenwartskultur:* Der Erzähler arbeitet, erkennbar um Spannung und Dramatik bemüht, mit den gängigen Topoi der Sturmfahrterzählung. Er will damit zunächst seine Adressaten unterhalten. Unterhaltung war ein wichtiger Aspekt erzählender Literatur, gerade auch der historiographischen. So signalisiert die ausgiebige Erzählung: Christliche Schriftstellerei, allmählich der (semi-)oralen Phase entstiegen, hat keinen geringeren Anspruch darauf, narrative und literarische Ansprüche der Gegenwartskultur zu erfüllen als zeitgenössische fiktionale oder dokumentarische Werke. Die lukanische Historiographie repräsentiert das Bemühen um kulturelle Augenhöhe.

(2) *Heilsgeschichtliche Mimesis:* Dabei weckt Lukas, der Meister der *imitatio*, durch die Wahl von Genre, Motivensemble und Erzählfarben subtil einen Eindruck, der von seinem eigenen Opus auf das Evangelium übergeht: Das

Evangelium, so dargestellt, ist tatsächlich in der reichsrömischen Kultur angekommen.[86] Im Eingang seines Doppelwerks (Lk 1 f.) hat Lukas die Szenen mimetisch mit altbiblischen Motiven (Jerusalem, Tempel, Priester, Opfer, Engel, kinderloses Ehepaar und die Verheißung des Kindes, Propheten, Wallfahrt) ausgestattet und das Geschehen im hebraisierenden Griechisch der Septuaginta (bes. in den psalmähnlichen Einlagen) eingefärbt: Die Geburt des Messias geschieht auf uraltem Heilsgrund. Im Ausklang des Doppelwerks beschwört Lukas abermals in einer Art Mimesis mit den üblichen Motiven zeitgenössischer Seeabenteuer-Unterhaltung (Häfen um das Mittelmeer, Zenturio, Kohorte, Seeleute, freundliche Barbaren, ein Schiff im Zeichen der Dioskuren, der „besondere Passagier") und in nautisch-technischer Sprache, vor allem in dem breit ausgeschöpften Repertoire von Seesturm- und Schiffbruch-Erzählungen, das Milieu paganer Weltläufigkeit herbei: Das Evangelium kommt im Zentrum der Welt an. So bildet unsere Erzählung „the moving bridge between the mysterious scene of Christian origins and the awesome power of the Roman forum".[87] Der Leser erfährt nicht nur von einem heilsgeschichtlichen Übergang, er erlebt ihn im Lektüreprozess mit seinen wechselnden Erzählmitteln nahezu leibhaftig mit. Wenn ich den so inszenierten Übergang heilsgeschichtlich nenne, meine ich damit nicht (wie in Lk 1 f.) den Rückbezug auf biblische Grundmuster, sondern den Fortschritt *in terram incognitam*, den geschichtlichen Sprung des „Heiles" in Neuland – oder metaphorisch: die Sturmfahrt an neue Ufer.

---

[86] Vgl. auch Jipp, Visitations, 28–30, bes. 30: „Both the theme of Mediterranean sea-travel as well as the specific vocabulary signal that the reader is in Gentile territory".

[87] Miles/Trompf, Luke, 259.

(3) *Kulturelle Rochade:* Auf solche Weise wird zugleich eine für den Gang des Evangeliums epochale Entwicklung dramatisiert. Die heilsgeschichtliche Zäsur zwischen der urkirchlichen Erstepoche und der lukanischen Normalzeit wird durch die in gedehnter Erzählzeit dargestellte Überfahrt in eine fassbare und zugleich bewegte Szenerie gesetzt. Die Sturmfahrt bildet eine heilsgeschichtliche und so auch kulturelle Rochade ab: Die Jesusbewegung beginnt, in der Darstellung des dritten Evangeliums, in Jerusalem; sie zentriert sich um den See Gennesaret. Ihr offenes Ende findet sie, in der Darstellung der Apostelgeschichte, in Rom; sie zentriert sich ab sofort um das Mittelmeer. „Big events happen on a big stage": Das Evangelium bedarf der Weltbühne.[88] Apg 27 f. führt im Schlussteil des Doppelwerks lebhaft vor Augen, dass das Evangelium diese Bühne betritt. Das *mare nostrum* auch der Christen ist nunmehr das Mittelmeer und nicht mehr (in markinischer Diktion) das „Meer von Galiläa", das Lukas von der θάλασσα („die See") zur λίμνη („der See"; weniger wohlwollend übersetzt: „der Teich") herabstuft.[89] Jene Landkarten, die in Bibelanhängen die Paulus-Reisen wiedergeben, entsprechen, namentlich bei der Gefangenschaftsreise, in wesentlichen Zügen den Karten, die man von den Fahrten des Odysseus, des Aeneas oder der Romanhelden zeichnen könnte. In verblüffender Weite erreicht das Evangelium im Zeichen der Dioskuren sein Ziel. So zeigt die „erzählte Seekarte" der letzten Reise des Völkermissionars, dass sich die kognitive Kartographie des Christentums geändert hat. Apg 27 f. ist im Grundzug eine wissenssoziale Eroberung reichsrömischer Identität und

[88] So (mit Blick auf die apokryphen Apostelakten) SPITTLER, Christianity, 372.

[89] Vgl. ALEXANDER, Journeyings, 81.

das Zeugnis einer gewandelten kulturellen und so auch theologischen Selbstdefinition des Christentums.[90]

(4) *Legitimation des Übergangs:* Insofern die dramatische Überfahrt eine heilsgeschichtliche Zäsur abbildet, eignet ihr zugleich legitimatorische Funktion. In der Regel hebt man dabei darauf ab, dass die Erzählung die Unschuld des Hauptaktanten Paulus erweist. Wir haben festgestellt, dass der Seesturm in der Tat den Völkermissionar umfassend charakterisiert und Lukas die genreüblichen Konventionen dazu nutzt, die Schuldlosigkeit des „besonderen Passagiers" zu demonstrieren: Mag ihn der menschliche Gerichtshof schuldig sprechen, die göttliche Gerechtigkeit spricht ihn nicht nur frei, sondern stellt sich hinter ihn. Indes geht es der Erzählung mehr noch um die Reise des Evangeliums, und um ihretwillen wird dessen Träger von Gott getragen. Wie Lukas an den Scharnierstellen seines Geschichtsentwurfs die himmlische Intervention herausstellt, so – sublimer – auch in Apg 27f. Gott rettet Paulus durch so viele Gefahren hindurch, weil sein Plan ein Ziel verfolgt. Es ist ein heilsgeschichtliches Muss, dass Paulus nach Rom zieht. Die in Apg 27f. geschilderte Reise ist daher göttlich präkonzipiert.[91] Zwischen den Zeilen des Berichterstatters wird die göttliche Handschrift wahrnehmbar. Die Normalzeit des Evangeliums, die Welt-Kirche, wie Lukas sie vor sich sieht, liegt im Geschichtswillen des Gottes Israels begründet. Der nautische Untergang legitimiert den theologischen Übergang.

---

[90] Zu dieser Einsicht hat maßgeblich ALEXANDER, Journeyings, bes. 75–86; DIES., Maps, bes. 108–119 beigetragen.

[91] Vgl. ALEXANDER, Journeyings, 74; BÖRSTINGHAUS, Sturmfahrt, 452f.

3. Die gefahrvolle Reise als Metapher

3.1 Die Reisemetapher in der Welt des Paulus

Für den *homo viator* ist die Reise wie von selbst Leitmetapher seines Daseins.[92] Selbst der höchst bodenständige Satirenheld Encolpius kann gar nicht anders, als vom realen Schiffbruch unmittelbar in eine ausgefeilte Metaphorik zu gleiten. Als er den Schiffbruch überlebt, strandet und einen ertrunkenen Mitreisenden erblickt, der ans Ufer gespült worden ist, bricht es aus ihm *umentibus oculis* – „tränenden Auges" (Petron. 115,9) heraus: *haec sunt consilia mortalium, haec vota [magnarum cogitationum]. en homo quemadmodum natat.* – „Das also sind die Ratschlüsse der Sterblichen! Das sind die Vorhaben [großartigen Pläneschmiedens]! Fürwahr, wie ist der Mensch den Wellen ausgesetzt!" (115,10) Es schließt sich eine ausgiebige Klagerede über die Ungewissheit von allem menschlichen Sein und Haben an, über das Unglück, das jederzeit jäh auf den Erdenkloß einstürzen kann (vgl. 115,8–19). Das Meer ist Lehrmeisterin kruder Kontingenz: *si bene calculum ponas, ubique naufragium est.* – „Wenn man nur den richtigen Schluss zieht, dann ist überall Schiffbruch!" (115,16)

Wie die rhetorische Übersteigerung verrät, spielt Petronius hier mit dem Klischee. Durch die ironische Brechung

---

[92] Hans Blumenberg ist dieser Daseinsmetapher philosophisch in seiner Studie „Schiffbruch mit Zuschauer" (1979) nachgegangen. Christoph Hönig hat dem Topos der „Lebensfahrt auf dem Meer der Welt" einen Reader mit 62 Texten, 20 davon sorgsam interpretiert, über Meer, Sturm, Schiff, Scheitern und Hafen gewidmet und darin eindrucksvolle Belege von Alkaios bis Werner Heisenberg zusammengestellt. Zur metaphorischen Deutung der Lebensreise in der alten Kirche Rahner, Mythen, 294–300.

wird deutlich, dass die scheinbar erhabene Metaphorik tatsächlich in grauer Konvention stecken bleibt. Freilich hatte der antike Mensch (wie auch der moderne) allen Grund, diese Konvention zu pflegen. Nur durch ein Stück Holz vom Tod getrennt – diese Erfahrung bei Arat oder Juvenal ist, recht besehen, ein Bild für die *condicio humana*. Auf der hohen See des Lebens trennt den Menschen nur ein Herzschlag vom Schiffbruch. In der Tat: Der Schiffbruch waltet überall.

So verwundert es nicht, dass die Seefahrt reiches metaphorisches Potential barg und in der biblischen Wirkungsgeschichte noch weiter entfalten sollte. Reisen wird als verleiblichte Erfahrung von Transzendenz verstanden. Wie dies im Gilgamesch-Epos zum altorientalischen Bildungsprogramm wird oder die frühchristlichen Autoren das Sirenenabenteuer des Odysseus allegorisieren, haben wir bereits beobachtet. Gehen wir ins Rom des ersten Jahrhunderts n. Chr., so bietet Seneca ein beredtes Beispiel für eine metaphorische Interpretation der Seereise.

In seiner Trostschrift an die Dame Marcia, die um ihren in den besten Jahren verstorbenen Sohn trauert, beschreibt der Stoiker das Leben in anschaulichen Details als eine Seefahrt nach Syrakus – mit all dem Faszinierenden und all dem Furchtbaren, was zu einer solchen Reise gehört (Ad Marciam de consolatione 17 f.): *Audisti quid te invitare possit, quid absterrere: proinde aut naviga aut resiste.* – „Du hast jetzt gehört, was dich anlocken und was dich abschrecken mag. Deshalb begib dich auf die Schiffsreise oder schlage sie aus!" (17,5) Die Botschaft dieser *imago* (vgl. 18,1) lautet: Der Sinn des Weges liegt darin, begangen zu werden, und der Sinn des Lebens liegt darin, gelebt zu werden – mit allem, was dazugehört.

Die Weltstadt, von Göttern und Menschen bewohnt, bietet vielfältigste, überwältigende und niederschmetternde Eindrücke:

videbis hic navigia quas non novere terras quaerentia. Videbis nihil humanae audaciae intentatum, erisque et spectator et ipse pars magna conantium.

Du wirst hier Schiffe sehen, die die Länder, nach denen sie trachten, nicht einmal kennen. Du wirst sehen: Nichts von dem, was menschliche Kühnheit erstreben kann, bleibt unversucht. Und du wirst beides sein: Zuschauer und selbst einer, der zu denen gehört, die Großes versuchen. (18,7)

Den Einwand, man werde ja nicht gefragt, ob man in die Weltstadt eintreten wolle, lässt Seneca nicht gelten: Die Eltern haben die Entscheidung getroffen – wie Marcia für ihren Sohn (vgl. 18,8). Und es sind wiederum die Vorfahren, die am Ziel der Lebensreise warten, um für den Sohn in der neuen Heimat als Reiseführer zu wirken, vor allem der heroische Großvater des Verstorbenen: *utque ignotarum urbium monstrator hospiti gratus est, ita sciscitanti caelestium causas domesticus interpres.* – „Und wie dem Gast in unbekannten Städten ein Wegführer willkommen ist, so ist er ihm, der alles wissen will über die Ursachen der himmlischen Dinge, ein ortskundiger Sinnführer" (25,2).

Seefahrt wird zur Metapher des Lebens. Ausdrücklicher wird dies in der *Anthologia Graeca* entfaltet. Unser Poem wird dem Epigrammatiker Palladas im Alexandrien des vierten oder fünften Jahrhunderts zugeschrieben, der gegen das sich durchsetzende Christentum „andichten" musste. Die Verse atmen eine authentische Existenzdeutung, die gerade in ihrer tragischen Schwere zu bestechen vermag:

Πλοῦς σφαλερὸς τὸ ζῆν· χειμαζόμενοι γὰρ ἐν αὐτῷ
πολλάκι ναυηγῶν πταίομεν οἰκτρότερα·
τὴν δὲ Τύχην βιότοιο κυβερνήτειραν ἔχοντες

ὡς ἐπὶ τοῦ πελάγους ἀμφίβολοι πλέομεν,
οἱ μὲν ἐπ' εὐπλοΐην, οἱ δ' ἔμπαλιν· ἀλλ' ἅμα πάντες
εἰς ἕνα τὸν κατὰ γῆς ὅρμον ἀπερχόμεθα.

Gefahrvolle Seefahrt – das Leben: Denn vielmals werden wir darin von Stürmen erfasst, und kläglicher als Schiffbrüchige scheitern wir. Tyche haben wir als Steuerfrau des Lebens. Wie auf hoher See segeln wir, dem Schicksal ausgesetzt. Die einen unter guter Brise, die anderen auf elender Fahrt, alle zugleich jedoch ziehen wir davon, auf einen einzigen Hafen zu: Er liegt unter der Erde. (Anth. Gr. 10,65 [Palladas])

Werfen wir von daher noch einmal einen Blick auf Paulus, so treffen wir auf das diametrale Gegenteil. Reisemetaphorik ist beim Apostel ungeachtet seines ständigen Unterwegsseins nicht ausgeprägt. Vermutlich ist es kein Zufall, dass die beiden markantesten, jeweils sehr persönlich wirkenden Passagen ebenfalls das Thema des Todes berühren, freilich eher im Sinne des Seneca als des Palladas. In 2 Kor 5,1–4 zeichnet Paulus das Leben als Nomadendasein: Die Wanderung führt vom irdischen Zelt in das von Gott gebaute, ewige, himmlische Haus. Im wohl offensten Rückblick auf den Anfang seiner Christus-Beziehung notiert Paulus:

So gleiche ich mich seinem Tod an und sehe, ob ich auch zur Auferstehung von den Toten gelange. Nicht dass ich es schon erreicht hätte oder schon vollendet wäre. Ich jage dem aber nach, dass ich es vielleicht zu fassen bekomme – weil ich ja selbst erfasst worden bin von [Jesus] Christus. Brüder, ich sehe mich nicht als einen, der wirklich erfasst hat. Eines aber zählt: Das, was hinter mir liegt, vergesse ich; nach dem, was vor mir liegt, strecke ich mich aus. Ich jage auf den Kampfpreis zu: die Berufung Gottes nach oben in Jesus Christus! (Phil 3,10–14)

In diesem leidenschaftlichen Passus treffen wir offenkundig eher auf Sport- denn auf Reisemetaphorik. Aber wichtiger ist die Richtung des Laufes: vom Tod in die Auferstehung hinein, von dem, was zurück liegt, zu dem, was vorne liegt, zum Oben, in das der Apostel sich gerufen weiß (τῆς ἄνω κλήσεως). Hier wird deutlicher, warum die äußere Reise bei Paulus nirgends wesentlich wird, obgleich er so ausdauernd unterwegs ist. Es sind, wie wir bei den Peristasen sahen, die Reisewege des ἔσω ἡμῶν ἄνθρωπος (vgl. 2 Kor 4,16), die zählen und die nicht auf das Vordergründig-Sichtbare, sondern auf die eigentliche Heimat der Getauften zielen: ἡμῶν γὰρ τὸ πολίτευμα ἐν οὐρανοῖς ὑπάρχει. – „Unser Bürgerrecht liegt im Himmel!" (Phil 3,20) Dann aber wird die einzelne Erdenwanderung in der Tat nichts anderes als notwendige Mühe, denn Leben ist Nomadentum.

Diese Vorstellung wird im Corpus Paulinum nicht zusammenhängend durchdacht. Sie wird indes in einer mittelplatonisch inspirierten Schrift aus der Nachbarschaft der Paulusschule konsequent ausgearbeitet: im Hebräerbrief. Der „Brief" ist eigentlich eine brieflich verschickte Predigt an gebildete, aber sozial und existentiell verunsicherte Gemeindekreise, vermutlich in Rom gegen Ende des ersten Jahrhunderts. Vielleicht ist es kein Zufall, dass Ernst Käsemann (1906–1998) die Leitidee des Hebräerbriefs 1937 in der „Muße einer Gefängniszelle"[93] des „Dritten Reiches" entdeckt hat – ähnlich wie Paulus im Kerker zu Philippi das himmlische Bürgerrecht beschwört. Diese Leitidee hat Theologiegeschichte geschrieben: das wandernde Gottesvolk. Obschon seine Arbeit religionsgeschichtlich beim gnostischen Mythos ansetzte (und in dieser Hinsicht als veraltet gelten muss), hatte Käsemann dabei, wie er später schrieb, die christliche Minderheit der Bekennenden Kirche vor Augen, „die sich in Deutschland der Tyrannei widersetzte und die zur Geduld gerufen werden mußte, um

[93] So KÄSEMANN, Gottesvolk, 4 im Vorwort zur zweiten Auflage.

den Weg durch endlose Wüste fortsetzen zu können".[94] Ungeachtet der religionsgeschichtlichen Verortung ist hier ein Grundmotiv des Hebräerbriefs getroffen: Er durchdenkt das Christsein konsequent *in statu viatorum*. Das Volk Israel – und damit die Ahnenschar des christlichen Gottesvolks – wird prototypisch im Exodus, im Zug durch die Wüsten der Welt, dargestellt (Hebr 3,7–4,10). Die Erzväter wohnen geradezu programmatisch in Zelten (11,8–10). Auf der Erdenreise hören die Glaubenden aller Zeiten Gottes Verheißung; sie sehen aber deren Erfüllung nicht:

> In der Weise des Glaubens sind diese alle gestorben, ohne die Verheißungsgüter zu empfangen. Vielmehr schauten sie diese von fern und grüßten sie und bekannten, dass sie Beisassen und Fremdlinge sind auf Erden. Denn die Derartiges sagen, tun kund, dass sie eine Heimat ersehnen. Wenn sie dabei nur an jene gedacht hätten, aus der heraus sie aufgebrochen waren, dann hätten sie wohl Zeit genug besessen, zurückzukehren. Jetzt aber strecken sie sich einer besseren entgegen, das heißt: einer himmlischen! Deshalb schämt Gott sich ihrer nicht, ihr Gott gerufen zu werden. Denn er hat ihnen eine Stadt bereitet. (11,13–16)

Dieser Weggemeinschaft der irdisch Heimatlosen zieht Jesus als „Vorläufer" (6,20: πρόδρομος ὑπὲρ ἡμῶν), als „Anführer und Vollender des Glaubens" (12,2) voran (vgl. 11,1–12,3). Die Nomadenexistenz ist voll grausiger Gefahren (vgl. bes. 11,32–40); die Glaubenswanderer können erschöpft am Wegrand liegen bleiben (vgl. 3,17). Wer aber die Zuversicht bewahrt und unerschrocken auf dem Weg bleibt, erreicht – so zeigt es das eschatologische Finale – das Ziel: die von Gott bereitete Stadt, das himmlische Jerusalem (vgl. 12,22–24). Exodus- und Kulttypologie schlagen hier allerorten in eine auf die Dynamik des Christseins gerichtete Metaphorik um.

---

[94] KÄSEMANN, Konflikte I, 17. Zum Motiv des wandernden Gottesvolks vgl. auch JOHNSSON, Motif.

Glauben ist Weg-Geschehen, eine unruhige, nach vorne gerichtete, also göttlich beunruhigte Lebensform: „Deshalb richtet die erschlafften Hände und die erlahmten Knie wieder auf! Und gerade Bahnen schafft für eure Füße, damit nicht was gelähmt ist, ausgerenkt werde, sondern vielmehr geheilt" (12,12f.). Leben wird Pilgerschaft.

Aus dem bildsprachlichen Repertoire des Hebräerbriefs hat sich ein Motiv – das dort im Mikrokontext recht unvermittelt auftaucht – besonders tief in die christliche Symbolsprache eingeprägt. Es führt uns zur Seefahrt zurück: der Anker (6,19f.). Hier freilich macht er als ἄγκυρα τῆς ψυχῆς den Menschen auf der unruhigen See irdischer Existenz in der himmlischen Sicherheit fest. Die gefahrvolle Reise überlebt, wer sich in der Ewigkeit gründet.

3.2 Die Reisemetapher als Signum christlicher Spiritualität

Bereits die von den Frühchristen „getauften" wandernden Heroen des paganen Mythos haben uns gezeigt, wie sehr sich die christliche Existenzdeutung durch die bereits im paganen Umfeld längst metaphorisierten Reise-Erzählungen faszinieren ließ. Mit Blick auf unser Palladas-Epigramm aus der *Anthologia Graeca* lässt sich vielleicht sagen: Es ging den Christen um die gleiche Fahrt, wenn auch mit dem dringenden Wunsch, den Steuermann auszuwechseln. An die Stelle der Tyche als allzu unsicherer Steuerfrau des Lebens trat der Kyrios.

Wir können nicht die Wirkung dieser Metaphorik auf die christliche Spiritualitäts- und Mentalitätsgeschichte darstellen. Es wäre eine Universalgeschichte christlichen Fernwehs. Aber es lassen sich zumindest schmale perspektivische Schneisen schlagen. Dabei sind zwei Rezeptionsstränge zu unterscheiden: Im ersten – ausgeprägt vor allem in der katholischen Tradition – ist es unter sozialem Gesichtspunkt die Ekklesia, die durch die Fährnisse der Geschichte wandert. So hat vor allem das Zweite Vatikanische Konzil (1962–1965) in seiner Dogmatischen Konstitution über die Kirche *Lumen Gentium* das Leitbild des durch die Zeiten pilgernden Gottesvolks stark gemacht. Gegenüber dem eher statisch-hierarchischen Modell von der Kirche als *corpus Christi mysticum*, das bis dahin die Theologie beherrscht hatte, wurde so ein geschichtlich-dynamischer Schwerpunkt gesetzt. Zugleich wurde eine biblische Rückbesinnung auf das Wesen des Christseins forciert:

Sicut vero Israel secundum carnem, qui in deserto peregrinabatur, Dei Ecclesia iam appellatur (2 Esdr. 13,1; cf. Num. 20,4; Deut. 23,1ss.), ita novus Israel qui in praesenti saeculo incedens, futuram eamque manentem civitatem inquirit (cf. Hebr. 13,14), etiam Ecclesia Christi nuncupatur (cf. Matth. 16,18).

So wie aber das Stammesvolk Israel, das in der Wüste wanderte, bereits Gottes Versammlung [Kirche] genannt wird (vgl. Neh 13,1; Num 20,4; Dtn 23,1 ff.), so wird auch das neue Israel, das seinen Zug in der gegenwärtigen Zeit nimmt und eben die künftige und bleibende Stadt anstrebt (vgl. Hebr 13,14), zur Versammlung [Kirche] Christi erklärt (vgl. Mt 16,18). (LG 9)

Der zweite, individualethische Strang hat neuzeitlich vor allem die reformatorische Frömmigkeit geprägt, obschon auch hier die Spiritualität quer zu den Konfessionsgrenzen verläuft und diesen ohnehin geschichtlich vorausliegt. Wenige, für die verschiedenen Epochen charakteristische Beispiele sollen genügen. Der alexandrinische Theologe Origenes bezieht den biblischen Exodus des Gottesvolks typologisch auf die spirituelle Wanderung des Gläubigen durch die irdischen Wüsten in sein himmlisches Vaterland (vgl. z.B. hom. in Num. 7,5; 12,3; 17,4; 23,11; 27,2–12;

hom. in Ios. 1,7; 2,2 f.). Großen Einfluss auf die abendländische Ordensbewegung nahm die *Regula Benedicti* aus dem sechsten Jahrhundert, die das Leben des Mönches unter den Leitgedanken des „Eilens zum himmlischen Vaterland" stellt: *Quisquis ergo ad patriam caelestem festinas hanc minimam incohationis regulam descriptam, adiuvante Christo, perfice.* – „Wer immer also du bist, der du zum himmlischen Vaterland eilst, erfülle mit der Hilfe Christi diese sehr kleine, zum Anfang geschriebene Regel!" (reg. 73,8) Während die monastische Bewegung den gemeinschaftlichen Charakter der christlichen Lebensreise betonte, verlagerte sich der Akzent seit dem späteren Hochmittelalter auf den vertikalen Aufstieg zum himmlischen Vaterland. Konsequent stellt der Franziskanertheologe Bonaventura im 13. Jahrhundert das Seelenleben unter das mystische Bild einer Aufwärtsreise des Geistes zu Gott: *Itinerarium mentis in Deum*. Das nach der Bibel wohl meistgelesene Buch seiner Zeit, *De imitatione Christi*, verfasst bzw. redigiert von Thomas von Kempen (1379/80–1471), greift das Motiv der Glaubenspilgerschaft auf und lässt sich dabei von Paulus wie vom Hebräerbrief inspirieren:

Non habes hic manentem civitatem (Hebr 13,14): et ubicumque fueris extraneus es et peregrinus; nec requiem aliquando habebis: nisi Christo intime fueris unitus. Quid hic circumspicis; cum iste non sit locus tuae requietionis? In caelestibus debet esse habitatio tua: et [sicut] in transitu cuncta terrena sunt aspicienda.

Du besitzt hier keine Stadt, die bleibt! Und wo auch immer du sein magst, bist du doch ein Fremdling und ein Pilger. Und Ruhe wirst du nirgends finden, wenn du dich nicht im Inneren mit Christus verbindest. Was spähst du umher? Hier ist ja doch kein Land der Ruhe, das für dich bestimmt wäre. Im Himmlischen soll deine Wohnung sein. Wie im Vorübergehen muss alles Irdische betrachtet werden! (2,1,19–21)

Aus der reformatorischen Tradition soll nur ein Beispiel besprochen werden, dies aber ausführlich. Unser Kapitel, das mit den unterschiedlichen Farben oder Strichformen auf Karten realer Paulus-Reisen begann, schließt mit einer Kartographie allegorischer Art, in die noch einmal alles einfließt, was die gefahrvolle Reise für die innere Dynamik so faszinierend werden lässt. Wurde *De imitatione Christi* zum Klassiker katholischer Frömmigkeit, war dies für den angelsächsischen Protestantismus „The Pilgrim's Progress from This World to That Which Is to Come" des englischen Kesselflickers und Puritaners John Bunyan (1628–1688).[95] Bezeichnenderweise verdankt sich dieses 1678 veröffentlichte Werk der Weltliteratur abermals der „Muße einer Gefängniszelle". Der notorische Dissident Bunyan nutzte die langen Zeiten seiner Inhaftierung unter anderem dazu, mit seinem phantasievollen Reisewerk Literatur- und Frömmigkeitsgeschichte zu schreiben. Paulus – Käsemann – Bunyan: Nichts scheint das innere Fernweh so zu beflügeln wie die äußere Enge von Kerkerwänden.

Bunyans als Traum angelegte Großallegorie beschreibt in punktgenauer Einzelheit und sprechender Namensgebung die gefahrvolle Reise des Wanderers *Christian* von der Stadt *Destruction* durch die gefahrvolle Diesseits-Welt in die Himmelsstadt auf dem Berg Sion. Sie führt über schmalen Pfad, gefährliche Um- und Irrwege, aber auch durch die Häuser hilfreicher Wegkenner. Auf seiner Wanderung stößt der schwache Held auf den kundigen Führer *Evangelist* und die treuen Wegbegleiter *Faithful* und *Hopeful*, aber auch auf

---

[95] Die aktuellste Textfassung, ergänzt um umfassende Beigaben zu Bunyan wie zur Rezeptions- und Interpretationsgeschichte des „Pilgrim's Progress", bietet die Edition von Cynthia Wall (2009); eine empathische Einführung in das Werk bei Dahlgrün, Spiritualität, 278–285.

viele, die ihn vom rechten Weg abbringen wollen. Da ist etwa der Nachbar *Obstinate* (Starrsinnig), der bereits den Aufbruch zu verhindern sucht; der Nachbar *Pliable* (Biegsam) schließt sich dagegen eine Weile an, begibt sich dann aber im *Slough of Dispond* (Verzagtheitssumpf) entmutigt auf den Rückweg; der fromme Maulheld *Talkative* vermag zu blenden, aber nicht zu überzeugen. *Mr Worldly-Wiseman* aus der Großstadt *Carnal-Policy* warnt den Pilger vor den „Peristasen" der Wanderschaft „Wearisomness, Painfulness, Hunger, Perils, Nakedness, Sword, Lions, Dragons, Darkness; and in a word, Death, and what not?" (18) Deswegen rät er dem Erschöpften, sich von seiner Last durch einen Gentleman namens *Legality* befreien zu lassen. Aber es ist der Anblick eines Kreuzes auf dem Weg, der *Christian* tatsächlich erlöst. Im *Valley of Humiliation* (Demütigungstal) muss sich der Wanderer, mit Glaubenswaffen und -worten gerüstet und im Kampf verwundet, gegen das Ungeheuer *Apollyon*, den Fürsten dieser Welt, durchsetzen. Er muss das entsetzliche Tal *Shadow of Death* passieren und seine Furcht überwinden. An dessen Ausgang stößt er auf die grausigen Überreste am Wegrand umgekommener Pilger. Sie fielen zwei Riesen zum Opfer, die hier in der Vorzeit einmal in einer Höhle ihr Unwesen getrieben hatten: *Pope and Pagan*. Allerdings ist hier die Gefahr gering: *Pagan* ist schon lange selbst verblichen,

> … and as for the other, though he be yet alive, he is by reason of age, and also of the many shrewd brushes that he met with in his younger dayes, grown so crazy, and stiff in his joynts, that he can now do little more than sit in his Caves mouth, grinning at Pilgrims as they go by, and biting his nails, because he cannot come at them.

Und was den Anderen [scil. *Pope*] betrifft, so lebt er zwar noch, aber aus Gründen des fortgeschrittenen Alters und auch wegen der vielen verwickelten Scharmützel, die er in seinen jüngeren Tagen auszutragen hatte, ist er so geistesschwach und steif in den Gelenken geworden, dass er kaum mehr tun kann, als in der Mündung seiner Höhle herumzusitzen, auf die Pilger, die vorüberziehen, herabzugrinsen und sich in seine Fingernägel zu verbeißen, weil er ihnen nichts anhaben kann. (53)

– eine Perspektive, die den englischen Inselblick verrät. Doch keineswegs ist *Christian* bereits allen Gefahren entronnen: Er gerät nach einer Rast auf den *Delectable Mountains* (Erfrischungsbergen), deren Hirten *Knowledge*, *Experience*, *Watchful* und *Sincere* wichtige Reiseratschläge geben, in die Fänge eines Riesen namens *Despair* (Verzweiflung), der mit seiner Frau *Diffidence* (Misstrauen) in *Doubting Castle* (Zweifelburg) haust, aus dem der Pilger sich schließlich mit dem Schlüssel *Promise* (Verheißung) zu befreien vermag. Nach vielen weiteren Begegnungen und ablenkenden wie weiterführenden Reisegesprächen erreicht er die goldene Stadt, das Ziel seiner langen Pilgerschaft. Bevor er sie betreten kann, muss er noch einen Fluss überqueren, über den keine Brücke führt. Dann aber betritt er, von Engeln empfangen, „the Mount Sion, the Heavenly *Jerusalem*, the innumerable Company of Angels, and the Spirits of Just men made perfect" (vgl. Hebr 12,22–24) (122).[96]

Die transparente Allegorie bedarf keiner Interpretation. Sie ist selbsterklärend (zumindest bei einigen Grundkenntnissen der Theologiegeschichte, wie Bunyan sie für seine Adressaten voraussetzt). Die beigefügte Landkarte (Abb. 10) zeigt die abenteuerlichen Wege, Irrwege und Umwege zwischen der Stadt *Destruction* und der himmlischen Stadt Jerusalem.[97] Sie zeigt sie nicht nur aus dokumentarischen

[96] 1684 veröffentlichte Bunyan den zweiten Teil, in dem die Ehefrau *Christiana*, ihre Kinder und die Weggefährtin *Mercie* die Reise antreten.

[97] „A Plan of the Road from the City of Destruction to the Celestial City" (ca. 1780); die Karte (Sammlung David Vander Meulen) findet

Gründen, sondern als innere Landkarte für den Fortschritt eines jeden lesenden Erdenpilgers.

Ich habe viele Abenteuer ausgelassen. Im deutschen Sprachraum hat sich auf breiterer Ebene nur der Name eines Jahrmarkts erhalten, der unseren Pilger viel Zeit, Nerven und einen Reisegefährten kostet: „Vanity Fair". In der angelsächsischen Welt gehört das Buch zu den meistgelesenen Klassikern. Man mag sich fragen, warum dies so ist. Denn es wirkt – sofern ich den eigenen Eindruck verallgemeinern darf – in seiner Allegorie aufdringlich und überladen, mit seinem puritanischen Rigorismus unattraktiv und mit der ständig beschworenen Gefahr ewiger Höllenpein, der die Mehrheit der Aktanten ohnehin verfallen ist, theologisch abstoßend. Und doch kann sich der heutige Leser, mag er der Botschaft auch nicht zustimmen, der Suggestivkraft der Erzählung kaum entziehen. Dies gilt erst recht für frömmere Zeiten: Die angelsächsische Welt wurde im 19. Jahrhundert im Zeichen des „Pilgrim's Progress" nachgerade von einem spirituellen Reisefieber gepackt. Freilich waren die Umstände weniger entbehrungsreich als die, unter denen Bunyan selbst die große Wanderung konzipiert hatte:

> One could drink tea from a Bunyan cup while contemplating a portrait of Bunyan on the wall. Children could make Bunyan jigsaws while their parents displayed ever more elaborate and expensive volumes in their drawing rooms. Bunyan volumes became treasured family possessions and were passed down across several generations. One ardent Methodist landscaped his Cheshire garden to resemble a Bunyan theme park.[98]

---

sich in der von Cynthia Wall veranstalteten Textausgabe von „The Pilgrim's Progress" abgebildet (281); zu Bunyans „sense of visualized journey, of narration-in-description and description-in-narration" (427) Wall, Bunyan, 427–432.

[98] Hofmeyr, Bunyan, 446.

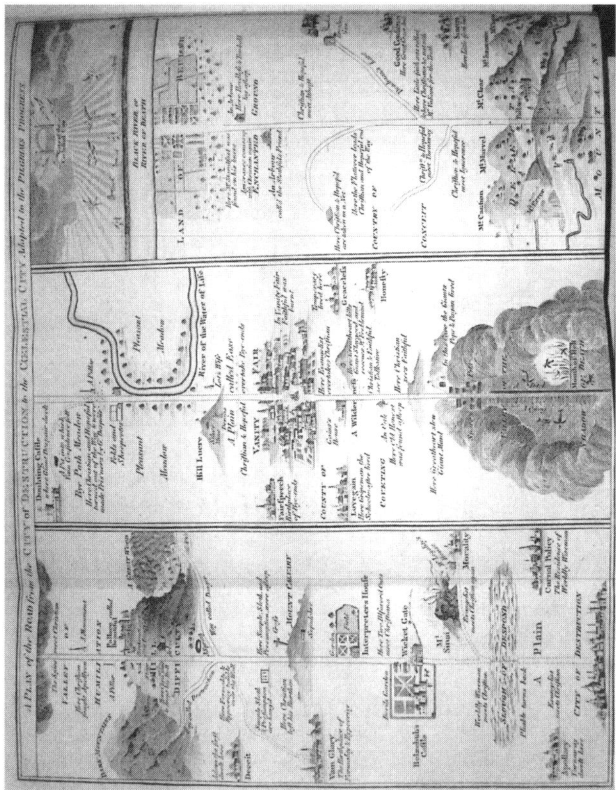

Abb. 10: „Pilgrim's Progress": Wanderkarte der Erdenpilgerschaft, um 1780

Das Faszinierende liegt wohl in der Mischung, die wir auch an anderen Reise-Erzählungen beobachtet haben: „profit with delight". Auf der einen Seite wird hier eine gigantische Reiselandschaft geschildert, wie sie Kinder in „Jim Knopf und Lukas der Lokomotivführer" und Jugendliche bei Karl

May, Tolkien oder in Lewis' Narnia-Chroniken fesselt. Auf der anderen Seite verspricht die erzählte Reise Fortschritt für die je eigene existentielle Pilgerschaft. Der Leser reist und reift mit dem Aktanten. Bunyans Buch gibt ein Versprechen, das, ungeachtet aller Seestürme und Schiffbrüche, eigentlich jedes Reiseabenteuer gibt: „This Book will make a Travailer of thee".[99]

[99] Aus „The Author's Apology for His Book" sei auch der Kontext geboten (9): „This Book is chaulketh out before thine eyes / The man that seeks the everlasting Prize: / It shews you whence he comes, wither he goes, / What he leaves undone; also what he does: / It also shews you how he runs, and runs / Till he unto the Gate of Glory comes. / It shews too, who sets out for life amain, / As if the lasting Crown they would attain: / Here also you may see the reason why / They loose their labour, and like Fools do die. / This Book will make a Travailer of thee, / If by its Counsel thou wilt ruled be; / It will direct thee to the Holy Land, / If thou wilt its Directions understand: / Yea, it will make the sloathful, active be; / The Blind also, delightful things to see". – Unpoetisch übersetzt: „Dieses Buch stellt ihn dir klar vor Augen: den Menschen, der den ewigen Preis sucht. Es zeigt dir, woher er kommt, wohin er geht, was er ungetan lässt und was er tut. Es zeigt dir auch, wie er eilt und eilt, bis er an die Pforte der Herrlichkeit gelangt. Es zeigt ferner, wer eilends auf das Leben hin aufbricht, als gelte es die immerwährende Krone zu erlangen. Du magst hier den Grund sehen, warum ihre Mühe vergeblich ist und sie wie Narren sterben. Dieses Buch wird dich selbst zum Reisenden machen, wenn du dich von seinem Ratschlag leiten lässt. Es wird dich zum Gelobten Land weisen, wenn du seine Weisung verstehst. Fürwahr: Es wird die Trägen antreiben, und die Blinden werden Freudendinge sehen!"

V. Höllenritte – Himmelfahrten: Die Reise ins Jenseits

Οὐκ οἶσθα, ὅτι ἀποδημία ὁ παρὼν βίος;
Μὴ γὰρ πολίτης εἶ; Ὁδίτης εἶ.
Συνῆκας τί εἶπον;
Οὐκ εἶ πολίτης, ἀλλ' ὁδίτης εἶ καὶ ὁδοιπόρος.
Μὴ εἴπῃς· Ἔχω τήνδε τὴν πόλιν, καὶ ἔχω τήνδε.
Οὐκ ἔχει οὐδεὶς πόλιν.
Ἡ πόλις ἄνω ἐστί.
Τὰ παρόντα ὁδός ἐστιν.

Weißt du nicht, dass das Leben hier eine Reise ist?
Denn bist du etwa Bürger? Du bist Wanderer!
Hast du verstanden, was ich sagte?
Du bist kein Bürger, sondern Wanderer bist du und Reisender!
Sage nicht: Ich habe diese oder jene Stadt!
Niemand hat eine Stadt. Die Stadt ist oben.
Gegenwart ist Weg.
Johannes Chrysostomos,
Hom. de capto Eutropio et de divitiarum vanitate 5 (PG 52,401)

Im Blick auf das Jenseits bestätigt sich der Eindruck, den wir bei unseren Lektüren oft gewonnen haben: Einerseits differenzieren die landläufigen Vorstellungen zu stark, andererseits differenzieren sie zu wenig.

In der ersten Hinsicht werden jüdische, christliche und pagane Jenseitsvorstellungen nahezu septisch voneinander geschieden. Allenfalls hat das Christentum einige biblische Vorstellungen vom Judentum „geerbt“. Jedoch stoßen wir bei den Transzendenz-Imaginationen abermals auf Wechselprozesse, Fortschreibungen, Gegenbesetzungen, geteilte Überzeugungen. Der christliche Himmel und die christliche Hölle tragen jüdische oder heidnische Züge, und in der Apokalyptik fällt es schwer, überhaupt zwischen jüdischen, christlichen und mitunter auch volkstümlich-paganen Vorstellungen zu unterscheiden. Auch die ethischen Einlassbedingungen sind für die *tria corda* in kaiserzeitlicher Religiosität im Ansatz so unterschiedlich nicht. Wir stoßen hier auf die geteilte Hoffnungs- und Angstgeschichte der antiken Kulturen und jener Religionen, die sich direkt oder indirekt aus ihnen ableiten. Das Jenseits ist oikoumenisch geprägt, was freilich nicht davon abgehalten hat, es dem jeweils Anderen abzusprechen – oder, im Fall der Hölle, anzudrohen. Wenn die christliche Papstwahl in der Sixtinischen Kapelle bis zum heutigen Tag aus himmlischer Sicht nicht nur von jüdischen Propheten, sondern auch von heidnischen Sibyllen beobachtet wird, so stehen auch diese *tria corda* in antiker Tradition.

In der zweiten Hinsicht wird gleichwohl zu wenig differenziert. Oft konfrontiert man zwei oder drei Jenseitsvorstellungen, eben jüdisch / christlich und pagan, obschon in allen drei Bereichen eine breite Anzahl verschiedenster Eschatologien (wie auch deren Bestreitung) gepflegt wird. Auch Himmel und Hölle finden sich in den Christentümern, Judentümern und Heidentümern der Antike nur im Plural. Das Spektrum reicht bereits auf dem überschaubar schmalen Feld des Neuen Testaments von der Weltenbrand-Vorstellung, die Johannes der Täufer mit der jüdischen Täuferbewegung hegt und radikal zuspitzt, bis zu der individuell-postmortalen Verortung in Hades und Abrahams Schoß im lukanischen Gleichnis vom „Reichen Prasser und Lazarus“ (Lk 16,19–31). Bei der Auferstehung der Toten verläuft die Grenze zwischen den Sadduzäern auf der einen

Seite und den Pharisäern mit dem Ur- und Frühchristentum auf der anderen Seite: Jene lehnen sie, altbiblische Tradition wahrend, ab; diese bejahen sie in der seit der Makkabäerzeit aufgekommenen Hoffnung auf ausgleichende Gerechtigkeit (vgl. z. B. Mk 12,18–27). Doch auch in den urchristlichen Gemeinden gibt es sehr unterschiedliche Vorstellungen zur Auferstehung (vgl. nur 1 Kor 15,12). Von der Glaubensfigur einer Auferstehung der Toten ist die von der Unsterblichkeit der Seele zu unterscheiden, die vor allem unter dem Einfluss platonischer Leib-Seele-Dichotomie die frühjüdische und altkirchliche Eschatologie beeinflusst hat.

Um uns einen Weg durch die Vielfalt an paganen Jenseitsvorstellungen zu bahnen, können wir uns an die *theologia tripartita*, wie sie Varro beschreibt (vgl. Augustinus, civ. 6,5–12), anlehnen: Das *caelum naturale* ist dann das beobachtbare Himmelsgewölbe (also englisch „sky“ statt „heaven“). Als *caelum civile* können wir den „politischen Himmel“ sehen, wie er am eindrücklichsten im *Somnium Scipionis* als ewiger Lohn für den verdienstvollen Staatsmann beschrieben ist (Cicero, rep. 6,9–29). In diesen Himmel fahren auch die konsekrierten Herrscher, gelegentlich auch deren Angehörige, als Staatsgötter auf. Das *caelum fabulose* sind die poetisch-mythischen Göttersitze wie der Olymp oder Paradiesgefilde wie die Insel der Seligen bzw. (damit teilweise zusammenfließend) das Elysion. Der Ort der Rechtschaffenen kann dabei durchaus auch in der Unterwelt liegen, die sich in diesem Fall natürlich freundlich darstellt.

Unser Kapitel folgt zunächst Epikern, Satirikern und Frühchristen bei ihrem Abstieg ins Totenreich. Schon auf diesen Touren begegnen uns Heroen und Alltagsmenschen, die der Strafpein ausgesetzt sind (1.1–1.3). Die christliche Hölle vereint solche Vorstellungen mit nachhaltiger Wirkung über zwei Jahrtausende hinweg (1.4). In der Gegenrichtung folgen wir den politischen Himmelfahrten des Romulus und der konsekrierten Kaiser (2.1), der doppeldeutigen Himmelfahrt im Schnittfeld zwischen Herrscherapotheose und Heiligenverehrung (2.2) und der Himmelfahrt Christi (2.3). Schließlich betreten wir selbst die Kontrastwelt des Himmels und fragen abschließend nach der transformierenden Bedeutung der Jenseitsreise, in der sich das existentielle Motiv des Reisens noch einmal brennpunktartig verdichtet (2.4).

1. Die Unterwelt

1.1 Der descensus ad inferos – *episch*

Wenn unser Kapitel mit dem Schlagwort „Höllenritte“ etwas dramatisch klingt, soll dies keineswegs suggerieren, dass der Abstieg beritten erfolge oder die Unterwelt nur als Strafort diene. Vielmehr soll das Schauerliche des Abstiegs eingefangen werden.[1] Unter „Hölle“ sei zunächst das Totenreich verstanden, in der hebräischen Bibel: „Scheol“ (שְׁאוֹל), im Griechischen, einschließlich der Septuaginta: „Hades“, also die Schattenwelt der Abgeschiedenen. Im Hades stoßen wir auf den Tartaros (im engeren Sinn), in dem die Frevler bestraft werden, also die „Hölle“ als Peinigungsort – der antike Sprachgebrauch ist uneinheitlich. Abstiege in die Unterwelt haben wir bereits – in der *theologia fabulosa* – bei der Rückführung der Alkestis durch Herakles und der Eurydike durch Orpheus verfolgt.

Wirkungsreich ist natürlich Homer. Als Odysseus von Kirke die Heimfahrt verlangt, schickt sie ihn zuvor auf eine

---

[1] Einen Überblick über das Descensus-Motiv von der mesopotamischen bis zur altkirchlichen Kultur gibt BAUCKHAM, Fate, 9–48.

Fahrt in andere Richtung: ἄλλην χρὴ πρῶτον ὁδὸν τελέσαι καὶ ἱκέσθαι / εἰς Ἀΐδαο δόμους καὶ ἐπαινῆς Περσεφονείης, / ψυχῇ χρησομένους Θηβαίου Τειρεσίαο. – „Eine andere Reise habt ihr zuerst auszuführen, dass ihr gelangt in die Behausung des Hades und der Persephone, der Schrecklichen, um euch Bescheid erteilen zu lassen von der Seele des Thebaners Teiresias!“ (Od. 10,490–492) Die Göttin gibt dem Helden, der vor Schrecken in Tränen ausbricht, genaue Weisung, wie er die nach dem Opferblut gierenden Toten an die ausgehobene Grube lockt (vgl. 10,496–540). Auf solche Weise trifft er außer auf Teiresias, der ihm die Zukunft eröffnet, auf die Seelen seines Freundes Elpenor, seiner Mutter Antikleia und vieler berühmter Frauen (vgl. 11,20–332). Sodann begegnet er in wechselseitigem Austausch der Nachrichten Agamemnon und anderen Gefährten des trojanischen Krieges. Als Odysseus Achill als Glücklichsten der Menschen aller Zeit preist, der zweifellos auch unter den Geistern göttergleich herrsche, gibt dieser die vielzitierte Auskunft:

μὴ δή μοι θάνατόν γε παραύδα, φαίδιμ᾽ Ὀδυσσεῦ.
βουλοίμην κ᾽ ἐπάρουρος ἐὼν θητευέμεν ἄλλῳ,
ἀνδρὶ παρ᾽ ἀκλήρῳ, ᾧ μὴ βίοτος πολὺς εἴη,
ἢ πᾶσιν νεκύεσσι καταφθιμένοισιν ἀνάσσειν.

Rede doch nicht tröstend dem Tode das Wort, hehrer Odysseus! Ich möchte wohl eher als Ackerknecht einem anderen für Lohn dienen, einem armseligen Mann, der selbst kaum Auskommen hat, als herrscherlich zu walten über alle Seelen derer, die verloschen sind. (11,488–491)

Odysseus sieht die ausgesuchten Peinigungen der Frevler Tityos, Tantalos und Sisyphos sowie über dem tristen Gewühl Herakles, der in den Götterkreis erhoben wurde (vgl. 11,385–635).

In der Unterwelttopographie wirkt die Aeneis bewanderter. Nachdem der trojanische Held in Italien gelandet ist, sucht er die Sibylle von Cumae auf und steigt, von ihr geleitet, am Averner See in die Unterwelt hinab (vgl. Vergil, Aen. 6,33–900). Gegenüber der bloßen Opferbeschwörung durch Odysseus ist das Totenreich in der Aeneis nicht nur detailfreudiger beschrieben, sondern auch schauriger:

Ibant obscuri sola sub nocte per umbram
perque domos Ditis vacuas et inania regna:
quale per incertam lunam sub luce maligna
est iter in silvis, ubi caelum condidit umbra
Iuppiter et rebus nox abstulit atra colorem.

Sie schritten im Düsteren unter einsamer Nacht durch Schatten und durch die leere Behausung des Pluto und nichtige Reiche: Wie bei flackerndem Mond unter feindlich zitterndem Licht führt ein Pfad durch die Wälder; dort hat Jupiter im Schatten den Himmel verborgen und schwarze Nacht die Dinge ihrer Farbe beraubt. (6,268–272)

Vorbei an bleichen Dämonen allen Elends der Welt wie an eklen mythischen Missgestalten gelangt Aeneas mit seiner kundigen Führerin an den Grenzfluss Acheron:

portitor has horrendus aquas et flumina servat
terribili squalore Charon, cui plurima mento
canities inculta iacet, stant lumina flamma,
sordidus ex umeris nodo dependet amictus.
ipse ratem conto subigit velisque ministrat
et ferruginea subvectat corpora cumba,
iam senior, sed cruda deo viridisque senectus.

Als furchtbarer Fährmann hütet die Gewässer und Flüsse Charon in schrecklichem Schmutz. Grauer Bart, wild wachsend, überwuchert sein Kinn; es starren seine Augen glühend dahin. Von den Schultern hängt ihm im Knoten der Mantel verkommen herab. Eigenhändig führt er das Floß mit der Ruderstange, setzt auch die Segel und schifft die Totenleiber über im schwärzlichen Nachen – alt geworden längst, doch dem Gott ist das Alter rüstig und kraftvoll. (6,298–304)

Vergeblich bemühen sich die unbestatteten Toten um die Überfahrt. Der grausige Fährmann zeigt geringes Vergnügen an unerbetenem Besuch aus der Oberwelt und gedenkt grimmig früherer Eindringlinge: Herakles, Theseus und Perithoos. Doch setzt er schließlich Held und Sibylle an das schlammige Ufer zum Höllenschlund über, wo die dreiköpfige Hundebestie Cerberus drohend anschlägt, bis der Zauberkloß der Sibylle ihn in Schlaf versenkt.

Die Unterwelt wirkt beseelt und leblos zugleich. Die Seelen der an der Schwelle zum Leben gestorbenen Kinder weinen. Daneben warten die ungerecht zum Tode Verurteilten auf das Urteil des Totenrichters Minos, ihnen benachbart die Selbstmörder, denen einst das Erdenleben zuwider war und die sich jetzt danach sehnen. Auf den Trauerfeldern hausen in endlosem Gram die Opfer des *durus amor*, an denen es der Mythenwelt nicht mangelt. Zwischen ihnen sieht Aeneas die in ihrem Gram erstarrte Dido, die um seinetwillen gestorben ist. An einer Weggabelung führt der rechte Pfad zu Plutos Sitz im Elysium, *at laeva malorum / exercet poenas et ad inpia Tartara mittit.* – „der linke jedoch vollzieht die Strafe der Übeltäter und sendet sie zur verruchten Tartarusstätte" (6,542 f.). Der Strafort ist unzugänglich umschlossen; auf eisernem Turm bewacht ihn die Erinnye Tisiphone mit blutig gefärbtem Gewand. Die Sibylle klärt den entsetzten Helden über diese von Rhadamanthys beherrschten *durissima regna* auf: Die Frevler werden von den Erinnyen mit Schlangen gegeißelt; im Abgrund des Tartarus wälzen sich jene, die sich gegen den Olymp erhoben haben. Der Riese Tityos wird von einem Geier zerfleischt, und zwar immer neu, da das Zerfleischte nachwächst. Perithoos und Ixion müssen ständig den Herabsturz des über ihnen schwebenden Felsblocks fürchten und dürfen das einladend lockende Festmahl nicht berühren (also die bei Homer Tantalos zugedachte Qual). Jedoch ist im Vergleich zur heroischen Vorzugshölle der Odyssee der Strafort des Vergil moralisch und demokratisch organisiert.[2] Denn wir finden hier die Übeltaten vermehrt, die Alltagsfrevler versammelt und die Mehrheit der Menschen, wie die Sibylle vermeldet, zur Strafe bestimmt.

hic quibus invisi fratres, dum vita manebat,
pulsatusve parens et fraus innexa clienti,
aut qui divitiis soli incubuere repertis
nec partem posuere suis – quae maxima turba est –;
quique ob adulterium caesi quique arma secuti
inpia nec veriti dominorum fallere dextras,
inclusi poenam exspectant, ne quaere doceri
quam poenam, aut quae forma viros fortunave mersit.
saxum ingens volvont alii, radiisque rotarum
districti pendent; sedet aeternumque sedebit
infelix Theseus; Phlegyasque miserrimus omnis
admonet et magna testatur voce per umbras:
‚discite iustitiam moniti et non temnere divos.‘

Solche, die die Brüder gehasst, solange das Leben währte, oder die Eltern geschlagen oder Betrug geknüpft wider den Schutzbefohlenen, und auch solche, die für sich nur gebrütet haben auf gerafftem Reichtum, ohne Anteil zu geben den Ihren – bei weitem die große Menge –; wer da wegen Ehebruchs niedergestreckt ward und wer verruchtem Waffenzug folgte, wer keine Scheu kannte, dem eigenen Herrn versprochene Treue zu brechen – eingekerkert warten sie hier auf ihre Strafe. Begehre nicht zu erfahren, welche Strafe es ist oder auf welche Weise, nach welchem Geschick die Männer verschlungen! Die einen wälzen einen ungeheuren Steinblock, die anderen hängen auseinandergerissen an den Speichen von Rädern. Es sitzt dort und wird ewig sitzen der unselige Theseus. Und Phlegyas, so erbärmlich, bezeugt, laut schreiend, allen seine Mahnung durch die Schatten hindurch: ‚Lernt Gerechtigkeit, ihr, die ich warne, und verachtet die Göttlichen nicht!‘ (6,608–620)

---

[2] Vgl. Lehtipuu, Imagery, 140 f.

Die Art der zu strafenden Verbrechen – vom Hochverrat bis zum Inzest – ist so zahllos wie die der Strafen. Die Hölle scheint für jedermann offenzustehen.

Die beiden Jenseitswanderer passieren auch die Haine der Seligen, wo die Helden und Wohltäter der Menschheit und *quique sui memores aliquos fecere merendo* – „solche, die sich durch jedwedes Verdienst Erinnerung gesetzt haben" (6,664), in sonniger Traumlandschaft spielerische Weile genießen. Hier trifft Aeneas auf grünem Wiesengrund endlich seinen Vater Anchises. Dieser erläutert ihm das Schicksal, das im Jenseits auf die Menschen wartet: Sie empfangen die für ihre jeweilige Schuld passende Strafe, doch freuen sie sich auch an der schönen Muße des Elysium. Nachdem sie am Lethe-Strom Vergessen getrunken haben, kehren sie wieder in irdische Körper und damit in das Erdenleben zurück.

Vergil nutzt die dramatische Begegnung im Jenseits für eine politische Stellungnahme, genauer: für die Verwurzelung des augusteischen Reichskonzepts in der mythischen Ursprungsgeschichte Roms. Aeneas, der Stammvater der Römer, empfängt aus dem prophetischen Zeugnis des Anchises das Vorsehungswissen, wie Stadt und Weltreich künftig gedeihen. Aus der Jenseitsperspektive wird deutlich: In Roms Geschichte, die im Panorama am Leser vorüberzieht, wirkt vom Ursprung an ein göttlicher Plan, der der Expansion des Reiches und dem Prinzipat des Augustus die tiefste Legitimation verleiht. Den ruhmreichen Anfängen entspricht das Ziel des Geschichtsverlaufs:

huc geminas nunc flecte acies, hanc adspice gentem
Romanosque tuos; hic Caesar et omnis Iuli
progenies, magnum caeli ventura sub axem.
hic vir hic est, tibi quem promitti saepius audis,
Augustus Caesar, Divi genus, aurea condet

saecula qui rursus Latio regnata per arva
Saturno quondam, super et Garamantas et Indos
proferet imperium – iacet extra sidera tellus,
extra anni solisque vias, ubi caelifer Atlas
axem umero torquet stellis ardentibus aptum –:
huius in adventum iam nunc et Caspia regna
responsis horrent divom et Maeotia tellus
et septemgemini turbant trepida ostia Nili.

Auf diesen Punkt jetzt richte beide Augen, betrachte genau dieses Stammvolk: deine Römer! Hier ist Caesar und das ganze Geschlecht des Julus, das unter dem weiten Gewölbe des Himmels hervortreten wird! Hier ist dieser Mann, von dem du so häufig hörst – er, der dir verheißen ist: Caesar Augustus, des Göttlichen Spross! Goldene Zeitalter wird er stiften für Latium wieder, der da ein Reich heraufführen wird auf einstmals von Saturn beherrschtem Gefilde, über die Garamanten wie Inder. Dies Erdreich liegt außerhalb der Sterne und jenseits von der Sonne jährlichen Bahnen, wo Atlas, der auf der Schulter den Himmel trägt, das Gewölbe voll leuchtender Sterne wendet. Jetzt bereits starren die kaspischen Reiche dessen Ankunft schaudernd vor Göttersprüchen entgegen wie auch das mäotische Land, und es erzittern im Delta voll Schrecken die sieben Arme des Nils. (6,788–800)

Weder Herkules noch Liber (Dionysos) – die beiden großen mythischen Weltenwanderer – haben, schwärmt Anchises weiter, soviel von der Erde erfasst wie der verheißene Herrscher Augustus (vgl. 6,801–805). Das augusteische Reich also berührt die Enden der Erde, auf die wir von Apollonios von Rhodos über die Romanliteratur bis Nonnos von Panopolis immer wieder getroffen sind: Libyen, Indien, Eurasien am Kaspischen und Asowschen Meer, wo auch die Skythen lebten, Ägypten.

Während die Jenseitsreise des Odysseus im Wesentlichen den Leser für die binnennarrative Welt rüstet, zielt die des Aeneas an dieser Stelle deutlich auf die außertextliche Gegenwart: Teiresias sagt den Ausgang des Dramas der

Odyssee voraus, Anchises den Ausgang des Dramas der Weltgeschichte. Das Jenseits der Dichter und das politische Jenseits durchdringen sich. Die Dichtung wird in Gegenwart überführt; die Gegenwart gewinnt poetischen Glanz. An einem Höhe- und Wendepunkt der alles begründenden Weltfahrt wird der aktuelle Herrscher in der Mitte des Mythos verankert. Im Gedächtnisgemälde findet er mit dem Julier-Geschlecht seinen Ursprung in Troja, seine Bestimmung im göttlich gewollten Weltreich und sein Ziel, Herakles und Dionysos hinter sich lassend, über den Sternen. Wenn Lukas durch die Geburtsgeschichte den Weltheiland Jesus in der Mitte der biblischen Verheißung verortet und in Himmelfahrt und pfingstlicher Völkertafel (vgl. Apg 2,9–11) sein Reich bis an die Grenzen der Erde – und darüber hinaus – dehnt, so bedient er sich im Grunde einer ähnlichen Legitimationsstrategie.[3] Die biblische Geschichte wird in den Jesus-Bios überführt; der Bios Jesu gewinnt biblischen Glanz. Im lukanischen Gedächtnisgemälde findet Jesus mit dem David-Geschlecht seinen Ursprung in Israel, seine Bestimmung in der göttlich gewollten Oikoumene und sein Ziel in der himmlischen Ewigkeit.

1.2 Der descensus ad inferos – *satirisch*

Wir bleiben im dichterischen Jenseits, nehmen es aber jetzt in ganz anderer Weise wahr. Nach Zeit und griechischer Sprache rücken wir mit den Satiren Lukians an die urchristliche Literatur heran; Textgattung und geistreicher Witz liegen freilich denkbar weit von ihr entfernt. Indes sollte uns auch hier die offenkundige Unterhaltungsabsicht nicht von dem moralischen Anliegen ablenken, das den

[3] Vgl. Gilbert, Propaganda, bes. 253–256.

Spötter Lukian und die urchristlichen Weltbetrachter tiefer verbindet, als es *prima facie* scheint.

Lukian schöpft seinen Reiz oft aus der unerwarteten Perspektive, mit der er gesellschaftliche Selbstverständlichkeiten aus der Sicht von Außenseitern und Fremden kommentiert. So erklärt sich nicht zuletzt seine Vorliebe für Jenseitsreisen, die bei ihm in die verschiedensten Richtungen führen können. Besonders aufschlussreich sind die drei Reisen in die Unterwelt und, gleichsam auf der Gegenfahrbahn, die Diesseitsreise des Unterwelt-Fährmanns Charon. Es versteht sich, dass Lukian dabei den Mythos im Allgemeinen und dessen ehrwürdig-epische Darbietung im Besonderen verulkt. Wichtiger ist jedoch die damit verbundene Möglichkeit, die Leser zum Wechsel der üblichen Sichtweisen zu bewegen: Das allzu gewohnte Erdenleben sieht aus der jenseitigen Vogel- oder auch Froschperspektive ganz anders aus und stellt irdische Plausibilitäten beunruhigend heilsam infrage. Die Unterwelt ist der günstigste Standort, um die radikal wahrhaftige Außensicht zu gewinnen.

In Lukians Satire Κατάπλους ἢ Τύραννος (der gelaufige lateinische Titel lautet: *Cataplus*) fährt Charon eine Ladung von 1004 Abgeschiedenen in die Unterwelt hinab. Der Tyrann Megapenthes (also etwa: „König Wehgeschrei") wehrt sich mit Händen und Füßen gegen den Einstieg: Er hat noch seine Bauvorhaben zu realisieren, seine Finanzen zu regulieren, seinen Nachruhm zu organisieren. Er wird gründlich desillusioniert, als ihm das Jenseitspersonal die Hintergründe seines Erdenlebens durchschaubar macht: untreue Ehefrau, falsche Freunde, heuchlerische Diener, trügerischer Ruhm, eine Nachwelt, die sich seines Ablebens freut. Wie Achill in der Odyssee wäre er lieber ein Sklave in der Lebenswelt als ein toter Herrscher (Cat. 13). Das Gegenbild bietet der Schuster Mikyllos, der gelassen aus dem Diesseits scheidet, weil dort unten vergleichsweise angenehme Zustände herrschen. Vor allem waltet jetzt endlich eine auf Erden nicht erreichbare Gleichheit aller. Es ergötzt den Habenichts ungemein, dass der Tyrann, neben dem er gewohnt und dessen Wohlleben im besten Purpur und bei exquisitem Tisch er bewundert hatte, im Tod eine so glanzlose Figur macht (vgl. 16). Der Totenrichter Rhadamanthys lässt den Schuster nach Prüfung seines Lebenswandels auf die Inseln der Seligen weiterziehen. Selbstverständlich wird offenbar, dass Megapenthes ein zutiefst böses Leben geführt hat. Rhadamanthys erwägt, ihn in den unterweltlichen Feuerfluss (Πυριφλεγέθων) oder vor den Höllenhund Kerberos zu werfen. Auf Vorschlag eines kynischen Philosophen entscheidet er sich jedoch für eine einfallsreichere Strafe: Der Tyrann darf nicht aus dem Lethe-Fluss trinken und muss daher, ohne vergessen zu können, immerdar, neben Tantalos versetzt, an sein einstiges böses Macht- und Prachtleben denken (– eine Idee wie aus dem Fundus der modernen katholischen Eschatologie).

Wie von selbst stellt sich bei der Lektüre der Satire das lukanische Gleichnis von dem reichen Prasser und dem armen Lazarus ein (Lk 16,19–31).[4] Tyrann und Prasser, in Purpur gehüllt, pflegen glanzvolles Festmahl und missachten den Armen vor oder neben ihrer Tür. In beiden Fällen kommt es zu einem jenseitigen Rollentausch: Der Bettler gelangt in Abrahams Schoß bzw. der Schuster auf die Inseln der Seligen, der Tyrann bzw. Prasser wird im Hades (vgl. Lk 16,23) mit immerwährender Strafe belegt. Während bei Lukian der Reiche eher aufgrund seiner Übeltaten verurteilt wird, ist

---

[4] Vgl. auch Hock, Lazarus, bes. 457–462; Bauckham, Fate, 106–108. Zum religionsgeschichtlichen Hintergrund des Gleichnisses Lehtipuu, Imagery, 134–143.

es bei Lukas die Kälte gegenüber dem Armen, die zur Verdammung führt, weil sie Tora und Propheten verletzt. Die Grundlinien verlaufen jedoch parallel: Intradiegetisch dient das Jenseits hier wie dort der endzeitlichen Statusrochade. Die Erzählung als solche zielt textpragmatisch darauf, dass die Adressaten die Selbstverständlichkeiten der Lebenswelt kritisch durchschauen und auf ausgleichende Gerechtigkeit setzen. Es gilt die Rechnung des Lebens nicht ohne den Wirt zu machen. Um den „Wirt“ zu beschwören, rekurriert Lukas auf den jüdischen Mythos („Abrahams Schoß“), Lukian auf die Stammbesetzung des paganen Mythos. Ich halte es für wahrscheinlich, dass nicht nur Lukian, sondern auch Lukas mit dem Mythos spielt, um seine Grundsatzaussage „Rechnet mit der ausgleichenden Gerechtigkeit!“ anschaulich zu machen. Dies hat eine auf die Jenseitsmythen bei Platon zurückreichende Tradition: Nicht die Unterwelttopographie als solche ist maßgeblich, sondern die mit ihr verbundene ethisch zentrierte Gerechtigkeitsaussage.

Das Thema „Er stürzt die Mächtigen vom Thron und erhöht die Niedrigen“ (vgl. Lk 1,52) durchzieht auch eine andere Unterwelt-Satire des Lukian. In Μένιππος ἤ Νεκυομαντεία *(Necuomantia)* steigt der Kyniker Menippos, Lukians Vorbild, zu den Toten hinab, um, wie es einst Odysseus unternahm, den Propheten Teiresias zu befragen. Da ihn das offenkundig unsittliche Verhalten der Götter im Mythos und mehr noch die einander widersprechenden Schulmeinungen und selbstwidersprüchlichen Lebensstile der Philosophen verwirren, beschließt er, im Jenseits nach Rat zu fragen. So sucht er in Babylon einen chaldäischen Magier auf, der ihm als Führer dienen soll. In der Tarnung von Herakles, Odysseus und Orpheus, also altvertrauten Passanten der Unterwelt, gelangt er an sein Ziel. Dort wird gerade über Ehebrecher, Kuppler, Zöllner, öffentliche

Schmeichler und Zuträger Gericht gehalten. In einer eigenen Gruppe werden die Reichen und Wucherer gerichtet: Aller äußeren Pracht und Ehre entkleidet, werden sie unter der Zeugenschaft ihrer Schatten auf ihr wahres Wesen durchleuchtet. Der Strafort selbst ist eine große schreckenerregende Folterkammer:

μαστίγων τε γὰρ ὁμοῦ ψόφος ἠκούετο καὶ οἰμωγὴ τῶν ἐπὶ τοῦ πυρὸς ὀπτωμένων καὶ στρέβλαι καὶ κύφωνες καὶ τροχοί, καὶ ἡ Χίμαιρα ἐσπάραττεν καὶ ὁ Κέρβερος ἐδάρδαπτεν. ἐκολάζοντό τε ἅμα πάντες, βασιλεῖς, δοῦλοι, σατράπαι, πένητες, πλούσιοι, πτωχοί, καὶ μετέμελε πᾶσι τῶν τετολμημένων.

Da war der Lärm von Geißeln zu hören und Wehgeschrei derer, die auf dem Feuer geröstet wurden, und Streckbänke und Nackenhölzer und Folterräder; die Chimäre zerrte und Kerberos verschlang. Sie alle wurden zusammen gezüchtigt: Könige, Sklaven, Satrapen, Arme, Reiche, Habenichtse, und es reute sie alle, was sie sich einst erdreistet hatten. (Nec. 14)

Menippos sieht auch die mythischen Frevler in ihren Qualen: Ixion, Sisyphos, Tantalos und Tityos. Er passiert die Toten, die auf ihr Knochengerüst reduziert, einander verblüffend gleichen; die Ägypter allerdings haben sich dank Einbalsamierung leidlich gehalten. König und Koch – sie sehen einander im Totenreich zum Verwechseln ähnlich! So gelangt Menippos zu der Einsicht: Die Tyche führt im Leben ein theatralisches Verkleidungsspiel auf, in dem es manchen Rollenwechsel gibt und an dessen Ende sich auch die Herrscher und Helden, ihrer Masken entledigt, in einfache Schauspieler verwandeln (16).[5] Nur Sokrates

[5] Darin liegt auch die wuchtige Pointe in Senecas menippeischer Satire *Apokolokyntosis*, die die offizielle Apotheose aus der Sicht der Götterversammlung und des Orkus verfolgen lässt und so den offiziell göttlichen Kaiser in seiner menschlichen Erbärmlichkeit entblößt: Aus der Vergöttlichung wird die „Verkürbissung“, und der großmächtige

und der Kyniker Diogenes bleiben ohne Weiteres ihrem Wesen treu. Menippos nimmt an einer Volksversammlung der Unterweltgemeinde teil, auf der ein Beschluss gegen die Reichen gefasst wird: Ihre Körper werden in der Unterwelt gezüchtigt, aber ihre Seelen müssen durch die Gestalten von Eseln wandern. Schließlich gelingt es ihm, bei Teiresias das Geheimnis des rechten Erdenwandels zu erfahren: Es ist das einfache Leben, ohne spekulativen Anspruch, das die Gegenwart gelassen-verschmitzt zu nutzen weiß (21).

Die Strategie der Verfremdung durch die Jenseitsperspektive prägt auch die Νεκρικοὶ Διάλογοι *(Dialogi mortuorum)*. In dreißig Unterredungen zwischen den Totenweltbewohnern werden konventionelle Sichtweisen mit grimmigem Humor vom Kopf auf die Füße gestellt. Auch hier sind die Kyniker Diogenes und Menippos die wahren Realisten, während sich etwa Alexander der Große als eitler Geck entpuppt oder Maussollos von Karien, der Namensgeber der Mausoleen, sich in seiner Hoffnung auf Nachruhm bitter getäuscht sieht.

Ein höchst realistischer Beobachter der Menschenwelt *sub specie aeterni* ist naturgemäß Charon. Als Fahrmann des Totenreichs hat er von Berufs wegen die Menschen beim Wechsel ihrer Seinsform zu begleiten. In der ihm gewidmeten Satire Χάρων ἢ ἐπισκοποῦντες *(Charon)* begibt sich dieser Jenseitige auf eine Diesseitsreise, um festzustellen, wie es um das menschliche Leben, dem seine Passagiere nachzutrauern pflegen, bestellt ist. Als kundigen Fremdenführer gewinnt er Hermes, mit dem er ein paar Gebirge aufeinanderstapelt, um sich einen Überblick über die Erde zu verschaffen. So

---

Gerichtsherr landet statt im Himmel als Sklave in der Unterwelt, um dort als Gerichtsdiener zu fungieren (apocol. 15,2). Deutschen Märchenlesern ist diese Darstellungsstrategie aus „Des Kaisers neue Kleider" vertraut.

nimmt er wahr, dass Menschen wie der vielbewunderte Muskelprotz Milon von Kroton oder König Kroisos mit allem Möglichen rechnen außer ihrem Ableben. Die Welt ist ein Bienenstock, in dem man einander sticht und aussticht und der erfüllt ist mit Unwissenheit, Hass und Neid, erstickenden Ängsten und schwindenden Hoffnungen. Dazwischen bewegt sich Charons Freund Thanatos mit zahlreichen Handlangern wie Krankheit oder Waffe, Pirat oder Tyrann. Die Sterblichen, so wird Charon deutlich, leben auf tragikomische Weise verkehrt.

Ziehen wir Bilanz: Die Unterwelt-Satiren Lukians dienen strategisch dem Perspektivwechsel, negativ der Entlarvung falscher Maßstäbe in einem endlichen Dasein und positiv dem Aufweis einer ausgleichenden Gerechtigkeit. Unter philosophischem Gesichtspunkt variieren sie damit einen ethischen Geltungsanspruch, der von Platons Jenseitsmythen bis zu Kants Postulaten der praktischen Vernunft reicht. Auch die Eschatologie des Urchristentums stellt die theozentrische Perspektive auf das Erdendasein heraus, hält Tod und Gericht für den Maßstab der rechten Lebensgestaltung und hofft auf eine Gerechtigkeit auch für die Opfer. Natürlich ist die sachliche Auffüllung dort griechisch-mythisch, hier jüdisch-apokalyptisch geprägt. Vor allem fehlt der urchristlichen Eschatologie die Leichtigkeit des literarischen Spieles. Sie denkt mit großem Ernst an ein tatsächlich als solches erwartetes Endgericht. Das Misstrauen gegen die rasche Rechnung ohne Wirt verbindet beide Seiten, doch die Vorstellung vom Wirt ist eine gänzlich andere. Während die theologischen Geltungsansprüche mithin deutlich voneinander abweichen, ähneln Textpragmatik und ethische Schlussfolgerungen einander. Die Konsequenzen für die eigene Lebenspraxis sind am Ende durchaus vergleichbar.

1.3 Der descensus ad inferos *– christlich*

Der christliche Glaube suchte den Zeitgenossen ein umfassendes Sinnangebot zu machen. Daher konnte es nicht ausbleiben, dass auch die Unterwelt „getauft" wurde. In der Katakombe an der Via Latina haben wir beobachtet, wie der Herabstieg des Herakles in die Unterwelt auf das Heilswirken Christi transparent zu werden vermochte: Der mythische Held befreit Alkestis aus dem Totenreich; so auch ringt Christus aus Liebe die Todesmacht nieder. Im Neuen Testament bietet Hebr 2,14f. die Vorstellung vom Kampf des Gottessohns gegen den mittels der Thanatos-Macht tyrannisch herrschenden Teufel. Hier vereint sich der griechische mit dem jüdisch-apokalyptischen Mythos, eine für die frühchristliche Eschatologie bezeichnende Dynamik.

Der Abstieg des Gekreuzigten in die Unterwelt wird zum Thema einer frühchristlich-apokryphen Schrift, die unter dem Namen Nikodemus-Evangelium überkommen ist.[6] Die Textgeschichte dieser in vielen Rezensionen und Sprachen tradierten Schrift ist sehr verwickelt, was immerhin darauf schließen lässt, dass sie außerordentlich verbreitet war.[7] Der *descensus Christi ad inferos* (EvNik 17–27) ist in der Spätantike, im fünften oder sechsten Jahrhundert, entstanden und mit einer apokryphen Passionserzählung aus

---

[6] Einen knappen Überblick über weiteres einschlägiges Textgut im Frühchristentum bietet Bauckham, Fate, 40–44.

[7] Schärtl, Nikodemusevangelium, 237 nennt 500 Handschriften in über 20 Sprachen. Einen Überblick geben Klauck, Evangelien, 118–121; Schärtl, Nikodemusevangelium, 233–237. Die maßgebliche Textedition der Rezension Griechisch B bietet: Evangelia apocrypha ([2]1876), hg. v. Konstantin von Tischendorf, 287–332. Die aktuelle deutsche Version findet sich, von Monika Schärtl (2012) besorgt, in: Antike christliche Apokryphen in deutscher Übersetzung (AcA I/1), 240–261.

dem vierten Jahrhundert, den sogenannten Pilatus-Akten, verbunden worden. In der letztredigierten Gesamtfassung beschreibt EvNik 1–11 das Verfahren Jesu vor Pilatus und die Kreuzigung, EvNik 12–16 das Zeugnis der beiden Honoratioren Josef von Arimatäa und Nikodemus im jüdischen Kontext, EvNik 17–27 die „Höllenfahrt" des am Kreuz gestorbenen Jesus Christus, die wir genauer verfolgen wollen.

Die beiden Söhne des Simeon, des Propheten der lukanischen Kindheitsgeschichte, hatten sich nach ihrem Tod im Hades befunden, sind aber anlässlich des Erlösungstods Jesu (vgl. Mt 27,51–53) ihren Gräbern entstiegen, sodass sie vom karsamstäglichen Geschehen in der Unterwelt berichten können. Dort sitzen sie mit allen Menschen, die seit Adam verstorben sind, als um Mitternacht Licht in ihre Dunkelheit dringt. Abraham samt den anderen Patriarchen und Propheten zeigt sich daraufhin freudig gestimmt. Jesaja sieht seine eigene Prophezeiung (Jes 9,1) erfüllt: Das Volk im Dunkeln sieht ein helles Licht! Nun gesellt sich ein Wüstenasket zu ihnen, der sich als Johannes der Täufer vorstellt und auch im Hades als Vorläufer dient: Wer jetzt den Gottessohn anbetet, kann noch Vergebung für seine Erdenschuld erlangen und gerettet werden. Doch alsbald tritt Satan auf den Plan und bereitet Hades, den „Allesfresser" und „Nimmersatt", darauf vor, dass in Kürze Jesus, den „die Juden" auf sein Betreiben hin gekreuzigt hätten, erscheinen werde und im Totenreich einzusperren sei. Zwar sei Jesus nur ein todesfürchtiger Mensch; er habe jedoch dem Satan durch die Austreibung von dessen dämonischen Gesandten und durch seine Heilungs- und Auferweckungswunder viel Verdruss bereitet. Wenn dem so sei, entgegnet Hades nervös, scheine ihm die Überlegenheit des Satans alles andere als gesichert. Er selbst habe noch unlängst einen Toten namens Lazarus verschlungen, doch sei dieser durch das Wort eines Lebenden gewaltsam wieder seinen Eingeweiden entrissen worden. Da er vermutet, der machtvolle Erwecker des Lazarus sei kein anderer als der vom Satan Angekündigte, beschwört er seinen Genossen, diesen keinesfalls in das Totenreich einzulassen, da er dann seiner Eingekerkerten nicht mehr habhaft bleibe. Der Bericht der beiden Auferweckten erreicht jetzt seinen dramatischen Höhepunkt:

Τοιαῦτα τοῦ σατανᾶ καὶ τοῦ ᾅδου λεγόντων πρὸς ἀλλήλους ἐγένετο φωνὴ μεγάλη ὥσπερ βροντὴ λέγουσα· ἄρατε πύλας οἱ ἄρχοντες ὑμῶν, καὶ ἐπάρθητε πύλαι αἰώνιοι, καὶ εἰσελεύσεται ὁ βασιλεὺς της δόξης. ἀκούσας ὁ ᾅδης λέγει τῷ σατανᾷ· ἔξελθε, εἰ δυνατὸς εἶ, καὶ ἀντίστηθι αὐτῷ. ἐξῆλθεν οὖν ἔξω ὁ σατάν.

εἶτα λέγει ὁ ᾅδης τοῖς δαίμοσιν αὐτοῦ· ἀσφαλίσασθε καλῶς καὶ ἰσχυρῶς τὰς πύλας τὰς χαλκᾶς καὶ τοὺς μοχλοὺς τοὺς σιδηροῦς, καὶ τὰ κλεῖθρά μου κατέχετε, καὶ σκοπεῖτε πάντα ἱστάμενοι ὄρθιοι· ἐὰν γὰρ εἰσέλθῃ αὐτὸς ὧδε, οὐαὶ ἡμᾶς λήψεται. …

Ἦλθεν οὖν πάλιν φωνή· ἄρατε πύλας λέγουσα. ἀκούσας ὁ ᾅδης ἐκ δευτέρου τὴν φωνὴν ἀπεκρίθη ὡς δῆθεν μὴ γινώσκων καὶ λέγει· τίς ἐστιν οὗτος ὁ βασιλεὺς τῆς δόξης; λέγουσιν οἱ ἄγγελοι τοῦ δεσπότου· κύριος κραταιὸς καὶ δυνατός, κύριος δυνατὸς ἐν πολέμῳ. καὶ εὐθέως ἅμα τῷ λόγῳ τούτῳ αἱ χαλκαῖ πύλαι συνετρίβησαν καὶ οἱ σιδηροῖ μοχλοὶ συνεθλάσθησαν, καὶ οἱ δεδεμένοι πάντες νεκροὶ ἐλύθησαν τῶν δεσμῶν, καὶ ἡμεῖς μετ᾽ αὐτῶν. καὶ εἰσῆλθεν ὁ βασλεὺς τῆς δόξης ὥσπερ ἄνθρωπος, καὶ πάντα τὰ σκοτεινὰ τοῦ ᾅδου ἐφωτίσθησαν.

Während Satan und Hades diese Dinge miteinander besprachen, erscholl eine laute Stimme wie Donner, die da sprach: ‚Tut auf, ihr Herrscher, eure Pforten, und hebt euch, ihr ewigen Pforten! Und es wird Einzug halten der König der Herrlichkeit!' (vgl. Ps 23,7[LXX]) Als er dies gehört hatte, sagte Hades zu Satan: ‚Geh hinaus, wenn du es vermagst, und stelle dich ihm entgegen!' Da ging Satan hinaus.

Darauf sagte Hades zu seinen Knechtsgeistern: ‚Sichert die ehernen Tore sorgfältig und fest ab samt den eisernen Riegeln, und haltet mein Besitztum unter Verschluss! Steht aufrecht, auf dass ihr genau auf alles achtgebt! Wenn der nämlich hier hineinkommt, bricht ein Wehe über uns ein! …'

Da erscholl abermals eine Stimme, die da sprach: ‚Tut auf die Pforten!' Als Hades die Stimme zum zweiten Mal hörte, tat er so, als habe er keine Ahnung, und erwiderte: ‚Wer ist dieser König der Herrlichkeit?' Die Engel des Herrschers sagten: ‚Ein machtvoller und gewaltiger Herr, ein machtvoller Herr im Krieg!' (vgl. Ps 23,8^{LXX}) Und sofort, gleichzeitig mit diesem Wort, wurden die ehernen Pforten zerschlagen und die eisernen Riegel zerdrückt und die gebundenen Toten allesamt von ihren Fesseln befreit und wir [scil. die beiden Berichterstatter] mit ihnen. Und es hielt Einzug der König der Herrlichkeit in Menschengestalt, und alle Finsternisse des Hades wurden in Licht getaucht. (EvNik 21,1.3)

Hades muss sich dem Gekreuzigten geschlagen geben. Dieser zerrt den Satan am Kopf herbei, lässt ihm mit Eisenketten Hände und Füße, den Hals und gar den Mund fesseln und übergibt ihn dem Beherrscher des Totenreichs, der ihn bis zur Parusie eingekerkert halten soll. Hades wechselt rasch die Front und droht seinerseits dem gefangenen Satan, dem er – in merkwürdiger Selbstverkennung – vorwirft, „Verursacher des Todes" zu sein, ortsübliche Folter an. Der Gekreuzigte indes segnet die gerechten Vorväter im Zeichen des Kreuzes und führt sie aus der Unterwelt hinauf ins Paradies, wo er sie dem Erzengel Michael anvertraut. Dort warten bereits Henoch und Elias – die beiden zum Himmel entrückten Propheten – und der reuige Schächer (vgl. Lk 23,42 f.), der das Kreuz auf den Schultern mitgebracht hat, auf sie. Die beiden Berichterstatter fügen hinzu, dass sie sich wie alle hinaufgeführten Toten noch im Jordan taufen lassen mussten und in Jerusalem Ostern feiern durften. Dann verabschieden sie sich.[8]

Die Erzählung bietet uns stellenweise Humor, der an Lukians vergnügtes Spiel mit den überlieferten Jenseitsmythen erinnert. Aber die Komik ist hier kaum beabsichtigt. Sie ver-

[8] Zur Interpretation vgl. BERNSTEIN, Formation, 272–282.

dankt sich einem naiven Ernst, der freilich durch das Motiv des Ab- und Aufstiegs narrativ einiges leistet: Das von den kanonischen Evangelien meist irdisch-karg berichtete Passionsgeschehen gewinnt eine lebendige Spannung und wird in seiner transzendenten Reichweite unmittelbar vor Augen geführt. Die Aktanten der alt- und neutestamentlichen Erzählungen üben ihre jeweils kennzeichnenden Verhaltensweisen – ziemlich stereotyp – auch im Jenseits aus (etwa Johannes der Täufer); sie erobern damit gewissermaßen die Unterwelt und das Paradies. Auf solche Weise werden die Leser zum Perspektivwechsel angehalten. Sie nehmen die Sichtweise des Jenseits ein und gewinnen Einblick in die „eigentlichen" Bedeutungstiefen der christologischen Überlieferung. Anschuldigungen von außen oder innere Verunsicherungen (etwa die allzu menschlich wirkende Todesfurcht Jesu) werden mittels der rekontextualisierten Neuerzählung entkräftet. Brach liegende Prophetien (wie Jes 9,1) oder andere Bibelstellen (in unserem Textbeispiel etwa Ps 23,7^{LXX}) werden zu hochbedeutsamen, „sakralen" Untermalungen des Christus-Dramas und geben ihm eine kosmologisch und eschatologisch unbegrenzte Reichweite. So wird das christliche Jesus-Bild einerseits gegen Kritik immunisiert, andererseits bis an die Grenzen des Daseins ausgeweitet.

Bevor wir über die Naivität der Erzählung spotten, sollten wir uns ihre immens fruchtbare Wirkungsgeschichte in der christlichen Frömmigkeit, Kunst und Theologie bewusst machen. Die Popularität des Werkes erklärt sich wohl gerade dadurch, dass die Erlösung hier nicht als Abstraktum behauptet, sondern in einem narrativ anziehenden Milieu augenfällig inszeniert wird. Gerade diese detailfreudige Schilderung des Descensus wurde in der Reformationszeit theologisch suspekt. So geriet das Nikodemus-Evangelium nach dem Tridentinischen Konzil gar auf den katholischen Index der verbotenen Bücher.[9]

1.4 Die Hölle – christlich

Wir bleiben bei den urchristlichen Apokryphen und wenden uns einer ganz anderen Höllenfahrt zu, die nicht in den Hades (den Aufenthaltsort der Totengeister), sondern den Tartaros (im engeren Sinn des Peinigungsorts) führt. Während der *descensus Christi* im Nikodemus-Evangelium Erlösung dramatisiert, bietet dieses Kapitel einen Einblick in die christliche Droh- und Angstgeschichte.

Die Petrus-Apokalypse stammt aus der ersten Hälfte des zweiten Jahrhunderts; als Herkunftsort wird Ägypten, in jüngerer Zeit auch Palästina,[10] vermutet. Als ganze ist sie in äthiopischer Sprache erhalten, fragmentarisch und vielfach deutlich abweichend auf Griechisch.[11] Ihre Vorstellungswelt entspricht weithin der der zeitgenössischen jüdischen Apokalyptik, wie denn gerade im apokalyptischen Milieu die Trennung zwischen Jüdischem und Christlichem ganz unscharf ist.[12] Die visionäre Jenseitsreise ist eingebettet in

---

[9] Vgl. Klauck, Evangelien, 129.

[10] So ausführlich Bauckham, Fate, 176–194, der ApkPetr dem palästinischen Judenchristentum im Bar Kochba-Krieg (132–135 n. Chr.) zuordnet.

[11] Äthiopische Erstausgabe: Sylvain Grébaut, Littérature éthiopienne pseudo-Clémentine. Texte et traduction du traité « La seconde venue du Christ et la résurrection des morts », in: Revue de l'Orient Chrétien 12 (1907) 139–151; 15 (1910) 198–214.307–323.425–439. Zur Textgeschichte Müller, Offenbarung des Petrus, 563–566; Bauckham, Fate, 162–165. Wir benutzen im Folgenden die Übersetzung von C. Detlev G. Müller, in: NTApo[6] (1997), 566–578.

[12] Vgl. Bauckham, Fate, bes. 161. Zur Verortung der ApkPetr in der frühjüdisch-frühchristlichen Apokalyptik Himmelfarb, Tours, 8–40.

ein Gespräch der Jünger mit Jesus auf dem Ölberg. Der Herr offenbart in feurigen Farben das endzeitliche Weltgericht über alle Menschen, zu dem die Verstorbenen auferweckt werden. Besonders eingehend widmet sich unsere Schrift den einzelnen Höllenqualen: In nie verlöschendem Feuer werden die, die den „Weg der Gerechtigkeit" gelästert haben, an ihrer Zunge aufgehängt, Frauen, die zur Unzucht verführt haben, an ihren Haaren, Männer, die sich mit ihnen eingelassen haben, an den Schenkeln; Mörder werden giftigen Tieren vorgeworfen; Frauen sitzen schmerzzerquält in einer eklen Unratsgrube, ihnen gegenüber schreiend ihre abgetriebenen Kinder, aus deren Augen Blitze hervorgehen, die sie durchbohren (vgl. ApkPetr [äth.] 7 f.).

Und bei denen, die hier waren, andere Männer und Weiber, die kauen ihre Zunge, und man quält sie mit glühenden Eisen und verbrennt ihre Augen. Das sind die Lästerer und Zweifler an meiner [scil. Jesu] Gerechtigkeit. Anderen Männern und Weibern – und ihre Taten (bestanden) in Betrug – schneidet man die Lippen ab, und Feuer geht in ihren Mund und in ihre Eingeweide. (9)

Unter den mit ausgesuchten Foltern Gequälten finden sich Götzendiener, gefallene Jungfrauen, unfolgsame Kinder sowie Sklaven, die ihren Herren nicht gehorcht haben, Menschen, die ihre Gerechtigkeit auf Almosen gesetzt haben – die Sünderliste und der schaurige Strafenkatalog ließen sich lange fortführen (vgl. 11 f.).[13] Alsdann treten die auserwählten und gerechten Heiligen auf:

Sie sehen (ihre Lust) an jenen, die ihn gehasst haben, indem er sie bestraft. Qual (ist) einem jeden in Ewigkeit nach seinem Tun. Und alle, die in der Qual sind, sagen einstimmig: ‚Erbarm dich unser,

[13] Zu den Strafen der ApkPetr im Einzelnen und dem in den Imaginationen waltenden Gerechtigkeitskonzept BAUCKHAM, Fate, 209–221; zur Interpretation insgesamt BERNSTEIN, Formation, 282–291.

denn jetzt haben wir erkannt das Gericht Gottes, das er uns vorher angekündigt hat und wir nicht geglaubt haben.' Und es kommt der Engel Tatirokos [i. e. Tartarouchos; vgl. „Tartaros"] und züchtigt sie mit noch größerer Qual und sagt zu ihnen: ‚Jetzt habt ihr Reue, wo es nicht mehr Zeit zur Reue gibt und nichts vom Leben übriggeblieben ist.' Und alle sagen: ‚Gerecht ist das Gericht Gottes; denn wir haben gehört und erkannt, dass gut ist sein Gericht, denn wir werden gestraft nach unserem Tun'. (13)

Schließlich tauft Jesus die Seinen bei dem acherusischen Gefilde im Elysion. Indes vermag das Paradies die Vorstellungskraft des Erzählers nicht in gleicher Weise zu beflügeln wie die Hölle.

Es ist unschwer zu erkennen, dass die Schuld- und Strafvorstellungen der Petrus-Apokalypse an jüdische Apokalyptik,[14] aber auch an pagane Tartaros-Tradition anknüpfen, diese – in ihrer „demokratisierten" Form – auf alle Menschen anwenden und die Qualen noch steigern und genüsslich ausmalen. Das Adverb „genüsslich" ist wörtlich zu nehmen: Der Genuss an den Qualen der Hölleninsassen gehört zu den himmlischen Freuden der Gerechten – und, vorweggenommen, zu den irdischen Freuden der Leser.[15] Tertullian hat diesen Zusammenhang mit Verve hergestellt, und wir wollen diesen erstaunlichen Text in seiner eindrucksvollen Länge auf uns wirken lassen. Die Ausgangsfrage lautet: Wie sollten Christen an den *spectacula* der Heiden teilnehmen, wenn ihnen doch bei der Parusie Spektakel winken, die sehenswürdiger sind?

---

[14] Zum genetischen Zusammenhang zwischen ApkPetr und frühjüdischen Höllenfahrten Himmelfarb, Tours, 127–139.

[15] Zur Transformation des gewaltvoyeuristischen zeitgenössischen Unterhaltungsbetriebs in der virtuellen Bestrafungsschau der ApkPetr Benz, Gesicht, 99–111.

At enim supersunt alia spectacula, ille ultimus et perpetuus iudicii dies, ille nationibus insperatus, ille derisus, cum tanta saeculi vetustas et tot eius nativitates uno igni haurientur. Quae tunc spectaculi latitudo! Quid admirer? Quid rideam? Ubi gaudeam, ubi exultem, spectans tot ac tantos reges, qui in caelum recepti nuntiabantur, cum ipso Iove et ipsis suis testibus in imis tenebris congemescentes? Item praesides persecutores dominici nominis saevioribus quam ipsi flammis saevierunt insultantibus contra Christianis, liquescentes? Quos praeterea? Sapientes illos philosophos coram discipulis suis una conflagrantibus erubescentes, quibus nihil ad deum pertinere suadebant, quibus animas aut nullas aut non in pristina corpora redituras adfirmabant? Etiam poetas non ad Rhadamanthi nec ad Minonis, sed ad inopinati Christi tribunal palpitantes? Tunc magis tragoedi audiendi, magis scilicet vocales in sua propria calamitate; tunc histriones cognoscendi, solutiores multo per ignem; tunc spectandus auriga in flammea rota totus ruber; tunc xystici contemplandi, non in gymnasiis, sed igne iaculati, nisi quod ne tunc quidem illos velim visos, ut qui malim ad eos potius conspectum insatiabilem conferre, qui in Dominum desaevierunt.

Hic est ille, dicam, fabri aut quaestuariae filius, sabbati destructor, Samarites et daemonium habens; hic est quem a Iuda redemistis, hic est illa harundine et colaphis diverberatus, sputamentis dedecoratus, felle et aceto potatus; hic est, quem clam discentes subripuerunt, ut surrexisse dicatur, hortulanus detraxit, ne lactucae suae frequentia commeantium adlaederentur. Ut talia spectes, ut talibus exultes, quis tibi praetor aut consul aut quaestor aut sacerdos de sua liberalitate praestabit? Et tamen haec iam quodammodo habemus per fidem spiritu imaginante repraesentata.

Denn es stehen noch ganz andere Schauspiele bevor: jener letzte und endgültige Tag des Gerichts, der den Völkern unverhofft einbricht, der sie zum Spott reizt, wenn die Welt, so alt geworden, und die vielen Dinge, die sie hervorgebracht hat, in einem einzigen Feuer verschlungen werden. Was wird das dann für ein ausuferndes Schauspiel werden! Was mag ich bestaunen? Worüber mag ich mich amüsieren? An welchen Stellen mag ich mich freuen, mich ergötzen? Wenn ich mir derartig viele Herrscher, von denen vermeldet wurde, sie seien in den Himmel aufgenommen worden, mit Jupiter höchstpersönlich und den Zeugen [der angeblichen Himmelfahrten] selbst, wie sie im Verein stöhnen, in der untersten Finsternis anschauen kann! Ebenso: die Obrigkeiten, die den Namen des Herrn verfolgen. Sie schmelzen in Flammen, die wilder wüten, als sie selbst mit ihrem Hohn gegen die Christen zu wüten pflegten! Welche Leute noch? Jene weisen Philosophen, die ihren Schülern beigebracht haben, Gott sei desinteressiert, die ihnen zugesichert haben, entweder, dass es Seelen gar nicht gibt oder diese nicht in die früheren Körper zurückkehren. Sie erröten angesichts ihrer Schüler, wenn sie eins mit ihnen in Flammen aufgehen. Und dann: die Dichter! Sie bibbern vor dem Richtstuhl nicht etwa des Rhadamanthys oder Minos, sondern vor dem Christi, mit dem sie nicht gerechnet hatten. Dann wird man die Tragöden noch lautstärker hören, werden sie doch umso klangreicher in ihrem ureigenen tragischen Geschick. Dann wird man die Schauspieler ansehen, viel geschmeidiger geworden im Feuer. Dann wird der Wagenlenker sehenswert, wenn er auf flammendem Rad rot glühend gebraten wird. Dann werden die Athleten betrachtenswert, wenn sie nicht auf den Ringplätzen, sondern im Feuer Wurfübungen anstellen. Allerdings: Eigentlich wollte ich diese dann gar nicht sehen, um viel lieber meinen unersättlichen Blick jenen zuzuwenden, die ihre Wut gegen den Herrn ausgetobt haben.

Hier ist er, möchte ich dann sagen, der Sohn des Zimmermanns und des käuflichen Weibes, der Schänder des Sabbats, der Samariter, der, der einen Dämonen hat. Hier ist er, den ihr von Judas erkauft habt. Hier ist er, mit Rohr und Faustschlägen verprügelt, mit Gespeie geschändet, mit Galle und Essig getränkt. Hier ist er, den seine Jünger klammheimlich entwendet haben, damit man behaupten könne, er sei auferstanden, den der Gärtner entfernt hat, damit nicht durch die Menge derer, die sich am Grab tummelten, sein Salat Schaden nähme. Dass du derartiges anschaust und dich derart ergötzt – welcher noch so freigiebige Prätor, Konsul, Quästor oder Priester kann dir das gewähren? Und dennoch haben wir durch den Glauben im Geist, der es sich vorstellt, all dies schon gegenwärtig! (spect. 30,2–7)[16]

Vide, ut invicem se diligant. – „Sieh doch, wie sie einander lieben!“ gibt derselbe Tertullian als Signum christlicher Umgangsform aus (vgl. apol. 39,7). Unsere Reise in die christliche Hölle erweckt einen anderen Eindruck. Sie

[16] Mit Jupiter ist wohl die Figuration des Kaisers gemeint; dazu näher CLAUSS, Kaiser, 246–254.

widerlegt die klischeehafte Vorstellung von einer aggressionsfreien Harmonie im frühesten Christentum. Dabei vertreten diese Texte keineswegs Randauffassungen. Die Petrus-Apokalypse ist eine urchristliche Schrift, die früh geschrieben und oft gelesen wurde, vereinzelt sogar als kanonisch galt; ihre Imaginationen – wie sie ähnlich in der Paulus-Apokalypse wirksam sind – haben die Geschichte der Hölle in Theologie, Kunst, Pädagogik und auch ins Seelenleben eingeschrieben. Tertullian ist, ungeachtet seiner gehässigen Exzentrik, ein gebildeter und umsichtiger Theologe, der weiß, was er schreibt. Versuchen wir diese „Höllenritte" einzuordnen:

(a) *Apokalyptische Tradition:* Die derben Strafphantasien sind religionsgeschichtlich „in tribus cordibus" nachweisbar. Die Petrus-Apokalypse steht hier in Kontinuität mit der jüdischen Apokalyptik, genauer: Sie teilt das jüdisch-christliche Schnittfeld, in dem die Apokalyptik – wiederum mit Wechselprozessen in beide Richtungen – zu verorten ist (vgl. etwa 2 Hen 40,12–42,2; ApkEsr [griech.] 4,5–5,6; 2 Sib 252–312). Aber die Apokalyptik inkludiert auch pagane Einflüsse wie die der griechischen Katabasis-Vorstellungen.[17] Vor allem ist die Vorstellung vom endzeitlichen Strafgericht eng mit den Ursprüngen des Christentums verbunden. Die Jesusbewegung wurzelt bei Johannes dem

[17] Vgl. Bauckham, Fate, 205–209; zur visionären Höllenreise im Frühjudentum ebd. 49–80. Eine ausführliche Phänomenologie der Sünden- und Bestrafungsarten quer durch pagane, frühjüdisch/-christliche und rabbinische Höllenimaginationen bietet Himmelfarb, Tours, 68–126; zum ewigen Strafgericht im Frühjudentum Bernstein, Formation, 178–202; in der neutestamentlichen Literatur ebd. 203–265. Zu einer umfassenden Ideen- und Kulturgeschichte der Hölle von den altorientalischen Vorstellungen bis in die zeitgenössische Medienwelt Vorgrimler, Geschichte.

Täufer, der seinerseits die Gerichts- und Umkehrbotschaft einer vielschichtigen Täuferbewegung, in der die Weltbrand-Vorstellung geläufig war (vgl. 4 Sib 162–170), an den äußersten Punkt getrieben hat. Jesus, der selbst die Bußtaufe des Johannes empfangen hat, hat zwar dessen Unheilsansage durch die Heilsbotschaft der Gottesherrschaft neu akzentuiert. Als Folie blieben jedoch die Motive von Verwerfung und Strafgericht erhalten, wobei der Zeitpunkt der erwarteten Bestrafung (Parusie, Tod) frühchristlich variabel war.

(b) *Leitidee der gerechten Welt- und rechten Lebensordnung:* In der Sache verbindet sich mit den Bestrafungsvorstellungen die Idee einer ausgleichenden Gerechtigkeit auch für die Toten. Im Grunde kann man hier, wie wir sahen (s. o. S. 257), die Linie von Kants drei Ideen der praktischen Vernunft (Freiheit, Unsterblichkeit, Gott) bis zu den Jenseitsreisen im Schlussteil der großen Dialoge Platons ziehen. Die ethischen Leitprinzipien erhalten bei Platon eine mythische Einkleidung. Auch hier werden die Übeltäter bestraft (Platon, Gorg. 523a–527a, hier: 525a–526b; Phaid. 107d–115a, hier: 113d–114b). Vor allem bei der Reise des gefallenen Kriegers Er durch die Jenseitswelt (rep. 10,614b–621d) wird die Qual drastisch geschildert (rep. 10,615a–616b). Platon dürfte hier von orphischer und pythagoreischer Eschatologie beeinflusst sein. Aber er geht rational-distanziert, vielleicht spielerisch, mit den mythischen Überlieferungen um (vgl. Gorg. 527a; Phaid. 114c–d; rep. 10,614b). Sein Sokrates gibt der erdichteten Jenseitsreise einen vernünftig verantwortbaren Stellenwert:

καλὸν γὰρ τὸ ἆθλον καὶ ἡ ἐλπὶς μεγάλη. Τὸ μὲν οὖν ταῦτα διισχυρίσασθαι οὕτως ἔχειν ὡς ἐγὼ διελήλυθα, οὐ πρέπει νοῦν ἔχοντι ἀνδρί· ὅτι μέντοι ἢ ταῦτ᾽ ἐστὶν ἢ τοιαῦτ᾽ ἄττα περὶ τὰς ψυχὰς ἡμῶν καὶ τὰς οἰκήσεις, ἐπείπερ ἀθάνατόν γε ἡ ψυχὴ φαίνεται οὖσα, τοῦτο καὶ πρέπειν μοι δοκεῖ καὶ ἄξιον κινδυνεῦσαι οἰομένῳ οὕτως ἔχειν. Καλὸς γὰρ ὁ κίνδυνος, καὶ χρὴ τὰ τοιαῦτα ὥσπερ ἐπᾴδειν ἑαυτῷ·

Schön nämlich ist der Kampfpreis und die Hoffnung groß! Nun scheint es nicht angebracht für einen vernunftbegabten Mann, mit Gewissheit zu behaupten, dass sich all dies so verhält, wie ich es ausgeführt habe. Dass es jedoch so oder irgendwie ähnlich um unsere Seelen und ihre Wohnsitze bestellt ist, wenn doch die Seele offenbar unsterblich ist – dies, so meine ich, zieme sich durchaus, und es sei auch angebracht, das Wagnis einzugehen, indem man glaube, dass es sich so verhalte. Denn schön ist dieses Wagnis und man sollte sich mit solchen Dingen gewissermaßen selbst bezaubern! (Phaid. 114c–d)

So erfüllt die Jenseitsreise in diesem philosophischen Diskurs den Zweck, das Leben auf ein Ziel aus- und so auch ethisch verantwortbar einzurichten. Sie versinnlicht die regulative Idee eines gelingenden Lebens.

(c) *Specifica Christiana:* Auf der unmittelbar religiösen Ebene scheinen diffuse Ängste hinsichtlich des postmortalen Schicksals nicht nur in apokalyptisch gestimmten Kreisen verbreitet gewesen zu sein. Selbst philosophische Köpfe konnten sie sich für die politische Rhetorik zunutze machen (vgl. Cicero, Catil. 1,33). Auch wenn der Überschwang des Lukrez sich topischen Gesetzen verdankt, ist sein Lob auf Epikur, den Befreier aus Höllenangst, durchaus ernst zu nehmen.[18] Hier ist ein markanter Unterschied zu den

[18] *Tutemet a nobis iam quovis tempore vatum / terriloquis victus dictis desciscere quaeres. / quippe etenim quam multa tibi iam fingere possunt / somnia, quae vitae rationes vertere possint / fortunasque tuas omnis turbare timore. / et merito: nam si certam finem esse viderent / aerumnarum homines, aliqua ratione valerent / religionibus atque minis obsistere vatum; / nunc ratio nulla est restandi, nulla facultas, / aeternas quoniam poenas in morte timendum.* – „Du selbst magst zu gegebener Zeit erwägen, dich von uns loszusagen, bezwungen durch die Angst einflößenden Worte der Seher! Gewiss doch, gar viele Wahnbilder können sie dir erdichten, die geeignet sind, die Ziele des Lebens zu verkehren

frühchristlichen Vorstellungen festzustellen: Innerhalb des konfessorischen Systems fehlte, zumindest vor Origenes, weithin die Möglichkeit der Distanzierung von der Höllentradition durch Intellekt (wie bei Lukrez) und Ironie (wie bei Lukian). Wenn ich recht sehe, bietet vor Origenes nur der Hebräerbrief ein Beispiel für die erste und Lukas zumindest Ansätze für die zweite Möglichkeit. Ein weiterer Unterschied zu gängigen Höllenvorstellungen liegt darin, dass (wie ApkPetr und Tertullian uns allzu deutlich zeigten) die christliche Hölle abweichende Überzeugungen und die dadurch berührten Lebenshaltungen bestraft. Der pagane Tartaros wird also frühchristlich nicht aufgelöst, sondern nach christlichen Maßstäben neu besiedelt. Das heißt: Die gewöhnlichen Übeltäter bleiben, die mythischen Frevler ziehen aus, und dafür ziehen Nicht-Christen ein, da ihr Unglaube als solcher bereits Frevel ist.

(d) *Kompensatorische Funktion:* Zweifellos irritiert unsere Überschrift „Die Hölle – christlich“ das geläufige *normative* Verständnis von Christlichkeit. Unter *deskriptivem* Gesichtspunkt scheint mir indes zu fragen zu sein, welche Funktion solche für uns befremdlichen Vorstellungen in der Wissensorganisation des Frühchristentums besaßen. Der Apologet Minucius Felix ist chronologisch etwa zwischen Petrus-

---

und dein gesamtes Schicksal durch Angst zu zerwühlen! Und fürwahr: Wenn die Menschen nur ein sicheres Ende ihrer Plagen sehen würden, dann würden sie nicht ohne Grund stark bleiben, um den Skrupeln und Drohungen der Seher zu widerstehen. Jetzt aber waltet keine Vernunft, um Widerstand zu leisten, noch inneres Vermögen, da doch die Angst herrscht vor ewigen Strafen im Tode!“ (Lucr. 1,102–111) Zur Abrechnung mit den klassischen Strafmythen des Totenreichs (3,978–1023): Die Qualen werden in diesem Leben zur Realität, sei es durch harte Strafe, sei es durch innere Qual; der Passus schließt mit der kraftvollen Feststellung: *hic Acherusia fit stultorum denique vita.* – „Hier wird am Ende das Leben den Narren zur acherusischen Hölle!“ (3,1023)

Apokalypse und Tertullian einzuordnen und ist irenischer als dieser. Er lässt, wohl nicht unrealistisch, einen paganen Christentumskritiker spotten:

> *ecce vobis minae supplicia tormenta, et iam non adorandae sed subeundae cruces, ignes etiam quos et praedicitis et timetis: ubi deus ille, qui subvenire revivescentibus potest, viventibus non potest?*
>
> Sieh doch: Auf euch warten Zwangsmaßnahmen, Hinrichtungen, Folter und Kreuze, diesmal nicht um sie anzubeten, sondern um sie am eigenen Leib zu erleiden, dazu Feuerqualen, die ihr verkündet und zugleich zu fürchten habt. Wo ist denn jener Gott, der, wenn ihr aufersteht, euch zu helfen vermag, es aber nicht kann, solange ihr lebt? (Min. Fel. 12,4)

Kehren wir die Perspektive um, so lässt sich auch sagen: Das, was die Christen am eigenen Leib höchst real erfahren, drohen sie ihren Zeitgenossen für das Endgericht an. Wie Gerd Theißen plausibel gemacht hat, war im Urchristentum der Mythos aggressiv; er wurde aber an die (jenseitige) Macht Gottes abgetreten. Nicht erzwungen wird Gerechtigkeit, sondern erhofft. Dementsprechend war das Ethos (im Diesseits) nicht-aggressiv bzw. gezielt gegen-aggressiv und der Ritus aggressionsverarbeitend.[19] Die Höllenreise gehört zweifellos in den Mythos und dient in diesem Sinn wesentlich dazu, Gewalterfahrung zu kompensieren. Sie hat insofern affektive und kognitive Entlastungsfunktion und stabilisiert auf solche Weise durchaus das aggressionsfreie Ethos der Urchristen.

Fazit: Die Höllenreise ist keine schauerliche Entgleisung, sondern gehört (was man bedauern mag) in die Mitte des frühchristlichen Selbstverständnisses: Sie versinnlicht nachhaltig ein gruppeneigenes Orientierungswissen, befriedigt

[19] Vgl. Theissen, Erleben, 420–433; zur christlich gesteigerten Aggressivität im Mythos ebd. 426–431.

aus der Sicht der Minderheit ein soziales und individuelles Gerechtigkeitsverlangen, dient dem affektiven Ausgleich, motiviert gewaltfreie Ethik, sanktioniert Ansprüche von Gruppenkonformität, verankert – in der Tradition der frühjüdischen Apokalyptik – den Exklusivitätsanspruch im Ewigen und dient somit im Ganzen der Ausprägung stabiler Identität. Die Höllenreise hat also, wissenssoziologisch betrachtet, *cum grano salis* den Zweck, den Reisen auch sonst zu haben pflegen: sich von der Alltagswelt erholen und zu sich selbst finden. Auf diese Weise wurde die Hölle der natürliche Ort, der „den Anderen", namentlich den Abweichlern, bereitet war. Insofern Aggression zur evolutionären Ausstattung des Menschen gehört, scheint es nicht in jeder Hinsicht unangebracht, wenn sie im mythischen Erzählen verarbeitet wird.[20] Mit der Zeit hat der aggressionsgesättigte Mythos das aggressionsferne Ethos jedoch nicht mehr getragen, sondern verschlungen und so zu einer Radikalisierung christlicher Gewaltbereitschaft beigetragen. Mit Blick auf die – weithin ungeschriebene – Seelengeschichte des Christentums wurde der antike Höllenritt eine frühe Station auf einer langen Reise durch die Angst.

2. Der Himmel

2.1 Die ascensio in caelum *– politisch*

Der Höllenvision entspricht die mythische oder prophetisch-apokalyptische Himmelsschau, nicht zuletzt in ihrer perspektivischen Verfremdung. Wir widmen uns jedoch zunächst der demonstrativen Erhöhung einer maßgeblichen

---

[20] Vgl. auch THEISSEN, Erleben, 433.

Einzelgestalt in die himmlische Sphäre, wie sie gerade in frühjüdisch-urchristlicher Zeit politisch und kultisch bedeutsam wurde. Diese *ascensio in caelum* hat die lukanische Vorstellung und Sinngebung von der Himmelfahrt Christi entscheidend beeinflusst.

Es ist kein Zufall, dass die Aufmerksamkeit für die Himmelfahrt mit der Entwicklung zum Prinzipat zusammenfällt: Die Himmelfahrt ist Politikum. Sie legitimiert Abkunft und Autorität der gegenwärtigen Machthaber, lenkt die öffentliche Erinnerung und stiftet einen in die Ewigkeit gerückten und damit auf Erden unanfechtbaren Signifikanzmaßstab für das politische Denken und Handeln.

M. Tullius Cicero beschließt sein staatsphilosophisches Hauptwerk mit einer geträumten Himmelsreise, dem separat überlieferten *Somnium Scipionis* (Cicero, rep. 6,9–29). Der kultivierte Staatsmann und erfolgreiche Feldherr Scipio Aemilianus Africanus minor (185/4–129 v. Chr.) berichtet, dass er, als er bei dem Numiderkönig Massinissa zu Gast war, in tiefen Schlaf gefallen sei. Im Traumgesicht sagt ihm sein Großvater Scipio Africanus maior sein politisches Geschick und seine Erwählung zur Rettung des römischen Staates aus höchster Wirrsal voraus. Dabei soll ihn die Aussicht anspornen, dass den Staatslenkern und -rettern ein ewiger Platz im Himmel bereitet ist (6,13). In diesem Sinn tritt nun auch sein Vater Aemilius Paullus hinzu und eröffnet ihm, dass derjenige, der seine menschliche Bestimmung mit *iustitia* und *pietas* erfüllt, im Tod den Kerker des Körpers verlässt:

ea vita via est in caelum et in hunc coetum eorum qui iam vixerunt et corpore laxati illum incolunt locum quem vides – erat autem is splendidissimo candore inter flammas circus elucens –, quem vos, ut a Grais accepistis, orbem lacteum nuncupatis.

Das irdische Leben ist ein Weg in den Himmel und in die hiesige Versammlung derer, die ihr Leben bereits vollendet haben und, vom Körper befreit, diesen Ort, den du siehst, bewohnen. – Dies aber war ein Kreis, der in hellstrahlendem Glanz zwischen Flammen hervorleuchtete. – Ihr nennt ihn, wie ihr es von den Griechen übernommen habt, Milchstraße. (6,16)

Nur wie ein Punkt in der unermesslichen Himmelsarchitektur dünkt dem Träumer die Erde mit dem römischen Reich. In die stellaren Bahnen und klanglichen Harmonien des Himmels eingeführt, lernt Scipio die Erde richtig einzuordnen. Sie ist zu klein, um im All etwas zu gelten, zu groß, um dem Ruhm Hallraum zu geben. Aus dieser Sichtweise ergeben sich unmittelbare Folgerungen für das eigene Leben:

‚Igitur alte spectare si voles atque hanc sedem et aeternam domum contueri, neque te sermonibus vulgi dederis, nec in praemiis humanis spem posueris rerum tuarum; suis te oportet inlecebris ipsa virtus trahat ad verum decus, quid de te alii loquantur, ipsi videant, sed loquentur tamen. Sermo autem omnis ille et angustiis cingitur iis regionum quas vides, nec umquam de ullo perennis fuit, et obruitur hominum interitu, et oblivione posteritatis extinguitur.‘

Quae cum dixisset, ‚ego vero‘ inquam ‚Africane, siquidem bene meritis de patria quasi limes ad caeli aditum patet, quamquam a pueritia vestigiis ingressus patris et tuis decori vestro non defui, nunc tamen tanto praemio exposito enitar multo vigilantius.‘

‚Wenn du also Ausschau in die Höhe halten willst, um den hiesigen Wohnsitz, ein ewiges Haus, zu betrachten, so darfst du dich weder dem gemeinen Volksgerede ausliefern noch die Hoffnung in deinen Dingen auf menschlichen Lohn setzen. Mit den ihr eigenen Reizen möge dich die Virtus selbst zur wahren Ehre hinziehen! Was andere über dich reden, sollen sie selber sehen; geredet wird freilich in jedem Fall. All dieses Reden jedoch wird durch die Enge jener Gebiete, die du [scil. auf der Erde] siehst, umschnürt; es hat niemals über wen auch immer stete Dauer erreicht, wird durch das Dahinscheiden der Menschen ins Dunkel gehüllt und durch die Vergesslichkeit der Nachwelt ausgelöscht.‘

Als er dies gesagt hatte, sprach ich: ‚Africanus, wenn denen, die sich um das Vaterland verdient gemacht haben, gleichsam der Zugang zur Schwelle des Himmels offensteht, dann will ich, obschon ich von klein auf in die Spuren des Vaters und die deinen getreten bin, um eurer Ehre keinen Abbruch zu tun, mich jetzt, da ein so großer Lohn ausgesetzt ist, umso wachsamer anstrengen!' (rep. 6,25 f.)

Der Himmel erscheint uns hier weniger demokratisiert als zuvor die Hölle: Es ist die geschichtsprägende Leistung des *vir bonus*, die in das Licht der Ewigkeit tritt und so zugleich dem Erdenreich einen Maßstab für jene Ziele gibt, die das politische Alltagsgeschäft überdauern. Cicero gibt in unserem Text der Idee von der himmlisch ewigen Würde des bedeutenden Staatslenkers den eindrucksvollsten Ausdruck, aber er greift dabei auf eine bereits verbreitete und in der stoischen Seelenkunde verwurzelte Vor- und Darstellungsweise zurück, an die später der römische Kaiserkult mit dem Motiv von der himmlischen Erhöhung des Herrschers anknüpfen konnte.[21]

Auch die Ursprünge beanspruchen den Glanz der Ewigkeit, und so ist es der Gründer Roms, Romulus, der mittels einer Himmelfahrt in die Götterwelt eintritt, wo er sodann unter dem Kultnamen Quirinus von den Seinen, die er auf Erden zurücklässt, verehrt wird.[22] Die Überlieferung findet sich seit Ennius (vgl. ann. 1,114–116) in mancher Variante.[23]

---

[21] Vgl. Strong, Apotheosis, 62–65.

[22] Von dem Nachfolger des Romulus, König Numa Pompilius, dem vor allem die Rolle des weisen und frommen Kultstifters zugeschrieben wurde, hieß es, man habe sein Grab leer aufgefunden (vgl. Plutarch, Numa 22,4 f.).

[23] Vgl. Cicero, rep. 2,17–20; Dionysios von Halikarnass, ant. 2,56,1–5; Liv. 1,16; Ovid, fast. 2,481–512; met. 14,805–828; Plutarch, Romulus 27,3–28,3; Numa 2,1–3; Cass. Dio 1,5,12 (Johannes

Livius, der Geschichtsschreiber der augusteischen Sattelzeit, berichtet, bei einer Truppenmusterung des Romulus auf dem Marsfeld sei plötzlich ein donnernder Sturm aufgekommen: *tam denso regem operuit nimbo, ut conspectum eius contioni abstulerit; nec deinde in terris Romulus fuit.* – „Er verhüllte den König in einer so dichten Wolke, dass er seinen Anblick der Versammlung entzog; und sodann hat Romulus nicht mehr auf Erden geweilt" (Liv. 1,16,1). Die in der Nähe des Königs stehenden Senatoren versichern den verwirrten Soldaten, der König sei vom Windstoß in die Höhe gerissen worden (1,16,2: *sublimem raptum procella*).

Deinde a paucis initio facto deum deo natum, regem parentemque urbis Romanae salvere universi Romulum iubent; pacem precibus exposcunt, uti volens propitius suam semper sospitet progeniem.

Als dann von einigen wenigen ein Anfang gemacht wird, rufen sie allesamt unter Heilswünschen Romulus als Gott aus, dem Gott geboren, König und Vater der Stadt Rom. In Gebeten erflehen sie Frieden, dass er doch gnädig sein wolle und sein Geschlecht immerdar behüte. (1,16,3)

Livius kennt auch eine andere, durchaus prosaische Version, die ihn weniger wahrscheinlich dünkt: Die Senatoren haben Romulus aus dem Weg geräumt. Indes habe in der Volksversammlung Proculus Iulius als Zeuge berichtet, der Erhöhte sei ihm frühmorgens erschienen:

‚Romulus' inquit, ‚Quirites, parens urbis huius, prima hodierna luce caelo repente delapsus se mihi obvium dedit. Cum perfusus horrore venerabundusque adstitissem petens precibus, ut contra intueri fas esset, Abi, nuntia, inquit, Romanis caelestes ita velle ut mea Roma caput orbis terrarum sit; proinde rem militarem colant sciantque et ita posteris tradant nullas opes humanas armis Romanis resistere posse. Haec' inquit ‚locutus sublimis abiit.'

---

von Antiochien, fr. 32M); Corpus Aurelianum, De viris illustribus urbis Romae 2,13 f.

Er sprach: „Quiriten, Romulus, der Vater dieser Stadt, ist beim ersten Licht des heutigen Tages mit einem Mal vom Himmel herabgestiegen und hat sich mir zu erkennen gegeben. Als ich von Schrecken erfüllt und zur Anbetung bereit dastand und in Gebeten erflehte, es möge mir gestattet sein, sein Antlitz zu blicken, sprach er: ‚Gehe hin und überbringe den Römern die Botschaft, dass nach dem Willen der Himmlischen mein Rom Hauptstadt des Erdkreises sei! Deshalb sollen sie das Kriegswesen pflegen. Und sie mögen wissen und so den Nachkommen überliefern, dass keine menschliche Kraft den römischen Waffen zu widerstehen vermag!‘ Als er dies gesagt hatte“, so fügte er hinzu, „stieg er davon in die Höhe“. (1,16,6–8)

Dionysios von Halikarnass, eher der griechischen als der römischen Kultur verpflichtet, hält die Verschwörungstheorie für plausibler als die Legende von der Himmelfahrt: Romulus sei aufgrund seines autokratischen Regiments von den Senatoren ermordet und dann, um die Untat zu verbergen, zerstückelt oder auf andere Weise beseitigt worden (vgl. ant. 2,56,2–5). Die Überlieferung von Empfängnis und Tod des Romulus diene indes dazu die Glaubwürdigkeit jener zu stärken, die aus Sterblichen Götter machten und deren Seele in den Himmel versetzten (vgl. 2,56,6). Cicero, der Musterrömer, sieht sich genötigt, die ehrwürdige Überlieferung (mit einer Argumentationskette, die verblüffend an evangelikale Plädoyers für die „Glaubwürdigkeit“ der Bibel erinnert) gegen die rationalistische Mordthese zu verteidigen (vgl. rep. 2,18–20). Plutarch führt die Himmelfahrtstradition (Romulus 27,6–28,3) neben anderen Erklärungen für das plötzliche Verschwinden des Königs an, neigt aber der näherliegenden Attentatstheorie zu. Im mittelplatonischen Sinn spricht er sich strikt dagegen aus, menschliche Körper und himmlische Sphäre miteinander zu vermengen: καὶ ὅλως πολλὰ τοιαῦτα μυθολογοῦσι, παρὰ τὸ εἰκὸς ἐκθειάζοντες τὰ θνητὰ τῆς φύσεως ἅμα τοῖς θείοις. – „Und überhaupt wird vielerlei von dieser Art gefabelt, indem man unbegründet das vergöttert, was der Natur nach sterblich ist, und es dem Göttlichen beigesellt" (28,6).[24]

Die im *Somnium Scipionis* gezeichnete Idee vom himmlischen Rang des maßgeblichen Staatslenkers war natürlich als philosophische Bildfigur gedacht. Ironischerweise erlangte sie mit dem Tod von C. Iulius Caesar, für Cicero Mustertyp des Usurpators, handfeste Bedeutung für den römischen Staatskult. Sie schien obendrein durch ein astrales Ereignis bestätigt: das *Iulium sidus* (Horaz, carm. 1,12,46–48), den Kometen, der sich während der von Oktavian veranstalteten Leichenspiele für den ermordeten Diktator tagelang eindrucksvoll sehen ließ (vgl. Ovid, met. 15,745–751.840–851; Sueton, Iul. 88).

Caesar war der erste römische Herrscher, der zum Staatsgott erhoben wurde. Nach ihm wurde diese Ehre in urchristlicher Zeit Augustus, Claudius, Vespasian, Titus sowie den Adoptivkaisern, mitunter auch Angehörigen der Herrscherhäuser, zuteil.[25] Der Senat beschloss die Divinisierung;

---

[24] Ovid löst das Problem des Körpers dichterisch frei und schildert die Erhöhung aus der Sicht des Götterhimmels: Jupiter erlaubt Mars, seinen Sohn *in caerula caeli* (met. 14,814) zu erheben, und schafft mit dem Unwetter die Voraussetzungen dazu: *corpus mortale per auras / dilapsum tenues, ut lata plumbea funda / missa solet medio glans intabescere caelo; / pulchra subit facies et pulvinaribus altis / dignior, est qualis trabeati forma Quirini.* – „Der sterbliche Körper löste sich auf im Flug durch die dünnen Lüfte, wie eine Bleikugel, weit geschleudert, mitten auf der Bahn in den Himmel zu zerschmelzen pflegt. Schön strahlt auf die Gestalt, recht würdig den Götterpolstern dort oben, und als Quirinus tritt er im Königskleid hervor" (14,824–828).

[25] PRICE, Funerals, 57 zählt zwischen Augustus und Constantin 36 divinisierte Kaiser und 27 Angehörige; vgl. die Auflistung bei CLAUSS, Kaiser, 533–535, der die christlichen Herrscher einbezieht und bis Anastasios (518 n. Chr.) geht. Tatsächlich dürften die feineren theologischen Unterschiede zwischen christlicher und paganer Herrscher-

der Nachfolger richtete dem Vergöttlichten einen eigenen Kult mit Tempel, Altar und Priestertum ein.[26] Solche gelenkte Erinnerungspflege spielte für die Legitimierung der jeweiligen Dynastie und der herrschenden politischen Prinzipien eine wichtige Rolle, der auf der anderen Seite das offizielle Vergessen, die *damnatio memoriae*, entsprach.[27]

Sofern das Ritual der *consecratio* noch rekonstruierbar ist,[28] scheint es bis in die Zeit Constantins I. fest mit der Vorstellung einer himmlischen Erhöhung des Konsekrierten verbunden zu sein. Wenn der neue Staatsgott vom Scheiterhaufen aus in den Himmel stieg, gemahnte dies an das mythische Sterben des Herakles, eines wichtigen Rollenmusters kaiserlicher Selbstdarstellung.[29] Vor allem hat die Himmelfahrt des Romulus und seine Erhebung zum Gott Quirinus Pate gestanden.[30] Beim *funus publicum* symboli-

verehrung auf der breiteren Ebene einfacher Reichsangehöriger kaum maßgeblich gewesen sein (vgl. ebd. 205–207).

[26] Zu dieser getrennten Verantwortlichkeit Kierdorf, Funus, 46–49.

[27] Glauben wir Cassius Dio, so lässt Caracalla für seinen ermordeten Bruder und Rivalen Geta zynisch einen Unterweltskult einrichten (Cass. Dio 78,12,6; anders SHA Geta 2,8 f.); vgl. Price, Funerals, 91.

[28] Zum Ritual: Bickermann, Kaiserapotheose, 86–106; Kierdorf, Funus, 49–69; Price, Funerals, bes. 71–82; Klauck, Umwelt II, 47 f.; Clauss, Kaiser, 357–368; Zanker, Apotheose, bes. 44–56 sowie eingehend Gradel, Worship, bes. 261–371. Ausführliche Darstellungen von Staatstrauer und Konsekration finden sich für Augustus, 14 n. Chr. (Cass. Dio 56,31,2–56,47,2; vgl. Tacitus, ann. 1,8,5–1,10,8; Sueton, Aug. 100), Pertinax, 193 n. Chr. (Cass. Dio 75,4,2–75,5,5) und Septimius Severus, 211 n. Chr. (Herodian. 4,2).

[29] Vgl. Price, Funerals, 74–76.

[30] Die Parallele zu Romulus-Quirinus kennzeichnet vor allem die Einführung der Divinisierung bei Caesar und Augustus; vgl. Price, Funerals, 71–74; Gilbert, Propaganda, 243–245 sowie eingehend Ver Eecke, République, 457–485.

sierte ein zum Flug freigelassener Adler, dass sich die Seele des verstorbenen Herrschers in den Himmel bewegte (vgl. Cass. Dio 56,42,3; Herodian. 4,2,11).[31] Nach dem Vorgang des Proculus Iulius diente dem Senat zur Feststellung der Apotheose, zumindest gelegentlich,[32] die beeidete Aussage eines Augenzeugen der Himmelfahrt (vgl. Sueton, Aug. 100,4; Cass. Dio 56,46,2). Livia, die Witwe des Augustus, soll dem Senator Numerius Atticus seinen Zeugeneid mit der Summe von einer Million Sesterzen vergolten haben (Cass. Dio 56,46,2). Seneca benennt in seiner Satire auf die Apotheose des Kaisers Claudius als Gewährsmann für seinen Bericht aus der Götterwelt jenen Senator, der in der Herrschaft des Caligula unter Eid ausgesagt hatte, dessen 38 n. Chr. verstorbene Schwester Drusilla *euntem in caelum* gesehen zu haben (apocol. 1,2).[33] Lukian macht sich bei seiner Schilderung der Selbstverbrennung des Peregrinos einen Spaß daraus darzutun, wie solche Gerüchte auch ohne Bezahlung entstehen (vgl. Lukian, Peregr. 39 f.). Ähnlicher Art waren wohl jene Zeugen, die Tertullian, wie wir sahen (s. o. 265–268), vereint mit dem göttlichen Kaiser in der untersten Finsternis beim Stöhnen genoss (vgl. Tertullian,

[31] Dass bereits beim *funus publicum* des Augustus ein Adler aufgestiegen sei, wird als Reprojektion aus späterem Brauch verdächtigt; zur Diskussion vgl. Price, Funerals, 94 f. (skeptisch) und Gradel, Worship, 291–295 (affirmativ).

[32] Zur Diskussion Gradel, Worship, 295–297, der im Zeugeneid keinen festen Bestandteil der Konsekrationspraxis sieht. Kierdorf, Funus, 62 f. und Price, Funerals, 92 halten die Verweise der christlichen Kritiker auf die (falschen) Zeugen für angelesen und anachronistisch.

[33] Cass. Dio 59,11,4 weiß zu berichten, dass dieser Senator Livius Geminius hieß und ebenfalls eine Million Sesterzen für seinen Eid – bei dem er für den Fall der Falschaussage Verderben auf sich und seine Kinder herabrief – erhielt.

spect. 30,3; ferner Justin, 1apol. 21,3; Tatian, or. 10,1 [4]; Tertullian, apol. 21,23).

Die Forschung neigt in jüngerer Zeit dazu, den Kaiserkult weniger auf der Ebene individueller Machtdemonstration (oder wahnhafter Selbstüberhöhung) zu interpretieren als vielmehr wissenssoziologisch: Er verankert die soziale in der kosmischen Ordnung; er bildet für das politische wie für das (davon nicht zu trennende) religiöse Bewusstsein den Herrscher als Hauptwohltäter des Reiches und Garanten seines Heiles ab; er transformiert so die Vielfalt geltender Kulturen in ein hierarchisches geordnetes Symbolsystem.[34] Unsere Abbildung (Abb. 11) zeigt eine Apotheose aus der zweiten Hälfte des zweiten Jahrhunderts, deren Vorstellungsgehalt in wesentlichen Zügen auf das erste Jahrhundert reprojiziert werden kann. Die außerordentlich lebhafte und detailreiche Marmorplastik zierte das Piedestal der Antoninus Pius-Säule. Die Säule, von der nur die Basis erhalten ist, war ursprünglich als Kenotaph auf dem Marsfeld, dem traditionellen Ort von *funus* und *consecratio*, errichtet. Heute ist sie im Cortile della Pigna im Vatikan zu sehen.[35] Die Gegenseite unserer Szene präsentiert epigraphisch die Dedikation durch die beiden *augusti* Marcus Aurelius und Lucius Verus, die Nachfolger des 161 n. Chr. verstorbenen Kaisers. Die beiden Seitenreliefs zeigen, gewissermaßen in steter Vergegenwärtigung, die *decursio*, eine soldatisch geprägte Parade, wie sie beim *funus publicum* üblich war. Unter den Teilnehmern, welche die römische Standesordnung repräsentieren, ragen die beiden *augusti* hervor. Neben ihrer *pietas* werden auf diese

[34] Vgl. etwa zuletzt LOZANO, Creation, bes. 494–510.

[35] Zur Aufstellungs-, Restaurations- und Forschungsgeschichte der Antoninus Pius-Säule und ihres noch erhaltenen Piedestals VOGEL, Column, 5–22; zum Charakter als Kenotaph ebd. 30 f.

Abb. 11: Die Himmelfahrt des Antoninus Pius und der Faustina um 161 n. Chr.
Musei Vaticani, Rom

Weise auch ihre gemeinsame und gleichberechtigte Herrschaft und die Fiktion einer familial verwurzelten Herrscherdynastie etabliert.[36]

Unsere Szene stellt den Herrscher selbst (reg. 138–161 n. Chr.) und seine bereits 140 n. Chr. verstorbene Gattin Annia Galeria Faustina maior in ihrer Auffahrt dar.[37] Links beobachtet ein halbliegender junger Mann, einen Obelisken in seiner Linken, von der Erde aus das Geschehen: Er symbolisiert das Marsfeld, den Ort des *funus*

---

[36] Vgl. näher VOGEL, Column, bes. 56–67.85 f.

[37] Eine eingehende Beschreibung des Reliefs, an die wir uns im Folgenden halten, bietet VOGEL, Column, 32–55; vgl. auch BERNOULLI, Ikonographie, 145 f.155 f.; BICKERMANN, Kaiserapotheose, 95 f.; CLAUSS, Kaiser, 145 f.

publicum. Rechts begleitet Roma, kriegerisch drapiert, die Apotheose mit einer grüßend-affirmativen Geste; sie stützt sich auf einen Schild, der die kapitolinische Wölfin zeigt. Die beherrschende Gestalt, die das römische Marsfeld und den Himmel in diagonaler Bewegung verbindet, ist ein geflügelter Genius in der Reliefmitte. In der Linken hält er den Sternenhimmel. Adler, die konventionellen Symbole der Konsekration, heben sich mit ihm in die Höhe. Die genauere Identität dieses Genius ist umstritten. Lise Vogel plädiert für die Personifikation des *saeculum aureum*: Der Verstorbene ist dem an den Kaiser gestellten Anspruch, die glänzende Heilszeit heraufzuführen, gerecht geworden. Er wacht jetzt mit seiner Gattin vom Götterhimmel über deren Fortsetzung, die seinen Nachfolgern Marcus Aurelius und Lucius Verus auf Erden aufgetragen ist.[38] Die Deutung wirkt stimmig: Die Herrschaft der Adoptivkaiser wurde reichsweit vorwiegend als sichere und glückliche Ära wahrgenommen. Unter Antoninus Pius, vielleicht in seiner Gegenwart, gelangte dieser Eindruck im Rom-Enkomion des Ailios Aristeides – ungeachtet des der Gattung geschuldeten Überschwangs – zur öffentlichen Zelebration. Zudem war für das *fictive kinship* der Herrscherdynastie der Gedanke der Eintracht besonders wichtig. Dieser Aspekt wurde nach dem Tod des Antoninus Pius umso wichtiger, als jetzt erstmals ein (formal) gleichberechtigtes „Brüderpaar", nämlich die beiden Dedikatoren der Säule, die Herrschaft antrat. Vom Genius des *saeculum aureum* getragen, sind Antoninus Pius und Faustina als herrschendes Götterpaar dargestellt: Der Adlerzepter des Kaisers ist ein Signum des kapitolinischen Jupiter; Schleier und Zepter der Kaiserin sind Signa der Juno. Und doch sind sie, nach Art von Portraitbüsten, bis in

---

[38] Vgl. VOGEL, Column, 33–38.

die unheroische Kleidung hinein als historische Individuen erkennbar. Es sind Gottmenschen, die sich vom Himmel her – auch dies wird im Relief deutlich – wie der Genius selbst der Erdenwelt zuwenden.

Damit stehen wir bei dem politischen Programm dieses Reliefs, das ungeachtet seiner ikonographischen Unruhe von beeindruckender Geschlossenheit ist. Die Himmelfahrt verstetigt die schützende und schenkende Anwesenheit des Kaisers bei den Seinen. Dies kommt in der Dyarchie der beiden – an den Seitenreliefs dargestellten und inschriftlich verewigten – *augusti* zur Geltung: In familiärer *pietas* ihren „Eltern" ergeben, sichern sie gleichrangig und einvernehmlich die heilvolle Kontinuität der Herrschaft und die Stabilität des Reiches. Sie sind sich des Segens der elterlichen Schutzgötter gewiss, die das *saeculum aureum* heraufgeführt haben, und dieses soll unter der neuen Herrschaft seine Fortsetzung erfahren.[39]

Die wesentliche Funktion der Himmelfahrt ist also keineswegs der Abschied, sondern die Kontinuität, die Etablierung einer Gedächtnisgemeinschaft, die Setzung von geschichtlich verwurzeltem Ordnungswissen und die Aussicht auf bleibendes Heil. Dabei geht es zunächst um den segensvollen Fortgang des bisherigen Herrschers, doch, näher betrachtet, vor allem um die gesegnete Herrschaft seiner beiden Nachfolger. Für das lukanische Verständnis der Himmelfahrt Christi haben wir uns damit wichtige Vorgaben erarbeitet (s. u. Kap. V/2.3).

---

[39] Mit dieser Interpretation folgen wir der sorgfältig abgesicherten Argumentation bei VOGEL, Column, bes. 82–86.

2.2 Die ascensio in caelum – *oikoumenisch*

Wir wenden uns jetzt der Himmelfahrt jenes Kaisers zu, der maßgeblich zur Durchsetzung des Christentums beitrug: Constantin I. (reg. 306–337 n. Chr.) Dabei widmen wir uns einem in den Provinzen recht verbreiteten Münzbildprogramm. So gewinnen wir Einsicht in ein volkstümlich rezipierbares Muster der postmortalen Herrschererhöhung. Zugleich können wir an einem religionsgeschichtlichen Schnittpunkt den konzeptionellen Austauschprozess zwischen christlichen und paganen Himmelfahrtsvorstellungen in der Spätantike studieren.

Während die frühen Konsekrationsmünzen Bildmotive zeigen, die den göttlichen Status des Erhöhten symbolisieren, etwa das *sidus Iulium* oder einen Altar, ist seit Hadrians Zeit auch die Himmelfahrt als solche mit Scheiterhaufen *(rogus)*, Adler u. ä. angezeigt.[40] Auch Kaiser Constantin I., 337 n. Chr. verstorben und wahrscheinlich auf dem Sterbebett getauft, wird auf den Münzen, die anlässlich seiner Bestattung geprägt wurden, im Modus der Entrückung dargestellt (Abb. 12).[41]

Die Himmelfahrtsszene ist auch für einen heutigen Betrachter ohne Weiteres als solche erkennbar: Constantin fährt in einem Viergespann aufwärts und streckt die Rechte aus, während sich von oben auch ihm eine Hand entgegenstreckt, die in überdimensionaler Größe göttliche Herkunft anzeigt. Das Programm dieser reichsweit verbreiteten Konsekrationsmünze stellt, in der nach dem Tod Constantins instabilen Lage, eine oikoumenische Meisterleistung dar. Es

[40] Vgl. Bickermann, Kaiserapotheose, 92–95.

[41] Vgl. ausführlich und lehrreich Koep, Konsekrationsmünzen sowie Bickermann, Kaiserapotheose, 105 f.; Price, Funerals, 101 f.; Clauss, Kaiser, 204 f.; Wienand, Kaiser, 467.

Abb. 12
Vs.: Aufschrift: DV CONSTANTI-NVS PT AVGG; Motiv: Kaiser Constantin I. mit verhülltem Haupt
Rs.: Kaiser in Quadriga, seine Rechte nach einer Hand aus dem Himmel ausstreckend
Follis, RIC VIII 39, um 337 n. Chr.

schließt sich an die pagane Divinisierungstradition an, gibt dieser aber geschmeidig eine neue Richtung.[42] Eindeutig pagane Symbole wie Kultbild, Scheiterhaufen oder Adler fehlen schon deshalb, weil Constantin in der Apostelkirche zu Konstantinopel nach christlicher Weise beigesetzt wurde. Ebenso fehlt freilich ein eindeutig christliches Symbol, etwa ein Kreuz. Auf dem Avers bedeckt ein Schleier den Kopf des Kaisers. In paganer Tradition mag dies als das kultisch verhüllte Haupt des Pontifex gesehen werden; der Christ indes wird an Elija denken, der sich das Haupt vor dem biblischen Gott verhüllt (vgl. 1 Kön 19,13). So evoziert die Vorderseite für heidnische wie christliche Betrachter allgemein den Jenseitsbezug und die Eusebie des Kaisers. Auch die Himmelfahrtsvorstellung auf dem Revers ist für

[42] Bei den hier angeführten Vergleichspunkten folgen wir Koep, Konsekrationsmünzen, 515–520.522–524.

beide Seiten nachvollziehbar: Der heidnische Betrachter wird an die martialische Entrückung seit Romulus denken (vgl. z.B. Ovid, met. 14,816–828), der christliche an die des Elija (2 Kön 2,11 f.; vgl. Sir 48,9–12). Ebenso ist die „semantisch unterbestimmte Hand Gottes"[43] doppelt konnotierbar. Im Panegyrikus, der 310 n. Chr. auf Constantins Vater, den Staatsgott Constantius Chlorus (reg. 293/305–306 n. Chr.), gehalten wurde, wird sie heidnisch gedeutet: *Vere enim profecto illi superum templa patuerunt, receptusque est concessu caelitum Iove ipso dexteram porrigente.* – „Denn wahrhaftig, ihm, der aufgebrochen ist, standen die Tempel der Himmelsgötter offen und, da die Himmlischen dies gewährten, ist er aufgenommen worden, und dabei hat Jupiter selbst ihm die Rechte gereicht" (Paneg. 6[7],7,3). Die Hand kann jedoch auch christlich gesehen werden, so etwa abermals bei der Entrückung des Elija, dem der biblische Gott die Rechte entgegenstreckt (vgl. Eirenaios von Lyon, haer. 5,5,2). Um 400 n. Chr. schließlich wird die Himmelfahrt Christi mit diesem Bildmotiv so dargestellt wie einst die Himmelfahrt der Kaiser (Abb. 13).

Insgesamt mochte ein Zeitgenosse also auf der Münze die gewohnte *consecratio* wiederfinden; die Münzlegende *DV* auf der Vorderseite bot ihm dazu auch den traditionellen Titel des Staatsgotts *(divus)*.[44] Aber dieser pagane Staatsgott war auf dem Weg zum christlichen μακάριος, wie der Hofbischof Euseb in seiner Beschreibung der Konsekrationsmünze den Verewigten nennt (vgl. Eusebios, v. Const. 4,73). Eine in der Spätantike mit dem Kaiser, besonders als Feldherrn, verbundene Gottheit war der Sol invictus, der, zumal in

[43] Wienand, Kaiser, 467.

[44] Zur Verehrung des lebenden und verstorbenen Constantin als Staatsgott Clauss, Kaiser, 196–207.

Abb. 13: Himmelfahrt Christi, Detail
Elfenbeinrelief, um 400 n. Chr.
Bayerisches Nationalmuseum München

konstantinischer Zeit, häufig auf Münzbildern zu sehen war. Constantin ließ sich selbst an zentraler Stelle der neuen Hauptstadt Konstantinopel auf einer großen Porphyrsäule als Helios darstellen.[45] Noch die lautliche Ähnlichkeit

[45] Dazu Clauss, Kaiser, 206. Angeblich haben Christen noch im 5. Jh. vor dieser Säule geopfert und dem sonnenartigen Konstantin ὡς θεῷ Gebete dargebracht (so, zurückweisend, Philostorgios, h. e. 2,17). Zum Verhältnis Constantins zum Sol invictus, vor allem unter numismatischem Aspekt, näher Wienand, Kaiser 182–194.

zwischen Elias und Helios (vgl. Sedulius, carm. pasch. 1,179–184) förderte das oikoumenische Programm unserer Himmelfahrtsszene. Wie von selbst neigte sich im Auge des frühchristlichen Betrachters der solare Henotheismus dem christozentrischen Monotheismus zu. Der Divus war auf den Makarios durchsichtig und der Makarios erfüllte die konventionelle Gedächtnisfunktion des Divus. Pagane Beobachter sahen denn auch in dieser Himmelfahrt nichts anderes als die gewohnte Divinisierung (vgl. Aurelius Victor, Caes. 41,5). Für den theologisch nicht versierten Zeitgenossen fiel der Unterschied kaum ins Gewicht. Der Kaiser war Mittler zwischen Himmel und Erde; auch für Christen war er weniger ein Mitgläubiger als vielmehr eine mythische Heilsfigur im christlichen Kosmos.[46]

2.3 Die ascensio Christi

Die Erhöhung des Auferstandenen und seine bleibende Gegenwart in der Ekklesia sind Grundmotive ur- und frühchristlicher Christologie. Im Neuen Testament gibt jedoch nur Lukas diesem Christologoumenon die Erzählform einer leiblichen Himmelfahrt, und zwar in leserlenkender Schnittfeldposition: zum Ausklang seines Evangeliums (Lk 24,50–53) und zum Auftakt seiner Apostelgeschichte (Apg 1,9–11).

Wie wir sahen, ist das Motiv der Himmelfahrt im römischen Reich von Caesar bis Constantin I. eng mit der

[46] Vgl. Wienand, Kaiser, 467. Zum gar nicht so komplizierten christlich-paganen Kompromiss in der konstantinischen und nachkonstantinischen Herrscherverehrung auch Clauss, Kaiser, 443–465, bes. 464 f. Tatsächlich ähnelt die Kanonisierung eines Heiligen in der katholischen Kirche bis auf den heutigen Tag rituell, gedächtnisstrategisch und in manchem theologischen Zug auffällig der paganen *consecratio*.

Herrschermemoria verknüpft, und zwar nicht nur in der stadtrömischen *pietas*, sondern, wie vor allem die Münzprogramme belegen, reichsweit. Auch auf die Christen, zumal in der östlichen Reichshälfte, wirkte die kaiserliche Repräsentation vielfach faszinierend. Es ist höchst unwahrscheinlich, dass sie Zugang zu adulatorischer Hofpoesie hatten. Jedoch kamen auf einen Vertreter der römischen Bildungsschicht, der den Herrscher mit der Brille Vergils oder Martials betrachten konnte, unzählige Reichsangehörige, die seine Auffahrt zum Himmel, seine göttliche Pose und seine kultischen Titel durch Medien wie Münzen, Monumente, Plastiken, Alltagsbebilderung und Kultpraxis wahrnahmen.[47] Ein antiker Christ dachte, wenn er von einer Himmelfahrt hörte oder las, zwangsläufig an den Kaiserkult. Er verband mit dieser demonstrativen Erhöhung eines maßgeblichen Individuums eben jenes Programm, das in der reichsweiten Herrscherpropaganda mit solcher *ascensio* verbunden war. Die Parallele zur lukanischen Himmelfahrt stach ins Auge und wurde auch wahrgenommen.[48]

Wir haben das Piedestal der Antoninus-Säule als besonders aussagekräftiges Monument einer Himmelfahrt gemus-

---

[47] Vgl. Strong, Apotheosis, 75–77; Gilbert, Propaganda, 242f.

[48] *dehinc ordinatis eis ad officium praedicandi per orbem circumfusa nube in caelum est receptus multo verius quam apud vos adseverare de Romulo Proculi solent.* – „Sodann bestellte er [scil. Christus] sie [scil. die Apostel] zu dem Amt, über den Erdkreis hinweg zu verkündigen, und er ist, von einer Wolke umfüllt, in den Himmel aufgenommen worden – und dies sehr viel wahrer als bei euch die Proculusse über Romulus zu beteuern pflegen!" (Tertullian, apol. 21,23) Die liturgische Einführung des Festes Christi Himmelfahrt im 4. Jh. mag ihrerseits mit den paganen Bemühungen um eine Restauration der klassischen *consecratio* nach dem Tod Kaiser Julians zusammenhängen, so Straub, Himmelfahrt, 549. Zu den symbolsprachlichen Schnittfeldern zwischen Christologie und Kaiserkult Auffarth, Herrscherkult, bes. 310f.

tert (s. o. Kap. V/2.1). Lukas hat dieses spätere Denkmal nicht gekannt, aber als ungefähr zeitgenössisches Zeugnis hilft es uns, den konzeptionellen Rahmen abzustecken, der das Himmelfahrtsmythem für ihn und seine Rezipienten bestimmt hat. Die Grundzüge dieses Konzepts waren in der Romulus-Legende, zumal in ihrer frommen Version, verbreitet. Sie wurden in der seit Caesars Tod nahezu dauerhaften *consecratio*-Propaganda und in der reichsweiten Herrschaftsrepräsentation auch – und gerade – für die östlichen Provinzen und die marginalen Schichten greifbar. Lukas verfolgt die zeitgenössische Herrscherideologie aufmerksam, lenkt sie subtil auf den christlichen Kyrios und schmilzt sie so in sein christologisches Erzählprogramm um. Im Kontrast zu der offiziellen Stiftergestalt Romulus und seinen kaiserlichen Nachahmern mit ihrem Heils- und Friedensanspruch ist Jesus Christus der wahre σωτήρ. Er verbürgt im erneuerten Gottesvolk den Frieden der endzeitlichen Gottesherrschaft. Dies stellt leserlenkend bereits die lukanische Vorgeschichte heraus (Lk 1 f.).[49]

Unabhängig von der umstrittenen Frage nach dem traditionsgeschichtlichen Wurzelgrund der lukanischen Himmelfahrtsvorstellung[50] erlaubt uns unsere Umschau

---

[49] Vgl. zuletzt Gilbert, Propaganda, 237–242; Schreiber, Weihnachtspolitik, bes. 84–102; Yamazaki-Ransom, Empire, bes. 69–105. 199–203.

[50] Lk kann auf biblische Vorstellungen, naheliegend bes. die Himmelfahrt des Elija (2 Kön 2,1–14; Sir 48,9) oder des Henoch (vgl. bes. 2 Hen 67 f.), zurückgreifen, die frühjüdisch außerordentlich resonanzreich waren. Auch das – in mancher Hinsicht allerdings anders akzentuierte – frühjüdische Motiv von der Erhöhung des Martyrers wird als Vorbild angeführt (vgl. Wolter, Lk, 795). Grundsätzlich ist auch die Inspirationskraft hellenistischer Heroen- und Herrscher-Himmelfahrten nicht auszuschließen. Letztlich muss nicht entschieden werden, aus welchem Traditionsvorrat Lk sich bedient. Er fand in der frühjü-

im Kaiserkult, die christologische Bedeutung des Mythems näher zu beschreiben.[51]

(a) Die prototypische Bezugsszene der Apotheose ist die *Himmelfahrt des Romulus*, wie wir sie am Beispiel des Livius studiert haben: Der Gründer verlässt die Seinen, indem er, in eine Wolke gehüllt, in den Himmel auffährt (Liv. 1,16,1; vgl. Ovid, fast. 2,493; met. 14,816f.; Plutarch, Numa 2,2). Er begibt sich zu seinem Vater Mars in die Götterwelt (Liv. 1,16,3: *deum deo natum*; vgl. bes. Ovid, fast. 2,485: *redde patri natum*). Die Zurückbleibenden reagieren darauf mit göttlicher Verehrung und erflehen von dem Erhöhten Heil und Schutz (Liv. 1,16,3; vgl. Plutarch, Romulus 28,3). Der in den Himmel erhöhte Gründer teilt seinem Gemeinwesen bei der frühmorgendlichen Erscheinung vor dem numinos erschaudernden Proculus Iulius (Liv. 1,16,6; vgl. Ovid, fast. 2,501f.; Plutarch, Romulus 28,2) dessen Bestimmung mit, sich über den ganzen Erdkreis auszubreiten, gibt den Römern daher den Auftrag, das Kriegswesen zu pflegen, und sagt ihnen mit ausdrücklichem Tradierungsauftrag *(ita*

disch-urchristlichen Tradition verschiedenartige Erhöhungs- und Entrückungsvorstellungen vor. Die szenische und sachliche Eigengestalt, die er der Himmelfahrt Christi gibt, scheint mir in jedem Fall sprachlich wie theologisch vom Redaktor selbst geprägt und wesentlich durch das zeitgenössisch verbreitete Motiv der Herrscherapotheose bestimmt. Zur Diskussion LOHFINK, Himmelfahrt, bes. 242–250; ZWIEP, Ascension, 185–192; GILBERT, Propaganda, 246f.

[51] Zur Auslegung von Lk 24,50–53 PARSONS, Departure, 27–113; ZWIEP, Ascension, 86–94; WOLTER, Lk, 794–798; zur Auslegung von Apg 1,9–11 PARSONS, Departure, 115–186; ZWIEP, Ascension, 103–107; PERVO, Acts, 45f. Zum Zusammenhang zwischen der lukanischen Himmelfahrtsvorstellung und der Kaiserapotheose vgl. KLUMBIES, Himmelfahrt, 192–196 und, mit ausführlichem Vergleich der Himmelfahrten bei Livius (167–171), Lk (171–175) und der Persiflage des Themas in Lukians Peregr. 39f. (175–177), PILHOFER, Himmelfahrten.

posteris tradant) eine siegreich-heilvolle Zukunft voraus, die unter seinem göttlichen Schutz stehen wird. Dann steigt er wiederum in die Höhe.[52] Das wundersame Geschehen hebt die Trauer auf (Liv. 1,16,8; vgl. Plutarch, Romulus 27,8: χαίροντας) und führt zur Einrichtung eines dauerhaften Kultes.[53]

Lukas ahmt weder Livius noch die von ihm präsentierte Tradition nach, aber die Analogien geben doch Aufschluss über den Deutungshorizont der Himmelfahrt. Zum Motivinventar gehören die Auffahrt zum Vater (Lk 24,49.51), die Verhüllung durch eine Wolke (Apg 1,9), Erscheinung und numinoser Schauder (vgl. Lk 24,37), die kultische Verehrung (Lk 24,52: προσκυνήσαντες αὐτόν), der (hier freilich friedliche) Sendungsauftrag (Lk 24,47 f.; Apg 1,8), die universale Perspektive auf den Erdkreis (Apg 1,8; vgl. Lk 24,47), die Zuversicht weiterer Begleitung (Lk 24,49; Apg 1,8), die Freude der Zurückgebliebenen (Lk 24,52). Selbst die beiden Himmelfahrten des Romulus – an sich ein deutlicher Unterschied – mag man als Analogie betrachten: Im dritten Evangelium steht mit dem Segensgestus (Lk 24,50 f.) der Fortgang Jesu von den Seinen, in der Apostelgeschichte mit der Deutung durch Engel (Apg 1,11) der zukunftsweisende Auftrag im Mittelpunkt.[54] Zugespitzt: Was dem römischen Gemeinwesen die Stifterfigur Romulus ist, ist für die Ekklesia die Stifterfigur Jesus Christus.

---

[52] Liv. 1,16,7; vgl. Ovid, fast. 2,508 f.; Plutarch, Romulus 28,2; Corpus Aurelianum, De viris illustribus urbis Romae 2,13.

[53] Vgl. Cicero, rep. 2,20; Ovid, fast. 2,505–507.511 f.; Plutarch, Romulus 28,3; Numa 2,3; Cass. Dio 1,5,12 (Johannes von Antiochien, fr. 32M); Corpus Aurelianum, De viris illustribus urbis Romae 2,14.

[54] Zum Verhältnis zwischen den beiden lukanischen Himmelfahrtserzählungen Parsons, Departure, 189–198.

(b) Bei der Musterung des konzeptionellen Programms der Antoninus-Säule haben wir festgestellt, dass die Himmelfahrt politischer Legitimation dient. Zuerst sichert sie den *bleibenden Beistand* des Kaiserpaars zu: Die Abgeschiedenen, in Porträtbüsten dargestellt, walten dauerhaft über dem römischen Reich und sichern so Frieden und Expansion (vgl. Plutarch, Romulus, 28,2: ἐπὶ πλεῖστον ἀνθρωπίνης ἀφίξονται δυνάμεως. ἐγὼ δὲ ὑμῖν εὐμενὴς ἔσομαι δαίμων Κυρῖνος. – „Sie werden an die Spitze menschlicher Kraft gelangen. Und ich werde euch eine wohlwollende Gottheit, Quirinus, sein!").

Der scheidende Jesus segnet die Seinen und sichert ihnen, nicht zuletzt durch die Zusage der ἐξ ὕψους δύναμις – „Kraft aus der Höhe" (Lk 24,49; vgl. Apg 1,8), seinen bleibenden Beistand zu. Entgegen allem Anschein ist die „Zeit der Kirche" nicht durch die Abwesenheit des Kyrios, sondern durch seine geschichtsmächtige Begleitung bestimmt. Die Himmelfahrt ist so die Bedingung der Möglichkeit dauerhafter und umfassender Gegenwart, die sich an Wendepunkten der werdenden Kirchengeschichte in direkten oder indirekten Interventionen äußert, vor allem in der Berufung des Völkermissionars Paulus (vgl. Apg 9,1–19).[55] Der zur Rechten des Vaters erhöhte Kyrios (Apg 2,32–36; Hintergrund: Ps 109,1^{LXX}; vgl. Apg 7,55 f.) wacht über die Ausbreitung des Evangeliums. Zugespitzt: Die Himmelfahrt richtet die Portraitbüste Jesu Christi aus der „Mitte der Zeit" über der Kirchengeschichte auf.

(c) Eine weitere Funktion der Himmelfahrt ist die *Manifestation von Kontinuität.* Das *saeculum aureum,* das Antoninus Pius heraufgeführt hat, wird unter seinem Beistand durch seine Nachfolger weitergeführt werden, die

---

[55] Dazu näher Backhaus, Σκεῦος, 420–423.

sich in fingierter Verwandtschaft dem göttlichen Elternpaar als Brüder verbunden wissen und sich dem Erdkreis in *concordia* vorstellen.

Wie die lukanische Vorgeschichte das Kommen einer Heilszeit anzeigt, demonstriert die Himmelfahrt Christi, dass diese in der geschwisterlichen Urgemeinde, die „ein Herz und eine Seele" ist (vgl. Apg 4,32), mit himmlischer Kraft fortgeschrieben wird. Der Fortgang sichert also entgegen dem Anschein die heilsgeschichtliche Beständigkeit durch alle Zeit, an jedem Ort. Zugespitzt: Die Himmelfahrt erweist die Apostelgeschichte als Fortsetzung des Christus-Wirkens mit anderen Mitteln.

(d) Schließlich etabliert die Apotheose eine *Kult- und Erinnerungsgemeinschaft*.[56] An der Antoninus-Säule wird dies in der *decursio* sichtbar. Grundsätzlich wird der divinisierte Herrscher durch Tempel, Altar, Priesterschaft, Titulatur (*divus*, θεός), göttliche Darstellungen (Monumente, Münzen usw.), offizielles Gedenken (z. B. Festtage) als Stifter- und Wohltäterfigur erinnert. Bereits die Romulus-Legende verbindet, wie wir sahen, die Himmelfahrt unmittelbar mit der Etablierung von Kult und Gedächtniskultur. Solches Ordnungshandeln dient weniger der Vergangenheit als der Stiftung von Herkunft und Identität der verehrenden und erinnernden Gemeinschaft in der Gegenwart und legitimiert die erwünschten inneren Strukturen.

Die *ascensio Christi* und die urchristliche Kultgemeinschaft gehören unmittelbar zusammen: sei es im Tempel (vgl. Lk 24,53) oder im Obergemach (Apg 1,13 f.). Die Ur-

[56] Zur kultischen Verehrung des Entrückten (vgl. z. B. Diod. 4,38,4–4,39,1 [Herakles]; Dionysios von Halikarnass, ant. 1,64,4 f. [Aeneas]; Paus. 6,9,7 f. [der Athlet Kleomedes von Astypalaia]; Lukian, Peregr. 41 [karikierend: Peregrinus]; innerhalb des JHWH-Kultes: 2 Hen 68,5–7) Lohfink, Himmelfahrt, 46–49; Wolter, Lk, 796.

gemeinde etabliert sich wesentlich als Gebets- und Erinnerungsgemeinschaft im Zeichen der bleibenden Gegenwart ihres Kyrios, der auch ihre apostolische Verfasstheit trägt (vgl. Apg 2,42–47; 4,32–37). Zugespitzt: Die Himmelfahrt verortet die werdende Kirche auf Erden.

Fazit: Die Himmelfahrt führt die Erhöhung des Kyrios assoziationsgesättigt vor Augen und erweist Jesus Christus im Kontrast zum Gründer Roms wie zum kaiserlichen Staatsgott als den endzeitlichen Heilsbringer und Friedensbürgen. Sie manifestiert seine bleibende, schützende und stärkende Gegenwart bei den Seinen, sichert die Kontinuität und Einheit der werdenden Ekklesia und festigt deren Grundwissen nach Herkunft, Sendungsauftrag, Struktur und Legitimität. So wirkt die Himmelfahrt textpragmatisch wie das „Vorspiel im Himmel" bei Hiob oder in Goethes Faust. Sie bietet den Leseschlüssel für die Apostelgeschichte und erklärt schlechthin das gesamte Drama der werdenden Kirche. Alles, was die *acta Apostolorum* sonst noch zu erzählen haben, wird verstehbar als machtvolles Geschichtswirken des erhöhten Kyrios.

Das Selbstbewusstsein dieses Entwurfs wirkt verwunderlich: Die Ekklesia ist in lukanischer Sicht im Zeichen Christi universal und zeitlich entgrenzte Kontrastgemeinschaft zur reichsrömischen Mehrheitsgesellschaft. Noch verwunderlicher ist es, dass dieser Anspruch eingelöst wurde: Es ist, wie wir sahen, letztlich der christlich redefinierte Himmel, in den der Staatsgott Constantin aufsteigen wird.

2.4 Der andere Globus

Bereits auf unseren Reisen durch die Unterwelten haben wir die poetischen Himmel, die Insel der Seligen, das Elysion berührt.[57] Die frühchristlichen Himmelsvorstellungen stehen vornehmlich in den Traditionsbahnen der frühjüdischen Apokalyptik. Hier war das Jenseits kein Gegenstand von Ästhetik, Satire oder Spekulation, sondern eine Macht, die schon jetzt kraftvoll ins Diesseits eingriff und es – jedenfalls für die Glaubenden – vom Kopf auf die Beine stellte.[58] Am Ursprung der Jesusbewegung steht die hoch-

---

[57] Lukian lässt es sich natürlich nicht nehmen, auch den poetischen Himmel zu persiflieren. Aber vielleicht liegt dem Satiriker der Höllenritt näher als die Himmelfahrt. Jedenfalls scheint mir Lukians Flug ins Himmelreich, den er abermals seinem Idol Menippos zuschreibt, den Biss der Totenreich-Satiren nicht zu erreichen: In Ἰκαρομένιππος ἢ Ὑπερνέφελος *(Icaromenippus)* verfertigt sich Menippos, dem die Philosophen in ihrer inneren und gegenseitigen Widersprüchlichkeit keine Auskunft über das Ganze der Welt bieten (Icar. 4–9), ein Flugkleid aus Adler- und Geierflügel (10 f.). Vom Mond aus betrachtet er mit neuem Maßstab das Gewimmel der menschlichen Ameisen in ihrer lächerlichen Selbstüberschätzung (19). Sodann verfolgt er, wie Zeus von der Gebetsbearbeitung über Eid-, Omen- und Opferverwaltung bis zur Wetterregelung das Erdenleben beaufsichtigt (25 f.), und nimmt an einer Götterversammlung teil, die den befreienden Beschluss zur Vernichtung der Philosophen fasst (29–34). Die Pointe zielt nicht nur auf die Unglaubwürdigkeit der philosophischen Schulen, sondern – gerade durch die treuherzige Nachzeichnung der himmlischen Bürokratie – auf die Fragwürdigkeit frommer Himmelsbestürmung.

[58] Dies vorausgeschickt, relativieren sich die Unterschiede unter literarischem Aspekt jedoch: Auch der Apokalyptiker arbeitet mit Literatur, aus der ihm seine Bilder entgegentreten. Auch er fingiert Rahmenerzählungen, und oft kumulieren sich die Visionen nach Zahl, Geltungsumfang und Inhalt derartig komplex, dass es mit dem einlinigen Geltungsanspruch nicht weit her sein kann. Mitunter überraschen die Motivähnlichkeiten in den so unterschiedlichen Genres: Der Mond beschwert sich bei Lukian (Icar. 21) wie in der Paulus-Apokalypse (ApkPaul [griech.] 5) über das nächtliche Treiben der Menschen. Der Himmelsreisende sieht hier wie dort – einmal durch Empedokles, einmal durch den Deuteengel angeleitet – aus der Vogelperspektive auf eine winzige Menschenschar, für die nur das moralische Tun

gespannte Straf- und Verschonungsbotschaft Johannes des Täufers: Die gesamte Gegenwart, einschließlich des offiziellen Kultes, spitzt sich zu auf die einzige Frage nach Gottes Gericht. Zu den Grunderfahrungen Jesu von Nazaret gehört es, dass er den Satan wie einen Blitz vom Himmel fallen sieht (Lk 10,18), mit Gottes Finger Dämonen austreibt (Q 11,20) und Gottes Heiligkeit im Magnetfeld der Basileia Platz greifen sieht. Im Licht seiner eigenen Abba-Theozentrik und unter dem Primat der entgegenkommenden Gnade JHWHs setzt Jesu Botschaft die Umkehrpredigt des Täufers fort (Mk 1,14f.; 11,27–33). Im Herrengebet und in den Seligpreisungen hat sich die Erinnerung an seine endzeitliche Ausrichtung am deutlichsten niedergeschlagen. Die dritte maßgebliche Gestalt des werdenden Christentums, der Apostel Paulus, ordnet zwar mit geerdetem Wirklichkeitssinn Ortsgemeinden, aber auch er ist, angefangen bei seinem Berufungserlebnis, Endzeit-Botschafter, Jenseits-Visionär und allzeit zum Perspektivwechsel befähigt.[59] Die Paulus-Apokalypse knüpft an seine – mit dürren Worten angedeutete (2 Kor 12,1–5)[60] – Reise in den dritten Himmel an. Ihre Höllenvisionen erinnern an die Petrus-Apokalypse, aber viel breiter und wärmer als diese malt sie den Himmel aus (vgl. ApkPaul 20–30; 45–51).[61]

Gewicht haben sollte (Icar. 15–19; ApkPaul 13). Auch Tartaros (vgl. ApkPaul 18), Acherusischer See (22f.) und sogar Charons Fährschiff (23) bleiben in neuer Funktion erhalten. Was diese so unterschiedlichen Himmelsreisen am Ende verbindet, ist die *textpragmatische* Funktion des radikalen Perspektivenwechsels.

[59] Dazu unter religionsgeschichtlichem Gesichtspunkt eingehend Heininger, Paulus, bes. 182–211.235–266.

[60] Vgl. dazu Heininger, Paulus, 246–254; Wright, History, 148–150; Klauck, Bibel, 140–145.

[61] Ursprünglich in Griechisch verfasst, ist ApkPaul vollständig und in ihrer ältesten Überlieferungsform auf Lateinisch erhalten. Die Datie-

Den entscheidenden Einfluss auf die christliche Hoffnungsgeschichte nimmt freilich eine kanonische Himmelsreise ein. Dem letzten Buch der Bibel soll auch unsere letzte Lektüre gelten. Die Johannes-Offenbarung ist eine ganz im Frühjudentum verwurzelte Apokalypse. Sie wurde – nach vorherrschender Forschungsmeinung etwa in der Spätzeit Domitians (reg. 81–96 n. Chr.) – verfasst, um die unter dem Anpassungsdruck leidende urchristliche Minderheit in der provinzasiatischen Städtekultur zu stärken.[62] In der Symbolsprache seiner kumulierten Visionsfolgen erweist sich das Buch als Begegnungsraum der verschiedenen Kulturen und Religionen. Seine kosmische Symbolik und endzeitlichen Imaginationen spiegeln Inspirationsprozesse und Traditions- wie Motivschnittfelder, namentlich – über alttestamentliche Vermittlung – mit altorientalischen Kulturen, wider.[63] Insofern ist die Befreiungs- und Himmelshoffnung

---

rung des verschollenen griechischen Archetyps reicht von der zweiten Hälfte des 2. Jh.s bis um 400 n. Chr. In der Tria Corda-Reihe hat sich Hans-Josef Klauck ausführlich der Himmelsreise des Apostels in ApkPaul gewidmet: Klauck, Bibel, 157–170; vgl. auch Wright, History, 159–163; Benz, Gesicht, 112–134.

[62] Zur situativen, literarischen und theologischen Verortung Backhaus, Vision, 16–53 (Lit.).

[63] Zur Vor-, Kultur- und Sozialgeschichte der christlichen Himmelsvorstellungen vom Alten Orient bis in die aktuelle Bildlosigkeit Lang/McDannell, Heaven. Religionsgeschichtlich konkreter und mit speziellem Interesse an der je vorgestellten Himmelstopographie Wright, History, der die ägyptischen, mesopotamischen, altisraelitischen, persischen, griechischen, römischen, frühjüdisch-frühchristlichen, rabbinischen, altkirchlichen und islamischen Himmelsvorstellungen skizziert; zur frühjüdisch-frühchristlichen Literatur, in der sich altorientalische und hellenistische Traditionskreise verbinden, ebd. 117–202. Eine motivgeschichtlich konzentrierte Übersicht zur apokalyptischen Himmelsreise in dem „Buch der Wächter“ (vgl. 1 Hen 14,8–25), TestLev, 2 Hen, den Bildreden des 1 Hen, ApkZeph,

oikoumenisch. Leider hat dieser Umstand die Beteiligten selten davon abgehalten, sich den Himmel wechselseitig abzusprechen: „heaven, the incomprehensibly vast realm of the Divine, was not big enough to allow others with differing belief systems or cultural patterns to enter. Heaven was becoming a place with rigorously exclusive admission standards".[64]

Unsere Lektüre lässt sich von einer einzigen Frage leiten: Wie beschreibt der Seher Johannes die Jenseitsreise, um sie zur *eigenen* Reise seiner Adressaten werden zu lassen? Für diesen Reiseführer nämlich gilt in besonderer Weise, was uns Ps.-Philon von Byzanz mitgab: Er nimmt dem Menschen das Herumreisen ab und zeigt ihm das Wesentliche am eigenen Ort, indem er seiner Seele Augen gibt (De septem orbis spectaculis praef. 2).[65]

In der Tat verleiht das fernweh-visionäre Buch vor allem Einsicht in die eigene Wirklichkeit. Anders als es im apokalyptischen Genre üblich ist, führt sich die Johannes-Offenbarung nicht fiktiv auf entlegene Offenbarungsempfänge durch heilige Gottesmänner wie Henoch, Baruch, Petrus oder Paulus zurück. Vielmehr platziert sie sich mitten in der Lebenswelt ihrer Adressaten, und dies mittels brieflicher Zuwendung in einem gottesdienstlich inszenierten Kommunikationsraum (vgl. Offb 1,3–7; 22,18–21). Der urchristliche Prophet nennt sich beim Namen, stellt sich seinen Adressaten als „Mitteilhaber" (συγκοινωνός) an ihrer

ApkAbr, AscJes und 3 Bar bietet HIMMELFARB, Ascent; die Autorin plädiert für ein Verständnis solcher Himmelsreisen als imaginative Erzählungen, für die kein subjektiver Erfahrungshintergrund zu postulieren sei (vgl. ebd. 106–114).

[64] WRIGHT, History, 184.

[65] Zum Folgenden vgl. näher BACKHAUS, Bilder, bes. 423–427.431–436 (Lit.).

Bedrückung vor und teilt ihnen den Visionsempfang auf der Ägäisinsel Patmos mit (1,9). Vor allem durchreist Johannes, bevor er mit dem eigentlichen Visionsteil anhebt, imaginativ die Lebenswelt seiner Adressaten, indem er den sieben Zielgemeinden der Provinz Asia die ihm offenbarten Christusbriefe ausrichtet (Offb 2 f.). So thematisiert er die konkreten Ortskrisen zwischen Ephesus und Laodizea und mustert, was dort an christlicher Identität jeweils (in seinen Augen) gelungen ist oder zu scheitern droht. So dient die postalische Reise der situativen Erdung und lebenspraktischen Ausrichtung der himmlischen Schau.

Diese setzt im Eingang des visionären Hauptteils mit einem Bravourstück der Leserlenkung an: „Danach sah ich: Und siehe – eine Tür, geöffnet im Himmel, und die Stimme, die ich zuerst gehört hatte, die wie eine Trompete mit mir sprach, sagte: Steige herauf, hierher! Und ich werde dir zeigen, was danach geschehen muss!" (4,1) So wird der Seher optisch wie akustisch auf einen radikalen Standortwechsel vorbereitet, der ihn das irdische Geschehen aus himmlischer Perspektive wahrnehmen lässt. Durch die nur für ihn, gewissermaßen einen Spalt weit, geöffnete Tür steigt er unmittelbar in den himmlischen Thronsaal, in dem Gott inmitten seines engelhaften Hofstaats – nach dem soziomorphen Muster herrscherlicher Repräsentation – residiert (Offb 4 f.). Die neue Position verändert die Sicht auf die Gesellschaft und nicht zuletzt auf sich selbst. Denn Johannes sieht sich hier nicht mehr als Opfer undurchschaubarer Zusammenhänge, sondern teilt, mitten in der „Regiezentrale" des endzeitlichen Weltenlaufs, den souveränen Überblick der siegreichen Geschichtsvollzieher.

Die nachdrückliche Einladung zum Himmelsaufstieg gilt, textpragmatisch betrachtet, freilich nicht dem Seher allein, sondern zugleich dem Adressaten: Er tritt – an der

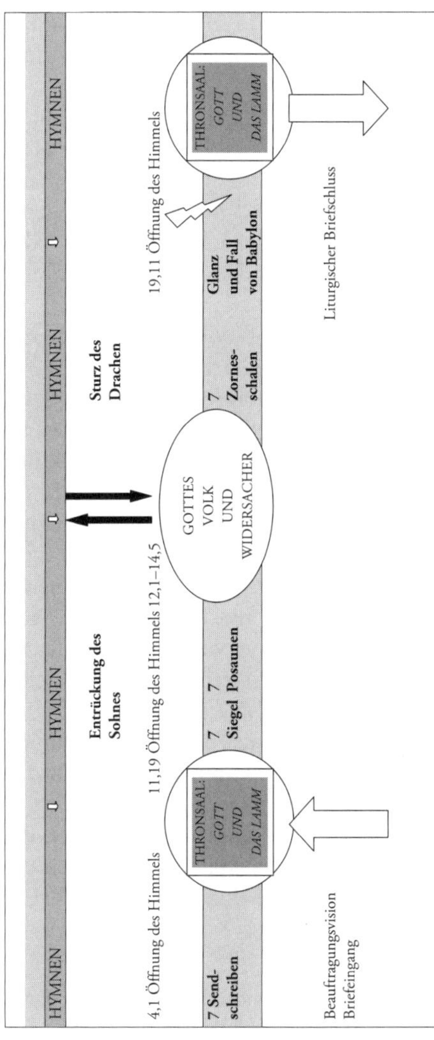

Abb. 14: Die Himmelsreise in der Johannes-Offenbarung

Seite des Johannes – ἐν πνεύματι (4,2) durch die erlesene Tür. So entsteigt er der herben kleinasiatischen Isolation, findet sich in den ganz anderen Kosmos Gottes versetzt und wird selbst zum „Seher". In einem (von Lukian vielfach variierten) Bild gesagt: Er sieht die Welt als einen Teppich, der von unten wirr verknotet wirkt, aber von oben sinnhafte Muster zeigt. Die imaginierte (und liturgisch vollzogene) Himmelsbesteigung dient der Übersichtlichkeit von Welt und damit dem ethischen Wert- und kognitiven Ordnungswissen der Irritierten.

So symbolisiert der Thronsaal vollendete Harmonie und formt das Gegenbild zum Erdenchaos. Unser Schema (Abb. 14) zeigt, wie sich die Visionsfolgen vom Himmel her zu geordneten Figuren fügen. Wie im attischen Drama deutet im Hintergrund der Himmelschor die Entwicklung auf der Erdenbühne und treibt sie voran (vgl. bes. 4,8–11; 5,9–14; 7,9–12; 11,15–18; 15,3f.; 19,1–8). Solche perspektivische Entgrenzung findet in dem für Offb – mit 27 Belegen – kennzeichnenden Verb ἀνοίγειν seinen Ausdruck: Der Himmel öffnet sich zur Erde hin (vgl. bes. 3,7f.; 4,1; 11,19; 15,5; 19,11); Himmelsbücher werden aufgeschlagen und machen Richtungssinn und Gerechtigkeit des Geschehens lesbar (vgl. bes. 5,2–5; 6,1.3.5.7.9.12; 8,1; 20,12).[66] Im Lauf des Leseprozesses öffnet sich der Himmel allmählich immer weiter: Ist eingangs die Himmelstür nur für den Seher samt Leser „spaltweit" geöffnet (4,1), so tut sich in der kompositorischen Mitte des Hauptteils dramatisch das himmlische Heiligtum auf (11,19); sodann öffnet sich der Himmel ganz für den siegreichen Schlussakt (19,11).[67] Die

---

[66] Zur performativen Qualität des Buchmediums in Offb GRADL, Buch, bes. 387–391.

[67] Zum visionären Motiv der Himmelsöffnung LENTZEN-DEIS, Motiv, bes. 310–312; WRIGHT, History, 183f.187f.

Jenseitsreise dient also insgesamt wesentlich der *disclosure*, der entschlüsselnden Erfahrung.

Der Akzent liegt auf „Erfahrung“: Verstehen ist apokalyptisch kein Akt von Logik, sondern Leidenschaft. Der visionäre Himmelsaufstieg zieht den Adressaten – den wir uns in einem liturgischen Hör- und Inszenierungsprozess vorstellen müssen – in ein sinnenhaft pulsierendes Kraftfeld. Im Zuge seiner Lektüre wird er ständig zum Mitsehen (44mal εἶδον; 26mal ἰδού) und Mithören (26mal ἤκουσα) angeregt.[68] Vom Thronsaal aus begibt sich der Leser auf eine visionäre Reise, die ihn vom kargen Patmos zum endzeitlichen Jerusalem führt.[69] Der Weg beschwört alle himmlischen, irdischen und höllischen Farben herauf (golden, weiß, schwarz, leichen- und pflanzengrün, feuer-, blut- und scharlachrot, rauchblau und schwefelgelb; am Ausgang und Ende die himmlische Palette der Edelsteinfarben). Mitunter muss sich der Lesende seinen Weg durch dichten Rauch und Schwefel bahnen (vgl. bes. 9,2 f.17 f.; 14,10 f.; 18,9.18); im Ziel wartet die lichtvolle Klarheit von Glas und Kristall (vgl. bes. 21,11.18–21; 22,1). In der erzählten Welt begegnen ihm Adler, Bär, Frösche, Heuschrecken, Hunde, Jungstier, Lamm, Löwe, Panther, Pferde, Rinder, Schafe, Schlangen, Skorpione, Vögel und – vor allem – Drachenungeheuer. Den Eindruck schrecklicher Begegnungen weckt wirkungsreich die Folge der apokalyptischen Reiter (6,1–8). Der Lesende passiert das Tremendum von Blitzen, Stimmen, Donnern, Erdbeben und Feuer (vgl. 4,5; 8,5). Schließlich erreicht er das Faszinosum einer Stadt der Heilung, die in

[68] Hier und im Folgenden zur Dokumentation der Einzelbelege Backhaus, Bilder, 431–433; zur Eigenart der Sprachbilder Pezzoli-Olgiati, Täuschung, bes. 190–201.

[69] Zum Charakter der Vision als etappenhafter Reise Pezzoli-Olgiati, Täuschung, 206–208.

unverstellter Gottesnähe weder Sonne noch Mond braucht (22,1–5).

Die Hörbilder, in die man lesend taucht, umspannen das Klangspektrum von einer etwa halbstündigen Stille im Himmel (8,1) bis zur orchestrierten Aufführung mit Chorgesang, Harfen und Trompeten (vgl. bes. 5,8; 8,2.6; 15,2), von der Himmelsstimme wie Wasserfall und starkem Donner (1,15; 6,1; 14,2 u. ö.) bis zum verklingenden Flötenspiel in Rom (vgl. 18,22). Auch Geschmacks- (z. B. 8,11; 10,9 f.) und Geruchssinn (z. B. 5,8; 8,3 f.) werden angesprochen. Insofern nur das Feuer Brand erzeugt (vgl. Quintilian, inst. 6,2,28), gibt der Seher seine Affekte an die Adressaten weiter. Er weint heftig, weil niemand das Weltgeschehen zu begreifen oder zu steuern vermag (Offb 5,4 f.). Er lässt sich – wie die Zeitgenossen – von der Hure Babylon, einer Ekphrasis der Göttin Roma, in den Bann schlagen (17,3–6), um alsbald ihres schauderhaften Thanatos gegenwärtig zu werden: Die Verhasste wird vernichtet, nackt ausgezogen, ihr Fleisch wird aufgefressen und sie wird im Feuer verbrannt (17,16).

So nimmt der Lektürepfad Leib und Seele der Adressaten in Anspruch, bis er in das breit ausgeführte Bild der endzeitlichen Stadt Jerusalem mündet, die sich auf die verwundete Menschenwelt senkt und Angst und Schrecken in Frieden verwandelt (vgl. 21,1–22,5).[70] Hier nun trocknet der Thronende, der im gesamten Buchverlauf all das Erdenchaos schweigend verfolgt hat, eigenhändig die Tränen aus den Augen derer, die ihm vertraut haben, und spricht das befreiende Wort: „Siehe, ich mache alles neu!" (21,3–5)

---

[70] Wir denken an das Ende von „Pilgrim's Progress" zurück, in dem der Glaubenswanderer nach allen Gefahren das *Heavenly Jerusalem* betreten darf.

Nicht erklärt wird dem Reisenden, was Erlösung bedeutet; er durchlebt es am eigenen Leib. So preist der Buchschluss, durchaus mit Blick auf die (gottesdienstlich begangene) Gegenwart, jene selig, die „durch die Tore in die Stadt eintreten" (22,14; vgl. 1,3; 22,7). Die Johannes-Offenbarung handelt nicht nur vom geöffneten Himmel; sie öffnet ihn selbst. Der Lesende verlässt das Werk als einer, den eine Durchquerung verwandelt hat.[71]

Der Religionsphilosoph Jacob Taubes erzählt von einem jüdischen Flüchtling, der nach dem Ungarnaufstand von 1956 bei Wiener Freunden Unterschlupf findet. Mit Hilfe eines Globus sucht man jenes Land, das ihn endgültig aufnehmen mag. Doch ein jedes Land, in das er auswandern könnte, hat Gründe gegen sich. Da seufzt der Heimatlose: „Haben Sie keinen anderen Globus?" Genau dies, so sagt Taubes, ist Apokalyptik.[72]

Die Himmelsreise führt den Seher Johannes auf diesen anderen Globus, auf dem Opfer Gerechtigkeit erfahren, Minderheiten eine Heimat finden und Lämmer über Drachen siegen.[73] Was denn, so ließen wir uns eingangs (s. o. S. 1 f.) fragen, mögen Bücher über jene, die ins Drachenland ziehen, schon ausrichten? Sie können, so war die Antwort, die Hoffnung wecken, die ausstarb, als der Wunsch ausstarb, sich auf solche Reisen zu begeben.

Der Kreis schließt sich. Für diese fernste aller Reisen gilt unsere Feststellung vom Anfang besonders: Sie führt zu sich selbst. Sie dient letztlich einem einzigen Zweck: das eigene

[71] Zur verwandelnden Kraft der Bilder BARR, Transformation, bes. 40–44; FREY, Bildersprache, 182–185; zur rhetorischen Strategie und kathartischen Funktion der aggressiven Symbolsprache COLLINS, Crisis, 141–163.

[72] Die Anekdote ist mitgeteilt bei EBACH, Apokalypse, 217.

[73] Vgl. BARR, Transformation, bes. 48–50.

Haus bauen, die eigene Heimat entdecken, die eigene Hoffnung verstehen. Um sich selbst zu verwurzeln, durchreist Johannes den Kosmos und die Zeit. Es kommt nicht darauf an, dass wir anderswo sind; es kommt darauf an, dass wir anders sind, als wir vorher waren. So gesehen war es von Gilgamesch bis zur Apokalyptik ein sehr kurzer Weg:

> *Denn nicht häuslich darf die Sehnsucht bleiben*
> *die brückenbauende*
> *von Stern zu Stern.*[74]

---

[74] Aus dem Gedicht von NELLY SACHS, O du weinendes Herz der Welt, in: Fahrt, 79.

Abkürzungen

Pagane Quellen werden nach DNP III (1997) VIII–XLIV (für Lukian von Samosata: DNP VII [1999] 495 f.), biblische, frühchristliche und altkirchliche Quellen nach LThK[3] (LThK. Abkürzungsverzeichnis, Freiburg i.Br. 1993), frühjüdische Quellen nach RGG[4] (Abkürzungen Theologie und Religionswissenschaften, Tübingen 2007) abgekürzt (in formaler Anpassung). Die bibliographischen Abkürzungen für die Sekundärliteratur folgen Siegfried M. Schwertner, Internationales Abkürzungsverzeichnis für Theologie und Grenzgebiete, Berlin [2]1992.

Bibliographie

Die Standardreihen der antiken Quellen sind nicht angeführt. Etwaige Abweichungen in der inneren Zitation werden nur mitgeteilt, wenn andernfalls Verwechslungen naheliegen. Lexikonartikel und Kommentarteile in den Standardeditionen sind angeführt, wenn sie maßgeblich herangezogen wurden. Sofern es nicht anders angezeigt wird, stammen alle Übersetzungen in diesem Band vom Verfasser.

A. Editionen und Übersetzungen antiker Textausgaben (Auswahl)

The Babylonian Gilgamesh Epic. Introduction, Critical Edition and Cuneiform Texts. Hg. v. ANDREW R. GEORGE, 2 Bde., Oxford 2003.

Das Gilgamesch-Epos. Neu übers. u. mit Anm. vers. v. ALBERT SCHOTT, erg. u. teilw. neu gestaltet v. WOLFRAM VON SODEN, Stuttgart (1934) 1980.

Das Gilgamesch-Epos. Neu übers. u. komm. v. STEFAN M. MAUL, München (2005) [4]2008.

The Tale of Sinuhe and Other Ancient Egyptian Poems, 1940–1640 BC. Hg. v. RICHARD B. PARKINSON, Oxford 1997.

[The Tale of the] Shipwrecked Sailor. Hg. v. AYLWARD M. BLACKMAN, in: Ders., Middle-Egyptian Stories I, Brüssel 1932 (BAeg 2), 42–48.

Scholia Graeca in Homeri Odysseam. Ex codicibus aucta et emendata. Hg. v. WILHELM DINDORF, 2 Bde., Oxford 1855.

Lysias, Reden. Eingel., übers. u. komm. v. INGEBORG HUBER, 2 Bde., Darmstadt 2004/2005.

Apollonios Rhodios, The Argonautika. The Story of Jason and the Quest for the Golden Fleece. Hg., übers. u. erl. v. PETER GREEN, Berkeley, Calif. 1997.

Apollonios von Rhodos, Das Argonautenepos. Hg., übers. u. erl. v. REINHOLD GLEI/STEPHANIE NATZEL-GLEI, 2 Bde., Darmstadt (1996) ^{2}2007 (TzF 63/64).

Apollonios von Rhodos, Die Fahrt der Argonauten. Hg., übers. u. komm. v. PAUL DRÄGER, Stuttgart (2002) 2010.

Les argonautiques orphiques. Hg. u. übers. v. FRANCIS VIAN, Paris (1987) 2003.

Evangelia Apocrypha. Hg. v. KONSTANTIN VON TISCHENDORF (1853, ^{2}1876), Nachdruck: Hildesheim 1987.

The Apocryphal Gospels. Texts and Translations. Hg. v. BART D. EHRMAN/ZLATKO PLEŠE, Oxford 2011.

Antike christliche Apokryphen in deutscher Übersetzung I: Evangelien und Verwandtes, 2 Teilbde. Hg. v. CHRISTOPH MARKSCHIES/JENS SCHRÖTER, Tübingen 2012.

Aelius Théon, Progymnasmata. Text etabl. u. hg. v. MICHEL PATILLON/GIANCARLO BOLOGNESE, Paris 1997.

Lukian von Samosata, Alexandros oder der Lügenprophet. Eingel., hg., übers. u. erkl. v. ULRICH VICTOR, Leiden 1997 (Religions in the Graeco-Roman World 132).

Lukian, Der Tod des Peregrinos. Hg., übers. u. mit Beiträgen vers. v. PETER PILHOFER u. a., Darmstadt 2005 (Sapere 9).

Secundus the Silent Philosopher. Hg. v. BEN EDWIN PERRY, Ithaca, N.Y. 1964 (Philological Monographs 22).

M. Minucius Felix, Octavius. Hg., übers. u. eingel. v. BERNHARD KYTZLER, Darmstadt (1965) 1991.

Reiseführer zu den Sieben Weltwundern. Philon von Byzanz und andere antike Texte. Eingel., übers. u. erl. v. KAI BRODERSEN, Frankfurt a. M. 1992, 13–37.

Panegyrici Latini. Lobreden auf römische Kaiser I: Von Diokletian bis Konstantin. Eingel., übers. u. komm. v. BRIGITTE MÜLLER-RETTIG, Darmstadt 2008.

Synésios de Cyrène, Correspondance, 2 Bde. Text etabl. v. ANTONIO GARZYA, übers. u. erl. v. DENIS ROQUES, Paris 2000 (CUFr).

Collected Ancient Greek Novels. Hg. v. BRYAN P. REARDON, Berkeley, Calif. 1989.

Chariton, Kallirhoe. Hg., übers. u. komm. v. CHRISTINA MECKELNBORG/KARL-HEINZ SCHÄFER, Darmstadt 2006.
Heliodori Aethiopica. Hg. v. ARISTIDES COLONNA, Rom 1938.
Heliodor, Die Abenteuer der schönen Chariklea. Hg. u. übers. v. RUDOLF REYMER, mit einem Nachwort vers. v. NIKLAS HOLZBERG, Düsseldorf (1950) 2001 (BAW).
Historia Alexandri Magni (Pseudo-Callisthenes). Recensio vetusta. Hg. v. WILHELM KROLL, Berlin 1926.
Leben und Taten Alexanders von Makedonien. Der griechische Alexanderroman nach der Handschrift L. Hg. u. übers. v. HELMUT VAN THIEL, Darmstadt (1974) ^{2}1983 (TzF 13).
The Rule of Saint Benedict. Hg. u. übers. v. BRUCE L. VENARDE, Cambridge, Mass. 2011.
Thomas von Kempten, De imitatione Christi. Nachfolge Christi und vier andere Schriften. Hg., übers. u. eingel. v. FRIEDRICH EICHLER, München 1966.
John Bunyan, The Pilgrim's Progress. An Authoritative Text – Contexts – Criticism. Hg. v. CYNTHIA WALL, New York 2009.

B. Fachliteratur

ADAMS, COLIN/RAY LAURENCE (Hg.): Travel and Geography in the Roman Empire, London 2001.
ALEXANDER, LOVEDAY C. A.: "In Journeyings Often": Voyaging in the Acts of the Apostles and in Greek Romance (1995), in: Dies., Acts in Its Ancient Literary Context. A Classicist Looks at the Acts of the Apostles, London (2006) 2007 (Library of New Testament Studies 298), 69–96.
DIES.: Narrative Maps: Reflections on the Toponomy of Acts (1995), ebd. 97–131.
DIES.: New Testament Narrative and Ancient Epic (2003/2004), ebd. 165–182.
ANDRÉ, JEAN-MARIE/MARIE-FRANÇOISE BASLEZ: Voyager dans l'Antiquité, Paris 1993.
ARTERBURY, ANDREW E.: Entertaining Angels. Early Christian Hospitality in Its Mediterranean Setting, Sheffield 2005 (New Testament Monographs 8).

Assmann, Jan: Das kulturelle Gedächtnis. Schrift, Erinnerung und politische Identität in frühen Hochkulturen, München (1992) ^{7}2013.

Attridge, Harold W.: Liberating Death's Captives. Reconsideration of an Early Christian Myth, in: J.E. Goehring u.a. (Hg.), Gnosticism and the Early Christian World. FS J.M. Robinson, Sonoma, Calif. 1990, 103–115.

Auffarth, Christoph: Herrscherkult und Christuskult, in: H. Cancik/K. Hitzl (Hg.), Die Praxis der Herrscherverehrung in Rom und seinen Provinzen, Tübingen 2003, 283–317.

Aune, David E.: Heracles and Christ. Heracles Imagery in the Christology of Early Christianity, in: D.L. Balch/E. Ferguson/W.A. Meeks (Hg.), Greeks, Romans, and Christians. FS A.J. Malherbe, Minneapolis, Minn. 1990, 3–19.

Avemarie, Friedrich: Acta Jesu Christi. Zum christologischen Sinn der Wundermotive in der Apostelgeschichte, in: J. Frey/C.K. Rothschild/J. Schröter (Hg.), Die Apostelgeschichte im Kontext antiker und frühchristlicher Historiographie, Berlin 2009 (BZNW 162), 539–562.

Backhaus, Knut: „Dort werdet ihr Ihn sehen" (Mk 16,7). Die redaktionelle Schlußnotiz des zweiten Evangeliums als dessen christologische Summe, in: ThGl 76 (1986) 277–294.

Ders.: Kirchenkrise und Auferstehungschristologie. Zum ekklesiologischen Ansatz des Matthäusevangeliums, in: J. Ernst/St. Leimgruber (Hg.), Surrexit Dominus vere. Die Gegenwart des Auferstandenen in seiner Kirche. FS J.J. Degenhardt, Paderborn 1995, 127–139.

Ders.: Die Vision vom ganz Anderen. Geschichtlicher Ort und theologische Mitte der Johannes-Offenbarung, in: Ders. (Hg.), Theologie als Vision. Studien zur Johannes-Offenbarung, Stuttgart 2001 (SBS 191), 10–53.

Ders.: Undeutlichkeit. Von einem deutlichen Vorzug der Jesus-Überlieferung, in: ThGl 91 (2001) 369–389.

Ders.: Apokalyptische Bilder? Die Vernunft der Vision in der Johannes-Offenbarung, in: EvTh 64 (2004) 421–437.

Ders.: Entgrenzte Himmelsherrschaft. Zur Entdeckung der paganen Welt im Matthäusevangelium, in: R. Kampling (Hg.), „Dies ist das Buch …". Das Matthäusevangelium. Interpretation – Rezeption – Rezeptionsgeschichte. FS H. Frankemölle, Paderborn 2004, 75–103.

DERS.: Spielräume der Wahrheit: Zur Konstruktivität in der hellenistisch-reichsrömischen Geschichtsschreibung, in: Ders./G. Häfner, Historiographie und fiktionales Erzählen. Zur Konstruktivität in Geschichtstheorie und Exegese, Neukirchen-Vluyn (2007) [2]2009 (BThSt 86), 1–29.

DERS.: Der Hebräerbrief, Regensburg 2009 (RNT).

DERS.: Zwei harte Knoten. Todes- und Gerichtsangst im Hebräerbrief (2009), in: Ders., Der sprechende Gott. Gesammelte Studien zum Hebräerbrief, Tübingen 2009 (WUNT 240), 131–151.

DERS.: Echoes from the Wilderness: The Historical John the Baptist, in: T. Holmén/S. E. Porter (Hg.), Handbook for the Study of the Historical Jesus II, Leiden 2011, 1747–1785.

DERS.: Christologia Viatorum. Die Emmaus-Episode als christologisches Programm der Apostelgeschichte, in: M. Bär/M.-L. Hermann/Th. Söding (Hg.), König und Priester. Facetten neutestamentlicher Christologie. FS C.-P. März, Würzburg 2012 (EThS 44), 137–148.

DERS.: Die Apostelgeschichte im Kontext der hellenistisch-römischen Literatur. Interdisziplinäre Annäherungen, in: ThLZ 137 (2012) 887–900.

DERS.: ΣΚΕΥΟΣ ΕΚΛΟΓΗΣ. Paulus als theologischer Topos in der Apostelgeschichte, in: P.-G. Klumbies/D. S. du Toit (Hg.), Paulus – Werk und Wirkung. FS A. Lindemann, Tübingen 2013, 413–434.

DERS.: Transformation durch Humor. Die Komödisierung von Tradition in der Apostelgeschichte, in: W. Eisele/Chr. Schäfer/H.-U. Weidemann (Hg.), Aneignung durch Transformation. Beiträge zur Analyse von Überlieferungsprozessen im frühen Christentum. FS M. Theobald, Freiburg i.Br. 2013 (HBS 74), 209–237.

BAINES, JOHN: Interpreting the Story of the Shipwrecked Sailor, in: JEA 76 (1990) 55–72.

BALCH, DAVID L.: ΜΕΤΑΒΟΛΗ ΠΟΛΙΤΕΙΩΝ. Jesus as Founder of the Church in Luke-Acts: Form and Function, in: T. Penner/C. Vander Stichele (Hg.), Contextualizing Acts. Lukan Narrative and Greco-Roman Discourse, Atlanta, Ga. 2003 (SBL. Symposium Series 20), 139–188.

BARR, DAVID L.: The Apocalypse as a Symbolic Transformation of the World: A Literary Analysis, in: Interp. 38 (1984) 39–50.

BAUCKHAM, RICHARD: James and the Jerusalem Church, in: Ders. (Hg.), The Book of Acts in Its First Century Setting IV: The Book of Acts in Its Palestinian Setting, Grand Rapids, Mich. – Carlisle 1995, 415–480.

DERS.: The Fate of the Dead. Studies on the Jewish and Christian Apocalypses, Leiden 1998 (NT.S 93).

BELTING, HANS: Bild und Kult. Eine Geschichte des Bildes vor dem Zeitalter der Kunst, München (1990) [6]2004.

BENDLIN, ANDREAS: Art. „Religion I: Einleitung", in: DNP X (2001) 888–891.

BENZ, MAXIMILIAN: Gesicht und Schrift. Die Erzählung von Jenseitsreisen in Antike und Mittelalter, Berlin 2013 (Quellen und Forschungen zur Literatur- und Kulturgeschichte 78).

BERG, BEVERLY: Alcestis and Hercules in the Catacomb of Via Latina, in: VigChr 48 (1994) 219–234.

BERNOULLI, JOHANN JACOB: Römische Ikonographie II / 2: Die Bildnisse der römischen Kaiser und ihrer Angehörigen: Von Galba bis Commodus (1891), Nachdruck: Hildesheim 1969.

BERNSTEIN, ALAN E.: The Formation of Hell. Death and Retribution in the Ancient and Early Christian Worlds, Ithaca, N. Y. 1993.

BETZ, HANS DIETER: Ursprung und Wesen christlichen Glaubens nach der Emmauslegende (Lk. 24:13–32) (1969), in: Ders., Synoptische Studien. Gesammelte Aufsätze II, Tübingen 1992, 35–49.

BICKERMANN, ELIAS: Die römische Kaiserapotheose (1929), in: A. Wlosok (Hg.), Römischer Kaiserkult, Darmstadt 1978 (WdF 372), 82–121.

BÖRSTINGHAUS, JENS: Sturmfahrt und Schiffbruch. Zur lukanischen Verwendung eines literarischen Topos in Apostelgeschichte 27,1–28,6, Tübingen 2010 (WUNT II 274).

BONZ, MARIANNE PALMER: The Past as Legacy. Luke-Acts and Ancient Epic, Minneapolis, Minn. 2000.

BOWERSOCK, GLEN WARREN: Hellenism in Late Antiquity, Ann Arbor, Mich. 1990.

BOWIE, EWEN LYALL: Apollonius of Tyana: Tradition and Reality, in: ANRW II.16.2 (1978) 1652–1699.

Braswell, Bruce Karl: A Commentary on the Fourth Pythian Ode of Pindar, Berlin 1988 (Texte und Kommentare 14).

Breytenbach, Cilliers: Zeus und der lebendige Gott: Anmerkungen zu Apostelgeschichte 14.11–17, in: NTS 39 (1993) 396–413.

Broer, Ingo: Das Weinwunder zu Kana (Joh 2,1–11) und die Weinwunder der Antike, in: U. Mell/U. B. Müller (Hg.), Das Urchristentum in seiner literarischen Geschichte. FS J. Becker, Berlin 1999 (BZNW 100), 291–308.

Buckley, Emma: War-epic for a New Era: Valerius Flaccus' *Argonautica*, in: N. Kramer/Chr. Reitz (Hg.), Tradition und Erneuerung. Mediale Strategien in der Zeit der Flavier, Berlin 2010 (Beiträge zur Altertumskunde 285), 431–456.

Bultmann, Rudolf: Das Christentum als orientalische und als abendländische Religion (1949), in: Ders., Glauben und Verstehen II, Tübingen (1952) [3]1961, 187–210.

Burkert, Walter: Kritiken, Rettungen und unterschwellige Lebendigkeit griechischer Mythen zur Zeit des frühen Christentums, in: R. von Haehling (Hg.), Griechische Mythologie und frühes Christentum, Darmstadt 2005, 173–193.

Casson, Lionel: Ships and Seamanship in the Ancient World, Princeton, N.J. (1971) 1973.

Ders.: Travel in the Ancient World, Baltimore, Md. (1974) 1994.

Chuvin, Pierre: Mythologie et géographie dionysiaques. Recherches sur l'œuvre de Nonnos de Panopolis, Clermont-Ferrand 1991 (Vates 2).

Clarke, Katherine: Between Geography and History. Hellenistic Constructions of the Roman World, Oxford 1999.

Dies.: Universal Perspectives in Historiography, in: C. S. Kraus (Hg.), The Limits of Historiography. Genre and Narrative in Ancient Historical Texts, Leiden 1999 (Mn.S 191), 249–279.

Clauss, James J.: The Best of the Argonauts. The Redefinition of the Epic Hero in Book 1 of Apollonius's *Argonautica*, Berkeley, Calif. 1993 (Hellenistic Culture and Society 10).

Clauss, Manfred: Kaiser und Gott. Herrscherkult im römischen Reich, Stuttgart 1999.

Collins, Adela Yarbro: Crisis and Catharsis: The Power of the Apocalypse, Philadelphia, Pa. 1984.

Conzelmann, Hans: Die Mitte der Zeit. Studien zur Theologie des Lukas, Tübingen (1954) [7]1993 (BHTh 17).

Crossan, John Dominic: Jesus. A Revolutionary Biography, San Francisco, Calif. 1994.

Csapo, Eric G.: A Case Study in the Use of Theatre Iconography as Evidence for Ancient Acting, in: AK 36 (1993) 41–58.

Dahlgrün, Corinna: Christliche Spiritualität. Formen und Traditionen der Suche nach Gott, Berlin 2009.

Daszewski, Wiktor A.: Dionysos der Erlöser. Griechische Mythen im spätantiken Cypern, Mainz 1985 (Trierer Beiträge zur Altertumskunde 2).

Davies, William D./Dale C. Allison: A Critical and Exegetical Commentary on the Gospel according to Saint Matthew, 3 Bde., Edinburgh 1988/1991/1997 (ICC).

Deckers, Johannes Georg/Hans Reinhard Seeliger/Gabriele Mietke (Hg.): Die Katakombe „Santi Marcellino e Pietro“. Repertorium der Malereien, 2 Bde., Vatikanstadt – Münster 1987 (RSCr 6).

DeForest, Mary Margolies: Apollonius' *Argonautica*. A Callimachean Epic, Leiden 1994 (Mn.S 142).

Der Manuelian, Peter: Interpreting "The Shipwrecked Sailor", in: I. Gamer-Wallert / W. Helck (Hg.), Gegengabe. FS E. Brummer-Traut, Tübingen 1992, 223–233.

Dölger, Franz Joseph: „Dioskuroi“. Das Reiseschiff des Apostels Paulus und seine Schutzgötter. Kult- und Kulturgeschichtliches zu Apg 28,11 (1940/1950), in: AuC 6 (²1976) 276–285.

Dormeyer, Detlev: Bakchos in der Apostelgeschichte in: R. von Haehling (Hg.), Griechische Mythologie und frühes Christentum, Darmstadt 2005, 153–172.

Downing, F. Gerald: Jesus and Cynicism, in: T. Holmén / S. E. Porter (Hg.), Handbook for the Study of the Historical Jesus II, Leiden 2011, 1105–1136.

Dresken-Weiland, Jutta: Pagane Mythen auf Sarkophagen des dritten nachchristlichen Jahrhunderts, in: R. von Haehling (Hg.), Griechische Mythologie und frühes Christentum, Darmstadt 2005, 106–131.

Dronke, Peter: The Return of Eurydike (1962, 1996), in: Ders., Sources of Inspiration. Studies in Literary Transformations, 400–1500, Rom 1997 (SeL 196), 263–292.

Duckworth, George E.: The Dramatic Function of the *servus currens* in Roman Comedy, in: J.T. Allen u.a., Classical Studies. FS E. Capps, Princeton, N.J. 1936, 93–102.

Ebach, Jürgen: Apokalypse und Apokalyptik, in: H. Schmidinger (Hg.), Zeichen der Zeit. Erkennen und Handeln, Innsbruck 1998, 213–273.

Effe, Bernd: Held und Literatur. Der Funktionswandel des Herakles-Mythos in der griechischen Literatur, in: Poetica 12 (1980) 145–166.

Eisele, Wilfried: Jesus und Dionysos. Göttliche Konkurrenz bei der Hochzeit zu Kana (Joh 2,1–11), in: ZNW 100 (2009) 1–28.

Ernst, Josef: Johannes der Täufer. Interpretation – Geschichte – Wirkungsgeschichte, Berlin 1989 (BZNW 53).

Ewald, Björn Christian: Das Sirenenabenteuer des Odysseus – Ein Tugendsymbol? Überlegungen zur Adaptabilität eines Mythos, MDAI.R 105 (1998) 227–258.

Ferrua, Antonio: Catacombe sconosciute. Una pinacoteca del IV secolo sotto la Via Latina, Florenz 1990.

Flückiger-Guggenheim, Daniela: Göttliche Gäste. Die Einkehr von Göttern und Heroen in der griechischen Mythologie, Bern 1984 (EHS.G 237).

Fornaro, Sotera: Art. „Nonnos“, in: DNP VIII (2000) 995–998.

Fränkel, Hermann: Noten zu den Argonautika des Apollonios, München 1968.

Frankemölle, Hubert: Jahwe-Bund und Kirche Christi. Studien zur Form- und Traditionsgeschichte des „Evangeliums“ nach Matthäus, Münster (1974) ^{2}1984 (NTA 10).

Frass, Monika: Reiselustige Frauen im römischen Ägypten, in: R. Rollinger/B. Truschnegg (Hg.), Altertum und Mittelmeerraum: Die antike Welt diesseits und jenseits der Levante. FS P.W. Haider, Stuttgart 2006 (Oriens et Occidens 12), 485–497.

Frey, Jörg: Die Bildersprache der Johannesapokalypse, in: ZThK 98 (2001) 161–185.

Fusillo, Massimo: Il tempo delle argonautiche. Un'analisi del racconto di Apollonio Rodio, Rom 1985 (Filologia e critica 49).

Geerlings, Wilhelm: Das Bild des Sängers Orpheus bei den griechischen Kirchenvätern, in: R. von Haehling (Hg.), Griechische Mythologie und frühes Christentum, Darmstadt 2005, 254–267.

Gehrke, Hans-Joachim: Die Bedeutung der (antiken) Historiographie für die Entwicklung des Geschichtsbewußtseins, in: E.-M. Becker (Hg.), Die antike Historiographie und die Anfänge der christlichen Geschichtsschreibung (BZNW 129), Berlin 2005, 29–51.

Georgiadou, Aristoula/David H. J. Larmour: Lucian's Science Fiction Novel *True Histories*. Interpretation and Commentary, Leiden 1998 (Mn.S 179).

Geppert, Stefan: Castor und Pollux. Untersuchung zu den Darstellungen der Dioskuren in der römischen Kaiserzeit, Münster 1996 (Charybdis 8).

Gerke, Friedrich: Die christlichen Sarkophage der vorkonstantinischen Zeit, Berlin 1940 (Studien zur spätantiken Kunstgeschichte 11).

Giangrande, Giuseppe: Das Epyllion Catulls im Lichte der hellenistischen Epik, in: AnCl 41 (1972) 123–147.

Giebel, Marion: Reisen in der Antike, Düsseldorf (2000) 2006.

Giblin, Charles H.: A Note on Doubt and Reassurance in Mt 28:16–20, in: CBQ 37 (1975) 68–75.

Gilbert, Gary: Roman Propaganda and Christian Identity in the Worldview of Luke-Acts, in: T. Penner/C. Vander Stichele (Hg.), Contextualizing Acts. Lukan Narrative and Greco-Roman Discourse, Atlanta, Ga. 2003 (SBL. Symposium Series 20), 233–256.

Gillman, John: The Emmaus Story in Luke-Acts Revisited, in: R. Bieringer/V. Koperski/B. Lataire (Hg.), Resurrection in the New Testament. FS J. Lambrecht, Löwen 2002 (BEThL 165), 165–188.

Gnilka, Joachim: Das Evangelium nach Markus, 2 Bde., Zürich – Neukirchen-Vluyn (1978) 41994/(1979) 31989 (EKK 2).

Goedicke, Hans: Die Geschichte des Schiffbrüchigen, Wiesbaden 1974 (ÄA 30).

Goldhill, Simon: The Poet's Voice. Essays on Poetics and Greek Literature, Cambridge 1991.

Gradel, Ittai: Emperor Worship and Roman Religion, Oxford 2002.

Gradl, Hans-Georg: Buch und Offenbarung. Medien und Medialität der Johannesapokalypse, Freiburg i.Br. 2014 (HBS 75).

Grasso, Santi: Emmaus, testo della criteriologia ecclesiale per la fede nella risurrezione di Gesù (Lc 24,13–35), in: RivBib 56 (2008) 433–453.

Green, Peter: Alexander to Actium. The Historical Evolution of the Hellenistic Age, Berkeley, Calif. 1990.

Green, Roger P. H.: Latin Epics of the New Testament. Juvencus, Sedulius, Arator, Oxford 2006.

Guyot, Peter/Richard Klein: Das frühe Christentum bis zum Ende der Verfolgungen. Eine Dokumentation, 2 Bde., Darmstadt 1993/1994 (TzF 60/TzF 62).

Hänger, Christian: Die Welt im Kopf. Raumbilder und Strategie im Römischen Kaiserreich, Göttingen 2001 (Hyp. 136).

Halfmann, Helmut: Itinera principum. Geschichte und Typologie der Kaiserreisen im Römischen Reich, Stuttgart 1986 (Heidelberger althistorische Beiträge und geographische Studien 2).

Harder, Marijke Annette: Travel Descriptions in the Argonautica of Apollonius Rhodius, in: Z. von Martels (Hg.), Travel Fact and Travel Fiction. Studies on Fiction, Literary Tradition, Scholarly Discovery and Observation in Travel Writing, Leiden 1994, 16–29.

Harrill, J. Albert: The Dramatic Function of the Running Slave Rhoda (Acts 12.13–16): A Piece of Greco-Roman Comedy, in: NTS 46 (2000) 150–157.

Heilmann, Regina/Otta Wenskus: Darmok. Gilgamesch und Homer in *Star Trek: The Next Generation*, in: R. Rollinger/B. Truschnegg (Hg.), Altertum und Mittelmeerraum: Die antike Welt diesseits und jenseits der Levante. FS P. W. Haider, Stuttgart 2006 (Oriens et Occidens 12), 789–806.

Heininger, Bernhard: Paulus als Visionär. Eine religionsgeschichtliche Studie, Freiburg i.Br. 1996 (HBS 9).

Heiserman, Arthur: The Novel before the Novel. Essays and Discussions about the Beginnings of Prose Fiction in the West, Chicago, Ill. 1977.

Hengel, Martin: Nachfolge und Charisma. Eine exegetisch-religionsgeschichtliche Studie zu Mt 8,21 f. und Jesu Ruf in die Nachfolge, Berlin 1968 (BZNW 34).

Ders.: Der „dionysische“ Messias. Zur Auslegung des Weinwunders in Kana (Joh 2,1–11) (engl. Orig. 1987), in: Ders., Jesus und die

Evangelien. Kleine Schriften V. Hg. v. C.-J. Thornton, Tübingen 2007 (WUNT 211), 568–600.

Henkelman, Wouter F. M.: The Birth of Gilgameš (Ael. *NA* XII.21). A Case-Study in Literary Receptivity, in: R. Rollinger/ B. Truschnegg (Hg.), Altertum und Mittelmeerraum: Die antike Welt diesseits und jenseits der Levante. FS P. W. Haider, Stuttgart 2006 (Oriens et Occidens 12), 807–856.

Hentschel, Anni: Diakonia im Neuen Testament. Studien zur Semantik unter besonderer Berücksichtigung der Rolle von Frauen, Tübingen 2007 (WUNT II 226).

Hillier, Richard: Arator on the Acts of the Apostles. A Baptismal Commentary, Oxford 1993.

Himmelfarb, Martha: Tours of Hell. An Apocalyptic Form in Jewish and Christian Literature, Philadelphia, Pa. (1983) 1985.

Dies.: Ascent to Heaven in Jewish and Christian Apocalypses, New York 1993.

Hlavin-Schulze, Karin: „Man reist ja nicht, um anzukommen". Reisen als kulturelle Praxis, Frankfurt a. M. 1998.

Hock, Ronald F.: Lazarus and Micyllus: Greco-Roman Backgrounds to Luke 16:19–31, in: JBL 106 (1987) 447–463.

Hofmeyr, Isabel: How Bunyan Became English: Missionaries, Translation, and the Discipline of English Literature (2002), in: John Bunyan: The Pilgrim's Progress. An Authoritative Text – Contexts – Criticism. Hg. v. C. Wall, New York 2009, 443–450 (zum Neudruck bearbeitetes Exzerpt).

Hummel, Adrian: Factum et fictum. Literarische und theologische Erwägungen zur Romreise des Paulus in der Apostelgeschichte (Apg 27,1–28,16), in: BN 105 (2000) 39–53.

Hunter, Richard: The *Argonautica* of Apollonius. Literary Studies, Cambridge 1993.

Jipp, Joshua W.: Divine Visitations and Hospitality to Strangers in Luke-Acts. An Interpretation of the Malta Episode in Acts 28:1–10, Leiden 2013 (NT.S 153).

Johnsson, William G.: The Pilgrimage Motif in the Book of Hebrews, in: JBL 97 (1978) 239–251.

Jones, Christopher P.: Apollonius of Tyana in Late Antiquity, in: S. F. Johnson (Hg.), Greek Literature in Late Antiquity. Dynamism, Didacticism, Classicism, Aldershot 2006, 49–64.

Jourdan, Fabienne: Orphée et les chrétiens. La réception du mythe d'Orphée dans la littérature chrétienne grecque des cinq premiers siècles, 2 Bde., Paris 2010/2011 (Anagoge 4/5).

Käsemann, Ernst: Das wandernde Gottesvolk. Eine Untersuchung zum Hebräerbrief, Göttingen (1939) [4]1961 (FRLANT 55).

Ders.: Kirchliche Konflikte I, Göttingen 1982.

Kany, Roland: Warum fand die Apostelgeschichte keine Fortsetzung in der Antike? Elf Thesen zu einem ungelösten Problem, in: J. Frey/C.K. Rothschild/J. Schröter (Hg.), Die Apostelgeschichte im Kontext antiker und frühchristlicher Historiographie, Berlin 2009 (BZNW 162), 327–348.

Kauppi, Lynn Alan: Foreign but Familiar Gods. Greco-Romans Read Religion in Acts, London 2006 (Library of New Testament Studies 277).

Kern, Otto: Art. „Dionysos (2)", in: PRE V/1 (1903) 1010–1046.

Kierdorf, Wilhelm: „Funus" und „consecratio". Zu Terminologie und Ablauf der römischen Kaiserapotheose, in: Chiron 16 (1986) 43–69.

Klauck, Hans-Josef.: Die religiöse Umwelt des Urchristentums, 2 Bde., Stuttgart 1995/1996 (KStTh 9).

Ders.: Magie und Heidentum in der Apostelgeschichte des Lukas, Stuttgart 1996 (SBS 167).

Ders.: Apokryphe Evangelien. Eine Einführung, Stuttgart (2002) [2]2005.

Ders.: Die apokryphe Bibel. Ein anderer Zugang zum frühen Christentum, Tübingen 2008 (Tria Corda 4).

Klauser, Theodor: Studien zur Entstehungsgeschichte der christlichen Kunst VI: 15. Das Sirenenabenteuer des Odysseus – ein Motiv der christlichen Grabkunst?, in: JAC 6 (1963) 71–100.

Klumbies, Paul-Gerhard: Himmelfahrt und Apotheose Jesu in Lk 24,50–53 (2007), in: Ders., Von der Hinrichtung zur Himmelfahrt. Der Schluss der Jesuserzählung nach Markus und Lukas, Neukirchen-Vluyn 2010 (BThSt 114), 172–196.

Ders.: Mk 16,1–8 als Verbindung zwischen erzählter und außertextlicher Welt, ebd. 129–143.

Koep, Leo: Die Konsekrationsmünzen Kaiser Konstantins und ihre religionspolitische Bedeutung (1958), in: A. Wlosok (Hg.), Römischer Kaiserkult, Darmstadt 1978 (WdF 372), 509–527.

KONDOLEON, CHRISTINE: Domestic and Divine. Roman Mosaics in the House of Dionysos, Ithaca, N.Y. 1994.

KOSKENNIEMI, ERKKI: Apollonios von Tyana in der neutestamentlichen Exegese. Forschungsbericht und Weiterführung der Diskussion, Tübingen 1994 (WUNT II 61).

KRAUTER, STEFAN: Vergils Evangelium und das lukanische Epos? Überlegungen zu Gattung und Theologie des lukanischen Doppelwerkes, in: J. Frey/C.K. Rothschild/J. Schröter (Hg.), Die Apostelgeschichte im Kontext antiker und frühchristlicher Historiographie, Berlin 2009 (BZNW 162), 214–243.

KURTH, DIETER: Zur Interpretation der Geschichte des Schiffbrüchigen, in: SAÄK 14 (1987) 167–179.

DERS.: Ägypter ohne Tempel, in: B. Ego/A. Lange/P. Pilhofer (Hg.), Gemeinde ohne Tempel – Community without Temple. Zur Substituierung und Transformation des Jerusalemer Tempels und seines Kults im Alten Testament, antiken Judentum und frühen Christentum, Tübingen 1999 (WUNT 118), 133–148.

LABAHN, MICHAEL: Jesus als Lebensspender. Untersuchungen zu einer Geschichte der johanneischen Tradition anhand ihrer Wundergeschichten, Berlin 1999 (BZNW 98).

LADOUCEUR, DAVID: Hellenistic Preconceptions of Shipwreck and Pollution as a Context for Acts 27–28, in: HThR 73 (1980) 435–449.

LANE FOX, ROBIN: Travelling Heroes. Greeks and Their Myths in the Epic Age of Homer, London (2008) 2009.

LANG, BERNHARD/COLLEEN MCDANNELL: Heaven. A History, New Haven, Conn. (1988) ^{2}2001; dt. Der Himmel. Eine Kulturgeschichte des ewigen Lebens, Frankfurt a.M. 1990.

LEHTIPUU, OUTI: The Imagery of the Lukan Afterworld in the Light of Some Roman and Greek Parallels, in: M. Labahn/J. Zangenberg (Hg.), Zwischen den Reichen: Neues Testament und Römische Herrschaft, Tübingen 2002 (TANZ 36), 133–146.

LENTZEN-DEIS, FRITZLEO: Das Motiv der „Himmelsöffnung" in verschiedenen Gattungen der Umweltliteratur des Neuen Testaments, in: Bib. 50 (1969) 301–327.

LIEBESCHUETZ, J.H. WOLF G.: Continuity and Change in Roman Religion, Oxford (1979) 2007.

Liebeschuetz, Wolfgang [J. H. Wolf G.]: Pagan Mythology in the Christian Empire, in: International Journal of the Classical Tradition 2 (1995) 193–208.

Lohfink, Gerhard: Die Himmelfahrt Jesu. Untersuchungen zu den Himmelfahrts- und Erhöhungstexten bei Lukas, München 1971 (StANT 26).

Lozano, Fernando: The Creation of Imperial Gods: Not only Imposition versus Spontaneity, in: P. P. Iossif/A. S. Chankowski/C. C. Lorber (Hg.), More than Men, Less than Gods. Studies on Royal Cult and Imperial Worship, Löwen 2011 (StHell 51), 475–519.

Luz, Ulrich: Das Evangelium nach Matthäus, 4 Bde., Zürich und Düsseldorf – Neukirchen-Vluyn (1985) [5]2002/1990/1997/2002 (EKK 1).

MacDonald, Dennis R.: Does the New Testament Imitate Homer? Four Cases from the Acts of the Apostles, New Haven, Conn. 2003.

Ders.: Paul's Farewell to the Ephesian Elders and Hector's Farewell to Andromache: A Strategic Imitation of Homer's *Iliad*, in: T. Penner/C. Vander Stichele (Hg.), Contextualizing Acts. Lukan Narrative and Greco-Roman Discourse, Atlanta, Ga. 2003 (SBL. Symposion Series 20), 189–203.

Mack, Burton L.: The Christian Myth. Origins, Logic, and Legacy, New York (2001) 2006.

MacMullen, Ramsay: Paganism in the Roman Empire, New Haven, Conn. 1981.

Ders.: Christianizing the Roman Empire (a. d. 100–400), New Haven, Conn. 1984.

MacRae, George W.: "Whom Heaven Must Receive until the Time": Reflections on the Christology of Acts (1973), in: Ders., Studies in the New Testament and Gnosticism. Hg. v. D. J. Harrington/S. B. Marrow, Wilmington, Del. 1987, 47–64.

Malherbe, Abraham J.: Art. „Herakles", in: RAC XIV (1988) 559–583.

Malley, William J.: Hellenism and Christianity. The Conflict between Hellenic and Christian Wisdom in the *Contra Galilaeos* of Julian the Apostate and the *Contra Julianum* of St. Cyril of Alexandria, Rom 1978 (AnGr 210).

MARGUERAT, DANIEL: Voyages et voyageurs dans le livre des Actes et la culture gréco-romaine, in: RHPhR 78 (1998) 33–59.

MARKSCHIES, CHRISTOPH: Odysseus und Orpheus – christlich gelesen, in: R. von Haehling (Hg.), Griechische Mythologie und frühes Christentum, Darmstadt 2005, 227–253.

MARXSEN, WILLI: Der Evangelist Markus. Studien zur Redaktionsgeschichte des Evangeliums, Göttingen (1956) ^{2}1959 (FRLANT 67).

MEEKS, WAYNE A.: From Jerusalem to Illyricum, Rome to Spain. The World of Paul's Missionary Imagination, in: C. K. Rothschild / J. Schröter (Hg.), The Rise and Expansion of Christianity in the First Three Centuries of the Common Era, Tübingen 2013 (WUNT 301), 167–181.

MEIER, JOHN P.: A Marginal Jew. Rethinking the Historical Jesus II, New York 1994.

MERKELBACH, REINHOLD: Die Hirten des Dionysos. Die Dionysos-Mysterien der römischen Kaiserzeit und der bukolische Roman des Longus, Stuttgart 1988.

MEULI, KARL: Odyssee und Argonautika. Untersuchungen zur griechischen Sagengeschichte und zum Epos (1921), in: Ders., Gesammelte Schriften II. Hg. v. Th. Gelzer, Basel 1975, 593–676.

MEYER, EDUARD: Ursprung und Anfänge des Christentums, 3 Bde. (1921–1923), Nachdruck: Darmstadt ($^{4/5}$1924/$^{4/5}$1925/$^{1-3}$1923) 1962.

MILES, GARY B./GARRY TROMPF: Luke and Antiphon. The Theology of Acts 27–28 in the Light of Pagan Beliefs about Divine Retribution, Pollution, and Shipwreck, in: HThR 69 (1976) 259–267.

MILTNER, FRANZ: Art. „Seewesen“, in: PRE.S V (1931) 906–962.

MITCHELL, MARGARET M.: Homer in the New Testament?, in: JR 83 (2003) 244–260.

MÖLLENDORFF, PETER VON: Auf der Suche nach der verlogenen Wahrheit. Lukians „Wahre Geschichten“, Tübingen 2000 (Classica Monacensia 21).

MOERS, GERALD: Fingierte Welten in der ägyptischen Literatur des 2. Jahrtausends v. Chr. Grenzüberschreitung, Reisemotiv und Fiktionalität, Leiden 2001 (PÄ 19).

MORAN, WILLIAM L.: Rilke and the Gilgamesh Epic, in: Journal of Cuneiform Studies 32 (1980) 208–210.

Morgan, Teresa: Literate Education in the Hellenistic and Roman Worlds, Cambridge (1998) 2000.

Mossman, Judith: Travel Writing, History, and Biography, in: B. McGing / J. Mossman (Hg.), The Limits of Ancient Biography, Swansea 2006, 281–303.

Moule, Charles F. D.: The Christology of Acts, in: L. E. Keck / J. L. Martyn (Hg.), Studies in Luke-Acts. FS P. Schubert, London (1966) 1968, 159–185.

Müller, C. Detlef G.: Offenbarung des Petrus: Einleitung, in: W. Schneemelcher, Neutestamentliche Apokryphen in deutscher Übersetzung II: Apostolisches, Apokalypsen und Verwandtes, Tübingen [6]1997, 562–566.

Müller, Ulrich B.: Johannes der Täufer. Jüdischer Prophet und Wegbereiter Jesu, Leipzig 2002 (Biblische Gestalten 6).

Mumprecht, Vroni: Einführung, in: Philostratos, Das Leben des Apollonios von Tyana. Griechisch – Deutsch. Hg., übers. u. erl. v. V. Mumprecht, München 1983, 973–1021.

Myllykoski, Matti: On the Way to Emmaus (Luke 24:13–35): Narrative and Ideological Aspects of Fiction, in: A. Mustakallio (Hg.), Lux Humana, Lux Aeterna. FS L. Aejmelaeus, Helsinki – Göttingen 2005 (SESJ 89), 92–115.

Nassauer, Gudrun: Gegenwart des Abwesenden. Eidetische Christologie in Lk 1.39–45, in: NTS 58 (2012) 69–87.

Natzel, Stephanie A.: Κλέα γυναικῶν. Frauen in den „Argonautika" des Apollonios Rhodios, Trier 1992 (Bochumer Altertumswissenschaftliches Colloquium 9).

Nelis, Damien: Vergil's Aeneid and the Argonautica of Apollonius Rhodius, Leeds 2001.

Nicolet, Claude: L'inventaire du monde. Géographie et politique aux origines de l'Empire romain, Paris 1988.

Nordsieck, Reinhard: Das Thomas-Evangelium. Einleitung – Zur Frage des historischen Jesus – Kommentierung aller 114 Logien, Neukirchen-Vluyn (2004) [2]2004.

Oberlinner, Lorenz: „... sie zweifelten aber" (Mt 28,17b). Eine Anmerkung zur matthäischen Ekklesiologie, in: Ders. / P. Fiedler (Hg.), Salz der Erde – Licht der Welt. Exegetische Studien zum Matthäusevangelium. FS A. Vögtle, Stuttgart 1991, 375–400.

OEHL, BENEDIKT: Mythos und Häresie, in: R. von Haehling (Hg.), Griechische Mythologie und frühes Christentum, Darmstadt 2005, 311–338.

PARSONS, MIKEAL C.: The Departure of Jesus in Luke-Acts. The Ascension Narratives in Context, Sheffield 1987 (JSNT.S 21).

PATTERSON, STEPHEN J.: The Gospel of Thomas and Jesus, Salem, Oreg. 1993.

PELLING, CHRISTOPHER B. R.: Truth and Fiction in Plutarch's *Lives*, in: D. A. Russell (Hg.), Antonine Literature, Oxford 1990, 19–52.

PERGOLA, PHILIPPE: Le catacombe romane. Storia e topografia, Rom (1997) [2]1999.

PERVO, RICHARD I.: Profit with Delight. The Literary Genre of the Acts of the Apostles, Philadelphia, Pa. 1987.

DERS.: Acts, Minneapolis, Minn. 2009 (Hermeneia).

PETERSEN, SILKE: „Zerstört die Werke der Weiblichkeit!" Maria Magdalena, Salome und andere Jüngerinnen Jesu in christlich-gnostischen Schriften, Leiden 1999 (Nag Hammadi and Manichaean Studies 48).

PEZZOLI-OLGIATI, DARIA: Täuschung und Klarheit. Zur Wechselwirkung zwischen Vision und Geschichte in der Johannesoffenbarung, Göttingen 1997 (FRLANT 175).

PHINNEY, EDWARD: Hellenistic Painting and the Poetic Style of Apollonius, in: Classical Journal 62 (1967) 145–149.

PILHOFER, PETER: Livius, Lukas, und Lukian. Drei Himmelfahrten, in: Ders., Die frühen Christen und ihre Welt. Greifswalder Aufsätze 1996–2001, Tübingen 2002 (WUNT 145), 166–182.

PLISCH, UWE-KARSTEN: Das Thomasevangelium. Originaltext mit Kommentar, Stuttgart 2007.

PLÜMACHER, ECKHARD: Lukas als hellenistischer Schriftsteller. Studien zur Apostelgeschichte, Göttingen 1972 (StUNT 9).

DERS.: Τερατεία. Fiktion und Wunder in der hellenistisch-römischen Geschichtsschreibung und in der Apostelgeschichte (1998), in: Ders., Geschichte und Geschichten. Aufsätze zur Apostelgeschichte und zu den Johannesakten. Hg. v. J. Schröter / R. Brucker, Tübingen 2004 (WUNT 170), 33–83.

PRAEDER, SUSAN MARIE: The Narrative Voyage. An Analysis and Interpretation of Acts 27–28, Diss. Graduate Theological Union, Berkeley, Calif. 1980.

PRICE, SIMON: From Noble Funerals to Divine Cult: The Consecration of Roman Emperors, in: D. Cannadine/S. Price (Hg.), Rituals of Royalty. Power and Ceremonial in Traditional Societies, Cambridge 1987, 56–105.

RAHNER, HUGO: Griechische Mythen in christlicher Deutung (1945, [3]1966), Basel 1984.

RAPSKE, BRIAN M.: Acts, Travel and Shipwreck, in: D.W.J. Gill/C. Gempf (Hg.), The Book of Acts in Its First Century Setting II: The Book of Acts in Its Graeco-Roman Setting, Grand Rapids, Mich. – Carlisle 1994, 1–47.

REISER, MARIUS: Von Caesarea nach Malta. Literarischer Charakter und historische Glaubwürdigkeit von Act 27, in: F.W. Horn (Hg.), Das Ende des Paulus. Historische, theologische und literaturgeschichtliche Aspekte, Berlin 2001 (BZNW 106), 49–74.

ROHDE, ERWIN: Der griechische Roman und seine Vorläufer, Hildesheim (1876, [3]1914) [4]1960.

ROMM, JAMES S.: The Edges of the Earth in Ancient Thought. Geography, Exploration, and Fiction, Princeton, N.J. 1992.

RÜPKE, JÖRG: Bilderwelten und Religionswechsel, in: R. von Haehling (Hg.), Griechische Mythologie und frühes Christentum, Darmstadt 2005, 359–376.

RUTHERFORD, IAN: Tourism and the Sacred. Pausanias and the Traditions of Greek Pilgrimage, in: S.E. Alcock/J.F. Cherry/J. Elsner (Hg.), Pausanias. Travel and Memory in Roman Greece, Oxford 2001, 40–60.

SALLABERGER, WALTHER: Das Gilgamesch-Epos. Mythos, Werk und Tradition, München 2008.

SALER, BENSON: Conceptualizing Religion. Immanent Anthropologists, Transcendent Natives, and Unbounded Categories, New York (1993) 2000.

SCHÄFER, PETER: Die Geburt des Judentums aus dem Geist des Christentums. Fünf Vorlesungen zur Entstehung des rabbinischen Judentums, Tübingen 2010 (Tria Corda 6).

SCHÄRTL, MONIKA: Das Nikodemusevangelium, die Pilatusakten und die „Höllenfahrt Christi“: Einleitung, in: AcA I/1 (2012), 231–240.

SCHEER, TANJA/ANNE LEY: Art. „Dioskuroi“, in: DNP III (1997) 673–677.

Schenk, Peter: Studien zur poetischen Kunst des Valerius Flaccus. Beobachtungen zur Ausgestaltung des Kriegsthemas in den Argonautica, München 1999 (Zet. 102).

Schmeller, Thomas: Brechungen. Urchristliche Wandercharismatiker im Prisma soziologisch orientierter Exegese, Stuttgart 1989 (SBS 136).

Schmitzer, Ulrich: Odysseus – ein griechischer Held im kaiserzeitlichen Rom, in: A. Luther (Hg.), Odyssee-Rezeptionen, Frankfurt a. M. 2005, 33–53.

Schreiber, Stefan: Weihnachtspolitik. Lk 1–2 und das Goldene Zeitalter, Göttingen 2009 (NTOA/StUNT 82).

Schrödinger, Johann: Das Epos des Arator De actibus apostolorum in seinem Verhältnis zu Vergil, Weiden 1911.

Schröter, Jens: Lukas als Historiograph. Das lukanische Doppelwerk und die Entdeckung der christlichen Heilsgeschichte, in: E.-M. Becker (Hg.), Die antike Historiographie und die Anfänge der christlichen Geschichtsschreibung, Berlin 2005 (BZNW 129), 237–262.

Schultze, Victor: Orpheus in der frühchristlichen Kunst, in: ZNW 23 (1924) 173–183.

Schweitzer, Albert: Geschichte der Leben-Jesu-Forschung (1906), Tübingen [9]1984.

Schwind, Johannes: Arator-Studien, Göttingen 1990 (Hyp. 94).

Scott, James M.: Luke's Geographical Horizon, in: D. W. J. Gill/C. Gempf (Hg.), The Book of Acts in Its First Century Setting II: The Book of Acts in Its Graeco-Roman Setting, Grand Rapids, Mich. – Carlisle 1994, 483–544.

Senff, Reinhard/Anne Ley: Art. „Dionysos", in: DNP III (1997) 651–664.

Shahar, Yuval: Josephus Geographicus. The Classical Context of Geography in Josephus, Tübingen 2004 (TSAJ 98).

Shauf, Scott: Theology as History, History as Theology. Paul in Ephesus in Acts 19, Berlin 2005 (BZNW 133).

Sichtermann, Hellmut/Guntram Koch: Griechische Mythen auf römischen Sarkophagen, Tübingen 1975.

Sim, David C.: The Women Followers of Jesus: The Implications of Luke 8:1–3, in: HeyJ 30 (1989) 51–62.

Sleeman, Matthew: Geography and the Ascension Narrative in Acts, Cambridge 2009 (MSSNTS 146).

Söder, Rosa: Die apokryphen Apostelgeschichten und die romanhafte Literatur der Antike (1932), Nachdruck: Darmstadt 1969.

Sonnabend, Holger: Die Grenzen der Welt. Geographische Vorstellungen der Antike, Darmstadt 2007.

Speyer, Wolfgang: Zum Bild des Apollonios von Tyana bei Heiden und Christen, in: JAC 17 (1974) 47–63.

Spittler, Janet E.: Christianity at the Edges. Representation of the Ends of the Earth in the Apocryphal Acts of the Apostles, in: C.K. Rothschild/J. Schröter (Hg.), The Rise and Expansion of Christianity in the First Three Centuries of the Common Era, Tübingen 2013 (WUNT 301), 353–377.

Squires, John T.: The Plan of God in Luke-Acts, Cambridge (1993) 2004 (MSSNTS 76).

Stepper, Ruth: Zwischen Idylle und Alptraum: Eine Reise durch das krisengeschüttelte Italien (Horaz, Satiren 1,5), in: E. Olshausen/H. Sonnabend (Hg.), Zu Wasser und zu Land – Verkehrswege in der antiken Welt. Stuttgarter Kolloquium zur historischen Geographie des Altertums 7,1999 (Geographica historica 17), Stuttgart 2002, 379–388.

Straub, Johannes: Die Himmelfahrt des Iulianus Apostata (1962) in: A. Wlosok (Hg.), Römischer Kaiserkult, Darmstadt 1978 (WdF 372), 528–550.

Strohmaier, Gottfried: Art. „Apollonius of Tyana“, in: EI³, Leiden: Brill online, 2013 (zuletzt abgerufen am 07.10.2013).

Strong, Mrs. Arthur [Eugénie Strong, geb. Sellers]: Apotheosis and After Life. Three Lectures on Certain Phases of Art and Religion in the Roman Empire, London 1915.

Thalmann, William G.: Apollonius of Rhodes and the Spaces of Hellenism, Oxford 2011.

Theissen, Gerd: Wanderradikalismus. Literatursoziologische Aspekte der Überlieferung von Worten Jesu im Urchristentum (1973), in: Ders., Studien zur Soziologie des Urchristentums, Tübingen (1979) ³1989 (WUNT 19), 79–105.

Ders.: Soziologie der Jesusbewegung. Ein Beitrag zur Entstehungsgeschichte des Urchristentums, Gütersloh (1977) ⁵1988 (⁷1997).

Ders.: „Wir haben alles verlassen“ (Mc. X. 28). Nachfolge und soziale Entwurzelung in der jüdisch-palästinischen Gesellschaft des 1. Jahrhunderts n. Ch. (1977), in: Ders., Studien zur Soziologie des Urchristentums, Tübingen (1979) ³1989 (WUNT 19), 106–141.

Ders.: Die Jesusbewegung. Sozialgeschichte einer Revolution der Werte, Gütersloh 2004.

Ders.: Erleben und Verhalten der ersten Christen. Eine Psychologie des Urchristentums, Gütersloh 2007.

Ders.: Von Jesus zur urchristlichen Zeichenwelt. „Neutestamentliche Grenzgänge" im Dialog, Göttingen 2011 (NTOA/StUNT 78).

Thimmes, Pamela Lee: Studies in the Biblical Sea-Storm Type-Scene. Convention and Invention, San Francisco, Calif. 1992.

Tiwald, Markus: Wanderradikalismus. Jesu erste Jünger – ein Anfang und was davon bleibt, Frankfurt a. M. 2002 (ÖBS 20).

Troftgruben, Troy M.: A Conclusion Unhindered. A Study of the Ending of Acts within Its Literary Environment, Tübingen 2010 (WUNT II 280).

Valantasis, Richard: The Gospel of Thomas, London 1997.

Ver Eecke, Marie: La République et le roi. Le mythe de Romulus à la fin de la République romaine, Paris 2008.

Vogel, Lise: The Column of Antoninus Pius, Cambridge, Mass. 1973.

Vorgrimler, Herbert: Geschichte der Hölle, München (1993) ²1994.

Wachsmuth, Dietrich: ΠΟΜΠΙΜΟΣ Ο ΔΑΙΜΩΝ. Untersuchung zu den antiken Sakralhandlungen bei Seereisen, Diss. FU Berlin, Berlin 1967.

Wacht, Manfred: Juppiters Weltenplan im Epos des Valerius Flaccus, Stuttgart 1991 (AAWLM.G 1991/10).

Wall, Cynthia: Bunyan and Maps (2006), in: John Bunyan: The Pilgrim's Progress. An Authoritative Text – Contexts – Criticism. Hg. v. C. Wall, New York 2009, 426–432 (zum Neudruck bearbeitetes Exzerpt).

Walter, Nikolaus: Pseudo-Orpheus: Einleitung, in: Pseudepigraphische jüdisch-hellenistische Dichtung: Pseudo-Phokylides, Pseudo-Orpheus, Gefälschte Verse auf Namen griechischer Dichter, Gütersloh 1983 (JSHRZ 4/3), 217–234.

Weaver, John B.: Plots of Epiphany. Prison-Escape in Acts of the Apostles, Berlin 2004 (BZNW 131).

Webster, Thomas B. L.: Hellenistic Poetry and Art, London 1964.

WEDER, HANS: Neutestamentliche Hermeneutik, Zürich (1986) ^{2}1989.

WENDER, DOROTHEA: The Last Scenes of the Odyssey, Leiden 1978 (Mn.S 52).

WENGST, KLAUS: Didache (Apostellehre): Einleitung, in: Didache (Apostellehre) – Barnabasbrief – Zweiter Klemensbrief – Schrift an Diognet. Eingel., hg., übertr. u. erl. v. K. Wengst, Darmstadt 1984 (SUC 2), 1–64.

WENTZEL, GEORG: Art. „Admetos (1)", in: PRE I/1 (1893) 377–380.

WICK, PETER: Jesus gegen Dionysos? Ein Beitrag zur Kontextualisierung des Johannesevangeliums, in: Bib. 85 (2004) 179–198.

WIENAND, JOHANNES: Der Kaiser als Sieger. Metamorphosen triumphaler Herrschaft unter Constantin I., Berlin 2012 (Klio.B N. F. 19).

WILAMOWITZ-MOELLENDORFF, ULRICH VON: Die griechische Literatur des Altertums, Stuttgart (1905, ^{3}1912) 1995.

WIRTH, GERHARD: Art. „Geschichtsschreibung", in: H. H. Schmitt/E. Vogt (Hg.), Kleines Wörterbuch des Hellenismus, Wiesbaden 1988, 205–230.

WLOSOK, ANTONIE: Orpheus bei Clemens von Alexandrien, protr. 1,1–5, in: A. Jördens u. a. (Hg.), Quaerite faciem semper. Studien zu den geistesgeschichtlichen Beziehungen zwischen Antike und Christentum. FS A. Dihle, Hamburg 2008 (Studien zur Kirchengeschichte 8), 395–403.

WOLTER, MICHAEL: Das lukanische Doppelwerk als Epochengeschichte (2004), in: Ders., Theologie und Ethos im frühen Christentum. Studien zu Jesus, Paulus und Lukas, Tübingen 2009 (WUNT 236), 261–289.

DERS.: Das Lukasevangelium, Tübingen 2008 (HNT 5).

WRIGHT, J. EDWARD: The Early History of Heaven, New York 2000.

YAMAZAKI-RANSOM, KAZUHIKO: The Roman Empire in Luke's Narrative, London 2010 (Library of New Testament Studies 404).

ZACH, MICHAEL: Meroe: Mythos und Realität einer Frauenherrschaft im antiken Afrika, in: E. Specht (Hg.), Nachrichten aus der Zeit. Ein Streifzug durch die Frauengeschichte des Altertums, Wien 1992, 73–114.

ZANKER, GRAHAM: Realism in Alexandrian Poetry: A Literature and Its Audience, London 1987.

ZANKER, PAUL: Die Apotheose der römischen Kaiser. Ritual und städtische Bühne, München 2004.

DERS./BJÖRN CHRISTIAN EWALD: Mit Mythen leben. Die Bilderwelt der römischen Sarkophage, München 2004.

ZIEGLER, KONRAT: Art. „Orpheus (1)", in: PRE XVIII/1 (1939) 1200–1316.

ZILLING, HENRIKE MARIA: Jesus als Held. Odysseus und Herakles als Vorbilder christlicher Heldentypologie, Paderborn 2011.

ZWIEP, ARIE W.: The Ascension of the Messiah in Lukan Christology, Leiden 1997 (NT.S 87).

C. Weitere Literatur

BLUMENBERG, HANS: Schiffbruch mit Zuschauer. Paradigma einer Daseinsmetapher, Frankfurt a. M. (1979) [3]1988 (stw 289).

BORGES, JORGE LUIS: El Evangelio según Marcos, in: Ders., El informe de Brodie, Madrid (1970) 1990, 121–132.

BOURQUIN, CHRISTOPHE: Schreiben über Reisen. Zur ars itineraria von Urs Widmer im Kontext der europäischen Reiseliteratur, Würzburg 2006 (Epistemata. Reihe Literaturwissenschaft 586).

CANETTI, ELIAS: Die Fackel im Ohr. Lebensgeschichte 1921–1931, München (1980) 1993 (Werke).

DUNNE, JOHN S.: Time and Myth. A Meditation on Storytelling as an Exploration of Life and Death, New York 1973.

FRANKL, VIKTOR E.: … trotzdem Ja zum Leben sagen. Ein Psychologe erlebt das Konzentrationslager, München (1977, [9]2005) 2009.

HÖNIG, CHRISTOPH: Die Lebensfahrt auf dem Meer der Welt. Der Topos. Texte und Interpretationen, Würzburg 2000.

JOYCE, JAMES: Ulysses (1922), New York 1997.

MANN, THOMAS: Joseph und seine Brüder (4 Bde., 1933–1943), Frankfurt a. M. (2007) [2]2008.

RILKE, RAINER MARIA/KATHARINA KIPPENBERG: Briefwechsel, Wiesbaden 1954.

SACHS, NELLY: Fahrt ins Staublose. Gedichte, Frankfurt a. M. (1961) 1988.

STEINER, GEORGE: Real Presences, Chicago, Ill. (1989) 1991.

Tolkien, John R. R.: The Lord of the Rings, 3 Bde. (1954/1955), London 1987/1988.
Wittgenstein, Ludwig: Denkbewegungen. Tagebücher 1930–1932, 1936–1937. Bd. I: Normalisierte Fassung. Hg. v. I. Somavilla, Innsbruck 1997.
Yeats, William Butler: Selected Poems, New York 1992.

Abbildungsnachweis

Abb. 1 http://www.coinarchives.com/f6ecf34d0380881be9462d6b 2288f78f/img/hirsch/281/image00618.jpg (13.03.2014). Mit freundlicher Genehmigung von Gorny & Mosch, München.

Abb. 2 © WikiCommons (Marie-Lan Nguyen) http://commons.wikimedia.org/wiki/File:Odysseus_Sirens_BM_E440_n2.jpg (13.03.2014).

Abb. 3 Museo delle Terme di Diocleziano, Rom, Inv.-Nr. 113227 © Ministero per i Beni e le Attività Culturali, Soprintendenza Speciale per i Beni Archeologici di Roma.

Abb. 4 Kartenmaterial aus © WikiCommons (Eric Gaba) http://commons.wikimedia.org/wiki/File:Israel_relief_location_map.jpg (13.03.2014), bearbeitet durch Gudrun Nassauer.

Abb. 5 © WikiCommons (Scewing) http://de.wikipedia.org/wiki/Datei:AlexGraffito.svg (13.03.2014).

Abb. 6 Dictionnaire d'Archéologie Chrétienne et de Liturgie XII (1936) 2754, bearbeitet durch Gudrun Nassauer.

Abb. 7 © Pontificia Commissione di Archeologia Sacra.

Abb. 8 © Pontificia Commissione di Archeologia Sacra.

Abb. 9 © Republic of Cyprus, Ministry of Communications and Works, Department of Antiquities, bearbeitet durch Gudrun Nassauer.

Abb. 10 © WikiCommons (Neale Monks / Simonxag) http://commons.wikimedia.org/wiki/File%3APilgrim's_Progress_map_large.JPG (13.03.2014).

Abb. 11 © Musei Vaticani, Rom, Inv.-Nr. 5115, bearbeitet durch Gudrun Nassauer.

Abb. 12 http://www.coinarchives.com/78b995f3abafebbe7472e7d7 ba8d8a99/img/gorny/220/image01801.jpg (13.03.2014).

Mit freundlicher Genehmigung von Lübke & Wiedemann KG, Stuttgart.

Abb. 13 © Bayerisches Nationalmuseum München, Inv.-Nr. MA 157.

Abb. 14 Eigene Darstellung Knut Backhaus.

Stellenregister

Die eingeklammerten Zahlen verweisen auf die betreffende Fußnote.

Biblische Literatur

Frühjüdische Literatur

Pagane Literatur

Frühchristliche Literatur

Münzen

Register der Namen, Orte, Sachen und Probleme (Auswahl)

Mythische und epische Namen

Namen historischer Gestalten

Namen neuzeitlicher Schriftsteller

Antike Orte

Sachen und Probleme